本书由中国香港青松观赞助出版

青松观文库
道教学译丛（之二十三）
DAOIST STUDIES IN TRANSLATION SERIES
主编 朱越利

海外中国道教
文学研究译文选（下）

吴光正 李松 主编

北京联合出版公司
Beijing United Publishing Co.,Ltd.

目 录

中古道教诗歌中的天光
　　［美］柯睿（Paul W. Kroll）著 / 陈亚译，王建平校............563

道教五更词
　　［法］高万桑（Vincent Goossaert）著 / 艾士薇译..................578

追寻永生
　　——20世纪早期"内丹诗"旅行研究
　　［美］刘迅著 / 卢絮译，王建平校...........................597

临水夫人
　　——从女人到女神的演变
　　［法］贝桂菊（Brigitte Baptandier）著 / 卢澄译，李松校....625

13、14世纪戏曲文学中的泰山进香
　　［荷兰］伊维德（Wilt L. Idema）著 / 王锦堂译，王建平校...676

《南游记》的宗教根源
　　——历史与小说中的五通/五显崇拜
　　［德］蔡雾溪（Ursula-Angelika Cedzich）著 /
　　吴群涛译，王建平校..716

《北游记》的神圣著作权研究
　　［美］沈雅礼（Gary Seaman）著／吴群涛译，王建平校……798
朝圣行
　　——论《神曲》与《西游记》
　　［美］余国藩著／李奭学译……821
17世纪小说中的进香之旅
　　——泰山与《醒世姻缘传》
　　［英］杜德桥（Glen Dudbridge）著／肖智立译，刘苹校……864
宇宙进化和个人修行
　　——两部中国小说中的魔道与正道
　　［美］康儒博（Robert Campany）著／
　　吴群涛译，王建平、陈星宇校……900
蜀
　　——杜光庭《录异记》中的"圣地"
　　［法］傅飞岚（Franciscus Verellen）著／
　　卢澄译，李松、吴光正校……941
狐精、性与财富
　　——中国封建社会晚期的狐精传说与狐精崇拜
　　［美］康笑菲（Xiaofei Kang）著／卢澄译，李松校……996
白话小说与明清时期的神祇崇拜传播
　　［以色列］夏维明（Meir Shahar）著／卢澄译，李松校……1015
明清文学中的道教、神仙思想概述
　　［日］大木康著／侯利萌译……1050
后　　记……1081
丛书后记……1085

中古道教诗歌中的天光[1]

[美]柯睿(Paul W. Kroll)著
陈亚译,王建平校

中国中古诗歌对于自然意象和风景的讨论通常只是冰山一角。学者们,甚至是诗的原作者,大多局限于水平及视线所及的范围,上下延伸的幅度很小。但天上世界也是中国自然界连续体的一个重要组成部分,并且在中古时期(大约3—9世纪)得到了逐渐深入的探索和描述。

这种由已知景象向天上世界的扩展主要得益于中古道教上清、灵宝派。这些新生宗教的经文不仅在宗教、社会和政治领域产生了重大影响,也开启了人们对天界更为广泛的探索。而在4世纪中期上清神启之前,中国诗歌对于天界的特征和意象的探索除了最笼统的描绘之外竟然极少涉及,这确实有些奇怪。但这些特征和意象却由于道教神仙而成为许多经文中的诗歌的主要素材,毕竟神仙熟悉这些领域。

---

[1] Paul W. Kroll, *The Light of Heaven in Medieval Taoist Verse*, Journal of Chinese Religions 27(1999):1-12.

这样，连同有完备记载的中古时期产生的柔美人间景色[1]，自然界更高领域的意象——或用 M. H. 艾布拉姆斯（M. H. Abrams）的措辞重新定义的"自然的超自然主义"[2]——在这几百年间也被引入诗学教化之下。对于新发现的星空景象之品质和现象的描写，尤其是对它不同的形态和星光描写的思考，让我们对中国中古文学中传统的自然景象观念做了重要的补充和复杂化处理。[3]

让我们先来看看上清神仙下凡之前中国诗歌对天空的描写。我们可以很容易地找到诗歌中经常出现的关于天河（也就是我们的银河）的描写，这些诗偶尔也会提到隔着星河相望的苦恋的情侣恒星——牛郎星和织女星，夜空中的月亮也经常被提及，但对这些意象的描写并不属于对天界进一步的探索。曹植的几首诗[4]和郭璞著名的《游仙诗》系列则对天界进行了初步探索，侯思孟（Donald Holzman）仔细研究了曹植的这几

---

[1] 戴密微:《中国文学艺术中的山岳》("La montagne dans l'art littéraire chinois")，《法国·亚洲》(France-Asie) 1965 年第 183 期，第 7—32 页，后重印为《汉学研究的选择（1921—1970 年）》[Chiox d'études sinoloqiques（1921—1970）]，博睿出版社，1973 年，第 364—389 页。
[2] 艾布拉姆斯（Abrams）《自然的超自然主义》(Natural Supernaturalism)[纽约:诺顿（Norton），1971 年]具有启发意义。
[3] 柯睿《盛唐时期的词景文山》(《通报》1998 年第 84 期，第 62—101 页）重新审视了 8 世纪文学作品中的景物描写。
[4] 侯思孟（Donald Holzman）:《曹植与神仙》(Ts'ao Chih and the Immortals)，《泰东》(Asia Major) 第三系列，第一卷，第一部分，1988 年，第 15—57 页。其中有对曹植游仙诗中的哲学和文学因素的讨论，侯思孟认为曹植诗中超脱尘世的意象只是隐喻。

首诗，其中曹植的《仙人篇》[1]尤其引人注目：

> 韩终与王乔[2]，要我于天衢[3]。万里不足步，轻举凌太虚[4]。飞腾逾景云，高风吹我躯。回驾观紫微[5]，与帝合灵符。阊阖正嵯峨[6]，双阙万丈余。玉树扶道生，白虎夹门枢。

或者他的《游仙诗》中的这个片段[7]：

---

[1] 赵幼文：《曹植集校注》卷2，人民文学出版社，1984年，第263页。(《中国宗教》采用在卷号和页码之间加逗号的方式对汉语文本中卷和页进行引用。——编者按)

[2] 齐人韩终和晋人王乔(又称王子乔)，在先秦时期得道成仙，常在中古前期的诗歌中被提及。在汉代文本中，王子乔通常与赤松子一同出现。在这里，曹植引用韩终而不是赤松可能是表明他熟悉韩终在早期道教中的特殊声望(韩终因食用草药而成仙，后来一种特殊的长生不老药以他的名字命名)。韩终和王乔都在《楚辞·远游》中出现，尤以王乔更为出名。《远游》对许多中古时期天界邀游诗的创作产生了深远影响。欲知更多关于韩终和王乔的内容，参见柯睿《论〈远游〉》第664页第30行和第665页第54行，《美国东方学会会刊》第116卷，1996年第4期，第653—669页。

[3] 虽然曹植可能和其他诗人一样，只是因其修辞性而使用这个词，但要注意《晋书》第11卷第300页中称天衢位于房星中(即我们天蝎座的一部分)，房星是天界中对应天子管理中心的地方。

[4] 太虚是天界空间。欲知它在道教文本中的特殊含义，参见薛爱华：《吴筠的〈步虚词〉》，第400页第91行，《哈佛亚洲学报》1981年第41期，第377—415页。

[5] 紫微是由15颗星组成的星座，包括天龙星座的一部分及其他星。这15颗星在北斗七星北方组成一条防御曲线。紫微被认为是天界大帝所在的地方和俗世天子的永久居住地。参见《晋书》第11卷，北京：中华书局，1971年，第290页；薛爱华：《步虚》，伯克利：加利福尼亚大学出版社，1977年，第47页。

[6] 阊阖是处于紫微星边界东西两半之间的空间，穿过它就到达天界。和其他人间传统的九州之外的所谓地标一样，它首次出现在文学作品中是在《离骚》中，并在《远游》中被借用。

[7] 赵幼文：《曹植集校注》卷2，第265页。

翱翔九天上，骈骖远行游。东观扶桑曜，西临弱水流[1]。北极登玄渚，南翔陟丹邱[2]。

以及《五游咏》[3]中：

九州不足步，愿得凌云翔。逍遥八纮外[4]，游目历遐荒。披我丹霞衣，袭我素霓裳。华盖芬晻蔼，六龙仰天骧[5]。曜灵[6]未移景，倏忽造昊苍[7]。阊阖启丹扉，双阙曜朱光。徘徊文昌殿[8]，登陟太微堂[9]。

还有郭璞《游仙诗》系列的第八首[10]：

---

[1] 扶桑是东方的神树，太阳每天早晨爬树而升。扶桑与若水相对应，若水是传说中处于遥远西方的昆仑山之源头。
[2] 北方玄天与南方丹丘相对应，是仙人的居住地。欲知更多关于"玄天"的内容，参见柯睿：《李白的紫烟》，《道教资料》(Taoist Resources)第7卷，1997年第2期，第21—37页。
[3] 赵幼文：《曹植集校注》卷3，第401页。
[4] "八纮"是八方边界的连接线。
[5] 六龙指至高无上的（九天）权力。
[6] "曜灵"指耀眼的太阳。
[7] 眨眼之间飞行很长距离是得道成仙的特征。"昊苍"指星空。
[8] 文昌是六颗红星组成的星群，代表天界政权的六个分支，位于北斗七星的勺形旁边。欲了解先唐时期文昌的重要性，参见祁泰履（Kleeman）：《神仙自己的故事》("A God's Own Tale")，第46—49页。
[9] 太微由十颗星组成，相当于处女座和狮子座的部分，人们认为它是天子的天庭（《晋书》第11卷，第291页；薛爱华：《步虚》第52页）。
[10] 逯钦立：《先秦汉魏晋南北朝诗》，中华书局，1983年，第886页。关于郭璞《游仙诗》的研究有很多，其中最有用和最详细的是李丰楙《忧与游》中对郭诗的研究（李丰楙：《忧与游——六朝隋唐游仙诗论集》，中国台湾学生书局，1996年）。

旸谷吐灵曜[1]，扶桑森千丈。朱霞升东山，朝日何晃朗。

在《楚辞》中，这种延伸性的描绘可能会引人深思，但更仔细的观察表明，在主题为天界游历和天神的文章中，对天界环境本身的描绘并不充足。诗人更注重通过描述他的超自然同游者和车驾以及明确而简单地提及神界地名来说明他所在的天界环境。例如，我们在这里关注和人们期待在这些文章中看到的天光的意象屈指可数。

在《离骚》中，只有两处重点描绘了光。第一处是在描写神道巫咸下凡给焦虑的诗人以兆示的时候。《离骚》中这样描绘巫咸：

皇剡剡其扬灵兮，告余以吉故。[2]

光彩熠熠的巫咸在诗人面前现身并传达他恳切的信息时"扬灵"的画面让人不禁想起但丁《天堂篇》中被祝福的灵魂中的天光在与被驱逐的诗人谈话前同样闪现在他面前的画面。在《离骚》中，除了这一处只描述了天界的一个居住者而不是它本身的文字之外，只有一处提到了天堂是充满光的。有趣的

---

[1]"旸谷"是世界东部边缘的峡谷，每天早晨太阳的第一缕光芒照到的地方。"灵曜"与曹植诗中的"曜灵"含义相同。

[2][宋]洪兴祖：《楚辞补注》卷1，中华书局，1983年，第37页。在研究《楚辞》的意象和措辞的时候，常被引用的戴维·霍克斯的译本太过松散，所以不能信赖。欲了解"皇"的含义，参见顾颉刚、杨向奎的重要专题著作《三皇考》开头的评论，详见第52—59页（顾颉刚、杨向奎：《古史辨》第7册下，上海古籍出版社，1982年，第20—274页）。

是，此处出现在对诗人试图从污浊的尘世超脱的最后描写的结尾总结句中。此诗句这样写道：

陟升皇之赫戏兮。[1]

但是，很快在接下来的一句（或者半句，取决于《离骚》中句的定义）中，诗人于不经意间看到凡间的家园而不能再继续飞升。该诗正文（不包括总结诗节）就这样以他永远止步在这辉煌景象的边缘而结束。

《楚辞》中其他关于天光意象的著名例子出现在《远游》及《九歌》中。在《远游》中，我们可以发现，诗人想要仿效的傅说、韩（众）终之类的"真人"和"仙"（这两个词后来在中古道教中至关重要），以光芒四射的形象现身：

时髣髴以遥见兮，精皎皎以往来。[2]

我们可将此句与亨利·沃恩（Henry Vaughan）所写的"上帝和圣徒放射光辉""像蜡烛一样用他们的光辉照亮整个夜晚"[3]相比较。同样，恍惚迷离的神仙云中君，在以他的名字命名的歌中被认为是一个摆动的光束：

---

[1][宋]洪兴祖：《楚辞补注》卷1，第47页。
[2][宋]洪兴祖：《楚辞补注》卷5，第165页。其翻译和解说可参见柯睿：《论〈远游〉》，《美国东方学会会刊》第116卷第4期，第653—669页，1996年。
[3]来自《闪光的硅石》（Silex Scintillans）第一部。沃恩对圣光意象的迷恋使得他在我们的研究中成了一位特别有魅力的诗人。

灵连蜷兮既留，烂昭昭兮未央……与日月兮齐光……灵皇皇兮既降，猋远举兮云中。[1]

引用太阳神东君的歌曲，是这样描述东君早晨升起的：

暾将出兮东方，照吾槛兮扶桑。抚余马兮安驱，夜皎皎兮既明。[2]

这恰好是曹植《升天行二首》其二[3]中对太阳描写的原型。

这些早期的例子主要是关于个别天界事物光亮的一面。最终还得由道教神仙启示性的话语来揭示天界的本来面目和视野。上清众仙于364—370年间在句容夜访道士杨羲便是证据。其中的一部分突出地以诗句形式出现，由上清众仙传诵，并由杨羲作为受启示的灵媒忠实抄录。

在《真诰》（陶弘景在4世纪晚期对上清众仙降诰的校订本）所录的现存由杨羲抄录的70多首诗中，只有几首或详或略地提到了神仙在天界的遨游。有些提及的地方只包括了一些先前未知的天界地名，一定程度上是对《楚辞》中名字之旅的回忆。但在很多其他例子中仙曲歌唱者昭示了天界领域的一些特征和组成部分。以下是一段典型的描写，每句都有其微妙之处：

---

[1][宋]洪兴祖：《楚辞补注》卷2，第58页。
[2][宋]洪兴祖：《楚辞补注》卷2，第74页。
[3]赵幼文：《曹植集校注》卷2，第267页。

> 紫空朗明景，玄宫带绛河。济济上清房，云台焕嵯峨。[1]

这个特别的景象是紫微夫人一首歌的开头部分，紫微夫人是杨羲的常客，也是《真诰》中19首诗的作者。[2]"绛河"即有原始色彩的银河，我们从地球上看时它不再是银色、白色或者浑浊的。太空为紫色是因为紫色是色谱两端（红色和蓝色）的融合，代表了宇宙的完整性和精神成就；紫色对于中国中古时期的道家来说，就像白色对于西方中世纪的基督徒一样。[3]

和《真诰》中的绝大部分诗一样，上面这四行诗采用了4世纪中期的世俗诗中常见的五言句式。在这几行诗以及紫微夫人和其他仙人的作品中，天界最引人注目的特征是明亮的光辉。再举一个例子，这次是汉代三茅真君中年龄最大者茅盈的诗句，神圣的茅山因三茅真君而得名。这是《真诰》中少有的四言诗之一：

> 玮灼清晖，潜光翳真。二景落锋，飞霞流缠。……仪璘洞焕，玉标玄金。[4]

---

[1]［南朝］陶弘景：《真诰》卷3，第7页，365年十月八日，翁独健编：《道藏子目引得》第1010号，哈佛燕京学社，1925年。

[2] 紫微夫人的称谓显示了她的星座联系，她又被称为王青（清）娥，号愈音，是西王母的第20个（有些文章称第24个）女儿。欲知更多关于紫微夫人的内容，参见柯睿：《紫微夫人的仙歌》("The Divine Songs of the Lady of Purple Tenuity"），收录在即将出版的《中国中古前期文学与文化史研究》(Studies Early Medieval Literature and Culture History)，博尔德（Boulder）：美国唐学会（T'ang Studies Society）。

[3] 柯睿：《李白的紫烟》，《道教资料》第7卷，1997年第2期，第36页。

[4]［南朝］陶弘景：《真诰》卷4，第14页，368年一月二十二日。

仪是"郁仪"的简称,"璘"是"结璘"的简称,它们分别是道教中日和月的专称。[1]光辉如此炫目,如此纯净,以至于肉眼凡胎无法看见,形成了在我们鄙陋的凡人面前遮蔽神灵的"潜光"。这让我们想起,上帝降临在弥尔顿面前时"过于明亮而成的黑暗"[2],乔治·赫伯特(George Herbert)所写的"圣父、圣灵和圣子耀眼的光道让人无法靠近"[3]或者亨利·沃恩发现上帝有"深沉而炫目的黑暗"[4]。这种炫目的光辉正是受启示的人的天然媒介。我在其他作品中也详述了这一点。[5]我们确实知道日月的光辉及茅盈提到的"二景"很好地为道教神仙提供了掩护。

吸收日月精华是道教中备受称颂的特有行为,这个行为在上清之前就有,并且在很多道教文本中被讨论和详述。[6]这个行为在诗歌中也多次出现,例如,云林宫右英夫人[7](上清

---

[1] 注意这个对句中工整的交错配列:"仪"对应"玄金","璘"对应"玉标"。欲了解更多关于日月的主要精神"郁仪"和"结璘",可参见《上清黄庭内景经》,张君房编:《云笈七签》卷12,第8页;贺碧来:《〈九真中经〉导论》("Introduction au Kieou-tchen tchong-king"),载《中国宗教研学会通报》(Bulletin of the Society for the Study of Chinese Religions),1979年第7期,第30—32页;柏夷:《早期道教经典》,伯克利:加州大学出版社,1997年,第370页,第35行。
[2] 《失乐园》(Paradise Lost)第3卷,第380页。
[3] 《忘恩负义》,《寺庙》("Ungratefulnesse" in The Temple)。
[4] 引自《闪光的硅石》第二部《夜》。
[5] 柯睿:《李白的紫烟》第36—37页。
[6] 如《灵书紫文》的代表性文章,柏夷:《早期道教经典》第314—321页译文。
[7] 别名王媚兰,字申林,是西王母的第13个女儿。欲知其诗选,参见柯睿:《一位真人的魅歌》("Seduction Songs of One of the Perfected"),唐纳德·洛佩兹编著:《实践中的中国宗教》,普林斯顿:普林斯顿大学出版社,1997年,第180—187页。

众神之一，向杨羲降诰 27 首诗）是上清众仙中最热心的一个，在她与杨羲的家主许谧交流的诗句中提到，她向许谧承诺，只要他肯离开污浊的尘世：

齐挹二晨晖，千椿方婴牙。[1]

请注意这个很有影响力的用词：所谓"挹"，即像轻舀一桶酒那样，舀的是日月（"二晨"）的"晖"。云林宫右英夫人称畅饮此"晖"可使人长生不老，那时《楚辞》第一篇中提到传说中大神树的长寿也只不过像婴儿的乳牙一样短暂，这棵神树每度春秋为八千年。

右英夫人也许是提供关于明亮壮丽的天界信息的最佳人选，当然也是提供信息最多的，她和其他众仙的诗作的开端常出现对这个明亮的界域的描写。从结构上来说，这些诗句营造出一种必要性，引出永远的赞美、激励之语，以修饰诗歌后半部分描写的凡人的野心。

天界装饰的另外一个组成部分是不同的超自然启发者光彩夺目的现身，它加深了诗句中光的描写。例如，右英夫人在另外一个地方提到：

仰眄太霞宫，金阁曜紫清。华房映太素，四轩皆朱琼。[2]

---

[1][南朝]陶弘景：《真诰》卷 3，第 10 页，365 年一月二十二日。
[2][南朝]陶弘景：《真诰》卷 3，第 10—11 页，365 年十一月十九日（当晚的第二曲）。

"太霞"是永昏之境，是原始太阳能的来源[1]，"紫清"[2]是天宫最深处，"太素"是被众多文章讨论的天体衍化的系列时期之一，在这个时期，物质开始成形。[3]在右英夫人的这首诗中，时间似乎变成了空间。

在另外一首诗中，右英夫人站在天之巅，有感而发：

紫阙构虚上，玄馆冲绝飙。琳琅敷灵囿，华生结琼瑶。[4]

天界的风，即这里的"绝飙"（"飙"在有些情况下有"剧烈颤动的光"之意，即"闪烁的"），是天界的另一个特征。事实上，这是一种能在瞬间根据仙人意愿回旋的典型的神风。这里的"华"当然也不是一般的花，它们是蓝色和红色的永不凋谢的珠花。所以，这不但是个明亮的世界，也是个色彩缤纷的世界，至少对于它稀少的居民来说是这样的，因为他们不像凡人那样会因未经过滤的光线而眩晕。正如我们注意到的那样，从色彩上来说，这主要是个紫色的世界，紫色是两极最终融合处的天穹顶部的颜色。

在最深处中心的外围，或者是它更易感知的大气，（根据天神的诗推断）是一个弥漫并闪耀着"绛""朱""丹""琼"色的领域，有时也变幻成明亮的"翠""碧"或者"琳"色。

---

[1] 参见薛爱华：《太霞》，《中国科学》1983年第6期，第21—32页。
[2] 指天宫深处晶莹的光。
[3] 杨伯峻：《列子集释》卷1，中华书局，1979年，第6页。
[4] [南朝]陶弘景：《真诰》卷4，第5页，366年五月九日。

用来指称或描绘光本身的词语更加多种多样。在《真诰》所记载的诗中我们可以看到中古汉语中光的同义词的开端：光可以称为"晖""焕""朗""明""粲""飙""映""灼""晔""玮""曜"。最后一个词，曜，泛指星星的光辉，就是星辉，可指一切天体的光芒。我们可能最熟悉科学或天文学文章中出现的七曜（在文学作品中出现频率稍低，但也很常见，例如上述曹植的文章），即太阳、月亮和其他五颗裸眼可见的行星，人们通常把它们理解为七颗小行星。但是在文学作品中，应理解为"七曜"，这是个光的意象而非质量的意象。我们所知的太清众仙使用的太阳的圣名之一是"九曜"，例如"九曜生"。[1]

但是，在这个最高境界中，光不仅用于照明。我在这里特指"景"，或者沙菲尔贴切的译法，"景"是特别吉利和醒目的天光，跟我们身体部位相对应。仙人的座驾通常由"八景"装饰，向空间的八个方位放射光芒。这种用法的例子有很多。[2]以比喻的手法，或者说在仙界中，景或者天光本身也是一种出行方式，可以像车驾和马那样被乘坐和驱使。右英夫人利用御夫的比喻，用下面的高贵装饰作为她诗篇的开头：

---

[1] 张君房编：《云笈七签》卷21，第13页，翁独健编：《道藏子目引得》第1026号，北平：哈佛燕京学社，1925年。
[2] 关于八景，特别参见马伯乐：《古代道教中的养生法》，《亚洲杂志》1937年第229期，第177—252页、第313—430页。[重印后收入马伯乐：《道教和中国宗教》(*Le Taoïsme et les religions chinoises*)，巴黎：伽利玛出版社，1971年，第481—589页]；康德谟：《景与八景》，《福井博士颂寿纪念：〈东洋文化论集〉》(*Fukui hakase shōju kinen: Tōyō bunka ronshū*)，东京：早稻田大学出版社，1969年，第1147—1154页。

辔景登霄晨，游宴沧浪宫。彩云绕丹霞，灵蔼散八空。上真吟琼室，高仙歌琳房。[1]

"沧浪"是右英夫人在天界所居之地，是一座处于遥远东边沧海的海岛，这座岛本身被描绘为广阔水域的一个稳定的波浪。"八空"指空间的八个方位。在这六句诗中，我们可以发现天界的另一个特征——"仙乐"。但在本文中我们只讨论所见，而非所闻。

虽然我们所考虑的这种天界和仙人光明的景象看起来不过是虚无或者疯狂的幻象，需要有意识的努力才能清晰地想象出来，但对我们自己的中世纪祖先而言却不是这样的。中世纪欧洲的一个被学者或神父广泛阅读的作品，和西塞罗摘录中的文章一样为我们所熟知，这篇名为《西庇阿之梦》的摘录写道："人类从永恒的星火中获得灵魂，因神赋予的才能而充满生机，他们的灵魂完成最高使命以后，脱去它们的肉身之后，继续生活在银河之中，因此，人们对他们的早期中国同行们的星象观并不感到稀奇。"[2] 当然，光作为神主要属性的概念（许多宗教传统中非常明显）在中世纪基督教的学术和教规著作中也很常见。在文学中，它最著名的用法是在《天堂篇》中内涵深刻的比喻，因为它在几个世纪后也成了亨利·沃恩鼓舞人心的诗篇中的主要意念之一。我们先前提到的亨利·沃恩痴迷于

---

[1] [南朝]陶弘景：《真诰》卷4，第3页，366年三月六日。
[2] 《西庇阿之梦》（*Somnium Scipionis*）第三部，第7—8页。

光和天堂的景象，对于他来说，永恒就是"一个纯净而无穷的光环"。[1]西方最精致的赞美歌可能是弥尔顿《失乐园》第三本开头的"光赞"：

> 啊！圣光呀，上天的初生儿！
> 说你是永恒不灭的光芒，
> 想必不算过分？因为上帝就是光。
> 就在无法靠近的光里，
> 从永劫开始，一直在那里，
> 本身就是明亮的精华里明媚的流光！
> 或者称你为纯净空灵的光流，
> 谁知你的源头在何处？
> 你的出现早过太阳，早过天，
> 上帝一声号令，你便像披着一件大氅
> 那从空虚、无形之中，
> 诞生出黑暗、深沉的海域。

在古代中国宗教或世俗诗作中，我们所研究的意象群将得到进一步发展和完善，关于光的词汇也将被扩展。但是杨羲对上清诗的抄录首次阐明这个特殊的诗歌分支，并从中引入光的概念。如果我们要充分理解中国中古作家所居住和创造的这个自然和想象的世界，我们必须考虑更多的尘世之外的景象。这

---

[1] 来自《闪光的硅石》第一部《世界》。

个中国文学和宗教历史的关键时期以某种方式推进和发展了类似"无限美学"的东西。这个有共鸣性的短语也是马约莉·厚朴·尼科尔森（Marjorie Hope Nicolson）对17世纪晚期及18世纪的英语文学中对山的态度变化的经典研究中副标题的一部分［她的书《山的忧郁与荣耀》（*Mountain Gloom and Mountain Glory*）］的主标题[1]，对于西方启蒙运动和中国中古前期对山逐渐加深的好感都适用。在西方，向"新大陆"的扩展以及更重要的对星系领域的不断加深的认识（得益于伽利略和他的继承者）都让我们对地球和地球之外的世界的广度和特征的传统观念产生了很大变化。在本文未提及的其他领域，在4世纪中、晚期中国不断变化和扩张的宇宙中也发生了相似的变化，例如，因对大乘佛教佛法的不断了解而开辟出的新世界。这个简单的研究只针对可能有待进一步探索的一个领域。

---

［1］1959年由康奈尔大学出版社首次出版，近期被新一代学者重新发现，于1997年由华盛顿大学重印。

道教五更词[1]

[法]高万桑（Vincent Goossaert）[2]著
艾士薇译

桀溺（Jean-Pierre Diény）在高等实践学院中的最后一轮课程，主要是致力于根据后人对庄子的阐释来解释"圣人无梦"。[3]为了向教授致敬，我希望在此讨论一个被众多后人忽视的隐蔽角落：全真教。它创建于1170年左右，曾经践行过众多的苦行方式，尤其是不眠。确切来说，这一考验的目的在于无梦，同时通过毅力将庄子的戒律付诸实践。在夜间，与睡意、梦欲做斗争就是一项日常训练，关于这些，不少尊师曾留下过富有隐喻的叙述。在全真教词作中，约有"五更"[4]组词15首，这些词作记录了他们在众多冥思之夜为长生不老所

---

[1] Vincent Goossaert, "Poèmes taoïstes des cinq veilles, Études Chinoises", 19（1-2）, 2000, pp.249-270.
[2] 高万桑（Vincent Goossaert）是法国国家科学院（中国宗教与社会）专职研究员。笔者对卡特琳·德斯佩（Catherine Despeux）在翻译方面给予的修正与评注深表感谢。
[3] 郭庆藩：《庄子集释》，北京：中华书局，1961年，第228页。
[4] 若专指夜晚，"更（geng）"同样可以读为古音jing。

付出的努力。一位社会历史学家曾抨击道教诗词会给人留下最恶劣的恐惧,在此,我只是希望人们能够认识到抒情诗词的传统,并自我追问苦行实践与诗词体裁之间的关系。毕竟,我首先得承认我的翻译相当随意,无疑是有待完善的。

一直以来,道教传统就对睡眠充满疑义。《黄庭经》指出:"昼夜不寐乃成真"[1];然而有无数道教徒,尤其是陈抟(?—989)是伟大的嗜睡者[2]。如果这是真的,他们同样也获得了永恒的控制力。神必须日夜主宰着人体,尤其是人的心(son propre siège)和意(son activité),神还需监管意,并且要限制它与外界的交流。此外,若掌管人类的诸神在夜晚降临,此刻人必须保持清醒。[3]在全真教中,对睡眠的质疑成了一种名副其实的执念。人们恐惧欲望,尤其是性欲,在白天要牢牢地控制欲望,到了晚上也不能借助梦境发泄。春梦和不受控的梦遗会在作品中被特别提到,并为之担忧[4],既有文本与解释性文本都将其命名为"魔"(démons),这些欲念同样被表述为考验。"魔"这个术语并不意味着人们赋予了它们实体的存在,创造者们意识到它所涉及的只是一种幻觉,是在苦行中走火入

---

[1] 这句诗在《黄庭经》原版中并未出现,但出现在公元4世纪稍晚的版本《黄庭内景玉经》的第三章第六句中。
[2] 他通过睡眠,即睡功的苦行方法经常被提及,但并无详细记载。
[3] 参见《云笈七签》卷81,第10页,《道藏通考》第1032号。《道藏》的相关作品均采用由施舟人所创立的编号,见《道藏通考》,巴黎:法国远东学院,1975年。
[4] 在全真高道的谈话中,有不少类似的奇闻异事,参见《清和真人北游语录》(1237年)卷3,第11—12页,《道藏通考》第1310号。

魔的幻觉。遵守教规的人受到麻痹的折磨，从而产生了视觉上的幻觉，在以上前提下，涉及的是睡魔（démons du sommeil），教徒们不仅要战胜睡魔而且要加以升华（炼睡魔）。该主题经常出现在金、元时代的道教文学系统中。[1]

此外，自古以来人们就喜欢用晚上的时间来冥思。午夜，或者子时，是阳生之时，因此尤为有利。通过十二干支将时辰细化并纳入相应的体系，并依此炼就内丹，即"内在炼丹术"。关于"内在炼丹术"的思辨性传统，建立在宋代以来的道教冥思时间系统上，其中全真教为其传播做出了卓越贡献。[2]内丹提供了理论基础，并且构成了诗词语言的一部分，因此，人们会在诗词中频繁看到诞生于午夜的"阳"的主题。诗词通过更、时辰的独立性而拥有节奏，在这一情况下，五更词极少采用象征手法来建立时间更迭与八卦、炼丹程序之间的联系。实际上，五更的时辰并不是固定的，它取决于夜晚的长度。[3]与其说全真教创造者们是以小时为单位，不如说是以更来计算，

---

[1] 参见高万桑：《近代道教的创立——全真教》("La création du taoïsme moderne: l'ordere Quanzhen")，博士论文，高等实践学院，宗教科学专业，1997年5月，第148—149、197—200页；窪德忠：《金代的新道教与佛教》，《东方学》第25期，1963年，第37—38页（论文收录在《蒙古王朝的道教与佛教——以二教的论争为中心》，东京：平川出版社，1992年，第9—30页）。为了进行思辨性讨论，请参见白玉蟾所著的《修真十书》中的《屏睡魔文》卷42，第5—7页，《道藏通考》第263号。此外，"睡魔"和"炼睡魔"的表达同样存在于全真教的某些诗作、轶事、铭文中。

[2] 此处并非要陈述内丹的依据。十多年以来，关于这一主题的出版物不断增加。为了研究这一系统，我们参考了贺碧来的《道教内丹术简介》，该书于1995年出版于巴黎的瑟夫出版社。

[3] 不少词典中通常错误地认为，时段固定在前夜的两个小时。

当然，这种选择说明作品与军队巡逻或者看守相关，相关意思同样也呈现在法语词汇"veille"中。士兵们和道教徒们一样，他们抵抗睡眠，守卫着内心城堡，抵制所有的入侵者。此外，也有记载说明，五更在寺庙中是以击鼓的方式进行（道教徒与所有的佛教徒一样）。禅的戒律同样以五段来划分夜晚，每一个时段都会通过敲击云板来标识，而且每个时段都有特定的敲击次数。因此，对于宗教团体来说，更构成了一种极为感性的真实。

另一种夜间沉思的动机存在于团体实践中：新手们被要求在白天集体训练，其余的时间则主要是促进他们对自身精神进行探索。全真教教规要求冥思与高声诵读交错进行，持续整夜以驱赶迟钝。[1]与全真真人相关的传记体现了这种修行的真实性，同样，我们在尹志平（1169—1251）的语录中也有所发现，他在1227年成为掌教尊师，相关修行方法的论说记录如下：

> 先减昼睡，日就月将，无求速效，自然昏浊之气不生，渐得省力。吾在山东时，亦尝如此。稍觉昏倦，即觅动作，日复一日，至二十四五日，遂如自然，心地精爽。[2]

整夜冥思修行并不一定就意味着对睡眠的极端剥夺，但在全真教中，对修行则有着极为严苛的集体戒律，就像是伟大佛教寺院中的禅思。对于道教中数量最多的一个群体——独居

---

[1] 参见《全真清规》第6页（始于14世纪），《道藏通考》第1235号。
[2]《清和真人北游语录》卷1，第1—2页。

的教徒们，则没有守更的强制要求。他们同样进行夜间冥思的修行，并为了典范"自然地"减少睡眠。

夜晚冥思的体验以五更组词的形式记录了下来，本文将列举金、元时期道教文学中的7个例子（金元后的相关组词不在考虑之列）。[1]附录中收录了后面我所需要研究的资料目录，在本文中，我只呈现符合形式特征的词作，即符合以"一更""二更"等为开篇的五首组词[2]，以及此类词作的变体，比如以击鼓代替打更等，重复三次（组词2、5、6）。这些成组的诗词中有一首是严格的诗作，其余的则是根据不同的词牌，以词的形式出现。

本文首先会举出两个代表性译本，随后对这些词作做出整体上的反思，但在这之前，我想从书目学角度对这些译本加以说明。所有搜集起来的材料，无疑是浩瀚全集中的一部分，但其中有一些遗失了，现有的材料属于全真教的作品。我们很难对遗失的部分进行思考，尤其是极少从文学内部去探讨，值得注意的是，在其他同时代道教派别的诗词中，也没有找到任何

---

[1]《张三丰先生全集》(《玄要篇（下）》第48—56页)、《道藏辑要》中的六组《五更道情》；另一同名组词载于《玄要篇（下）》(第56—58页)。谢伯阳编：《全明散曲》（齐鲁书社，1994年，第233、234页）一书中八组词的第一组未指出出处。对于张三丰这位历史人物的真实性是存在质疑的，张三丰诗词选是由清朝的李西月编撰而成。我们同样在以下书籍中发现了这一组词，即刘一明（1734—1821）的《会心外集》、晚清的《道书十二种》，由北京的中国中医药出版社重新出版发行，1990年，第685页。

[2]在众多词作中（组词一和四），实际上我们发现了五更被引论和结论所围绕。下文中，我将一整组词称为"组"或者"系列作品"，将作品中的一首称为"词作"或者"作品"。

"五更词"的例子,尤其是以留下了大量诗词而闻名的南宗派,这一派别在历史上被后人忽视了。[1]

此外,我们选择了宋元道教词集《鸣鹤余音》中的六首组词。在当时,全真教占据着主导地位。这部词集最初有12首抒情词作,相传由全真冯尊师(字长泉,13世纪中期)所作,此后,这些词作因为一位吟诵者而在中国南部享有声誉,中国著名诗人虞集(1271—1348)在此基础上加以和作。1347年,同样是来自中国南方的道教尊师——彭致中,收集了一些与道情类似的作品,并在之前的基础上扩充了500余首(主要是词)。作品歌颂了对世界的超脱和不朽的愉悦,其中的"道教情感"构成了一种独特的抒情风格,这些主题在同时期的戏剧(杂剧)中也有所呈现。这六首组词出现在词选中,说明它们在当时已经得到了广泛的传播,这让人想到了五更词的名望,以及它们在全真诗词内部不可忽视的地位。

这些材料的另一个特点是,全真教的第一代尊师们占据着主要位置,因为他们创作出了最古老、最多的词作。事实上,其中有一半的材料要归功于全真教的创始者——王嚞(道号重阳,1113—1170,组词1—4),以及他的徒弟马钰(道号丹阳,1123—1184,组词5—8)。[2] 在王重阳去世后,也就

---

[1] 神秘的张伯端为南宗始祖,他的《悟真篇》是内丹的参考著作之一。南宗于13世纪得到充分发展,随后逐渐并入全真派。
[2] 关于王重阳和马丹阳的诗作与生平,参见蜂屋邦夫:《金代道教研究——王重阳与马丹阳》,东京:东京大学东洋文化研究所研究报告,汲古书院,1992年。

是1170年至1180年，他的诗词曾在马丹阳周围传看编注。作为一种已有的形式，王重阳的诗词在尊师与爱徒之间的诗词唱和中扮演着重要角色。我们的确发现了众多相互唱和的诗词，然而，吸引我们的是，有八首描写夜间的词作看起来是完全独立的。

王重阳的词作有一个特点，那就是他为了创作五更词，使用了两个词牌：《五更出舍郎》和《五更令》。这两个非常罕见的词牌[1]看起来确实是王重阳为此而创造的，除非他给已有的词牌重新命名，这在道教作者中也很常见。他们也可能是受到了名为五更词的不同韵律词牌的启发，此外，在敦煌发现的五首组词（创作于9世纪或者10世纪？）[2]同样用到了这些词牌。在敦煌的词作中，人们发现了一些爱情抒情词作[3]，但更引人注意的还是十来首佛教组词，其中有五首涉及冥思并且描述了渐受启发的过程。[4]比起全真教词作，尽管敦煌的五更词更加形而上，在词作内容上较少有变化，它们仍旧构成了出色的前

---

[1] 我们在《（御制）词谱》（1715）中并没有找到。
[2] 参见潘慎等：《词律辞典》，山西人民出版社，1991年，第1192—1200页。同样参考黄兆汉：《全真教主王重阳的词》，《道教研究论文集》，中国香港中文大学出版社，1998年，第199、200页（原载《东方文化》1981年第19卷第1期，第29—43页）。作者同样在他的《全真七子词评述》（《道教与文学》，中国台湾学生书局，1994年，第43—85页）中引用了这些诗作（该文原载《香港中文大学中国文化研究所学报》，1988年第19期，第135—162页）。
[3] 不含宗教内涵却带有调情和思乡色彩的五更词作，此后这样的词创作仍在持续，尤其是在明朝的散曲中。
[4] 参见任半塘（编）：《敦煌歌辞总编》，上海古籍出版社，1987年，第1225—1580页。其中某个部分出现在张璋、黄畬编：《全唐五代词》，上海古籍出版社，1986年，第931—938页。

例，并与本文所研究的词作紧密相连。[1]五更词中有相当一部分受到了禅的启发，构成了具有重复结构的大量组词中的一部分，比如"十二时""十二月"或"百岁篇"。这种词作种类的最初起源可以在时间上追溯得更远，可以追溯到伏知道（6世纪末）所创作的五首组诗中，作品名为《从军五更转》，它构成了军队护卫与宗教守夜之间的联系。[2]然而，古代的词牌传统，尤其是"五更"，并没有因此在全真教中得到后人的认可，因为在我们的材料中，并无其他作者采用这一词牌。

王重阳其他的弟子似乎对五更词这种类型并不感兴趣。相反，我们在第二代弟子中倒是发现了这类词作，例如，提到最多的是尹志平（组词13），以及《鸣鹤余音》中所列举的两位不知身份的作者。《鸣鹤余音》中还有两首吕洞宾的组词（11和12），这位全真教圣主以及他不朽的历史性从未受到争议，但是很多以吕洞宾的名义所作的诗词是从12世纪开始的，其中包括受到神启的诗词。组词14和15则是由元朝晚期的作者王玠所作，人们对他的经历知之甚少，但他的诗词可谓是融合了全真教和南宗的典范之作。最后一组词作在真实性上有一些问题，它被认为是著名的第30代天师张继先（1092—1126）的作品，他在宋徽宗执政期间（1100—1125）担任掌教尊师。

---

[1] 在16首组词与某些敦煌组词（尤其是《敦煌歌辞总编》，第1284页）中，我们发现了一些形式上的相似之处，五更词的开头均由三个汉字构成，用来形容夜晚，例如一更初、二更深等。
[2] 参见逯钦立（编）：《先秦汉魏晋南北朝诗》，中华书局，1983年，第2602、2603页。

在张继先去世之后，他的作品时常被道教文学提及，但是他的作品一直到1395年才由优秀的文献学家、第43代掌教尊师张宇初（1361—1410）编撰成书。由于这部别集是作者死后才出版的，那么就有了这样一个假设，其中的一部分，可能是组词16，实际上是更晚期的作品。[1]这部组词是材料中唯一一部与全真教没有明确关系的作品。

我认为第一篇译文（马丹阳的组词5）的韵律并非五更韵，而是五鼓韵。五章都有一句相同的词句，以此加强组词的整体性。每章的首句基本上也是相同的，只是马丹阳认为此处应为"眠"，但根据词作其余的部分，可以做如下理解：它处于一种深沉宁静的状态，但意识仍然保持活跃（全真教文学可以证明，"眠"确实有这种使用方式[2]）：

一鼓孤眠内守，宝陆用云耕透。密种紫芝苗，自是洞天无漏。无漏，无漏，坎虎离龙交媾[3]。

二鼓孤眠内守，云绽遍天星宿。日月两交光，自是宝瓶无漏。无漏，无漏，起陆龙蛇战斗。

---

[1]《全宋词》并没有从《道藏》而是从碑铭中收集到这一作品。不过，我忽略了这些资源。
[2] 例如"沉思已忘眠"（坐忘眠），刘口圭的碑文《大元国大都路易州涞水县通亭乡檀山里通玄大师创建天真观记》，艺风堂收藏（北京大学图书馆），陈垣编撰（1880—1971），陈智超、曾庆瑛校补：《道家金石略》，文物出版社，1988年，第622、623页。
[3] 两个卦象坎和离，以及龙与虎、铅与汞、姹女与婴儿，构成了内丹修炼众多方法中所用的相对概念。它们的象征性结合能够创造不朽胎元。只是不论在什么情况下，它们都不能够回到唯一的肉体真实。

三鼓孤眠内守,重把玄门频扣。唤觉个中人,自是玉关无漏。无漏,无漏,姹女婴儿携手。

四鼓孤眠内守,谨谨小心防寇。慧照破邪魔,自是金精[1]无漏。无漏,无漏,一点灵光结就。

五鼓孤眠内守,湛寂无中得有。应物处真常,自是神丹无漏。无漏,无漏,显现胎仙清秀。

第二篇译文是对组词9的翻译,选自《鸣鹤余音》,为杨真人所作。《全金元词》的编者们认为,这位杨真人就是杨明真(1150—1228),他是马丹阳的徒弟,在很多碑铭资料上有所记载。就算杨明真可能是金元时期最负盛名的杨姓道教徒,就算他与马丹阳之间的关系能够为这一身份提供证明,这也只是一个简单的假设,并不影响对词作的释读:

其一

一更里,擒意马[2]。猿猴儿,莫颠耍[3]。大悟来,心地觉清凉,管自然都放下。本来面目常潇洒。真清净,更幽雅。更减口,颐养气神全,按四时分造化。

其二

二更里,夫妇会。和婴儿、姹女交泰。复宇宙,颠倒任

---

[1] 金精,"精液的精华"。
[2] 意马和心猿在金元的道教文学是两个无处不在的隐喻。带有一些放肆的性质,炼金术苦行的前提是,需要有严厉的训练。
[3] 颠,即选取与他们相反的事物,对现实的幻觉。

循环，把坎离相匹配[1]。土牛木马撼山海。随羊〔车〕，运搬载[2]。泼□焰，都辊入泥丸[3]，教鬼神须惊骇。

其三

三更里，根蒂固。玲珑现，日端午。要返覆，泥里倒推车，便即时扬勃土。木金间隔腾乌兔。刀圭至，汞铅聚。降满地，白雪注黄芽[4]，看玉华金莲朵朵。

其四

四更里，法鼓响。金鸡儿，木头唱。便斡旋，升降透双关，早起随明堂过[5]。虎龙自在通来往，能抽添，运水火。炼黑赤，炉内辊金丸，迸雪白珠砂颗。

其五

五更里，天欲晓。功圆满，行都了。便脱壳，来往有无间，□显出真容貌。古今快乐仙家□，延长生，永无老。降紫诏，传报玉皇宣，驾祥云归蓬岛。

每首词作都拥有其独特的风格，可能人们会发现马丹阳的

---

[1] 字面意义上，卦象上的泰、復。
[2] 羊车是身体内在的三种运输工具之一，另外两种是牛车和鹿车。
[3] 泥丸是一个古老的词条，来源已不可考，普遍意义上指的是头脑。组词8中的第一更中也有关于泥丸的词句。
[4] 白雪和黄芽是两个相关术语，尤其是在《悟真篇》传统中。前者对应汞，后者对应铅，但业已彼此丰富，因此，两者的相遇（前者衰，后者胜）是构成不朽胎元的时刻。此处三更天中所提及黄芽，在二更天中普遍提及（组词3、4、6）。
[5] 明堂是用于修炼内丹的众多地方之一，而内丹修炼与具体的生理真实并不相对应。穿越明堂同样在组词1的一更天有所涉及。

词更抒情,杨真人的词更集中在内丹的修辞上。这些作品不仅难以阅读而且难以翻译,翻译材料是枯燥无味的,但对这16首组词进行比较阅读也可以触发思考。一开始,我们会发现这些词作中并没有太多的相似性,随后则会意识到大部分词作中有不少类似的意象:一更天坐着冥思的教徒,他们开始静心并调整呼吸[1],三更天满月升上穹隆之顶,公鸡啼鸣(四更天或五更天),晨曦初现。诗作中有不少相同的隐喻,尤其是关于光的隐喻时常可见,例如暗淡月色(朦胧)或者曙光光芒(霞光,译者注:作者此处有误读)。通常情况下,外在光线是众多组词的导引。

然而涉及身体的隐喻则并非如此,即使有些固定表达在不同的组词中频繁出现,也是出现在不同的时机。比如,形容不朽躯体的明亮珍珠(明珠,有时候也写作珍贵的珍珠,即宝珠或珍珠),可能会出现在五更天中的任何一更天[2]。对这个结论,我们并没有感到太过意外,如果内丹的基本理论是被严格界定的,那么,它更多的功能则是赋予了创造,其中就包括文学创作。这种比较阅读恰好说明,要将不同作者笔下修炼内丹的过程系统化是有难度的,甚至将同一作者不同文本中的内容系统化也很不容易。

---

[1] 组词13指出休息是从晚餐结束时开始。组词16指出作家盘腿(跏趺)坐在沉思垫上(蒲团),面对一盏灯。
[2] 一更天(组词10),二更天(组词7),三更天(组词11),四更天(组词2、9),五更天(组词1、6)。

确切地说，五更组词并不是对过去夜间冥思的客观叙述，因此，将其系统化就显得更加棘手了。词作是对炼丹术整个过程简练、抽象的回忆，从第一阶段的净化到最终的神化。总之，作者会自觉地参考另外的一些方式，比如将夜晚划分为五更，以此来隐喻整个精神旅程。也正是如此，很多组词借用了驯服水牛的意象。[1]

我们无法否认，这些不同组词实际上构成的是某种相同经验的轨迹，这一经验可以被定义为苦行。当然，不论是以上的两首组词，还是别的作品，我们都没有发现文章开篇中所提到的那种对梦和眠的惊恐。组词中有不少篇目也提到了半眠，例如马丹阳的组词5，甚至有两处曾描述过四更天中浅层、短暂的睡眠。[2]此外，作品充分肯定了击退瞌睡的必要性。[3]冥思者坚持观察外在世界；在组词16中有一座四处是墙的城池意象，它在一更天时封闭，直到五更天才打开。人们这里常说到的魔，或者有时候是贼（更具佛教意味的隐喻），都是不可回避的征象，而且必须驱逐它们。对它们的驱逐（组词2、9、11、13、15）最常出现在二更天中[4]，这就意味着那一刻是修行者最迟钝的时候。马丹阳的词作明确提出了性欲与睡眠之间

---

[1] 例如，组词12的二更天。围绕着驯服水牛主题的诗歌创作，参见戴思博：《守更之路》(Le chemin d'éveil)，巴黎：亚洲出版社(L'Asiathèque)，1981年。
[2] 组词6和组词13。
[3] 组词7中的一更天："先须减睡眠。眠心散，露青天。"
[4] 驱逐在一更天（组词6、10、12）或者四更天（组词5、13）中也会有。在敦煌组词中，我们发现了两首有关驱魔的词作，《敦煌歌辞总编》，第1424、1429页，这两首词作中，驱魔均在三更天。

的关系；上文中的组词5，以"无漏"标志节奏，随后的组词6建立在相同的模式上，只是重复的是"无梦"。

作为夜间冥思的形式化或制度化的实践产物，五更组词必然会提出一个问题：即诗词体裁与神秘经验、门徒族群身份之间到底存在着什么联系？即使是继承了最古老的描写夜晚的文学传统[1]的全真尊师们，他们的语言有时候也是细腻的，但极少有那种闲散的美。全真教大部分诗词，约有1万首诗词是交游题赠之作，为了某个教徒的问题或者只是一种鼓励方法。因此，现有材料中一部分诗词的创作，要么只是为了那些正在学习夜间冥思的新教徒，要么是为了在夜间集体冥思时能够当众诵读。

其实，不少词作带有教导口吻，例如由王玠所作的组词14、15。组词4是被一位词人当作训令（修行诀）而引入的，而且大部分词作看起来更多的是个人经验的叙述，有些词作甚至可能是夜尽熹微之时创作而成。最富想象力的作品当属王重阳的词作，他的词作中出现的主要词汇均与幻象相关[2]，苦行者们为了抵抗魔和恶魔般的幻觉，创造了属于自己的幻象，这些幻象来自极乐世界却又令人惊奇。这种情况在五更词作中很常见，只是有时候幻象是以梦境（醒着的状态）的形式出现。

同样，在组词12中：

---

[1] 除了上文所提到的伏知道的诗作，我们在非宗教诗词中看到了五首描写夜晚的组诗，然而这些组诗并不是通过数更开篇，因此也就不符合我的界定。
[2] 组词3赋予了听觉感觉重要的位置，尤其是在标志时段的鼓声时。

醒觉朦胧清风送，悟入桃源洞[1]。阆苑中，闲访三茅[2]兴无穷。透窗风，惊觉游仙梦[3]。

美梦被创造、被引导，驱逐出自本能的产物——邪恶；只是美梦可控，而邪恶却不可预见。那么，这些可控的梦中幻象在何种程度上是以客观资料为基础呢？尤其是那些诗词、故事和说教文本。

只有对大量的内丹文学进行系统性比较，才会发现它在某种程度上是用诗词语言在建构所有的幻象，幻象被分享并被传输到传统内部，或者与之相反，是作者的原创。同样，有可能会追问这些被再创造出来的幻象是否具有视觉依据。[4]作品中经学习而得的部分（通过尊师口传或者阅读）与自创的部分很难分辨。[5]组词2中出现幻象是最具原创性的幻象之一：

虎儿上，坐个婴郎。

---

[1] 这一典故来自陶渊明的著名梦境。
[2] 三茅真君是茅山（南京附近）上的神灵和上清派的师祖，上清派于公元4世纪开始得到发展。
[3] 梦游仙：该主题的灵感来自诗歌创作，尤其是唐朝，参见组词7中的第五更天。
[4] 如果内丹文学提供的多为抽象方案（绝大多数作品），在这里，我们同样发现了具象描绘。比如《玉清金笥青华秘文金宝内炼丹诀》（卷2，第13页，《道藏通考》第240号），呈现了一个在海底吸走月亮的乌龟形象，一个我们在组词10（第三更）和组词11（第四更）所发现的隐喻。
[5] 我们在古代道教中已经发现了视觉化在因缺乏睡眠而产生幻觉的状态下的践行，参见苏德朴（Stephen Eskildsen）：《早期道教中的苦行主义》（*Asceticism in Early Taoist Religion*），纽约：纽约州立大学出版社（State University of New York Press），1998年，第49页。

腰悬白刃，手执青钢。

把百魔驱，千魔剿，万魔亡。

广现森罗，遍吐银芒。

我们认为以上片段是出自本能的独创性冥思，然而，这首组词却极具结构性，词中的每一更天标志着一个物相（五行），并以此来决定语调；上文中的二更天，很明显也是以金属物相为标志，即金（虎、刃、钢、芒）。组词4中的意象也极为丰富，每一更天联系着一个方向。在冥思的过程中，景象的起伏是被引导的，因为各个教派的信徒们并没有完全的自由，尤其是全真教，它的教规极为严苛。

因此，现代读者们会产生这种印象：尊师们既用口头传授，也以诗词形式记录他们的亲身经历，以此向弟子们传达他们夜间诵读悟道修行的主题和方法。尊师们可能也会传授弟子们自己所创造的具体主题，这些主题具有直观化特点。轮到他们自己，他们则通过写作来记录自己的经验，并为制作充当典范和参考的诗词集做出了贡献，例如"五更"词这种类型。大众对修行的兴趣和实践（因为冥思并非杰出道士的特权）说明，这些诗词可能在宗教圈之外广为流传并大受欢迎，如同以往敦煌佛教抒情词的传播、《鸣鹤余音》在元朝的传播，这些作品被文人改编并在公众场合吟诵。

与经常被研读的关于炼丹术的"大量文本"不同，这些持续的创作不能构成一个体系。尽管炼丹术的经典作家给五更词中的每句诗都做出了注释，但还是无法就此构成完整、严密的论说。因为大部分的诗词体裁，需要的是模仿而不是阐释。正如每位信徒都会体会到他们自己的邪念和独有的困难，他们在常见的文学中寻找属于自己的方式，以此超越邪念和困难，并用已有的模式记录属于他们的独特经验。由此，产生了一种体裁，它赋予宗教教徒们一种方法，将独一无二、无法言说的因素融入集体经验之中。

组词目录

材料开篇是一手资料的来源，常用的现代版本附在后面。

1. 王嚞（王重阳，1113—1170）：《五更出舍郎》词七首，《重阳全真集》卷7，第7页下—8页上（《全金元词》，第202、203页；蜂屋邦夫，1992年，第424页）。

2. 王嚞：《行香子》词五首，《重阳全真集》卷8，第5页上—6页上（《全金元词》，第210、211页；蜂屋邦夫，第429、430页）。

3. 王嚞：《五更令》词五首，《重阳全真集》卷8，第10页上—11页上（《全金元词》，第213、214页；蜂屋邦夫，第431、432页）。

4. 王嚞：《川拨棹》词七首，《重阳全真集》卷13，第17页下—18页上（《全金元词》，第251页；蜂屋邦夫，第472页）。

5. 马钰（道号：丹阳，1123—1184）：《五更令》词五首，又名《五更寄赵居士》,《渐悟集(下)》第10页(《全金元词》,第331页;蜂屋邦夫,第546页)。

6. 马钰:《无梦令》词五首,又名《五更》,《渐悟集(下)》第10页(《全金元词》,第331、332页;蜂屋邦夫,第546页)。

7. 马钰:《两只雁儿》词五首,《鸣鹤余音》卷6,第7页上—8页下(《全金元词》,第397页;蜂屋邦夫,第671页)。

8. 马钰:《挂金索》词,《鸣鹤余音》卷6,第12页上—第13页上(《全金元词》,第397、398页;蜂屋邦夫,第671页)。

9. 杨真人(杨明真?):《辊金丸》词五首,《鸣鹤余音》卷6,第6页上—7页上(《全金元词》,第1250、1251页)。

10. 范真人(范圆曦?):《挂金索》词第10组2—6首,《鸣鹤余音》卷6,第10页上—11页上(《全元散曲》,第1950、1951页)。

11. (相传)吕洞宾:《梧桐树》词五首,《鸣鹤余音》卷7,第11页上—12页上(《全金元词》,第1309、1310页;《全唐五代词》,第1033、1034页)。

12. (相传)吕洞宾:《步步高》词五首,《鸣鹤余音》卷7,第12页上—13页上(《全金元词》,第1300页;《全唐五代词》,第1034、1035页)。

13. 尹志平(1169—1251):《修行五更颂》诗五首,《葆光集》卷1,第9页。

14. 王玠（14世纪）：《金字经》词五首，《还真集》卷3，第41页下—42页上（《全元散曲》第1948页；《全元曲》，第8690—8692页）。

15. 王玠：《挂金索》词五首，《崔公入药镜注解》（《全金元词》，第1266页。《全元散曲》，第1948、1949页；《全元曲》，第8692、8693页）。

16. 张继先（1092—1126）：《度清霄》词五首，《三十代天师虚靖真君语录》卷6（《全宋词》，第763、764页）。

诗词资料

《葆光集》，《道藏通考》第1146号。

《重阳全真集》，《道藏通考》第1153号。

《崔公入药镜注解》，《道藏通考》第135号。

《还真集》，《道藏通考》第1074号。

《渐悟集》，《道藏通考》第1142号。

《鸣鹤余音》，《道藏通考》第1100号。

《全金元词》，唐圭璋编，中华书局（1979年），1992年。

《全宋词》，唐圭璋编，中华书局（1940年），1977年。

《全唐五代词》，张璋、黄畬编，上海古籍出版社，1986年。

《全元曲》，徐征等编，河北教育出版社，1998年。

《全元散曲》，隋树森编，中华书局（1964年），1981年。

追寻永生

——20世纪早期"内丹诗"旅行研究[1]

[美]刘迅著

卢絮译，王建平校

一、绪论

外国人对中国20世纪80年代的气功热多少有点惊讶，这种惊讶指向我们关于道教感知的某方面，揭示了我们把道教当成一种完全基于史实的宗教来看待，已经有多么艰难。然而，有一段历史将今天的气功与看起来似乎永恒的道教正典挂起钩来，那段历史的一部分就是20世纪二三十年代以上海为中心的道教复兴运动。而那场道教复兴运动的部分产物，乃是几种道教刊物的出版发行和一个联系不太紧密的全国内丹信众团体的形成。这个团体的档案记载中，有20世纪30、40年代在两份专注于道教内丹修炼的刊物上发表的诗歌。该团体的诗

---

[1] Xun Liu, *In Search of Immortality: A Study of Travels in Early 20th Century Neidan Poems, Taoist Resources*, No.1, 1997.

人描写了道教内丹术方面一种兴盛的修炼方法。最为重要的是，他们描写了自己在20世纪早期内丹修炼的经历。因此，他们的诗歌不但证明他们处身的时代道教复兴运动的严密和强势，而且也为我们了解鲜为人知的现代修丹游历增添了些许亮色。

内丹修炼背后的信条可以概述如下：对内丹信奉者而言，人的出生被想象成"气"，或者生命能量，从原初宇宙（Anterior Heaven）的混沌状态中喷发而出。之后的一生就是一个逐渐衰退，最终导致原初的生命能量全部耗尽的过程。内丹修炼的关键是通过提炼逐渐把（"气"）这种生命能量的外流逆转过来，并且最终将这种精炼的能量返还，让其与原初宇宙重聚，达到"天人合一"。蓄含在这种逆转之中的是关于内丹修炼的一种憧憬，即把这种修炼看成是向着永恒生命的原初完美境界逐渐分期回归的一段旅程。正是对这种完美境界的追求促使这些信徒踏上修炼的旅程，也促成了他们的诗歌创作。

这些行吟诗歌主要发表在20世纪30、40年代专为追求内丹修炼而创办的《扬善半月刊》和《仙道月报》[1]两种刊物上。《扬善半月刊》始印于1933年7月，由于1938年日本围攻上海而短暂停印，一共发行99期。因为颇受读者欢迎，于战争爆发后四个月，即1939年5月，重新开始刊印，更名为《仙道月报》，一月发行一期。但是由于政治局势更为恶化，月报

---

[1] 这两种刊物都由上海翼化堂善书局张竹铭创立。此书局始创于咸丰七年（1857），致力于搜集和刊印古籍善本和儒、道两家经书等。

于1941年秋停刊。从1933年到1941年这八年间，此刊物流传至中国绝大多数的省份，读者甚至包括居住在中国香港地区、马来西亚和菲律宾的华人。

向这些刊物投稿的诗人是它们广为分布的读者群中的一部分。通过这些诗人的订阅和投稿，以及他们同刊物编辑人员的通信联系，一个非正式的内丹修炼的国际网络历时多年后逐渐产生了。几位主要的资深编辑和特别撰稿人也成了这个网络的智能核心，而期刊的分布和发行路线成了内丹修炼团体内部联系的连接点。在期刊社员工中，陈撄宁（1880—1969）是最为突出的资深编辑，对于他，本研究论文中的几首诗有所涉及。陈撄宁自青少年时期就开始内丹修炼，其目的是治疗"童子痨"——一种消耗性呼吸系统疾病。他走遍全国各地，寻访内丹修炼大师，希望能增进功力，进而治愈自己的疾病。但是，寻访结果令他颇为失望。1912年左右，陈结束了他的山地旅程，在上海定居下来。之后，他系统地研究了所有道教正典，20世纪20年代还进行了外丹修炼的实验。

但是陈撄宁的长处还是在内丹修炼上。实际上，由于坚持不断的练习，到1915年左右，他的病已完全得到控制。随着健康状况的好转以及这段时期的婚姻带来的经济稳定，他的内丹研究和修炼都有长进。内丹修炼上的修行和外丹修炼方面的实验，为他赢得了声誉，让陈撄宁成了一个修炼高手，并在热衷于内丹修炼者当中发展了一批追随者。

1933年《扬善半月刊》创刊时，应他的朋友和弟子张竹铭的要求，陈撄宁开始担任此刊的专门撰稿人和主要编辑者。在此期间，陈撄宁为推广他所命名的"仙学"起了决定性的作用。通过他的诗歌创作、内丹修炼典籍的编写和在刊物上答复读者（"答读者问""编读往来"）的专栏，陈撄宁倡导他的观点："仙学"是与儒、释、道三家教义相区别的一门独立与自治的学科。对于陈撄宁而言，"内丹"或内部的炼丹术，是仙学的核心和精华。陈撄宁对于过去内丹修炼的历史、流派与世系、方法以及往日内丹大师著作的思考开始具有广泛影响。陈撄宁很快被认为是内丹修炼的权威人物，内丹爱好者和修行者通过《扬善半月刊》熟悉了解陈撄宁的作品和思想，并经常和他通信交流。许多信徒从他们远在别的省份的家乡旅行到上海，希望拜访陈撄宁，甚至成为他的弟子，而去往上海的一些旅行经历也成了"内丹诗"的主题。

本文主要研究发表在这些刊物上的五首诗歌。这些诗歌告诉我们信徒们长途跋涉求道的原因和意义，也让我们能够真切地看到他们内心的感受和想法。此外，这些诗歌也向我们揭示了 20 世纪早期内丹修炼过程中个人及社会的状况。

二、内心修炼之旅

内丹修炼是一个缓慢的、渐进的过程，包括多个不同的自我修炼阶段。最初阶段，初学者出门寻找授道高手或大师，求教基本方法或口授秘诀。张伯端（984—1082）在他的《悟真篇》中深刻讲述了授道师父的不可或缺性。

饶君聪慧过颜闵[1]，不遇真师莫强猜。只为丹经无口诀，教君何处结灵胎。[2]

张伯端的诗歌说明在内丹修炼中有一个悠久的传统，即看重口头传道而不是手写文本。在这样一种授道模式中，口授师父的地位是至高无上的。为了学到正确的修行方法，初学者迟早必须去寻找一位师父。寻找这位师父的旅行过程通常被称作"寻师访道"。

1940年5月，一个自称为"华"的人发表了一首诗，详细描述了他"寻师访道"的长途旅行。这首诗标题为《俚句四绝藉词代意即呈撄师》，详述了他到上海来拜访陈撄宁，请他口授修炼长生不老金丹秘诀的经历：

为求金液济衰颜，万里征途岂惮艰。瘴雨蛮烟风雪夜，汽车载梦迈蓝关[3]。轧轧飞机日夜过，蓬窗□□[4]泛苍波。惠阳[5]城外关津险，命似悬丝志不磨。自信人间百事灰，余生有愿渡蓬莱。知师名列丹台久，海上乘槎问道来。深信长生事不非，难将世智测天机。金丹妙用神仙诀，今日求师抉隐微。

---

[1] 孔子弟子颜回和闵损的并称，两者以其德行和智慧而闻名。
[2] 翁葆光：《紫阳真人悟真篇注疏》，李一氓编：《道藏》第6册（下），上海书店出版社，1988年，第953页。灵胎，内丹术语，指修炼者体内所凝结的"精、气、神"成功转化，达到完美的境界。
[3] 蓝关，位于陕西省蓝田县一个古老山道口。
[4] 此处在原始材料中漏掉两个字。
[5] 惠阳位于广东东南部的东江下游地区，原名为惠州。

华氏诗歌中描绘的旅行路线表明，他是取道战争威胁下环境严酷的乡村，因而旅途漫长而曲折。显然，他是从陕西中部出发，南下翻越秦岭，至湖北西北地区，然后到湖南，再继续南下到达广东东南部一个古老的城镇——惠阳。他没有停止，继续前行，最后从海上乘船沿着东南海岸线来到上海。这样绕道而行是为了躲避当时的日军侵华战乱，但尽管历经曲折，想要避开战乱的努力还是没有成功，因为头顶上的飞机日夜轰鸣，伴随着他一路南下。从这首诗中，我们可以瞥见当时寻师问道的现实环境之艰难和危险。

除了反映这种现实环境的艰难和危险，这首诗还有双重功能。一方面，它似乎成为一种证明自我的仪式。通过对这些艰难险阻的生动描述，华氏向陈撄宁证明了自己对内丹修炼的坚定信念和不惜一切代价、孜孜以求的决心。对于初学者，为了获得师父的信任和重视，这样具有说服力的证明是非常重要的。另一方面，这首诗也有实际的功能。通过这首诗，华氏向陈撄宁展示了他的文学才华，而陈撄宁认为这种才华对内丹修炼来说非常必要。[1]

寻师问道也是诗歌《访道初发四首》中的主题，其作者自称为"青云道人"。在征得作者同意后，于1936年9月，经由

---

[1] 陈撄宁在很多场合都讲到了文学和文学修养对于内丹修炼者的重要性。他曾出命题作文给弟子，要求区分儒、释、道三家和仙学的主要异同。他的目的是检验弟子理解和阐释这些重要学说的水平。见陈撄宁：《答复河南安阳某女士》，《扬善半月刊》第84期，第2页。

他的友人发表在《扬善半月刊》上。据友人介绍,这位"青云道人"云游四方,几乎游览过中国所有名山,他写了两本著作,记录这些经历。[1]在这首诗里,他这样写道:

访道初发四首(青云道人旧作)

其一

寻师问道费艰难,益寿痴心总未寒。

妙诀不知何日得,白云深处炼金丹?

其二

一叶蒲团拟作舟,穷河直欲达源头。

任他八万四千里,霄路云程我不愁。

其三

携杖孤征欲度关[2],云遮那怕羽衣[3]单。

黄粱[4]自是仙家饭,深愿黄粱睡里餐。

---

[1] 见陈宗云:《〈访道初发〉附录》,《扬善半月刊》第84期,第9页。
[2] 关,即关口。此处语意双关,所指不仅是路途中实际存在的山口,也指身体内的三关,即"玉枕""夹脊""尾闾"。"气"流经此三关,始为内丹修炼过程的第一步。
[3] 羽衣,通常为神仙或道士所穿之衣,有时代指道士。
[4] 黄粱,或黄粱梦,取自马致远(约1250—1324?)和李时中(?—?,约公元1260年前后在世)所作元杂剧《黄粱梦》。剧中写的是全真教祖师吕洞宾在邯郸一个酒肆中遇见他的师父钟离权,最后拜钟为师,赴终南山修道的故事。需要指出的是此剧是作者从唐传奇《枕中记》改编而来。故事说的是,从前有一个穷困潦倒的书生卢生,在邯郸一个客店遇见道士吕翁。吕翁送他一个枕头,这时店主正开始做黄粱饭,卢生小睡,其间他做了一个建功树名、封妻荫子,随之又烟消云散的梦。梦醒后,主人的黄粱饭都还没做熟,卢生醒后受到启示,知功名利禄均为梦幻,遂大彻大悟。在元杂剧中,穷困书生被置换为吕洞宾,而吕翁换成了钟离权。见时钟雯著:《中国戏剧的(转下页)

其四

不用车兮不用船，芒鞋踏破海中烟。

飘然欲到桃源[1]洞，一会桃源洞里仙。

在第一首诗中，诗人对寻师问道、获取口授秘诀的艰难发出了哀叹，但是他对长生不老、获取金丹的渴望让他继续探寻。在第二、第三首诗中，他表明了即便跋山涉水也要找到师父的决心。在最后一首诗中，他表达了自己的信心，即一定会抵达"桃源洞"，与神仙相会。就这样，诗人寻师问道的想象性旅程通过诗歌的叙事结构得以流畅进行，这种想象性旅程与诗歌的叙事进程完美地并列在一起，两者相得益彰。

可是这首诗让读者饶有兴致的不仅仅是行文的流畅和结构的流变性，而是浸透于诗歌中的想象模式，其中有着关于内丹修炼的引人入胜的丰富影射。如果仔细阅读这首诗，我们会发现，诗中青云道人想象中的问道之途还并行着的两条"副线"（sub-journeys）。一条是诗人在第二首中用"蒲团"比喻船，暗示"水上旅途"；接着，作者通过"蒲团"以及"河""源头""霄路""云程"等与水相关的意象，暗示着内丹修炼过程中"气"的流动，即"河车运周天"之法。

在内丹术中，人的身体被认为是一个生命系统，其中自

（接上页）黄金时代：元杂剧》，普林斯顿：普林斯顿大学出版社，1976年，第93页。

[1] 桃源，即桃花源，源自陶渊明（365—427）在其著名的《桃花源记》中生动描绘的虚构天堂或乌托邦。此处喻指道家仙界。

然老化的进程,如果任其发展,不予遏止,就会将生命引向死亡。但矛盾的是潜能。永葆青春和长生不老的源泉是"精、气、神"。"气"通常分为两种:一为先天之气,二是后天之气。前者也称为"元气",后者被称为"精气"。"元气"对于宇宙的起源和再生起着更为重要的作用。这种"元气"在人体内的保留和积累被认为能使人长生不老、寿与天齐。"精气"是"元气"的具体化或物质化,也叫作"精""精子"。源于"元气",精子是人身体内具有生殖力的性能量。如果任其发展,这种能量就会消耗完,导致身体的衰竭和死亡。"神"在内丹术中有多种意义。就"精、气、神"三者而言,"神"是指心智意识,指导和伴随着"气"的运动。这种对抗死亡、追求长生不老的本质是,注重"气"的流动要适当依循微观宇宙中即身体内的轨道运行。这种流动循环的"气"得以精炼,和体内其他基本元素凝结在一起,最后升华而成"金丹"或者"灵胎",而"灵胎"的形成被认为是通往永生的第一步。

此外,人的自然身体根本上被看作一个"阴体",一个水体;相比之下,修炼而成的至善之身通常被称为是"纯阳体"。将自然身体视为"阴体"和水体的看法,常常引起水之奇幻意象和水上旅行运用,并出现在描述各种"死亡逆转"(death-reversing)过程的内丹修炼文本中。在《钟吕传道集》一书中(晚唐道教徒施肩吾所撰),"气"在所谓微观宇宙,即身体内的流动,被想象成"河车",即如同河流上穿行的船只运行于由水构成的身体里。此时身体为"阴",而每天固定时刻产生的"阳气"则为"河车",运行于身体之微观世界中。经过一系列的关口,"阳气"到达体内最重要的地方,即"黄庭","阳气"将在此处得到进一步的培育、修炼及升华。[1]

由此观之,"青云道人"将他的"蒲团"作为溯源航行的河船之隐喻的用法带有几层含义。首先,它暗示着诗人具有关于内丹修炼技术的详尽知识,表明不光是初学者通过旅行寻师问道。而且,它说明了内丹修炼术相关的旅行之丰富而紧张的内在本质。它还暗示着一个人外向地寻师问道与内向地追求生理转变之间不可分割的联系。

另一条平行的旅行线路在第三首诗的"黄粱"这一典故中有所体现。这一典故让人想到晚唐道教宗师吕洞宾寻道和悟道的亲身经历以及他后来获得的启迪。在马致远改编的元杂剧《黄粱梦》中,吕洞宾进京赶考,在一个酒肆中休憩,当店家为他煮黄粱饭时,他睡着了,进入深深梦境,在其中经历了自己一生的兴衰变迁。饭还未熟,吕已从梦中醒来,结果邂逅了师父钟离权,受到他的点拨启迪。[2]这个典故不仅说明了作者的愿望,即如吕洞宾一样遇到一位明师,也为诗歌结尾所说的作者在桃源洞必然遇会神仙埋下了伏笔。更为重要的是,这个

---

[1] 李一氓编:《道藏》第4册,上海书店,1988年,第670—672页。《修真十书》第15章,施肩吾:《钟吕传道集》"论河车"篇。此处作者意不在详细描述"河车"的修行方法,而在于考察修行中水之意象的运用。
[2] 这个元杂剧名为《邯郸道省悟黄粱梦》,改编自唐沈既济所著《枕中记》。《枕中记》后来被收入《太平广记》,更名为《吕翁》。马致远的元杂剧明显改编自沈既济的这个故事。也可参考前注。

典故中的吕洞宾和钟离权的经典相遇给寻师问道的可能性增添了历史真实感。它意味着过去的旅行以及与已善其身、修成正果者的相遇仍在继续，而现今的寻师问道也是面向过去的一种旅行，是内丹修炼的历史之行。

所以在诗歌中并存着三条旅行线路。作者想象的现实世界寻道之旅和冥想修炼中"气"于"河车"上的旅行以及内丹修炼大师吕洞宾的历史之旅，三者交织在一起。在这样的表述中，内丹修炼之旅变成了跨越空间、时间和身体内部的微观宇宙三者界限的旅程。

华氏和青云道人的诗歌表明，在20世纪早期，内丹修行者们对于寻找师父、获取口诀的需求仍然非常迫切和强烈。但是，找到一位大师并不会保证修炼的成功，因为那还只是满足了内丹修炼的四个根本条件之一，即"法、财、侣、地"之"侣"。要使修行完满成功，四者都必须到位并产生作用。虽然对于内丹修炼关于人及物质资源的严苛要求最初产生的具体历史时段和起源很难精确查证，但是回溯这些要求演变为内丹修炼之先决条件的历史语境总是可能的。

一个可能的语境便是外丹修炼。外丹修炼需要正确的方法和相对富裕的财力，这是不言而喻的。但除此之外，外丹修炼对于地点和修炼同伴（即道友）的选择也是有严格要求的。隋唐时期一部关于九转还丹（the ninefold-cycled elixir）的外丹修炼文本明确指出，修行地点要选择杳无人迹的名山，且要在适当考虑风水的基础上修建一个特别的炼丹房，炼丹过程需要两到三个修炼者的配合,这些修炼者必须拥有相同的提升修炼技巧的渴望,必须老实、忠诚、贤良、遵守戒律。[1]隋唐时期对于修炼场地和道友的选择要求显然延续到了南宋,吴悞在其《丹房须知》中详细说明了"择地"和"择友"的方法。[2]早期这些对于选择合适修道地点和道友的严格要求,其背后有对可能引起污染的担忧、对安全问题和修炼过程中情感以及技术支持的考虑。

内丹修炼者似乎承继了外丹修炼的这些考虑因素。"法、财、侣、地"四个根本条件,特别是其中对于选择"侣"和"地"的重要性在明清时期继续得到强调。一部通常被认为是张三丰所著的内丹修炼文本非常仔细地规定了关于如何筹钱、挑选修行地址和道友的标准。其中敦促要选择"善财"来资助修行,并警告说"孽财"会给修炼者带来灾难。如在城镇地区修炼,则要选择兼具强大政治势力和经济财力的户主;如在乡村地区修炼,则要选择有红黄色土壤的地方,且周围没有古墓。要邻近新鲜、干净的水源和友善的邻里,远离厕所和粪坑。总之,修炼地点必须静谧和宜人,否则,不利于修行实践。此书继续详细说明了选择修炼同伴的标准。修炼者必须选择"同心之侣"和"生死之交",他们要忠实、诚恳、情同手

---

[1] 见《太极真人九转还丹要诀》,李一氓编:《道藏》第19册,上海书店出版社,1988年,第10—11页。任继愈认为此书和陶弘景的《真诰》相似,应写于隋唐之际。见任继愈:《道藏提要》,中国社会科学出版社,1991年,第654页。
[2] 见吴悞:《丹房须知》,李一氓编:《道藏》第19册,上海书店出版社,1988年,第57页。

足，要有孝心。他们在料理修行者的内在需求与变化方面必须勤勉和细心。基于这些，修炼者们才能共同修炼成功，最终达到长生不老。[1]

内丹修炼被看作人为了控制自己的命运而与自然进行的一场战斗。高级阶段的修炼会达到一决胜负的关键时刻，因此拥有适当的技巧、财力和修炼地点其实都是为这个关键的转化时刻而准备。但是当这个关键时刻到来，基本的转化发生时，修炼同伴的作用是最为重要的，因为，这种转化的微妙征候必须得以仔细监控、正确理解和煞费苦心协助，这样修炼者才能确保一个安全和成功的转化。如果这个关键时刻有任何思想的闪失和疏忽，修炼将前功尽弃，甚至危及生命。这么一项该由一位博学的监控者和可靠的协助者承担的关键任务也就落在了修炼同伴的肩上。恰恰因为这样，晚明时期一位道长曹珩就曾感叹：寻找一个师父容易，要找到一个合适的修炼同伴却要令人气馁得多。[2]

为这么一个至关紧要的转化时刻筹到足够的资金，确定一个吉利的场所和挑选合适的道友，修炼者们是在催策之下动身上路的。董女士（1912—？），河南安阳一位内丹修炼者就是如

---

[1] 张三丰：《金丹节要》，李一氓编：《道藏》第11册，上海书店出版社，1988年，第339—340页。李远国认为此书是明朝另一个道长张三峰（朴阳子）所著，其名与著名的道教大师张三丰音同。见李远国编：《中国道教气功养生大全》，四川辞书出版社，1991年，第1749—1750页。英文版见 The Chinese Sexual Yoga Classics Including Women's Solo Meditation Texts（Douglas Wile, Albany: State University of New York Press, 1992）。

[2] 曹珩：《道元一炁》，陶秉福编：《中国气功古籍丛书》，北京师范大学出版社，1990年，第109页。

此。在1936年她写给陈撄宁的一封信里，董女士描述了自己的处境，询问了谒见陈的可能性。根据信件看来，她是一位受过良好教育的女性，毕业于河南第一女子师范学校，也是一位热爱研读内丹修炼经典的读者。她已婚数年，其丈夫也是一位忠实的修行者。由于对生活的不可预知和种种悲欢离合幻想破灭，董女士公开宣布要寻得内丹修炼之法，甚至梦想能在大白天荣登仙界。[1] 1937年5月，董女士发表了她的诗歌《斩龙功毕有感》[2]，表达了她要发起自己对"法、财、侣、地"四个修炼根本条件的寻求的愿望。

斩龙功毕有感

中州董女士

其一

垂帘塞兑且凝神[3]，甘露循环润一身[4]。

---

[1] 陈撄宁：《答河南安阳某女士》，《扬善半月刊》第84期，第1—2页。虽然此信是匿名发表，陈在回信中提到作者为"来自河南的一位女士"，我想匿名作者和董女士应是同一人。我的猜测基于信的内容和语气与董女士所写的两首诗惊人的相似。安阳的古名为邺。信和诗歌中的作者都抱怨了她在问道途中来自家庭的阻力，两者都表达了作者在完成"斩赤龙"之后想要拜访陈撄宁的愿望，也坚信自己最终能升登仙界。

[2] "龙"或者"赤龙"是内丹修炼专有名词，在此诗语境下指月经。"斩赤龙"指的是女性在内丹修炼中通过气息调节训练把由上往下流动的经血转化成由下往上而行之"气"。具体方法可见贺龙骧：《女金丹》，《女丹合编》，成都：二仙庵，1906年。

[3] 内丹修炼中"帘"指眼睛，"兑"指嘴巴，"神"的意思有多种，这儿是指在修炼当中必须高度集中的意识。

[4] "甘露"是指冥想过程中随着身体微观宇宙的运动过程而产生的"精、气、神"的凝聚。

炼勤不分朝与夕，自然坐断曲江津[1]。

其二

此后功夫权保守[2]，终期超脱出尘寰。

束装欲向江南去，窒碍多方举步难。

其三

欲觅法财兼侣地，在家非易出家难。

天涯地角修真士，何日方能大集团。

其四

人事牵缠百感生，蓝桥旧事想云英[3]。

信知小谪非无意，好结仙缘返玉京[4]。

董女士的诗歌描述了她对于开始寻求四个根本条件的渴望和与这种寻求相伴相随的个人和社会问题。正如诗歌题目所说，她已经"斩龙"成功，此乃内丹修炼术语，表示阻断月经。在完成了女性内丹修炼的最初阶段后，董女士非常希望能找到方法，为自己提供修炼必不可少的四个根本条件，即

---

[1] 根据陈撄宁对这首诗的点评，"曲江"是指蜿蜒流过浙江省的浙江，所以称为"曲"。陈解释它不是字面意义上的"下丹田"的意思，而是恰当地暗指了月经的流动。

[2] "保守"一词指在修炼中男子成功阻断精子的流动，或女子成功阻断经血的流动。

[3] "蓝桥"指陕西蓝田县的蓝溪桥。根据《太平广记》记载，唐代修行者裴航与女神云英在桥上相遇。后来，他娶云英为妻，与她一道上了玉峰并通过食用"绛雪琼英之丹"而长生不老，成为神仙。李昉等编：《太平广记》第50卷，上海古籍出版社（重印），1990年，第7—11页。

[4] "玉京"通常指神仙居住的天外仙境。

"法、财、侣、地"。

就一个女性修炼者，如董女士而言，对于这四个根本条件的追求似乎倍加复杂。1936年后期在写给陈撄宁的一封信中，董女士说她的丈夫虽然是她忠实的修行同伴，但是家里还有母亲和兄妹。她甚至已经决定为了全心修炼放弃生育小孩。[1]虽然她坚决要去江南拜访陈撄宁，但一开始就"窒碍多方"；虽然她没有仔细交代所面临的种种阻碍，但我们不难想象她必定遭遇了来自亲人方面对自己去南方决定的强烈反对和抵制。

而且，董女士第三首诗歌暗示了20世纪30年代动荡的社会政治、经济状况以及她个人无法满足"法、侣、财、地"修炼要求的窘况，这不仅给她而且给她的内丹修炼伙伴们造成了普遍共有的挫败感。其结果是，对于任何个体修炼者而言，要独立地确保那四个根本条件的满足，如果不是不可能的话，也是变得非常困难了。另一结果是，在内丹修炼的共同追求中将资源整合在一起，也是无可避免和十分必要的。

1936年11月，编辑人员在《扬善半月刊》上成立了一个特别的论坛，号召读者们就是否或者怎样建立和维持一个全国性组织和修炼中心进行公开讨论。[2]许多人建言献策，回应和参与了这次讨论。从1936年到1941年，一共有12份左右的建议书，包括提议的标题、运作条例、财务安排以及入会条

---

[1] 见前注。
[2] 第一次正式的讨论出现在1936年11月中旬的《扬善半月刊》上。可见《为修道集团始征求同志诸君之意见》第82期，第2页。

件和要求等，发表在这一刊物上。

　　董女士自己也是建议者之一，她强烈倡导成立全国性的组织和修炼中心。她辩称，由于受到世俗的怀疑、迂腐学者们的鄙视，还有其他宗教信仰者的诽谤，内丹修炼者必须依靠团结一致的力量才能成功。一个统一的组织能够提供大量必需的"法、财、侣、地"，能够保证所有追求永生的有志之士不会陷入个人或家庭的困境之中。[1]

　　在第四首诗第二行，董女士受"人事羁绊"（困扰）的深切感觉触发了她对在蓝桥上与神仙相遇传说的回忆。在回想有关唐代道教探索者裴航和女仙云英的幽会以及裴航最终成仙时，董女士流露了她自己的寻求也会导向这种幸运相遇的愿望。此外，云英和裴航的典故以及他们最终成仙的成功与董女士的百事缠身的现状并置在一起，更加强化了这首诗中所表达的伤感。

　　但是这种伤感情绪并没有延续，接下来的两句向我们展示了她对于现实生活的重新肯定。在她看来，这些艰难困顿只是"小谪"而已，董女士此处重新定义了生活中的种种阻碍，把它们转化成了她追求向不朽者王国升迁回归的动力。

　　内丹修炼者除了要寻找一位师父，还要游览名山圣地。这

---

[1] 从1936年到1940年，在《扬善半月刊》和《仙道月报》上出现了很多的建议书。可见第89期，第1—7页；第93期，第10—11页；第94期，第9页；第99期，第9—10页；《仙道月报》，第4期，第4页；第8期，第2页。董女士的建议书发表在《扬善半月刊》1939年五月刊上。

样的游览有别于欣赏风景的旅行或者为了购买或建房的看地。这样带有勘探性质的游览是为了达到更高阶段的修行中所需的四个根本条件。看上去像是游山玩水,但目的和功能要丰富得多。因为游览之处往往是道家所认为的洞天福地,所以是神圣的。在道教宇宙论和风水学里,这些地方是吉祥发源地甚至是超自然能量聚集之地。探访这些神圣的地方被认为是内丹修炼过程中至关重要的。[1]

但是这些名山圣地的吸引力已经不仅仅在于它们具有超自然能量或者风水效力。在历史或神话故事中,那些地方通过跟传说中以往的炼丹者修炼完满、获得永生相关联,或者跟神仙降凡并在那里与凡人邂逅相关联,已经被神圣化了。修道成仙,或者与神仙奇遇,这些故事仍然留在人们的记忆中,因此,对于这些地方的想象如此有说服力,以至于拜访这些圣地几乎变成了一种宗教仪式或者朝圣之旅。

邓雨昌在1938年夏末就进行了一次这样的朝圣之旅。邓来自福建省连城县,他积极参与了当地一个名叫"习善堂"[2]

---

[1] 地点的重要性在外丹修炼中是得到确认的。可见吴悮:《丹房须知》,李一氓编:《道藏》第19册,上海书店出版社,1988年。内丹修炼中地址的有效力是还需进一步考察的主题。但是传统如陈抟和张三丰等大师选择隐蔽山区进行修炼似乎证明了修行过程中风水的影响力。现代修炼者们如陈撄宁也频繁拜访甚至短暂居住在山区。陈说这也是他的修行方法之一。可见《陈撄宁自传》,1953年;陈撄宁:《道教与养生》,华文出版社,1989年,第3页。

[2] 笔者曾采访张柱明博士,张说他个人从没有见过邓雨昌,但是知道在20世纪30年代邓和他的合作者曾在上海陆家浜车站路建立一个福建修行团体的分支。

的修行团体。这个团体的成员是先天道的追随者,他们在《仙道月报》上发表的诗歌反映了在福建东南地区对内丹修炼充满活力的追求。

在诗歌《戊寅季夏在南城侍温师游麻姑山》[1]中,邓雨昌生动描写了他游览麻姑山的经历。麻姑山,位于江西省东部南城县郊外的一处圣地,山顶有一座古老的庙宇,被认为是麻姑成仙得道之处。

戊寅季夏在南城侍温师游麻姑山

邓雨昌

从师寻胜证前缘[2],桑海千年已变迁[3]。

几杵钟闻尘外路,四山云护洞中仙。

松梢瀑布悬银练,石底灵渊涌玉泉。

欲访蔡经家未见[4],会仙桥畔久流连[5]。

奇遇主题在诗中从两个层面展开:第一个层面是邓和他的

---

[1] 麻姑山是道教名山之一,是东晋道士葛洪(284—364)炼丹之处,也是传说中的神仙麻姑修炼成仙之处。

[2] 前缘可能指的是神仙麻姑和汉代工匠蔡经的相遇。蔡经后获得炼丹秘诀,长生不老。可参见葛洪:《神仙传》,丁福保编:《道藏精华录》,浙江古籍出版社,1989年。也有可能是暗指温师自己之前在此圣地的一次奇遇。

[3] 桑海是沧海桑田的缩写。是指远古时代地形的神秘变迁,大海变成桑田。此处也是上一行的前缘的比喻,传说麻姑与蔡经相遇时麻姑说,"已见东海三次变为桑田"。参见葛洪:《神仙传》。

[4] 蔡经是传说中东汉的工匠。可见前注。

[5] 会仙桥可能是此地一座桥的名称。虽然诗歌并没有清楚提及此次相遇的详情,但是这一名称加强了整首诗的情调和主题。

师父通过游览名山一起寻求对一种前缘的确证。虽然没有明说，但是前缘应该指的是邓的师父与其所拜之师在山中的相遇。"钟声""云"以及"瀑布"和"玉泉"等意象创造出一种超脱尘世的意境，更加突出了在此地即将遇见神仙的可能性。可是他们寻求的奇遇在诗中没能实现。

在另一层面，奇遇的主题通过邓对蔡经的暗指展开。根据葛洪（281—341）的《神仙传》所述，蔡经是苏州人，面相有仙缘。后来神仙王远和麻姑来到他家，麻姑为他家举行一个净化仪式，给他们留下些朱砂丹药，蔡经后来升天成了神仙。[1]

在诗中，当邓雨昌以第一人称的语气描述山地原址的沧桑变化时，传说中的麻姑和蔡经相遇的故事复活了。此处，邓雨昌重复了，或者不如说，扮演了麻姑的角色，再次走过她与神仙王远从天而降来到蔡经家的路途。为了使麻姑从天上降落人间的经历复活，邓愈加想要寻找到蔡经的房子，登门拜访。这种戏剧性的张力感一直延续到诗歌最后一联。[2] 实际上，邓雨昌使用第一人称叙述的手段描述，麻姑山的千年变迁和他试图寻找到蔡经住处的希望使得邓的这次山地旅程和麻姑从天而降至蔡经家的过程之间的距离拉近了。邓雨昌的寻访成了此处圣地历史的一部分，圣人的奇遇因邓雨昌的到来而复活，此地

---

[1] 麻姑和蔡经的典故可参见葛洪《神仙传》。
[2] 邓想要在麻姑山上寻找到蔡经的住处也许是诗歌误传的信息。因为麻姑去过的蔡经家是在苏州。但是，邓诗意义比较含糊，也许可以采用另一种解释：邓仅仅是想表达他想拜访蔡经住处的愿望，因而并未明确写明其地址。

的过去也得以重现。从这个意义上来看，此次旅程也是邓雨昌的一次奇遇经历了。

我已经说明，内丹修炼者的旅行不仅仅是时间或空间上的旅游，还包括内心世界的旅行。的确，在一些诗人的心目中，旅行变成了内丹修炼的隐喻。董女士的诗歌将她现时的生命指称为一种"小谪"或流放，她这种指称蕴含着内丹修炼者独特的生命观。在这种生命观中，人的出生和自然生命被概念化为跟完美和永恒生命的一次离别，一次微不足道的、暂时的放逐。在自然生命过程中，人的原生能量（the primordial energy）如果不能得到修炼或者不能回归至原初宇宙（Anterior Heaven），那么它就会消耗殆尽，这一点我们在绪论中已经做了交代。

的确，视自然生命为别离完美的一次放逐，视内丹修炼为对原初完美的回归，是当时上海内丹修炼诗人的共同表现主题。朱昌亚（1897？—？）就是其中一位。她起初在仁和医院的妇产科实习，后在上海尚先堂妇幼医院工作。据陈撄宁所说，朱医生是在美国接受的医学训练。[1] 据朱的好友吴彝珠介绍，朱医生气质上与道教吻合，她们都对道教艺术，有浓厚兴趣，还一同请教过当时上海一位名叫白石仙师[2]的算命道

---

[1] 参见陈撄宁：《与朱昌亚医师论仙学书》，《扬善半月刊》第86期，第7—9页。陈在信中评价朱在美国学医多年，所以她的新（西）医知识丰富，令人敬佩。
[2] 吴彝珠：《秋日相聚怀昌亚》注释，《扬善半月刊》第82期，第11页。

长。朱医生对于女性内丹修炼也很感兴趣。在 1937 年早期的信件中，她询问了陈撄宁很多关于仙学和女性修炼的问题。[1]到 20 世纪 30 年代末期，朱医生已经开始在一所由上海一群内丹修炼者建立的仙学院里积极参与各种活动。她定期参加陈撄宁在仙学院举办的一系列内丹修炼讲习会，显然，她已经成为陈撄宁的弟子之一。[2]在诗歌《自遣》中，她对自己的"小谪"进行了思考。

  自遣

  朱昌亚

  小谪尘寰四十年，聊凭仁术种心田。

  静中多少兴止感，锦幔华灯意惘然。

  坐对琼浆不敢尝[3]，应怜有味便神伤。

  十年一觉非容易，白石仙师赛药方[4]。

  真理不随生死去，聪明且了眼前缘。

  人间自有奇儿女，立志飞升上九天[5]。

---

[1] 陈撄宁：《与朱昌亚医师论仙学书》，《扬善半月刊》第 86 期，第 7—9 页；第 87 期，第 1—5 页。

[2] 朱昌亚：《朱昌亚女士序》，陈撄宁：《〈灵源大道歌〉白话注解》，上海：丹道刻经会，1938 年。

[3] 琼浆通常用来比喻好酒。

[4] 白石仙师是上海一位道士，1932 年，朱医生与好友吴彝珠医生一起拜访了白石仙师。那次两人都向白询问了自己将来的情况。白石仙师想必在一首诗里做出了回应，并且奇迹般地应验了。因此，朱医生在此对白石仙师的预测表达了称颂。可见吴彝珠：《秋日相聚怀昌亚》注释，《扬善半月刊》第 82 期，第 11 页。

[5] 九天通常用来指道教上清派所构想的仙界。这里比喻神仙居住的天界。

在这首哀伤的诗中，现世生活被看成是离别完满的贬黜或流放。她为酒采用的比喻对于理解诗人的失落感和悲伤心情是非常关键的。"琼浆"一词暗指内丹修炼过程中"气"之凝结，也通常用来指祭神之酒。比喻的多重含义在诗中制造出一种微妙而心酸的自我讽刺意味。因为酒是为普通人消费之用，而琼浆是供神仙提精神的。酒香使诗人想起了自己在这个尘世中人类之根蒂，而由琼浆引起的芬芳却只是突出了她回归仙界之前的仍要旅行的漫漫长途。

这首诗也向我们展示了这样一种回归之途对于内丹修炼者的个人生活和从业者的职业生活来说是多么巨大的诱惑。朱医生被自己修炼成仙的凌云壮志和放弃医师职业的徘徊犹疑弄得痛苦不堪，难以抉择。诗中也提出了善行善事与内丹修炼之间的关系问题。善行通常被认为是有益于修行的，但功效却有限。几十年来，诗人利用自己的医术治病救人，这可能有益于修身养性，但却不足以使身体产生某种转化（即永生）。当诗人最后痛苦决定要了却所有尘世之缘，包括她的医生职业，我们也分明感受到她为了最后能"飞升完满"所做出的努力和奉献。

结语

我希望对于这些诗歌的研究，有助于我们从以下几个方面来理解 20 世纪早期与内丹修炼相关的旅行。首先，旅行依然是 20 世纪早期与内丹修炼关系密切且不可缺少的组成部分。

然而这些旅行背后的最终动因除了延长寿命、获得永生外，还有更为实际的原因。有些是为了找到一位能教导如何修炼和传授秘诀的师傅，有些是为了寻找一个修行隐退的合适地点，有些是为了寻找适合的修行道友，还有些是为继续修炼寻求财力和物质上的支持。我们仍然无从知道修炼者们在哪一修行阶段才进行他们寻师问道的旅行，因为这些诗歌表明进行旅行的不仅限于初学者。有成就的修炼者，譬如董女士和青云道人也会旅行去寻找师傅传授秘诀或者获取其他修炼资源。

本研究还表明，也有些与内丹修炼相关的旅行是为了某种精神需求而开始的。例如，邓雨昌希望能与神仙奇遇而游览历史古迹或名山福地。在邓雨昌的诗歌里，我们能瞥见内丹修行者们的内心世界。那样的朝圣之旅已经不仅是风景游览式的身体旅行，而是沉浸在内丹历史长河中的心灵之旅。对于内丹修炼者来说，这样的沉浸跟奇遇神仙是同样重要的一种精神经历。

其次，这些诗歌反映了内丹修炼及其相关旅行的社会和个人生活。一般认为，内丹修炼是典型的离群索居修行方式，是与社会和个人生活环境完全隔离的。但恰恰相反，本文的研究表明内丹修炼及其旅行深深扎根于修炼者的社会和个人生活境况之中。这些诗歌表明对于人类存在的普遍关注，例如，生老病死推动着个人去寻觅精神和身体上的超越。在董女士和朱医生的诗歌里，用"小谪"一词对现世生活的隐喻极其准确地表达了修炼者们内心对于社会和个人生活中所隐含的一切压迫感。这些诗歌说明内丹修炼的追求是一个不断斗争、协商,达到平衡的过程。正如朱医生的情况所证明,就是追求在修炼者对于超然存在的激情与对于家庭和病人一种深切的社会和职业责任感之间的平衡的过程。在追求金丹的过程中,这些心有抱负的人不仅要一路奋斗,历经险山恶水,还要应对战争的影响。他们既需要找到物质的帮助,又需要一个能够给予帮助的修炼团体,还要有足够财力和可靠的修炼同伴。通过这些诗歌,我们可以看到,20世纪早期的内丹修炼过程为各种难题所包围,这些难题既产生于修炼者自身的和财经的条件,也跟20世纪早期中国的社会环境或状况相关。

第三,对这些诗歌的研究表明20世纪早期内丹修炼者们对于解决这些难题是有创新精神的,即号召团结的力量来满足"法、侣、财、地"四个修炼根本条件。他们的举动意味着对于内丹修炼的基本性质的认识有了变化。当时像董女士那样的修行者们开始将内丹修炼不完全看成是个人的追求,相反,他们越来越感到它也可作为一种集体的努力。炼丹术中的这种力量联合的概念也不完全是新生的。正如早先表明的那样,对于修炼同伴的选择可以追溯到隋唐时期的外丹修炼中,而明朝也有人号召建立修炼同伴关系。[1]但是,我认为这些早期的修

---

[1]《太极真人九转还丹经要诀》,李一氓编:《道藏》第31册,上海书店出版社,1988年,第10—11页。外丹修炼中对于修炼同伴的选择等在晚宋时期的外丹典籍中也充分讨论过。吴悮:《丹房须知》,《道藏》第19册,第57页。而晚明的内丹修炼典籍也提及了修炼同伴的重要性。《三环图说》,曹珩:《道元一炁》,北京师范大学出版社,1990年,第107—108页。

炼团体仍然在根本上保持着个体化和私人化的性质，而不是社会性和公开性的，只是个体间的、本质上的私人性质的同伴关系。而20世纪30年代建议成立的修行中心和全国性修炼组织则完全不同。他们是公开的，对所有修行者开放的，就其本身而言，在内丹修行历史中也是没有先例的。

第四，本研究也为我们解开了内丹修炼中潜在的概念，按照这一概念，旅行成为修行的隐喻，成为一种知识论范式，用以思考整个内丹修炼过程。就如董女士和朱医生诗歌里所说，人的出生和自然生命被认为是原初完美生命力的一次离弃和放逐。因为这样的离弃会导致死亡，所以内丹修炼的目的就在于逆转这种自然生命的流动，让它回归到原初的完美状态。从这个概念出发，内丹修炼本身就应当被理解为一次旅行，一次回归完美的旅行。

如诗歌所证明的，这样的回归旅行给予修炼者的完全是一场应对人类、社会和自然的种种不测情形的终生奋斗。这场奋斗充满孤独、哀伤、痛苦、挫折和失败；然而也预示着超越人类所有艰辛、苦难、绝望甚至死亡的某种东西：身体的不朽。自古以来，这种预示的诱惑力驱动着修炼者们踏上去城镇和乡村、去高山与湖泊的旅程。这种预示也促使洪万馨（化名太庵）——一位住在马尼拉的富裕的福建商人——在1939年的除夕之夜，给上海的师傅陈撄宁写下了下面的诗歌：[1]

---

[1] 洪万馨的祖籍是福建省南安县。根据洪自己所述，他从小体质娇弱，很早就开始对强身健体之术感兴趣。1928年，洪在日本神户旅行时写了（转下页）

追寻永生

戊寅除夕奉怀撄师

洪万馨

鼙鼓[1]声中两度年，行踪犹滞海南天。

遥闻一贯[2]传心法，喜见群英侍讲筵。

摩顶师会期此后[3]，执经我已失当前。

何时得遂半生愿，杖屦追随觅汞铅[4]。

致谢

本文初稿曾提交给1996年10月在犹他州奥德根的韦伯州立大学所举行的亚洲研究协会西部会议。在此我要感谢我

（接上页）一本题为《五大健康修炼法》的小册子，1933年才得以出版。在这本书里，洪总结了他几十年强身健体的经验和方法。见洪太庵：《五大健康法自序》，《扬善半月刊》第93期，第6页。洪与陈撄宁的交往可能始于20世纪30年代中期，洪向陈写信咨询各种修炼方法，陈通过他的一个弟子做出了答复。两人继续通过信件交流。可见《答福州洪太庵君》之后附上的四封洪写的信，《扬善半月刊》第90期，第4—7页。

[1] "鼙"是一种军鼓，这里用来指在除夕之夜传来的节日的鼓声。
[2] "一贯"，出自《论语》，指贯穿万事万物的普遍原则。这里比喻陈撄宁可能透露给其他弟子的内丹修炼的秘诀。
[3] "摩顶"，是佛教授戒传法时的仪式，传法师傅用手触摸初学弟子的头顶。此故事由《法华经》记载：释迦牟尼佛以大法付嘱菩萨时，用右手摩其顶。这里是指洪成为陈撄宁的弟子时的情况。
[4] "汞铅"，最初指外丹修炼中的化学合成物。在内丹修炼中，这个词根据不同语境有不同的意思。一般来说，汞与内丹修炼中"阳"相关，指太阳，属"离卦"。因为是"阳"性，汞也通常与心脏、红颜色和火相关联。铅通常属"阴"，指月亮，属"坎卦"。因其"阴"性，通常与肾脏、黑颜色和水相关联。两者被认为是组成金丹的最重要的元素。而在此诗中，汞铅用来比喻长生不老。

623

的导师费侠莉（Charlotte Furth）对我的极富洞察力的批评和持续的支持，也要感谢东华盛顿大学的格雷格·斯密兹（Greg Smits），以及《道教资源》的匿名评审人给予我的有益建议，同时要感谢我的妻子尹晓晨对我的理解和包容。

临水夫人

——从女人到女神的演变[1]

[法]贝桂菊（Brigitte Baptandier）著
卢澄译，李松校

一、临水夫人崇拜

1. 根源、来历和特性

临水夫人，即陈靖姑，被尊称为顺懿夫人[2]，是福建三大崇拜神之一。[3]她被当地人奉为保护神，尤其是妇女和小孩的保护神，同时也是闾山派祭奠中的女神，又称"三奶"。这种崇拜扩大到整个福建北方，在浙江南部也同样流行。临水夫人崇拜

---

[1] Brigitte Baptandier, "The Lady Linshui: How a Woman Became a Goddess". In *Unruly gods: divinity and society in China*. edited by Meir Shahar and Robert P. Weller. Honolulu: University of Hawai'i Press, 1996, pp.105-149. 本文作者贝桂菊（Brigitte Baptandier）：法国国家科学研究中心主任、教授，主要从事宗教人类学、道教研究。
[2] 她被尊称为陈夫人、大奶夫人、奶娘夫人、陈太后、慈济夫人和顺天圣母。
[3] 参见魏应麒：《福建三神考》，中国台湾"中山大学"历史学研究所，1929年。

在中国台湾非常活跃，18世纪还传入东南亚以及其他国家。[1]

这一崇拜可追溯至唐朝。根据某些资料，临水夫人出生于公元766年，与纪念她的临水宫祖庙（建于792年）形成对应。但是根据其他相关资料，她出生于904年，这就将她与闽国联系起来了，而闽国与这个崇拜密切相关。[2]这两种版本的传说无疑指向同一崇拜的两个阶段，关于这一点稍后再谈。1241—1253年，根据福州知府陈清叟的上疏，她在宋朝成为官方的祀典之神。这一崇拜活动在它的发源地以及拥有其最大移民社群的中国台湾仍然十分活跃，这种崇拜无论是过去还是现在，都有三个基本特征：它体现了与某个王国的历史和领土的紧密联系，代表了当地巫术传统，以及这个王国这一仪式传统中女巫的神性。

关于临水夫人及其崇拜的源头，无论历史或传说，都不乏各种资料。福建及福州、古田和其他相关地区的方志中，简要地记载了一个当地女巫（临水夫人）的生平、神迹及其崇拜。人们对她的历史真实性毫不置疑。1993年，国际文化交流协会、文化研究协会、福建民间文化与艺术研究协会（福州、古田、宁德）组织了一次名为"陈靖姑文化研究"的会议。

---

[1] 古田庙宇的石碑上刻有来自马来西亚和菲律宾的各团体名称。而且，有些敬拜者移居日本和美国。在旧金山的妈祖庙，人们向九个佑童的夫人进香，她们与陈靖姑的角色一样，并与中国台湾高雄的临水庙有关。
[2] 从地理位置而言，闽国大致相当于现在的福建省，是由王氏家族于909—945年统治的王国。此处的国王特指王延钧（928—935年在位）。他于935年称帝，并封其妻子陈金凤为皇后。他们于同一年被杀。参与朝政的天师是陈守元，下文将会提到。见薛爱华：《闽国》（*The Empire of Min*），1954年。

会议的一个主要议题是：她是如何从人变成女神的。她最重要的伟绩——斩杀巨蟒、求雨、参与闽国事务——并没受到质疑，这就迫使我们考虑她的崇拜起源的两个时期：766年和904年。

除了我之前提到过的地方志，陈靖姑的生平和传说也完好地保存在其他类型的文学作品中：野史和仙传。例如：《搜神记》《闽杂记》或《三十六婆姐志》。

编撰于清代的《闽都别记》是一部加工过的当地传奇故事集，其中有大量篇幅与临水夫人有关。这本书在1987年再版，在福建北部取得了巨大的成功，出版之后立刻售罄，而且被每位论及此话题的学者作为参考书目引用。

更确切地说，另外一种文学作品也完全是献给她的，即"小说"，例如《临水平妖》和《夫人全本》，均在中国福建和台湾出版。在浙江出版的另一部小说《陈十四奇传》（1985年版），似乎是这些传奇的二手版本。事实上，这些记录并非完全虚构，不能称为完全的"小说"。作为汇集了陈靖姑传说最核心内容的故事集，它们如实地以传说中关于她的生活和功绩为原型，没有来自匿名作家的个人创新。人们认为这些就是她生活的故事。这些历史故事被分为"卷"与"回"，用作寺庙壁画和碑刻的故事模板，至今也是如此。比如，福建的祖殿原先就根据这个模板设计，如今得到修葺——除此之外，我得以参观许多小庙宇里的壁画，壁画同样按"回"划分，具有同样的情节和主题。台南也是如此，那里的祖殿刚刚完成重建

（1987—1989），内涵丰富的金色雕刻就是依据《临水平妖》的17个章回而完成的。[1]

正如夏维明（Shahar）在本书的其他地方所言，这些曾经为市场和书店出售而写的"小说"，现在正被人们当作珍宝存放在庙宇中。我曾经在中国台湾的庙宇获赠了几本《临水平妖》复本。在台南庙一位雕刻工的建议下，我将一本复本赠予了古田的寺庙，因为他们正为修复古田寺庙的壁画而寻找模板，即"画本"。出席1993年那次会议的一些中国台湾与会者，考虑到这本书是件可以将这一传说的正统形式留存记忆的珍贵礼物，便带了该书的几个复本到会场，慷慨地赠予了会议组织者和我。此外，台南寺庙的信徒于两年前送了一本我以前曾赠给古田寺庙的此书复本。他说，此书是重要文献，他们特地从祖殿带回。此书一来一往：它是记忆的依据，传递与宣传了这种崇拜。

还有寺院散发的一批善书，例如《大奶灵经》，古田临水宫的《玉林顺懿度脱产褥真经》或台中炉源寺的《三奶夫人劝世真经》。这些著作讲述了临水夫人的故事，展现了她的祠堂的特征，也提供了符咒、护身符和仪式要素。将文献分发给来寺院进香的香客无疑也是宣传这种崇拜的重要因素。

这些作品还包括以歌曲形式讲述故事的《夫人唱词》，以及11幕剧《陈大奶脱胎传》（年代不详）。几年前这出戏在福

---

[1] 贝桂菊：《临水夫人》("La Dame du bord de l'eau")，《民族学会通报》(*Société d'ethnologie*)，楠泰尔（Nanterre）：巴黎第十大学（Paris X），1988年。

建仍在上演。经过长期禁演后,那里的人们也希望能够再次演出。被禁演的原因是太过"迷信",这一点非常重要,"迷信"意味着什么呢?这正是1993年的会议上讨论的话题之一。大多数的人认为迷信是不真实的,也就是暗喻。当然,对于信徒而言,这出戏显示了对陈靖姑信仰的核心、将她作为女神来崇拜的基础。这出戏展现了陈靖姑在闾山学法、闽地驱魔降妖、祈雨流产而死的人生历程。"这些都是庙宇应当存在的理由。"人们多次告诉我。当然,这些经历不太符合正统的、循规蹈矩的历史人物的形象。

在这个会议之后出版了一本书(1993年),为陈靖姑及其崇拜提供了一种崭新、正统的视角。此外,在会议期间,这出戏剧的新版上演了两次:一次在福州,一次在古田。它更小说化,有时并不忠实于真实的意义。这是当地的盛事,上了报纸,也引起了国家电视台的关注。但是这两地的观众认为这并不是关于陈靖姑"真正的戏剧"。为什么?不仅仅是因为对这个故事的改编,一位我所认识的巫师告诉我。他听说这出戏剧即将上演后,赶到庙里观看。但他什么也没看到……因为是在市剧院演出的。他非常生气,极度失望,并且告诉我,该是向我展示关于陈靖姑真正的戏剧的时候了——"陈靖姑作为闾山派师傅所能施展的全套法术"。因此,这出戏,即真正的戏剧,是一种灵验的科仪。如果你不打算演绎她所做的事,是不可能表演的。换言之,关于陈靖姑真正的戏剧是一整套闾山三奶教的科仪,并且仍由巫师和乩童以她的名义表演。这是临水夫人的一个乩童告诉我的,他问我:"你认为我在做什么?难道是入迷、表演、发狂?我就是陈靖姑。"这些仪式的文本自然对于我们理解她的"文化"[1](用中国的术语来说)弥足珍贵。

这出戏是中国台湾高雄至少一个剧团的部分保留剧目。20世纪80年代,关于陈靖姑的电视连续剧在中国台湾播出,与在福建上演的新剧一样,它是个小说化的版本,虽然观者甚多,但巫师和乩童却漠不关心。

所有这些不同年代、不同性质的文献,都通过陈靖姑这个女巫师,对这种崇拜的诞生与存在,以及它在中华帝国(尤其是在闽国)中的角色予以详尽描述。

2. 陈靖姑生平

现将传奇人物陈靖姑的生平概要介绍如下。笔者在此介绍的她的传奇故事系从相关小说中获得,这部小说也被刻在临水夫人庙的墙壁和庙前的石柱上。我所依据的故事还包括《搜神记》节本和地方志,当然,还包括了1980—1993年间笔者自中国福建和台湾人民那里所获得的口传资料,这些资料与戏剧、仪式保持了一致。陈靖姑故事的不同版本间并没有重大的矛盾之处,只是在情节和注释方面多少有点差异。正如我们将会看到的,矛盾的地方在于陈靖姑本身性格的不同方面。为了在接下来的文章里延伸,我主要介绍故事的核心。故事开始于

---

[1] 使人想起黄文山将人类学理论称为"文化学",他是20世纪20年代博厄斯(Boas)和罗维(Lowie)思想的传播者。

建造万安桥的一段插曲。这座桥横跨泉州的洛阳江，实际上是由泉州郡守蔡襄于 1054 年到 1060 年主持修建的。相传临水夫人出生于公元 766 年，这个信息意味着故事的这段插曲对应的是后来才发生的事。虽然如此，提及此事时，还是以这段插曲为起源。我们只能得出这样的结论：此处包含的隐喻因素在结构上与现代崇拜密不可分。

传奇中指出，郡守觉得修桥无望，所以观音菩萨决定帮助他。她出现在波涛汹涌的海面上，站在一艘大船的船头，艄公正是土地神。任何人可向船头之女掷银子，谁掷中即可娶她为妻。江岸上人头攒动，众人为了在这场抛钱招亲的游戏里掷中这名女子，纷纷解囊，银子很快就堆积起来了。吕洞宾获悉赶来，在他帮助下，一名菜贩用银粉触碰到了她的头发。然而她却像幻影一般消失了。这名男子受这种背信弃义的行为打击后，纵身跳水溺亡。但观音将他的灵魂转世至古田，他后来成为刘杞，做了学者和巡检。观音咬破手指，将一滴血滴入水中。这滴血顺着闽水的神秘河道，流至福州的下渡。葛夫人正在那里洗衣。她是知府之妻，久婚无嗣。据说，这颗小红珍珠就像一颗小草莓或梅子，沿着闽水堤岸，在湍急的水流中漂向不孕的葛夫人。这引起了她的注意，不经意舀起并吞服那滴血——观音的血。陈靖姑因此由下渡陈家的葛夫人生下。

被男人触碰到的观音头发，化为白色并落入水中。但它并没有就此消失，而是变成了一条白色的雌性巨蛇。据说观音预感到未来刘杞的欲望会激发这条蟒蛇的恶行，因此安排陈靖姑出世与其缠斗。观音的血和头发,女人和蛇妖,婚姻和欲望,他们以自己的方式准备与刘杞结合。

陈靖姑在下渡从小就是个模范小孩,但当她15或17岁的时候,她拒绝嫁给刘杞,并被观音的侍从良女带去闾山学习法术。她在那里待了三年,师从许真君学习各种法术,唯独不学扶胎救产之术,也仍旧拒绝结婚。之后她回到福州。回来之后的两年,作为巫师,她在闽地斩妖除魔,驯服几个古老的恶魔后,将其收至门下。她在途中巧遇道教中人,并结金兰之谊,其中包括林九娘、李三娘。

在她的一生当中,陈靖姑与恶魔巨蟒大战了三次,每次战后,国王都敕赐她新的封号。第一次是在国王的床上将巨蟒砍成三段。原来巨蟒变成王后模样,并将嫔妃悉数吞食。陈靖姑将巨蟒的第一段投入福州开元寺的井内,第二段丢在闽江,第三段置于福州七星井。第二次是为了救刘杞。蛇头从樊笼逃出后,变成一个美女,强行要与刘杞交欢。最后是在一次祈雨的仪式当中,她与蛇同归于尽,如同当年她们曾一同出世。

陈靖姑最后还是嫁给了刘杞,并且怀孕了。此时,为使闽地百姓免受饥荒,她须主持一场求雨仪式。她作法时必须"抛弃"胎儿,并将胎儿藏在她母亲的房子里。她的敌人白蛇找到了陈靖姑的家,一口吞下了她的胎儿,这一残暴的行为是为了"养生",这导致了河面上祈祷的陈靖姑失血过多而亡。陈靖姑骑在蛇头上凌空飞回古田临水宫,用尽余力将蛇杀死。如今她们仍在那里显现。据说,在古田宫的一个小山洞里,仍能看到坐化后的陈靖姑将蛇镇在座下。

陈靖姑死后，魂魄飘回闾山，学习扶胎救产之秘诀。她通过仪式召回了她孩子的灵魂，将其变成一尊叫作"三舍人"（或称麒麟三舍人）的幼神。

此后，她受到祀奉，最后被官方正式追封为女神。

二、中国福建和中国台湾的祖殿

1. 古田大桥镇的临水夫人庙

福建的临水夫人祖殿在古田大桥村一个叫作临水的地方。该庙始建于唐朝 792 年。多年后（1341—1348），该庙得到修葺和扩大。如果资料可靠的话，据张以宁（1301—1370）基于知县洪天锡（1225—1228 年在任）[1]的碑文而作的奏疏指出，在一次叫作"醮"的落成仪式上，全省信众集资重修，皇室也进行了赏赐。该庙于清朝年间被一个粗心大意的乞丐所焚后，于光绪元年（1875）修葺。20 世纪 50 年代，在反迷信运动中，庙中塑像遭到毁坏，"文化大革命"时期进一步受到摧残，但还没有完全被夷为平地。

自 1980 年以来，守庙人承担了重建该庙的工作，也致力于复兴崇拜团体。在当地，重建工作并非一帆风顺。有个临水

---

[1] 张以宁（1301—1370）原是福建古田文学家。元代（1277—1367）官宦，也是明代（1368—1644）杰出的政治家。洪天锡是泉州人。张以宁关于陈靖姑的事迹辑于《翠屏集》（录于《四库全书真本》4：48b—50a）。陈靖姑事迹另见于《古田县志》卷五第 134—135 页。

夫人的女乩童，她也有相同的目的，并意图主导。但她最终退却，建了另一座临水庙，并且参加了古田旧城隍庙（城镇保护神的庙）的重建工作。这件当地的趣闻强烈暗示了信众团体网络的形成，同时也暗示了他们的不和。另一些类似的轶事也有必要提及。自1991年后，国家宗教事务局负责该庙的正式修复，北京白云观的一位全真道士承担了管理者的角色。该庙如今由白云观和当地政府管理。回顾临水庙的历史、社会阶层之间的不同隐喻，以及该庙所引发的道教联系，在我看来，这一安排是相当传统的。这一点，我希望在下文会更清晰。1993年的会议部分在福州举行，部分在临水附近的庙里。后来在一家中国台湾信徒为香客和华侨新建的宾馆中举行，因为人数逐渐增加，临水庙旁边的那些小卧室再也不够他们住了。

该庙建于临水的一个山洞上，据说那个地方之前崇拜蛇妖，每年都要用两名儿童向它祭祀。[1] 根据这一传说，这条蛇曾向临水夫人公然挑战，但被临水夫人所杀。[2] 据传，该蛇隐

---

[1] 此事载于《三教源流搜神大全》（叶德辉据明朝版重印，卷4，第15—16页）和《三教源流圣帝佛祖搜神大全》（出版日期不明，木刻版，卷2，第5—6页）。这两个版本基本一致。口头传说保存了这个崇拜的记忆。

[2] 这个蛇精明显引出了那条白蛇的传说，可追溯至唐朝（7—9世纪），且发生在浙江。它激发了说书形式的著名短篇小说，并于7世纪始常被改编为戏剧。这些传说有几个共同点，尤其是动物变成妖精的主题，它们能够培养生命之源。当然也有蛇变成妇人的主题，以及洪水和浸没的村庄的主题（见下文）。这些传说也有被母蛇或巫师抛弃的婴儿的主题。在这两者中，所有这些因素再次与王室血统的渊源有关。在陈靖姑的传说中很明显，也许在白蛇的传说中也是如此，它有时与Birmany的王室血统渊源有关。参见班巴诺（Pimpaneau）：《白蛇传》("La légende du serpent blanc")，《亚洲杂志》(Journal Asiatique) 1965年第253卷，第251—277页。这两条白蛇是不同的角色，当地以

藏于一个小山洞内，临水夫人坐在被制服的蛇头上羽化。据说，第一座庙由闽王后（或唐朝皇后）所建，她曾在临水夫人去世后梦见她。这一事实对于临水信仰与国家的关系意义重大。该庙貌似宫殿，有正式的会客室，在它后面，临水夫人穿戴如皇后一般。大殿侧廊有画廊，地上有另一些祭坛，还有一个阁楼用于化装、戏剧表演和游行。在主厅，有个戏台（于1991年重修，并用于表演）[1]，面朝道场；这两片区域被低矮的院子隔开。我们也许在这里可看到道教仪式的宏大结构，犹如施舟人（Kristofer Schipper）[2]和丁荷生（Kenneth Dean）[3]所描绘的厦门保生大帝庙。这就是该庙的由来，这是一座道教科仪的宫殿，只不过平淡无奇。

端坐高位的是"三奶"——陈靖姑、林九娘和李三娘——三位精通闾山法术的女巫。三位都死于堕胎或自杀。她们旁边是江虎婆和石夹夫人，她们是在陈靖姑指导下痛改前非的妖怪。画廊上的三十六宫婆，原是闽王（王延钧，约928—935

相似的主题衍生不同的版本。
[1] 1991年来自霞浦区的闽西剧团参加了新修葺的戏院的落成典礼。演员表演了一个非常简短的剧目：《八仙庆贺》。晚上，为邻近的临水夫人庙表演了《包公为媒》。每次表演前，他们都会给戏剧界的保护神田都元帅上香。
[2] 施舟人：《保生大帝的崇拜及其蔓延到中国台湾的案例研究——一个分香的案例》("The Cult of Pao-sheng Ta-Ti and Its Spreading to Taiwan: A Case Study of Fen-Hsaing"，维尔麦耶尔（E. B. Vermeer）编《17和第18世纪福建省的发展和衰落》(*In Development and Decline of Fukien Province in the 17th and 18th Centuries*)，莱顿：博睿出版社，1990年，第397—416页。
[3] 丁荷生（Kenneth Dean）：《中国东南部的道教仪式和民间崇拜》(*Taoist Ritual and Popular Cults in Southeast China*)，普林斯顿：普林斯顿大学出版社，1993年。

年在位）的王妃，她们被白蛇吞食后变成一堆白骨。庙中的塑像表明，她们后来变成了养育和保护孩童的保护神。她们的姓名和出身贴在上面，因此，人们说，"求神时，肯定不会弄错"。这些女人也许是当地以前的信仰，后来让位于临水夫人。至少，她们其中一个是这样的情况：天花娘娘，来自福清，双胞胎之母，蛇神的子嗣。那个流产的儿子刘聪，也出现在画满王妃的画廊之中。他是以骑在怪兽（或称麒麟）上的形象呈现的。

这是个令人称奇的宫殿，我们发现闽国王后也在其中，她管理着该庙画廊上的王妃。[1]五方天兵（阴兵）的王、杨二将也在那里，听候闾山女巫临水夫人调遣，随时辅助她。该庙入口的一间房内，也站着两个太保——两个守护神（本地神）——他们是早于陈靖姑的信仰团体。他们的小房间的墙上以画装饰，绘的是三国故事。而在化妆阁的地面上，绘着一尊用于游行的临水夫人塑像，墙上的画则是根据《夫人传》而绘制的。临水夫人之母以及掌管百花桥（她治理的天界）的两位神一起画在地面。侧翼原有一座土地神的坛，据说此前曾是一座关公坛。国家宗教事务局已重建了土地神坛，并想为"三

---

[1] 北京的东岳庙（如今已荒废）包括一侧室，内坐一女王，由一群侍女和孩子围绕。这间侧室是个妇女崇拜的特许之地。东岳庙也供奉东岳大帝之女碧霞元君，她在北方的角色大致相当于福建的陈靖姑。这无疑是不同女性群体的共同点。另见柯素芝：《中国中古时代的性与神仙——〈临江仙〉词》("Sex and the Supernatural in Medieval China: Cantos on the Transcendent Who Presides over the River")关于西王母群体的论述，载《美国东方学会刊》(Journal of the American Oriental Society) 第105卷，1985年第2期，第197—220页。

清"建造一室,这也许跟白云观的资助,以及与该崇拜公开的正统相称。在龟、龙出现的地方还有一棵大树,这是风水的标志,证明地理位置绝佳。

我们可看到,官方宫殿的官僚象征、道教的世系、皇室体系的暗指,以及巫术和广泛的价值观密切地掺杂于陈靖姑这位妇女的历史。所有这些都镌刻在该庙的结构之中。因此,"解读"该庙,就是接触这种崇拜整体的神话学和社会学故事。

2. 台南的临水庙

位于中国台湾台南的夫人庙是按同样的原则构思的,但依据的神话则不太一样。它起源于福州的一座庙,肇建于1736年,它的旁边是郑成功庙。这座临水庙曾耗费巨资扩建装饰。1987—1989年,举行了开工"醮"仪和重新开张的仪式。城镇级别的官员、报社和电视台均到场。整个岛上的崇拜团体都很繁荣活跃。近年来,不少香客回到古田,重系他们团体的纽带。中国台北的临水庙也是如此,其理事是福州本地人,是古田庙最重要的施主,并且参加了1993年的会议。台南母庙的香客打算到古田进香。该庙的重建也再次产生了不同经济组织的信众之间的分歧。一位临水夫人特许的道姑已选择修建自己的庙,并希望去效忠夫人,直接在古田"分香"。中国台湾的临水庙以古田的庙宇同样的官方模式建造:在这里能看到会客室、绘有供奉的王妃和护婴佑童之神的画廊。表演就在庙前举行。土地神位于其内,江虎婆和石夹夫人被遭到陈靖姑阉了的猴精丹霞大圣圣坛所取代。临水夫人的母亲被掌管生育的注生娘娘及百花桥的花公、花婆取代。陈靖姑曾在百花桥守候,今天在福建大桥镇的临水庙前可以看到这座桥的实物。她的儿子刘聪也不在,但据说白蛇也在那里,只是看不到。如古田庙一样,临水夫人的神话故事以《临水平妖》为蓝本,印刻在镀金的浮雕上。

如有兴趣,不妨将众多的临水庙做一番有趣的比较,但本文无意于此。通过这两个例子,我们可清楚看到,关于这一崇拜的矛盾之处(官僚隐喻与巫术体系,历时与融合的呈现)是多么明显,对于这一点,我会以呈现陈靖姑本人各个方面性格的方式回头再谈。

每年新年和元月十五,在中国福建和台湾的临水夫人节日期间,来自各"分香"网络的香客与他们的巫师大量拥入祖殿。来访的各团体自觉地登记名称,将礼物带入登记处。在这两处的庙内,都有一些新近刻写的碑文,揭示了来自各地的分香团体,另一些碑文则叙述了临水夫人的故事即奠基神话。这些碑文被认为是将信仰的正统性传递给香客的凭据。

我们可看到该崇拜的两个重要方面:分香的网络及它们在世俗的经济作用,以及国家官僚制度的垂直关系。这些作用体现在"法师"(以陈靖姑之名作法的巫师)对科仪的编排上。这表明这块土地上的特殊方面:闾山三奶派的女神所宠幸的女巫们激励了各"分香"的经济网络。闾山系的法师主持这些不同的庙宇。在福建,法师们主要通过进香、分香以重塑团体关系和附属关系,并提出人们的个人愿望或询问神谕。在中国台湾，他们还在庙里以临水夫人之名，进行其他仪式。在福建，这些仪式通常在病人的房子里完成。[1]

三、闾山及三奶传统

临水信仰的一个特别之处是，它与某个仪式传统——闾山三奶传统有关。纵观历史，这一事实无疑在传播临水信仰中起着举足轻重的作用。

医巫闾山实际上位于中国东北——辽宁的北镇市。据福建道教先祖白玉蟾（1209—1224）[2]考证，这一灵山圣地在闽国时期就已闻名。根据书写和口头传统，闾山以一座神话之山（山上有人教授巫术和道教仪式）这一形式"输入"福建。最终，这座山的宁静被一群信徒打破了，它被反过来浸泡在福州闽江位于南台岛上渡的龙潭角。只有命相适之人，经过（我认为是巫术）"舟旅"，方能成功找到神仙传道之地的入口。从闾山的方位变换中，我们看到了它与外地传统的附属关系。

这些信仰伴随着一个完整的神仙谱系，闾山的法师掌握着

---

[1] 关于台南庙的举行仪式，参见贝佳菊《临水夫人》。大多数仪式是为妇女和儿童而举行。尽管有些有趣的变异，但中国福建的仪式与中国台湾几乎一样。关于福建的仪式，见贝佳菊：《开关仪式与儿童身份建构》("The Kaiguan Ritual and the Construction of the Child's Identity")，民间信仰与中国文化国际研讨会（International Conference on Popular Beliefs and Chinese Culture）会议论文，中国台北：汉学研究中心，1994年，第523页—587页。贝佳菊：《开关仪式——儿童的概念》("Le rituel d'ouverture des passes: Un concept d'enfance")，《人类》（L'Homme）1996年第137期，第119—142页。

[2] 《海琼白真人语录》，《道藏子目引得》第1296号，哈佛燕京学社，北京，1936年；中国台北，1966年再版。

代表它的科仪绘画,其中有他们的法宝——如三幅彩色卷轴。在举行仪式时,法师通常将这三幅密封的卷轴呈放在圣坛上,只有在极为重要时才打开,还必须献上许多祭品。第一幅代表天兵,他们是归顺法师的神灵。第二幅代表12个"本身",即法师的12个师傅。最后第三幅是来自闾山的授权护身符。此外,法师通常使用仪式画,将其挂起,设立圣域。那些画展示了信众皆知的陈靖姑生平不同的阶段的神话片段。法师的法宝除了画和科仪文本外,尚有许多代代相传的用于驱妖助佑的治疗护身符。这些东西有时看起来是真实的经文仪式,意指表达这个世界的特定幻象,就像由天堂、众神和神话构成的宇宙的图表。[1]闾山的法师令人称道的还有他们神奇的动作,以灵效而闻名。这一事实令人想起"雷法"。这是一种身体剧场,里面的每个姿势都讲述一个故事,并保存在巫师的记忆里,就如与秘咒有关。

其他派别的道士,如正一派,也掌握着这种神仙图,用于他们举行三奶仪式时建构道场。在现实中,福建的不同传统常常交织在一起,法门们经常举行来自附近派别的仪式。因此,人们可以看到正一道士头戴黑色的头巾,当他完成这个派别的典礼时,又临时将传统的闾山红色头巾套在他的上面。

实际上,当今的闾山三奶传统是巫术和邻近的道教传统为

---

[1] 贝桂菊:《玉皇榜符——书写客体的建构》("Le tableau talismanique de l'empereur de Jade: Construction d'un objet d'écriture"),载《人类》(*L' Homme*) 1994年第129期,第59—92页。

模型,并将它们添加到自身的信仰基础之中。[1]可以说闾山三奶传统是一个本土案例,它建立在古代巫术传统上,历年来不断补充新的内容,尤其是自宋代以降,其他传统的引入模糊了它本身的起源。这一行业的仪式根源是医治和驱魔仪式,包括召回活人的魂魄,比如"收惊"。无论如何,姑且不论正统之争,一个传统的法师和另一个传统的巫师也许可以被看作"中国最早的精神分析师",鲍菊隐(Judith Boltz)[2]在观看他们操作时如是说。

其中最重要的仪式,一是求雨,二是重建陈靖姑曾致力于的人间和谐。还有驱除人间的妖魔和白虎,以及为妇女和儿童举行的仪式。巫师们还举行团体仪式(进香、分香)和相关的季节性过渡仪式。还有某些巫师采用的死后医治仪式"炼度"。要注意的是,在中国台湾一些地方,闾山派的法师也举办葬礼("超度")。掌管活人和死人的灵魂均是巫师的工作。"过路关"仪式进一步肯定了法师的重要性。

法师率前来帮助三奶的五方天兵举行这些仪式。这些巫师都是男子,但举办这一传统的仪式时,他们必须穿戴陈靖姑例行的装束,尤其是裙子。因此,他们必须化身陈靖姑,像她那

---

[1] 贝桂菊:《玉皇榜符:书写客体的建构》,载《人类》1994年第129期,第59—92页。
[2] 鲍菊隐:《10—17世纪道教文献通论》("Survey of Taoist Literature: Tenth to Seventeenth Century"),中国研究专刊(*China Research Monographs*)伯克利:加利福尼亚大学中国研究中心,1987年。

样跳跃和行事。[1]尤其是在临水夫人节日期间，人们蜂拥至庙内，观看这些男人扮成女巫师，给人的印象就像集体换性，这种场面非凡而又奇特。不过，法师通常为已婚男子，与当地社会融为一体。也许在这种男扮女装的仪式中可以看出对其根源的记忆，因为该派的传统是女性的。由此，巫师的身体、仪式的服装和态度，也支持了这种传统和隐喻的传递。这是巫师们自己的诠释。我们还看到道家的实践：在其体内培育阴柔之气作为"养生"的方式。这也在阴柔之气与仪式活动之间建立了平等，这一点我稍后再谈。或者这是基于神话，仅仅是仪式的纯粹戏剧化。

还有不少以陈靖姑之名作法的女乩童，她们阴魂附身般进行治疗仪式和分发护身符，通常不太复杂。仪式的功效在于附身并且直接与女神沟通。这种变身与法师不一样，一个是按仪式变身，另一个是附身；一个是靠隐喻继续进行，另一个是靠转喻。在这两个案例中，都是我们继续随处观察到的女巫陈靖姑。

---

[1] 法师举行化身仪式的样子时所念的秘密惯用语如下："太上老君急急如律令，镇住天魔之王，防饿鬼伤我。天兵右边助我，七大猛将在我前，八位凶神后佑我。我脚穿夫人鞋，六丁六甲左助我。头上王冠是夫人的头巾。我身穿夫人的衣物。有请各路神仙、祖师爷，变化尊者变我形。我身不属尘世，会成为夫人之身。"（1991年收集于古田）（根据英文译出，不确切。——译者注）

四、陈靖姑是何许人：固有的命运，一位如景观图般的妇女

根据画在庙宇内的传说和流传至今的说法，陈靖姑源于在泉州修桥之时的观音——许诺婚姻、联姻和送子的菩萨（参见上文的概要）。

这就是未来的临水夫人——陈靖姑的"本命"。她是女菩萨为了修桥、实现人们的愿望时献出的血；是一位老妇人在河水里洗衣时，奇迹般发现那滴精血而受孕后产下的女儿；也是驱除白蛇妖怪的未来巫师。看到佛教神灵观音融入这一崇拜的传说——常见的（不同宗教的）融合的又一例证，是毫不奇怪的。此外，在王审知（898—925）统治时期，闽地盛行佛教。他的继承人并未仿效他，他们青睐道教和巫术。通过陈靖姑的"血统"可以发现一些线索。

关于阴柔之气和妇女的社会角色也有评论，它出现在字里行间。法国人类学家伊娃·维迪尔（Yvonne Verdier）已经清楚说明了传统女性的洗衣行为与人生的两个阶段——来到阳间的新生儿和走向阴间的死者之间的关系。在这两个阶段当中都有仪式性的洗衣行为，这也是妇女的义务。完成这个任务的妇女也常协助分娩。这是陈靖姑成了女神后的角色，也是台南庙里注生娘娘的角色。在此，葛夫人洗衣与吃了受孕之果后怀孕同时发生。这也说明了陈靖姑从"前世"降临今世的通道，婚约的转世，以及在这个父系社会中受孕的概念。在创造/接受奇迹的观音（她承诺嫁人，又化身消失）背

后，我们还可以觉察到世代女性代表形式的远古脉络；年迈无嗣的葛夫人托观音的血之福，并非通过男子而受孕；陈靖姑，未来助女佑童的女神，死于堕胎。她作为巫师的命运在她本命的这一"回顾式形象"已呈现了：如我们所见，她出生是为了收服蛇妖。

在她诞生的福州，这些景观如今仍保持原样。作为这些信仰、实践和历史群体记忆的里程碑，它们在龙潭角的河水上隐约闪现。现今的信众说，"仍能看到闾山"。这是镜像般的建筑：下渡，出生地；上渡，殊死搏斗之地。它们分布在福州桥的两端，是与临水夫人本命之地泉州桥同时代的建筑。那滴生育之血从泉州到福州的神奇旅程也可以理解成地方生育率或人口交换的标志。[1]无论如何，在信仰的创造期（当时海上贸易和水上运输非常繁荣），渡口、市场、各种物品的交换之地、通道，所有这些地方都意义非凡。如今，情况仍是一样，寺院及其生活再次以市场的面貌显现。

在临水夫人的故事里，还有一些具有重要标志意义的场所。例如，古田庙宇的微观环境展现了不同群体之间的关系，特别是古田和福州的关系。令人奇怪的是，古田的古老村庄已

---

[1] 泉州和福州在传说中和历史上对立，见薛爱华：《闽国》，1954年。这个崇拜的起源先于地区的起源，这似乎非常奇怪，因为泉州尚未成形。尽管如此，在开元寺后有个夫人庙。革命之后，它成了一家工厂，但有个老妇保存了这里的崇拜，并招收信徒。此外，王潮是王氏家族统治者第一人，原为河南人，在福建供职。他被任为泉州刺史（886），并从泉州征服整个省，尤其是福建。唐昭宗（888—904）于896年封其为福建观察使。

临水夫人

被水库淹没。在临水的夫人庙附近一个名为大桥的村子里,有个当地的市场。庙宇周围有两座桥,一座叫百花桥,它以临水夫人管理的天界命名,是所有人类灵魂再生的通道。人间和天上在此似乎以费解的方式交织在一起。这座以天界风景装饰的桥由一位女道姑建造,她是那位曾竞争修葺母庙的道姑,并且是古田信徒团体的代表。在这条小河另一边的中村,另一位来自福州的道姑在信徒们的帮助下,为临水夫人建了一座小庙。女神及其丈夫刘杞(图1)端坐其中。即使今天,这两人仍象征福州妇女和古田男子的联姻。稍远的一个邻近村子里,有另一座桥:梳妆桥。这座桥在抗日战争中被炸断,由此可见它曾非常重要。它代表了临水夫人最后一次驱魔除妖的地点,在那里她与林九娘一起,用一根长发将长坑鬼捉住。[1]在福州南台岛长安山的上渡,还可找到长坑鬼的标记。但是在梳妆桥上,可以看到河畔有个联系两地的鸿沟(长坑鬼就是在这里被制服的)。在这两个村庄之间的夫人山的两侧,可以看到临水庙祖殿。沿着旧路走过两座桥,便可到达。立于夫人山入口的一根古石柱可以证实这一点。如今,那些参加主庙节日并且打算重建庙宇的香客们来到这里,做一项社会学调查,研究这片自然的和人工建造的风景区的每个细节,以便能够在自己村里模仿建造。

---

[1] 参见《临水平妖》第17回,以及贝桂菊《临水夫人》。建议读者参阅后者,里面更完整地分析了这个传说,以及临水夫人崇拜的特定因素,尤其是万安桥的插曲。

图 1　位于中村庙宇内的陈靖姑及其丈夫刘杞（作者摄）

这张闽国及其附庸国的草图，以桥为标志，表明这位女巫师覆盖了古田和福州这两个重要地点在神话里的距离，毫无疑问，还有这些将她作为交流和游行的守护神的团体。当地的谚语说："福州的蛇没有头，头在古田。"指的就是这个神话。在这个神话里，那条蛇的一部分被陈靖姑斩断，囚在福州，而她则把蛇头压在古田庙宇的座下。直至今天，当地信众游行时还按这条路行进。

原址在南台临水夫人出生地——福州的祖殿，现在已不复存在，如今是一家医院。因此，遗憾的是，不可能分析这两座庙之间的当前关系。另一座临水庙正在相同的环境内重建。也许在不久的未来，可以做进一步的研究。

五、闽国的萨满

1.有趣的谱系：国家、宗教和信仰群体间的相互联系

尽管外表不像，但陈靖姑是以"大家闺秀"的面目出现

的,她家在官方孔教和宗教的男性等级里颇有地位。她祖父据说是个巫师,名叫陈玉。她的父亲陈昌,官拜户部郎中。其堂兄陈守元是该国的官方道士。经考证,历史上确有其人,他与道教天心正法的创始人也有关系。[1]她的丈夫刘杞是罗源巡检。这些不同的等级颇为有趣:儒教和道教,然后是道教和巫术,很自然地交织在一起,彼此互不冲突排斥。临水夫人分别是地方官员的女儿和妻子,一个巫师和一个道士的孙女和堂妹,神婴(其本身是巫师和天官)的母亲。

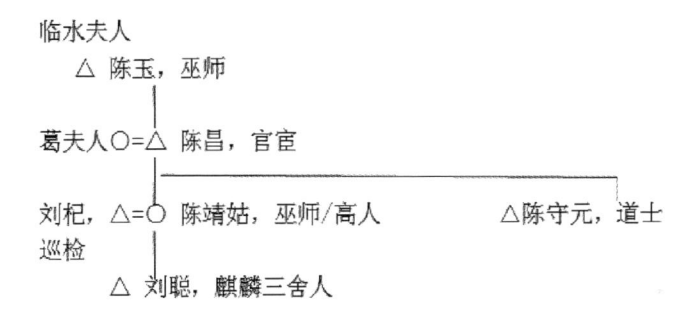

```
临水夫人
    △ 陈玉,巫师

葛夫人〇=△ 陈昌,官宦

刘杞,△=〇 陈靖姑,巫师/高人        △陈守元,道士
巡检
    △ 刘聪,麒麟三舍人
```

另一点也值得注意。根据传说,她的堂兄陈守元(天师道)道长因太穷而无法结婚。他在家里养有一个年轻戏子,在一个苏州戏团扮演旦角。这个年轻人被白蛇吸血,陈靖姑在救其夫刘杞的同时,将他解救。按《临水平妖》,陈守元因此将

---

[1] 陈守元有时被认为是发现符箓的第一位天师,谭紫宵通晓解符;天心正法基于信奉此类法宝。鲍菊隐则认为,这一传奇发现是饶洞天于994年的功劳。无论如何,日期是吻合的。这一传统与张道陵的教义直接相关,见鲍菊隐《10—17世纪道教文献通论》第33页。事实上,闽王王延钧尊陈守元为天师,拜谭紫宵为正一先生。此外,徐彦、林兴和盛韬这三个巫师权倾朝廷,见薛爱华《闽国》第96—98页。他们一起怂恿闽王建立宝皇宫,陈守元于931年被封为宫主。

647

白蛇的一个受害人养在家中,"代替妻子"。陈靖姑将刘杞从她另一个自我(即白蛇)手中解救出来的同时,嫁与刘杞。这是非常奇特的婚姻……而且,那名扮旦角的戏子令我们想起闾山的法师们,他们在仪式中化身妇女(更确切地说,是化身陈靖姑)时,就是扮演女性角色。这一次,阴柔之气、仪式和戏剧严格地相关联了。

```
              ┌─────────────────────┬─────────────────────┐
陈守元,道士△=△/○                    ○/□=△刘杞,巡检
戏子(男子/妻子)                       陈靖姑(妇女/高人)
```

这幅双重联姻图和这种谱系再次体现了国家、宗教还有信仰群体之间关系的意象,它们交织在一起形成一个极其复杂的社会结构。这一意象无疑是为了确认它们而建立起来的。这是一幅与这一历史时期的闽国相适应的图表。此外,我们应当注意,陈靖姑死后,为了纪念她的功绩,她的整个家族都获得了官方的封号。我们也可看到,这一时刻官僚隐喻的出现只是故事的一部分。我们只需看看庙宇前的石柱,便可看到相反的事物,在那里显示的官员的名字并无特别之处,只被认为是崇拜团体的普通成员。

如今的情况似乎也非常类似。自1991年以来,在国家宗教事务局的指示下,白云观的一位道士一直在管理该庙。今天,当表演戏剧时,巫师和乩童也举行仪式。在1993年会议期间,为了一种新的"追封",当地政府的官员和知识分子分析了陈靖姑的功绩和生平,认为这是正统的道教崇拜而非迷信,适合向华侨,甚至向外国人展现。

2. 巫术战场中的勇士

陈靖姑与这一语境里的姐妹巫师或女神一样，是个勇士。支配闾山派的是五行，它们相生相克，就像五个阵营一般。陈靖姑指挥着一支天兵，即阴兵。她麾下有王、杨二将。她本身是大法师，拥有法宝：七星剑和蛇柄鞭。她的法衣也是为战斗而穿的：散乱的头发上束着一顶将军冠，身穿一袭在跃过河面、骑马或徒手大战时可以挽起的长裙（这一教派的巫师至今仍做此装扮）。当代的巫师在举行仪式时，也表演同样的姿势。几尊雕塑表现了她的这一角色（见图2）。[1]

有关陈靖姑传说的历史使她成为王国战争积极的参与者。她统领着阴兵和一群妇女——巫师、驯服的妖怪，甚至王后和宫女——成功结束了国王之弟对福州城的围困（国王之弟得到了陈靖姑对手茅山派的支持）。[2]因此，王室宗族与道教/巫术传统的历史性对抗，伴随两性之战，再次密切地混杂在一起。陈靖姑参加了，被牵扯其中了，也战斗了。或者换言之，在这一情景中，她的性格被重塑了。

巾帼英雄的主题在中国广为流传。仅举一例：有部闽剧就讲述了一位妇女解救围城的故事，剧名是《夫人城》。出于

---

[1] 陈靖姑俨然皇后，锦衣绣袍，手持笏板，或是着道姑装束，仗剑执牛角，念咒追妖。人们能看到她头发凌乱作法，或骑马，或端坐王位或虎皮椅，这更易使人想到道士椅，而不是宫廷椅。

[2] 在实地考察时，人们常向我提起，茅山派与闾山派是对手。前者是男性的教派，而后者则是女性的教派。陈靖姑的传说反映了这些信仰，正一道所说与当地说书人或巫师所说差不多。不过我们还要知道茅山的妇女的重要性，其中一个保护神是魏华存。

649

仪式的缘故，勇士萨满们化装成妇女，而妇女们自己变成勇士，作品经由这些可能激发两性关系的变性因素来传达这一隐喻。通过像"养生"过程中的阴、阳交替，我们可以看到某种转换。让我们回想一下房中术、采补术由其中一个离经叛道的伴侣所用，称为"采战"。

　　如果认为这种尚武之德已在当代绝迹，那就大错特错了。我在做调查时（1991年），一位蔡夫人（类似陈靖姑的女神，她在其父亲所在的城中抗敌时战死）的乩童信誓旦旦地对我说，神仙姐妹们参加了越南战争，以及当时进行得如火如荼的海湾战争。"她们都来相助。"她解释道，"当别人受压迫时，她们不会袖手旁观。"这也许是看到其他尘世间组织被干涉时，潜意识地表达绝望吧。

图2　临水庙里的圣坛上，陈靖姑位于马的旁边（作者摄）

六、崇拜的不同阶层：本地巫师与顺懿夫人

1. 独特的个性：离经叛道使她受到崇拜

陈靖姑的出生与她的受孕相比，同样独特：异香满室，仙乐飘飘。从她出生之日起，她就与众不同。任何科仪文本，任何传说都是这样开头的："一岁二岁多伶俐，三岁四岁奶聪明；五岁六岁学针指，绣龙绣凤绣麒麟；七岁八岁读书史，诗词歌赋件件能；九岁十岁学食菜，日夜供奉观世音；娘奶十三去学法，香珠龙女引奶行；引到闾山大法院，法主名字许真君；娘奶学法三年满，救济世间亿万民。"[1]这是大致的描述，对于神仙和未来的诸神来说，非常一般和普通，与《女诫》里的妇女规诫、品德极为接近。[2]其他的描述则稍欠文采，但更接近人们对具有疗愈能力及神秘力量的古老阶层的崇拜。陈靖姑所呈现的是个无所不知的女神：她知悉自然、动物，以及自己命运。她短暂的一生犹如昙花一现，她超越了规范和社会法规，尤其是某种崇拜应有的孝道：

> 按《枫泾杂录》云：唐大历中闽古田县有陈氏女者，生而颖异，能先事言，有无辄验。嬉戏每剪鸢蝶之类，噀之以水，

---

[1] 这段摘自"过关"仪式，于1991—1993年录于古田。
[2]《女诫》由汉朝班昭所写，是女子教育的指南，包括：卑弱、夫妇、敬慎、妇行、专心、曲从和叔妹七章。参见戴思博：《中国古代的女仙——道教与女丹》(*Immortelles de la Chine ancienne: Taoïsme et alchimie féminine*)，巴黎：巴得斯出版社(Pardès)，1990年。

即飞舞上下。啮木为尺许牛马，呼呵以令，其行止一如其令。饮食遇喜，升斗辄尽；或辟谷数日，自若也。人咸异之。父母亦不能禁，未字而殁。附童子言事，乡人以水旱祸福叩之，言无不验，遂立庙祀焉。宋封顺懿夫人，代多灵迹。今八闽人多祀之者。[1]

这一描述将她和乩童们联系在一起。他们当中有人解释自己的命运，甚至对于他们自己而言，都觉怪异，似乎他们本命与普通百姓的命运，尤其是与他们家人的命运背道而驰，所以他们总是处在与他人的冲突中。普遍认为，他们的寿命如陈靖姑一样短暂，只有神明附体，变成崇拜本身，才能延长其寿命。人们像询问陈靖姑一样，向他们咨询人和动物——这被认为是家庭财富的一部分。他们也能影响收成和节气，预言未来。他们有着肉体之外的超能力，当进入阴魂附体状态时，这种能力可使他们伤及自身而浑然不知危险，也不会留下持久的疤痕。

2. 崇拜的"面目"：如蛇蜕皮般的纷繁阶层

剪除蛇精是陈靖姑最有趣的驱妖之举，是陈靖姑信仰的核心，能够帮助我们了解不同的信仰阶层。这里又重提上文的主题：以蛇为纽带、与创建领土相关的主题。事实上，经过证实，在临水的洞穴里，曾经有过对蛇精崇拜。据不同的版本所

---

[1]《顺懿夫人》，《搜神记》卷6第6—7页，明万历《续道藏》（第1476号）卷6，1607年。

记载，这条蛇被陈靖姑或其兄（又或堂兄）收服。在这一传说里，这条与其星宿有关的蛇伺机而逃。这也许是该崇拜的星台（蛇的星宿）表现形式，也显示了中国人对煞星（蛇的星宿便是其一）的信仰。这与肇建于 792 年的夫人庙相符。[1] 我知道在福建至少有一座供奉夫人的庙，该庙里的崇拜等级按其内的塑像而定。而且，蛇精崇拜在口头传说中也有回响：在古田临水庙的邻村，百姓传说着童男童女奉祀蛇精的故事。

降伏白蛇精对应着闽国历史的另一阶段。它出现在今天几乎所有的庙宇里，也出现在《临水平妖》《夫人传》和《闽都别记》，以及一些仪式中。白蛇，即观音的头发，也是古田临水洞穴的主人，被陈靖姑从中驱逐。

因此，与蛇有关的主题出现在两个阶段：其一，根据传说，吞食童男童女的毒蛇在仪式上被巫师制服，她拔出毒牙，并在乡下通过"进香"重建秩序。因为无法真正将蛇杀死，所以她用信仰崇拜来"转变"它。其二，巫师杀了雌大蟒的同时，通过收服王国内其他妖怪，或者换言之，通过合并更久远的信仰群体创立"分香"的附属网络：是"平妖"将她变为王国的恩人。然后她在大战中征服了这里原始而危险的占有者，并建立了秩序。后来由于她的惨死，她也变成了妇幼的保护

---

[1] 这一版本明显有《三教源流搜神大全》第 4 卷支持，它实际上类似于《三教源流圣帝佛帅搜神记》第 2 卷 "大奶夫人传"。关于煞星的崇拜，见侯锦郎（Hou Ching-Lang）:《中国宗教中的冥币与财库观念》(*Monnaies d'offrande et la notion de trésorerie dans la Religion Chinoise*)，巴黎：法国汉学研究所（Institut des Hautes Etudes Chinoises），1979 年。

神。这一漫长过程的结尾，是她受封后成了临水夫人。那些是该崇拜的主要阶段。大家可以进一步分析其他信仰团体。在此我仅举一例。

据说，临水庙邻近的中村的本地神原是两个乡村男子，他们后来成为保护神"太保"。陈靖姑与他们竞争后，占领了临水庙。他们在持续竞争时留下的痕迹在当地附近仍依稀可辨。在这场比赛中，女巫战胜了两个高大健壮的小伙子。当地人煞费苦心且不可思议地将这些事情融入高谈阔论之中。人们仍会指出陈靖姑的小脚在石头上的足印，她就是从这块石头上开始向庙宇奔跑的，而她的对手们的马蹄铁印清晰地保留在地上，使这场明显的不平等永存，正如比赛在最后一刻翻盘（见图3）。这两个太保当然也立于现在的庙宇中：某种崇拜（即便它是次要的崇拜）在胜利后总是给失败的团体一席之地。这两个太保在祖殿的侧室。人们在这两个神像前占卜算卦。[1]当我问及原因时，陈靖姑的一位乩童回答道，村民还未完全接受妇女的胜利（我们该为了她的当地团体而接受这一事实吗？），因此宁愿跪在两位本地男神前祈求神谕。

---

[1] 关于神签，参见庄孔韶：《福建陈靖姑传奇及其信仰的田野研究》，《中国文化》第1期，1989年。

图3 在福建古田大桥镇，陈靖姑的小脚印在石上

该庙在近期的翻修中延续了之前的故事脉络，我们可以看出它们是如何在空间和时间上，通过构成这种崇拜的不同方面来创造信仰的"面貌"。信仰在原始中心、神格、这位妇女、巫师和蛇的故事里完成了自我转变。

3. 变动中的女巫师：变化的恩赐制度与强化的等级体制

陈靖姑从闾山归来后，过着逍遥的生活，不仅是因为没有社会约束，而且她已是不受时间和空间所限的女神。为了解救深陷妖魔鬼怪之患的黎民百姓，她常翻山越岭地斗法驱妖、行医涤污。独处（它是社会中的人身自由的反面，社会也几乎不允许人身自由）之时，头晕目眩常侵袭她。《临水平妖》某一段描绘了她突然感到苦恼，于是招来土地公安慰她。表达萨满情感的人类敏感因素仍是另一共鸣。这个地方尚未开化,人烟稀少,是个多山地带,此处的环境被认为是原始、危险之地,回归之地,近乎苦行。这里寸草不生,不可征服,动物暴戾。无人敢冒险去那里,除非佩戴护身符。[1]土地公是这块原始之地的神明,为了修行,陈靖姑必须与之相处。

尽管裹脚这一社会耻辱给她带来不便,但她行动起来并无痛苦,她知道如何利用法术沿着大地的脉络"缩短距离"。[2]这就是她战胜两大太保的原因,她的小脚的足印显示在那儿并非偶然。这一点非常有趣,可以理解为是向由儒家思想统治的男性社会的挑战,这个社会曾要求妇女裹足,以防她们逃出家门。这一惨无人道的习俗的神话根源在于商朝宠妃妲己,据说她是一只狐妖。她想方设法将自己的爪子藏匿起来以欺骗皇帝。她把爪子裹住,并要求所有妇女照着做,因此皇帝无法察

---

[1] 关于这些法宝,特请参阅葛洪《抱朴子》关于山中苦行的章节。关于山的主题,参见戴密微:《中国艺术中的山岳》(*La montagne dans l'art littéraire Chinois*),载《法国·亚洲》(*France-Asie*)1965年第183期,第7—32页。贝佳菊"穿越道路和通道。萨满之旅,萨满之地的真实之旅。",克劳亍·萨尔蒙(Claudine Salmon)编辑,论文集《亚洲之旅——体裁、心态和空间概念》(*Récits de voyages asiatiques: Genres, mentalités, conception de l'espace*),法国远东学院(Ecole Française d' Extrême Orient),巴黎,1996年。

[2] 关于遁甲之术,尤其要看吴文雪(Ngo Van Xuyet):《古代中国的占卜、魔法与政治》(*Divination, magie et politique dans la Chine ancienne*),巴黎:法国大学出版社(Presses Universitaires de France LXXVIII),《宗教学科》1976年第78期。马克(Marc Kalinowski):《睡虎地秦墓竹简与战国末年的中国编历法》("Les Traités de Shuihudi et l' hémérologie Chinoise à la Fin des Royaumes-Combattants"),载《通报》(*T'oung Pao*)1986年第72卷,第175—228页。它在十天干和十二地支的60年一循环中,找到阴遁。与五行——土、水、金、火、木——配合使用,这一方法使在时间和空间中运行成为可能。

觉她的可疑之处。需要注意的是，这个传说把她们的异化归因于妇女（通过男人），将所有的妇女与吸人阳气的狐妖做了个明显的类比。

在此，这一描述也部分适用于陈靖姑当代新入的门人，法师或乩童，男人或女人，他们可以自由活动、游历，与封建社会和现代社会的老百姓形成对比。普通百姓事实上几无迁移的自由。封建官僚制度与共和体制一样，需要人口的稳定性，有利于持续控制的固定性。[1]但是，无论何时，道士和巫师都有游历的特权，正如仪式中的一样，他们遵循着大地的脉络四处游历。他们纵横于现实世界，犹如在巫术之旅"过路关"时纵横于天界一般。他们也是时间大师，因为他们的仪式、个人或群体，都遵循四季轮回和生死的规律。而且，虽然他们的招魂无法令死者复生，但至少将普遍的人类经验付诸了实践，探索着语言对记忆和遗忘的影响。像陈靖姑一样，他们在为自己的保护神举行的集体节日中，也聚集在一起庆祝。

在翻阅这些自由主体（时间和空间的主人，他们组成的团体明显独立于国家体系）的这一描写时，我们可以根据不同的共存模型重塑中国社会结构的形象：（维持）"关系"的送礼制度，国家官僚体制，以及涌现的个人模式。"关系"建立在父

---

[1] 现代的"户口"制度直至最近，由妇女传递，它束缚了人们的地理、社会流动性。不同地区甚至不同阶级的婚姻极为罕见，且不论如何，都不允许太多的流动。在封建社会的中国，亲属的结构和联姻的结构按照封建官僚体系的要求，非常有效地将居民固定、连接在一起。

母或朋友的关系网络与礼物和服务交换之上。杨美惠[1]说明了"关系"的这种关联模式（也是信仰群体的模式）出现在不断的建构和解构的合成主体上，"面子"在这一合成主体中被勾勒，并根据有来有往的原则做出改变。主体，以及由此产生的社会阶层，在不断的运动中出现，并且是变化的。[2]另一方面，国家主体的模式作为家庭、结构、功能（它无法从时间或空间逃离，完全依赖于官方模式，在等级制度里从上而下）是稳固的。观察这种崇拜也清楚地说明群体的阶层是如何建立的，以及两种结构是如何相互依存的，这无疑使每一方不会自损而存在。

七、妇女陈靖姑与父系的儒家社会

1. 孝道之外：血肉相连的血缘

陈靖姑的传说有两个极端：从最初全然不知孝道这一儒家社会的基本美德，到一定程度上因为孝道的原因，而自我牺牲和死亡。

---

[1] 杨美惠（Yang Mayfair）：《中国的礼品经济与国家权力》("The Gift Economy and State Power in China")，《社会历史比较研究》(Comparative Studies in Society and History) 第31卷，1989年第1期，第25—54页。

[2] 吉尔·德勒兹（G.Deleuze）、菲利克斯·加塔利（F. Guattari）：《千高原》（Mille plateaux），巴黎：午夜出版社（Minuit），1979。菲利克斯·加塔利的《资本主义与精神分裂》（Cartographies schizoanalytiques），巴黎：加利里出版社（Galilée），1989。杨美惠：《中国的礼品经济与国家权力》，载《社会历史比较研究》第31卷第1期，第25—54页，1989年。紧随吉尔·德勒兹和菲利克斯·加塔利之后，杨观察了中国的两类主体：国家主体，由中央集权和铁腕的组织机器创建——此处是指封建和现代的等级森严的官僚体系；以及置于送礼经济的主体——此处是"关系"——它基于换喻关系的建立之上。第二个模式产生了分子式的微组织，权力是流动的。

临水夫人

陈靖姑离家去闾山时,可谓欣喜若狂。抗婚是她第一次严重违背孝道,那时观音的一名侍从特地赶来鼓舞她,将她从红色的大轿子中带走。为此,她与横加干涉的父母发生冲突,由此犯了第二个大错。在陈靖姑不在家的三年里,她的父母患了溃疡,背生痈疮、手生疽毒。陈靖姑一回到家,就将事先从胳膊(或大腿)取下的一块肉贴补到他们的伤口——这种生动的描述将这一家人视作同一个身体。陈靖姑离家时与这个身体分开,回来后又合成一体。在我看来,对传宗接代的抗拒是一种天然的俄狄浦斯情结。

这在中国神话当中是常见的主题。例如,妙善公主/观音为了治父亲的眼睛,就将自己的眼睛献出,就如哪吒太子削骨还父。[1] 因此,那些若干男性女性身体所孕育的骨肉看起来是独立的,实际上它与父系的身体本质相同,可以互相交换。[2] 这就是孝道的基础,就妇女而言,构成了一种具体的形式。陈靖姑看管的百花桥是一座苗圃,可以在那里培育和摘取在人间的妇女之花。每个妇女在那儿都有自己的花,它代表生儿育女的能力。现今仍有一种常见的仪式使之成为可能:通过从一株

---

[1] 杜德桥:《妙善传说》(*The Legend of Miaoshan*),《牛津东方专题研究》(第1册)(*Oxford Oriental Monographs 1*),伦敦:伊萨卡出版社(Ithaca Press),1978年;以及《封神演义》。另见此卷桑高仁(Steven Sangren)的论文。

[2] 整体大于作为个体的观念与"关系"的社区层面的主体分子建构相符。不仅是主体的社会方面像这样被阐明,而且还有肉和骨的身体,其局限如社会群体的局限一样模糊并易于变化。内含个体命运的皮肤并未将个体从宇宙的剩余部分割裂。这令人想起吉尔·德勒兹和菲利索斯·加塔利在《千高原》中另两个概念:根茎和无器官的身体。

特定植物（妇女）上摘下一个新的花骨朵（孩子），将其嫁接至另一株植物（另一位妇女）。简而言之，这意味着不孕不育的妇女可以通过仪式从另一位妇女身上"借"个未来的胚胎。女性也由一种看似独立的主体（花）构成，实际上也是可以相互交换的。它貌似一种"卵子移植"。这再次在"关"的仪式中体现，在具有信仰的"养育者"身上施法留住孩子的灵魂，然后将孩子"植入"另一妇女的身体，使她怀孕，她会把它带到这个世界来。在此，有个不仅是对婴儿本身，而且对于婴儿的家系（"根状"的家系）的直接威胁——婴儿会由于另一方的利益而被夺走的危险。这种危险在仪式里得到了解释，它在某种程度上类似于招魂仪式。[1]

妇女通过收养和结拜姐妹进行这种热情的"易子"，这在调查中也非常明显。她们确实是在交换孩子，例如，没有儿子的妇女用新生的女儿与其朋友交换儿子。这个女儿以后可以嫁给那个收养的儿子。一位妇女告诉我，"如果你有结拜姐妹，就连肚子都是相连的"。她们将其付诸实践，并且这是妇女的事情，男人几乎不参与。

尽管如此，让我们回到陈靖姑，女孩子生来就不是待在父母家的：她必须出嫁和生儿育女。陈靖姑回到生父家中后，最终要面临此事。然而，这是不够的。她必须也为国家牺牲自己，为了将百姓解救于干旱，她选择了堕胎。这当然是为国为

---

[1] 见贝佳菊《开关仪式与儿童身份建构》与《开关仪式——儿童的概念》。

家而死。然而作为妇女和巫师,她也为自己的命运而伤心,也感到内疚:没为夫家生下儿子,破坏了联姻的规矩。死于分娩的妇女会在阴间血池中受苦。[1]这就是为何陈靖姑被奉为神灵的原因。

2.生育或是堕胎是种社会义务:她因见识过多而失去了女性的特质

陈靖姑设醮祈雨时生子/堕胎的故事是其传说的核心。我们看到,它使用了传统社会的象征系统中的生与死的语言。事

---

[1] 血池是阴间囚禁死于分娩的妇女之地,她们被投入肮脏的月经血内。必须为死于这种情况的妇女举行仪式,包括巫术之旅,以使她找到平静。仪式上,死者的儿子"喝一碗血",这是一种买回其母的虔诚行为。闾山派的法师完成这种仪式,以及其他涉及经血的仪式,例如,"游虾"的赎罪仪式——被指派到此地接触经血的魔鬼携带着剑羊。此外,在福州,人们仍动情地说明血池以前在东岳庙的位置,如今(是巧合?)它已成了粮仓。此处我参考了自己的田野调查。见侯锦郎:《中国宗教中的冥币与财库概念》,巴黎:法国汉学研究所,1975年;沈雅礼(Gary Seaman):《因果报应的性政治》("Sexual Politics of Karmic Retribution",载艾米莉·马丁(E. Martin Ahern)、葛希芝(Hill Gates)编:《中国台湾社会中的人类学》(The Anthro-pology of Taiwanese Society),斯坦福:斯坦福大学出版社,1981年,第381-397页;艾米莉·马丁《中国妇女的力量与污秽》("The Power and Pollution of Chinese Women"),载于《中国社会中的妇女》(Women in Chinese Society),卢蕙馨(M. Wolf)、罗克珊·维特克(Roxane Witke)编,斯坦福:斯坦福大学出版社,1975年。关于血和怀孕的象征,见费侠莉(Charlotte Furth):《中国清代的怀孕、分娩及婴儿期概念》("Concepts of Pregnancy, Childbirth and Infancy in Ch' ing Dy-nasty China"),《亚洲研究杂志》(Journal of Asian Studies)第46卷,1987年第1期,第7—35页;费侠莉:《血液、身体和性别——1600—1805年中国妇女性状况的医学图像》("Blood, Body and Gender: Medical Images of the Female Condition in China, 1600–1805"),《中国科学》(Chinese Science),1986年第7期,第43—66页。另见贝佳菊《临水夫人》。注意,在这个传说中,陈靖姑没有这个困扰,因为闾山的师傅清除了她的污秽血渍。(见《临水平妖》第16回)

实上，陈靖姑已被迫怀上了小孩，却发现为了国家的繁荣，又要被迫堕胎。在我看来，这个古老的主题也非常现代。

我们可以再次发现在怀孕的女性力量与仪式之间的均等。仪式非常有助于为民祈雨。在这个传说中，堕胎并不寻常。陈靖姑可说是将婴儿"从腹中取出"，放置在象征性的母体——其母在下渡的房子里。她打算事后再"重新吸回"，并继续养胎。她在闽水（它环绕闾山）的道场举行仪式时，将胚胎取出，这就像呼出的气息或生命能量一样。这也许应看作建立道教献祭所特有的双坛场：其一是秘密的内部坛场，在此是指孕妇献祭的身体；其二是外场，此处是指河水。这构成了仪式的隐喻[1]。

陈靖姑与其对手——吃了其婴儿的蛇——同归于尽。在此，三者再次形成怀孕的母体的隐喻，并且可说是为了人们的福祉、为了重建宇宙秩序而牺牲。这是两个女性实体的双重牺牲，一个骑在另一个身上：文化秩序的巫师、创造者和她本身的角色，与蛇妖——野蛮本质的女性因素。至于那个婴儿，其死亡的仪式升华将会建立陈靖姑及它自己的崇拜。

我们也可看到这一情景：陈靖姑在闽水上设醮，闾山倒置在水里，她与吞其婴儿的白蛇再次相遇——关于被浸没的村庄的传说的一个变体。陈靖姑在河上举行仪式和死于失血之前，小心地把她母亲的房子隐藏于施过法的湖下。这一不幸的

---

[1] 见贝桂菊（Berthier）《临水夫人》。

命运之所以出现，是因为她无法抵制回头去看被禁止的事情，正如这一传说主题里的所有女主角一样。要离开闾山了，她走到第 24 步时，回头看她的师傅许真君。她真的看到他站在门槛上，仿佛站在两个世界之间。然后他道出她的命运：她 24 岁时怀孕，这会使她陷入险境。这些传说的另一个母题涉及各种孕妇——被吓呆的、被变成树的，或像此处，死于失血的孕妇：即，她们失去了所有女性的特质[1]，因为看到的太多。我们只需回忆伊尹的母亲，或者大禹的怀孕的妻子，看见她的丈夫的动物（熊或鱼）之舞后，变成了桑树丛[2]。在此，陈靖姑看到她自己的动物替身，即那条蛇，像她在水中的倒影，在水中，世界（闾山）也是倒置的。

对于宇宙秩序具有双重内涵的女性特质的牺牲，对辜负其父系的被流产的胎儿的崇拜，观念的力量与仪式力量的平衡，以及被浸没的村庄的传说：在这个故事里所有的事情一起发生，并继续起作用。在另一个语域我们当然也可看到国家和父系结构对生育和女性身体的控制。与人们的预期形成对照的是，当前只生一个孩子的计划生育已经导致这个崇拜重新获得普及。生育儿子在父系家族看来是责无旁贷的。但是，当妇女

---

[1] 关于作为女性特质的血及其用途，见戴思博《中国古代的仙女》第 215—219 页。及费侠莉《中国清代的怀孕、分娩及婴儿期概念》，《血液、身体和性别——1600—1805 年中国妇女性状况的医学图像》。关于这一段落，见贝佳菊《临水夫人》。
[2] 康德谟：《中国海底城市的传说》("La légende de la ville immergée en Chine")，载《远东亚洲丛刊》(*Cahiers d' Extrême-Asie*)，第 1 期，第 1—10 页。

为了计划生育这个新的社会目标而做出"牺牲"时,这些机会也被扼杀了。矛盾的是,由于两个男性权威(家庭和国家)的存在,向这个崇拜求助(其强烈的程度不亚于当年的闽王国时期)在农村似乎是必须的——在那里重建了不少庙宇,我也见到许多三舍人的塑像。

3. 宿命的联姻:截然相反的自然的女性与"打扮"的女性

中国的父系只要求从妇女身上得到一样东西:保证告慰祖先的后代。这就暗示了妇女要成为两个家族联姻的交换品和物质。而这是陈靖姑所拒绝的模式。她宁愿致力于打坐,研习科仪,以及保持作为巫师的独立性。换言之,她希望献身于宗教活动——除了在某个地方养蚕之外,这是逃离女性命运的唯一抉择。就一些中国妇女来说,这种选择或是关乎生计或是自我保护和自我修行的尝试,毕竟社会所提供的个人选择就是这几种。

这也是我的朋友冬香的经历,她是另一位女神的乩童。这位贫农的女儿从小喜欢读书写字,并指望以后能教书。8岁时——她现年50多岁——她被迫当童养媳,嫁到一个比她家还要穷的人家中,她无法继续学习。她想方设法逃离这个包办婚姻,然而被抓回,并成为五个孩子的母亲。之后,她离家出走,做了一名乩童,且在她的住处周围组成了她自己的崇拜团体。她的丈夫并不反对,因为她已为他生了一个儿子以续香火。在传统社会,妇女除了联姻和遵从儒家的安排外,有两种选择：其一是成为道姑（或尼姑），修炼内丹净化身体。[1]这个模式类似于陈靖姑及其师妹们的一个侧面：实行苦修，追求长生，研习科仪。另一模式是前面提到过的，选择做女乩童，或者更准确地说为神灵代言。我们应该还记得，法师或巫师是男子，他们作法时扮成女人。然而，与我刚才谈到的那个妇女非常相似，大多数女乩童是已婚或已为人母的，成为乩童并不意味着必须远离家庭。构成她们特征的是鬼魂附身、入迷的状态，她们的语言几乎是戏剧的——当人们用"打扮"（扮演角色）来称呼这种启蒙仪式时，便是用正统儒家和道教结构对于权力和性的怀疑，压迫这些妇女。这种崇拜被称作堕落、淫乱的。这些妇女的角色分裂与陈靖姑的双重形象非常接近：刘杞/白蛇的巫师和妻子。尽管如此，有趣的是，在这一语境下，婚姻、戏剧和催眠的词汇交织在一起：陈靖姑拒婚时，人们说她拒绝"化妆"和"打扮"。我们知道，大桥镇的临水庙里有座梳妆楼。我们也记得有个戏子成了陈守元的侍从/"妻子"。这些都在临水夫人的传说主题中得到渲染。

陈靖姑的传说故事无疑是对婚姻的一种奚落，但也是其必然性的一种警告。对于许多妇女（包办婚姻和当童养媳于她们而言，是种普遍行为），它确实是一种启发，同时又是理想化和危险的。在过去50年，发生了一些变化，但仅仅是表面上改变了这种局面，尤其是在农村。在传说中，两家的父母勾勒

---

[1] 关于女性实行苦行主义，参见戴思博：《中国古代的女仙——道教与女丹》。

了一幅真实存在的画面：陈靖姑父亲和刘杞的父亲只想订婚，靠妇女传宗接代，而她本人却希望逃避他们。这个两种面孔的妇女的分裂概念也是真实的：蛇与巫师，自然的与打扮的，危险的，但男人必须靠她延续香火的女人。

4.女性的贪得无厌与宇宙的和谐：蛇妖，威胁女性自身"滋养生命"的根源所在

让我们回到白蛇的起源：观音的一缕头发，它之所以变白是因为在万安桥故事中被刘杞（陈靖姑未来的丈夫）的钱/欲望所碰到而被赋予了生命。在此，性的隐喻再次显现，无论它是女性或男性的。在这一语境中，头发始终被认为是生命能量和性能力聚焦之处：为了娶到观音，那名男子击中了她的发髻。陈靖姑作为巫师，散发作法。林九娘用一缕头发收服了欲奸淫她的妖怪，这个妖怪正是白蛇的侍从。

观音的那根头发变白，充满灵气，也无法控制。白蛇因此得以吞食陈靖姑的胚胎；它还吞食闽国妇女的身体；它化作她们的模样，在男人身上采阳"养生"。它变成一个美人，色诱年轻男人，从他们身上吸取精液，夺走他们的生命之源，并最终在他们无法满足她时，将他们吃掉。因此，国王和陈靖姑未来的丈夫刘杞，像年轻的道士陈守元一样，差点成了牺牲品。他们是死里逃生的幸运儿，其他人却丢了性命。荒淫无耻和对性的需求伴随着吞食行为。

另一方面，当蛇迷惑了王后陈金凤后，便改变它自己的模样，取代她在国君王延钧旁边的位置，健康与国事就此陷入危

机。不用多想就可看到某种讽刺：国王身边的角色陈金凤消失了，他被拉到福州西方湖上的豪华阁楼，只管纵情享乐。这段历史时期几乎可用拜占庭式的错综复杂来形容。住在王宫的这段时间，扮成王后的那条蛇掌控了保证王室血脉的妃嫔；它吞食了她们，只遗下一堆白骨。当陈靖姑完成"炼度"仪式后，通过"炼"使她们还阳。国王将她们赐给陈靖姑做徒弟。后来她们成了临水夫人的侍从，专司保佑儿童之职，正如她们生前负责王室的繁衍一样。因此，她们此次的过程和仪式上的拜师，"炼"就了这些骨，并赋予她们生育能力——简而言之，归还了她们的肉体。[1]女性特质和仪式再次结合。

道教认为房事是长寿和宇宙和谐最基本的步骤。妇女传统上作为真实或想象的伴侣，是这些秘诀的启蒙者和拥有者。可是，对其伴侣实行采补术的恐惧，会迅速指向妇女的负罪感，因为她的"阴"质会使之成为可能的肇事者。这就是此处发生的事。陈靖姑及其伙伴们当然不是被怀疑有双重性质的唯一神明。西王母的原型是母老虎，在使男性恐惧的这种女性模式中，她是个典型：

> 西王母是养阴得道之者也，一与男交而男立损病，女颜色

---

[1] 三奶教法师举行的"炼度"仪式实际上是炼度死者魂魄的仪式。他们特地用灯置于绘有死者肖像的纸上。人们将这些东西，如艾叶，敷在人体的36关节和某个器官上，可止痛和拯救死者（1991—1993年调查时，个人交流时得知）。关于这个仪式和神霄派，另见鲍菊隐：《10—17世纪道教文献通论》，伯克利：加利福尼亚大学中国研究中心，1987年，第28页。

光泽，不着脂粉［笔者着重］，常食乳酪而弹五弦，所以和心系意，使无他欲。王母无夫，好与童男交，是以不可为世教，何必王母然哉。[1]

然而西王母之法至少"泄露"给了她的门徒们，包括陈靖姑，假如我们信仰闾山派的女性传统的话（该派尊王母为女神）。中国台湾和福建均有侍奉这个女神的女乩童团体。这些"淫祀"的其中一个范例，或者如人们所宣称的那样，建立在民间扶乩之上（正统道教始终设法缩小民间扶乩的重要性，如同它始终设法缩小妇女的重要性）。纵观陈靖姑传奇的一生，她通过与那条蛇斗争，来平息、改变这些野蛮的行径和这种残忍的欲望。但她最终随之而亡，这表明她们是同体的。

福建尚有一种重要的巨蟒崇拜。这条蟒王与闽国有关，确切来说，是跟国君王审知有关。根据传说，蟒的妻子是人（福清的一位著名道长之妹）。他们共生了11个孩子，包括一对双胞胎。那位道长杀了其中8个。巨蟒的妻子自杀了，死后玉帝敕封她为痘神，奉令于陈靖姑。她怀抱一双胞胎的塑像列于古田庙宇，由36宫婆陪侍。

那条蛇的这一主题的性含义，以及它与闽国创建的关系，在此已非常明确。在这一传说里，有个重要插曲：白蛇假扮王后躺在国王的床上，被陈靖姑斩成三截。我已经说明

---

[1]《玉房秘诀》，引自《医心方》卷28，第7页。参见戴思博：《中国古代的女仙——道教与女丹》，第39页。

（Berthier，1998），这可以看作国君祖龛上（在这里变成了床，多少有点突兀）该国妖怪的（或者说是首个占有人的）祭品。

5. 惨死与干尸：强制保存肉身

陈靖姑24岁时，惨死于子宫失血过多。这就是她在这个万神殿按照通常的偶像化进程变成神祇的原因。也是由于这个原因，他们保存了她的肉身，防止她最后变成骨精。这种行为并非特例，也符合传统。女神妈祖就经历了同样的遭遇。[1]关于死亡、神化的概念，以及传奇叙事和口头传说中的身体的评论，令我非常感兴趣。以下是他们所言（《临水平妖》第16回，第106页，在道教类书中也有记载）：

> 陈夫人死了，她的部分灵魂不灭，她的真魂未散。她并未忘记闾山，她如再生一般，回到闾山。她丈夫刘杞正准备葬礼，一位道士出现在他面前，给了他如下建议："今日她已获正果，必须使其就座，用炭布保存其肉体。如果她留在古田临水宫，并为她焚香万年，她将驱魔佑民。她将被存为古迹，无须用棺材葬她。"刘杞让一位著名学者和一个漆匠用炭布将她身体裹起。在外面他用泥土照她的样子做成模子，造型是她骑在一条白蛇之上。然后他们将其置于壁龛供祀她。

这个干尸的故事今天似乎仍在流传，很难断言在庙宇中是否存有干尸。有人说有，而且为了将她藏匿，用麻袋将她从庙

---

[1] 参见戴密微：《中国艺术中的山岳》，第7—32页，1965年。注意，被人类学家发现的木乃伊用的保存原料与此处提到的原料是一样的。

宇中带走了。无论传说还是事实，我认为许多要点都值得一提。陈靖姑的惨死使她变成一缕孤魂。如果她被埋葬，她的灵魂就不会散去，就像那些寿终正寝之人的灵魂那样。她不会忘记。她缺乏使服丧成为可能的克己德行——就活着的人和她本人的惨死而言，这投射在表述的方式上。这就是使死者变成孤魂而不是先祖的东西：不可能消失在未分化的状态，这种状态似乎使死亡再生为一种自己内部的力量，由此使魄本身（通常的生命精华的制造者）失去生机。[1]最好的情况是，如果"残余的灵魂"的生命力能够培育并完善，这些惨死之人便会成为神明，这就造就了陈靖姑。与其让她的"魂"和"魄"成为这种加密的可怕回忆，既看不到，也无济于事，不如保存她的肉体和骨头，成为外形可见的"古迹"。她用同样的方式通过把肉身归还国王的王妃们以安抚她们，而她们也在临水夫人仙逝时再次消失。[2]肉与骨，血与精，是受孕的基本因素，不论男女。惨死会产生野蛮的要素，如果不向身体提供有利之物，实际上是生育能力，它们就会吞噬人类，通过这种方式，阻止身体的精华与灵魂的重聚进入家族的先祖中心。这就是我们所说的"为她烧香一万年"。这是作为补救方式的仪式。

---

[1] 莫克莱尔（Mauclaire）：《蛇与女性气质》（*Serpent et féminité, métaphores du corps réel des dieux*），载《人类》（*L'Homme*），1991年第117期，第66—95页。当他们提及女性特质和神的本身时，莫克莱尔敏锐地分析了在日本的类似主题。另见贝佳菊：《乩童，命运的旅客》（*Enfant de divination, voyageur du destin*），载《人类》（*L'Homme*）1987年第101期，第86—100页。

[2] 还有许多类似的传说。我将援引一个著名的例子：孟姜女发现了埋在长城下的丈夫尸骨，以她自己的血使他复活。

这也让我们再次看到这种崇拜中女神模棱两可的性格。平时她是有利的、行善的，有时看起来也像鬼——突然更像堆白骨，而非女神——尤其是通过她的侍从的角色。对于持怀疑态度和疏忽大意的信徒，她以咒骂来报复他们[1]；或者设法蹂躏某婴儿的灵魂，而不是保护它。[2]她同时是母亲和"坏母亲"，慈爱和险恶，肉体和骨头。通过以香（神的食物）滋养她的法力、炼度、对她顶礼膜拜，人们引导她朝向更"文明"、更仁慈的态度。这个崇拜似乎根本上相当于那具遗失的肉体，它曾被弄干保存，这种在每个人记忆中的不朽减轻了哀悼的可能性。[3]这在农历七月十五时很明显，这一天人们会集中设宴款待那些既无权势又无人祭祀的孤魂野鬼。人们为那些全社会需负责的"小兄弟"祭食。以同样的方式，一句话记录了陈靖姑身体的干化，以及神龛和祭坛的设立，为她献祭。她的节日

---

[1] 这个故事涉及古田庙宇以前的守护人的外祖母。这是他向我讲述的：当他的外祖父还是守护人时（1959年以前），陈靖姑极为喜欢他的外祖母，并常常出现在她的梦中。一天，陈靖姑允诺助她生个儿子。但妇人没有保守秘密，于是陈靖姑施咒于她，因为她说过：她只能有一个小孩，她的后代也一样。果然如此。告诉我这个自家故事的这名男子（即她的外孙）说，他想离开庙宇，但咒语伴随着他。这个秘密，是对受孕和怀孕保持沉默的秘密，也是陈靖姑传说的一个主题：临水夫人死了，与那条蛇重逢，是因为其母透露了她的秘密（那个胚胎在屋里）。刚才提到的那位外祖母没能生育，是因为她泄露了她怀了儿子的秘密。同样奇怪的是，陈靖姑施的咒语与当代计划生育的"咒语"等效：只生一个。
[2] 见贝桂菊《开关仪式与儿童身份建构》与《开关仪式——儿童的概念》。
[3] "炼度"和干尸背后的原因与佛教极为不同。佛教保存身体的原因是来世论：等待曾在净土乐园时承诺过的离世时刻。在这些巫术活动中，其目的是通过保存的身体，使记忆和命运明晰。关于这个主题，见索安（Seidel）：《未开化的身体》(*Uncultivable Bodies*)。未发表，时间不明。

期间（新年与元月十五之间），似乎是七月十五的循环。人们在这个时候回来向她表示敬意，一起向她献祭供食，这样她就不会有害，而是有利于民。我们应该想起临水的另一条毒蛇，人们向它"进香"，它就不会吞食幼童。供食和仪式化，使得记忆明朗（对于神志恍惚，也有一种说法：做"法身"），避免被吃，被吸食。

有趣的是，最后由一名著名学者兼漆画师负责给干尸上漆，虽然这是一项现代的活动。中国的写作有广为人知的同质价值观，在此不需赘述。但在此，这种由书画家所作的备忘躯体题词，提供了它的非常强烈的表达方式，就像从象形文字到话语体系的强制通道。[1]

八、当代崇拜的根坻与景象一瞥

这个崇拜，如我们所见，仍然广泛地扎根于土壤之中。尽管如此，它的信仰活动还是被认为是迷信，从而被禁了半个世纪。如果这些活动仍旧存在，那是因为它们的再现体系深深地稳定在社区、社会学层面。今天，有两种可能的方式去重新发现这个崇拜的网络，以及追溯其土壤的轮廓。

第一个可能性是，按照传说中出现的地名指引，穿越古代

---

[1] 参见卡斯特洛狄斯 - 奥拉涅（Castoriadis-Aulagnier）：《阐释的暴力——从象形符号到言语》(*La violence de l'interprétation: du pictogramme à l'énoncé*)，巴黎：法国大学出版社（Presses Universitaires de France），1975年，我从中借用了这个表达方式。

的地图。传说里零星的地名与第一批圣地相吻合,临水夫人就在那里驱魔,也建立了第一个附属社区:下渡、上渡、龙潭角(在那里可以找到被浸没的闾山),乌石山(可以找到石夹夫人的裂石),洛阳、西河、大桥,等等。为此,我们可以创造某种"记忆之宫"——一幅原址的记忆地图,它存在于这些地方当前居民的记忆中。相反的,也可以把这些地方、它们的名字和传说作为一个像被人编排而保存过去记忆的框架。[1]这些要点位于"分香"的首个网络的古代脉络,保留了敏感的、取之不尽的语言资源。甚至当它们对于陌生人而言是感觉不到的,当地居民仍能识别它们,并且辨别古代微型景观的元素。传说与鲜明的记忆交织在一起,维持了其他真实情况的这些参照物,并且密切地缠绕多年。居民们从孩提起,陈靖姑的功绩就与巡游和社区节日的记忆交叉。这些线索本身就容易受多年以来的衍化影响。

几年前在下渡,人们仍能指出临水夫人出生的房子。他们回忆起与某条街道或闽江的某个环道有关的传奇插曲,也回忆起附属社区之间的巡游。截至 1992 年,该地重建了许多庙宇,

---

[1] 在此我选用了"记忆之宫"这一表达式,它是史景迁(Spence)用于利玛窦(Matteo Ricci)的记忆术。史景迁:《利玛窦的记忆宫殿》(*The Memory Palace of Matteo Ricci*),纽约:企鹅维京出版社(Viking Penguin),1984 年。关于自古代,特别是文艺复兴以来记忆的戏剧和记忆用法的戏剧,见叶慈(Yates):《记忆的艺术》(*L'Art de la Mémoire*),巴黎:伽利玛出版社(Gauimard),1975 年。关于中国对"过去"特有的概念及其溯源,见李克曼(Ryckmans):《中国的往昔之思》(*The Chinese Attitude toward the Past*),《远东历史评论》(*Papers on Far Eastern History*)1989 年第 39 期,第 1—16 页。

人们抬着香炉和临水夫人塑像巡游，随后又严格遵循新的分香网络结构巡游各地。也就是说，如我们所见，这些不同的社区阶层相传至今。

第二个重新发现这个崇拜的土壤的可能性是，追溯当今的这些分香网络——从古田分香的庙宇网络，接着是从这些庙宇又分香出去的网络。在这种行程中，人们会观察到这些庙宇及其团体的现况，以及它们本地不同的神话和仪式。由此可以绘出"分香"的网络，它们不分界限——不论是省界、区界，甚至是国界。如今，纵观这个崇拜的土壤，庙宇在重建，它们的团体也由归国华侨资助，再次举行了在20世纪曾被打压的交流活动。这些庙宇看似是市场及其网络的某一方面。因此，可以看到一个村子一分为二，每一半都有奉祀陈靖姑的庙宇，都有自己的生意，并通过在临水夫人节日期间举行首次巡游使之具体化。看到村子里的老人们，以及曾被毁坏的当地庙宇的住持们，回到古田做社会学工作，是令人感动的。他们研究祖庙的人物、题字、绘画和匾额，跨越微型景观，最终知道如何重建他们自己社区的庙宇。建立的庙宇完全起到了保存记忆、保证其崇拜的正统性的角色。重建庙宇之后，村民们迅速回归有巫师的巡游，通过分香重续纽带。他们带来自己的捐赠物，及时登记，又再次带着香和香炉里燃烧的炭离开。看到书写文本（例如《闽都别记》和《夫人传》）作为参考材料如何应用于雕刻新的碑刻，是同样有趣之事，因为以前的书写文本是取材于碑刻的。为了在刚刚重建的庙宇之前雕刻镶板或匾额之前，现代社会必须聘请一位学者——不幸的是，还必须向他支付不菲的费用——翻阅关于临水夫人的书面文献，这些文献曾经是这些相同的社区的口头传说。时间几乎没有改变这种观点。[1]

看到海外华侨带着他们的肖像、塑像和当地海外庙宇的还愿祭品回来，是有教益的。同时他们常为庙宇和社区组织带回大量礼物。因此，新香炉的祭品——确切地说是整个庙宇的建设——将伴随着商场或工厂的建造，或达成进出口的行销协定。

尽管如此，这座庙宇保持了它自己的模样（正如我所描述的）以及国家宗教事务局从现在起将重新修葺的样子，目的是保护这个社会不受可疑的巫教神明影响。伴随着以妇女装扮的巫师的仪式也再次出现，这些仪式有其共享生活，展示其自身的独特时空。无疑，这是两个历史时期之间的短暂时期，其中第二个时期经过长期的禁令（它明显从不提倡任何切实可行的选择）后，还将持续。这种存在是弥足珍贵的，因为它允许我们现在能像在全息图里观察千百年来中国这一地区表现的生活与体制。

---

[1] 施舟人：《旧台南的街坊祀神社》(*Neighborhood Cult Associations in Traditional Tainan*)，施坚雅编（G. W. Skinner）《中华帝国晚期的城市》(*The City in Late Imperial China*)，斯坦福：斯坦福大学出版社（Stanford University Press），1977 年第 665—676 页。

13、14世纪戏曲文学中的泰山进香[1]

[荷兰]伊维德(Wilt L. Idema)著
王锦堂译,王建平校

一、绪论

元仁宗皇庆二年(1313),朝廷审议了一份来自"回回"司天监的奏折,上陈:

本道封内有泰山东岳,已有皇朝颁降祀典,岁时致祭,殊非细民谄渎之事。今士农工商至于走卒相扑俳优娼妓之徒,不谙礼体,每至三月,多以祈福赛还口愿,废弃生理,聚敛钱物金银器皿鞍马衣服疋缎,不以远近,四方辐凑,百万余人,连日纷闹。近为刘信酬愿,将伊三岁痴男抛投醮纸火池,以致伤

---

[1] Wilt L. Idema, *The Pilgrimage to Taishan in the Dramatic Literature of the Thirteenth and Fourteenth Centuries*, *Chinese Literature: Essays, Articles, Reviews*, 19(1997):23-57. 这篇文章的部分内容来自作者与加州伯克利大学奚如谷教授的合作项目。《小孙屠》与《焚儿救母》的引文取自对早期中国戏曲总集的翻译。

残骨肉，灭绝天理，聚众别生余事。岳镇海渎，圣帝明王，如蒙官破钱物，令有司岁时致祭，民间一切赛祈，并宜禁绝。得此。本台具呈照详。送刑部与礼部一同议得：照到元贞元年六月承奉中书省。[1]

该文件载《元典章》卷57《刑部》19"诸禁"中，这是据我所知关于东岳泰山进香的最早记载。从远古至今，山东泰山一直就是一座名山。[2]作为五岳至尊的东岳泰山，一直享受国家封禅祭祀。帝王们登山，向上天宣告自己致使天下太平的功绩；诗人们登临绝顶，纵览奇观，肃然起敬。到汉朝时，泰山已成死者灵魂的归宿之地，泰山神逐渐衍化为一尊决定生者与死者的命运之神。随着使命的增加，他的头衔变得更堂皇，而他管辖的地狱官僚机构变得更庞大，更复杂。[3]到宋代，东岳

---

[1] 岩村忍（Iwamura Shinobu）、田中谦二（Tanaka Kenji）校订：《校定本元典章·刑部》（Kōteihon Gen tenshō, Keibu），京都：京都大学（Kyoto daigaku），1972年，第675—676页。出版机构为京都大学人文科学研究所元典章研究班。——译者注

[2] 谢凝高编：《中国泰山》（山东科学技术出版社，1992年）综合介绍了泰山及其庙宇的地理特征。张永衡《泰山》（知识出版社，1995年）一书的内容相似但篇幅更短。

[3] 参见沙畹：《泰山——一种中国信仰专论》（Le T'ai Chan: Essai de monographie d'un culte chinois），巴黎：勒图尔出版社（Letour），1910年，第3—43页；刘慧：《泰山宗教研究》，文物出版社，1994年；泽田瑞穗：《地狱变——中国的冥界说》（『地獄変中國の冥界說』），京都：法藏馆（Hōzōkan），1969年，第43—53页；柯睿：《登高诗——登泰山》（"Verses from on High: The Ascent of T'ai Shan"），《通报》1983年第69期，第223—260页；魏侯玮（Howard J. Wechsler）：《丝玉之祭——唐代合法过程中的仪式与象征》（Offerings of Jade and Silk, Ritual and Symbol in the Legitimization of the T'ang Dynasty），纽黑文：耶鲁大学出版社，1985年，第170—194页。

大帝已成为在全国各地普受崇敬的一尊大众之神，整个王国到处都建起神庙供奉他。神庙中引人注目的设置之一是，阴间供审判死者的七十五司。[1]

每年东岳大帝诞辰日，全国各个神庙都会举行庆祝活动，场面铺张，声势浩大，吸引大群民众。1324 年刻版的《梦粱录》就以如下措辞记载了杭州的庆祝盛况：

三月二十八日，乃东岳天齐仁圣帝圣诞之日，其神掌天下人民之生死，诸郡邑皆有行宫奉香火。杭州有行宫者五，如吴山、临平、汤镇、西溪、昱山，奉其香火。惟汤镇、临平殿庑广阔，司案俱全。吴山庙居辇毂之下，人烟稠密，难以开拓，亦胜昱山梵宫内一小殿耳。都城士庶，自仲春下浣，答赛心愿，或专献信香者，或答重囚带枷者，或诸行铺户以异果名

---

[1] 吕继祥：《东岳大帝信仰的演变及文化内涵》，《中国民间文化》第 16 期（1994 年第 4 期）第 21—40 页；韩森：《变迁之神——南宋时期的民间信仰》（*Changing Gods in Medieval China, 1127—1276*），普林斯顿：普林斯顿大学出版社，第 111、113、115、181—194 页。关于信仰东岳大帝的庙宇研究见富平安（Anne Swann Goodrich）：《北京东岳庙》（*The Peking Temple of the Eastern Peak*），名古屋：华裔学志（Monumneta Serica）1964 年；李国涛等著：《地狱景观——蒲县东岳庙览胜》，海天出版社，1990 年。北京老城的东岳庙建成于 1328 年，但至少在 1318 年就已经有一座东岳庙了。见珍妮特·里纳克·坦恩·布洛克（Janet Rinaker Ten Broeck）、尤桐（Yiu Tung）：《元代道教碑刻——道教碑》（*A Taoist Inscription of the Yüan Dynasty: The Tao'chiao pei*），《通报》1951 年第 40 期，第 72—81 页；施舟人：《北京东岳庙探源》（*Note sur l'histoire du Dongyue Miao de Pékin*），桀溺（Jean-Pierre Diény）编：《向邝庆欢致敬——中国文化史研究》（*Hommage à Kwong Hing Foon, Études d'histoire culturelle de la Chine*），巴黎：法兰西学院（Collège de France），1995 年，第 255—269 页。

13、14世纪戏曲文学中的泰山进香

花、精巧面食呈献者,或僧道诵经者,或就殿庑举法音而上寿者,舟车道路,络绎往来,无日无之。又有丐者于吴山行宫献彩画钱幡,张挂殿前,其社尤盛。闻此幡钱属后殿充脂粉局收管。其殿下有佐神,敕封美号曰"协英灵显安镇忠惠王",其神姓刘,父子俱为神,灵显感应,人皆皈依。五月二十九日诞日,诸社献送,亦复如是。姑书以记之耳。[1]

如文献所示,坐落于泰安、位于山脚的东岳庙的主殿成为一个大众的进香活动中心。我们可能怀疑 1313 年所颁布的禁止进香的效果,进香热潮在随后持续了数个世纪之久,实质上一直延续至今。然而,据最近的一些研究,截至 16 世纪,朝拜的主要对象变成了供奉于山顶的一座寺庙里的碧霞元君。[2]

---

[1] 孟元老等著:《东京梦华录(外四种)》,中华书局,1962 年,第 150 页。
[2] 关于 16、17 世纪对泰山进香的描写,参见吴北仪(Pei-yi Wu):《17 世纪一个矛盾的泰山朝山者》("An Ambivalent Pilgrim to T'ai Shan in the Seventeenth Century"),韩书瑞(Susan Naquin)、于君方(Chun-fang Yü)编:《进香——中国历史上的朝圣之地》(Pilgrim and Sacred Sites in China),伯克利:加州大学出版社,1992 年,第 65—88 页;杜德桥:《泰山女朝圣者——17 世纪小说中的一些篇章》("Women Pilgrims to T'ai shan: Some pages from a Seventeenth-Century Novel"),韩书瑞与于君方编:《中国的进香与圣地》,第 39—64 页;杜德桥:《17 世纪小说中的一次进香之旅——泰山与〈醒世姻缘传〉》("A pilgrimage in Seventeenth-Century Fiction: Tai-shan and the Hsing-shih yin-yuan chuan"),《通报》1991 年第 77 期,第 226—252 页;泽田瑞穗:《地狱变——中国的冥界说》,第 43—53 页;韩书瑞:《北京的妙峰山的进香之旅——宗教组织与圣地》("The Peking Pilgrimage to Miao-feng Shan: Religious Organizations and Sacred Sites"),韩书瑞与于君方编:《进香——中国历史上的朝圣之地》,第 333—377 页;沙畹《泰山》第 44—157 页将泰山描绘为 12 世纪早年的朝圣之地;另参见彭亚伯(P. A. Tschepe):《泰山》(Der T'ai—schan),兖州府(Jent-schoufu):天主教传教团印刷和出版(Druck und Verlag der Kathol(转下页)

元朝的进香热潮在很多地方文献中有所记载，不仅这些事本身就很让人感兴趣，而且也能给至今都少有研究的那段时期的泰山进香，从各方面提供解释与启示。

　　大部分的早期地方文献只能从较晚的整理本中了解，这些整理本很多形成于明代最后的几十年，[1]如果我们将研究对象限制在记录13、14世纪历史的同时代的地方文献，那么可依据的文献有14世纪保存下来的30种杂剧和1409年编辑的《永乐大典》中幸存的三篇戏文。其中一部戏文和三部杂剧包含了大量泰山进香的内容。[2]佚名杂剧《小张屠焚儿救母》更是完全写泰山进香的。研究中国早期戏曲的学生都熟悉山东监察御史竖立的纪念碑，每每引用以研究这部佚名的剧作。[3]然而，这部杂剧很少有人问津，正如最近的一位评论家所言它充

（接上页）ischen Mission)，1906年，以及德怀特·康斗·贝克尔（D. C. Baker）：《泰山——中国东岳的记录》（T'ai Shan: An Account of the Sacred Eastern Peak of China)，商务印书馆，1925年。原文将作者写成 D. W. Baker，有误。——译者注

[1] 伊维德《为何从未看到元杂剧》（Why you Never Have Read a Yuan Drama)（即将出版）综述了近期关于明代杂剧文本的特征与变化的相关研究。将研究材料限制在13、14世纪意味着我们要将《水浒传》排除在外。从表面上看，《水浒传》的起源时代也许只能是16世纪上半叶，即使其中有更早的文献材料。小说的第74回大量描述了在泰安进香途中的摔跤活动。参见施耐庵、罗贯中：《水浒全传》，中国香港中华书局，1965年，第三册，第1237—1249页。在描写泰安庙宇群的段落里还提到了"火盆"与碧霞元君崇拜，似乎是不同时代特点的混合。

[2] 元代文献里对东岳大帝的进香热潮与朱有燉（1379—1439）的31部杂剧中的寂寞景象形成了鲜明对比。朱有燉一生大部分都在开封这个元杂剧的进香活动中心生活。

[3] 王国维：《元刊杂剧三十种叙录》，《王国维戏曲论文集》，中国戏剧出版社，1984年，第242页。

满了"封建迷信思想,没有丝毫的积极意义"。[1]

《元典章》中所含的其他文献显示,不论是来自地方政府高级官员的原始回忆,还是后来由朝廷得出的结论,都强调国家在特定季节对岳镇海渎进行正式祭祀,这与民间从三月底延续到四月的崇拜行为是不同的。其他一些记载显示,涉及当地农民和士兵的庆祝活动以及戏曲演出的情况时,官员格外担心的是对民众的控制以及赋税收入。起初官员们认为,民间节庆干扰了正常的生活:人们忽视了他们正常的事务,危及必要的生产,还将辛苦所得耗费在没有产出的活动上。尽管《元典章》中没有提及,但其他文献显示,官员们尤其担心那些从当地信徒那里募集节日所需花销的本地宗教节日的组织者。其次,当局认为,节日里大量缺少控制的民众在庙宇的集会,也是潜在的威胁。男女混杂会引发丑闻和打斗事件。此外,民众聚集也吸引了许多不良因素:例如职业赌徒、假药贩子、杂耍和戏子、娼妓和皮条客。[2]山东监察御史所提到的各类人——绅士、农民、匠人和商人,甚至逃犯、摔跤手、戏子以及娼妓等都借信仰行为开展营生(逃犯可能充当保卫)。

接下来我们会看到,戏剧重点关注了香客个体进香的动机(或持反对意见),同时关注香客在东岳庙逗留时或者归途上的

---

[1] 王志武:《古代戏剧鉴赏辞典》,陕西人民出版社,1988年,第726页。
[2] 参见《元典章》第19章"刑部"中关于"诸禁"的多种记载,亦参见王利器编:《元明清三代禁毁小说戏曲史料》,上海古籍出版社,1981年,第3—11页。在12、13世纪的福建,南宋官员对当地的庆典也有类似的管制。

感情。这些戏剧没有给我们提供这些特殊民众进香的心理活动情况，但是确实反映了社会上所接受的个体宗教信仰形式。正因为此类素材相对较少，更值得对其做一番细细考察。

二、张国宾的《汗衫记》

从老百姓的基本立场来说，他也会对进香提出反对意见。在13、14世纪演员兼剧作家张国宾所写的杂剧《汗衫记》中，反对去东岳泰山进香有两个理由：泰山进香之旅过于凶险，对祈祷是否灵验心存怀疑。[1]《汗衫记》的主要活动地点是开封。冬季某一天，张员外夫妇和儿子、儿媳在一起聚会，他们怜悯乞丐陈虎，并将他收留在家中。陈虎与张家儿子张孝友结拜

---

[1] 关于演员兼剧作家张国宾的研究，参见李春祥：《张国宾论》，《元杂剧论稿》，郑州：河南大学出版社，1988年，第228—241页，以及伊维德：《不孝英雄——"薛仁贵"故事的早期戏曲改编研究》("The Remarking of an Unfilial Hero: Some Notes on the Earliest Dramatic Adaptations of The Story of Hsüeh Jen-kuei")，艾瑞卡·德·波特尔（Erika de Poorter）编《弗利兹·冯纪念文集》(*As The Twig Is Bent: Essays in Honour of Frits Vos*)，阿姆斯特丹：吉森（Gieben），1990年，第104页。《汗衫记》还有两个晚明版本：一个是明代宫廷收藏的抄本，一个为《元曲选》的印刷本。赤松纪彦（Akamatsu Norihiko）：《论〈汗衫记〉——元刊本、明抄本与明刊本》(「汗衫記劇について——元刊本・明抄本と明刊本」)，《中国文学报》(*Chugokū bungaku hō*) 1982年10月第34号，第36—68页。元刻本杂剧的影印本可见于《元刊杂剧三十种》(《古本戏曲丛刊四集》，现代整理本见郑骞编：《校订元刊杂剧三十种》，中国台北世界书局，1962年，第197—210页；徐沁君（英文原文中记为"许沁君"应有误——译者注）编：《新校元刊杂剧三十种》，中华书局，1980年，第359—382页；宁希元编：《元刊杂剧三十种新校》，兰州大学出版社，1988年，第一册，第211—223页；高桥繁树等：《新校订〈元刊杂剧三十种〉(2)》("Shikōtei Genkan zastugeki sanjishū")，《佐贺大学教养部研究纪要》(*Saga daigaku kyōyōbu kenkyū kiyō*) 1988年3月第20号，第43—60页。

为兄弟，后来张员外夫人认"罪犯"赵兴孙为侄子并欲助其逃脱，赵兴孙却被陈虎赶走了。

在第二折的开头，一个算命先生（在陈虎的安排下？）告诉张孝友说他有灾难临头，必须离家百日以躲避灾祸。张孝友带着他已经怀孕的漂亮妻子以及保镖陈虎，动身去泰安做生意，同时也向东岳大帝求签以知晓妻子怀孕的结果，但他并未告诉他父母。[1]当张员外知道他儿子已经离开时，他非常伤心。（元刻本中正末由张员外扮演）

（等外末上，云住）（等净上，说外末躲灾，都下）（等卜儿叫住）（正末慌上）（等卜儿告）忤逆贼！俺子是个开店的者波，您去呵，也合交我知道，休道俺是亲爷亲娘！婆婆，嗻赶去！

（等卜儿云了）

【越调·斗鹌鹑】我有眼如盲，有口似哑。你绿鬓朱颜，我苍髯皓发。不争背母抛爷，却须违条碍法。他不怕，夭折罚！你闲遥遥喝婢呼奴，稳拍拍骑鞍压马。

【紫花儿序】没些事人离财散，好可间水远山遥，平地的海角天涯。你将着那价高的行货，你引着个年小的浑家，若还有些争差，您这双没主意的爷娘是怕也不怕？您畅好是心

---

[1] 在该剧的晚明版本中，张孝友与家人从徐州出发前往东岳大帝庙。徐州位于开封东南，而泰安位于开封东北。在元朝，开封与徐州之间由黄河的水路连接。张孝友夫妇坐船离开开封，似乎意味着他们的目的地为徐州，但前往泰安的旅客也需要渡过黄河。这部剧的元代版本没有明确指出他们的目的地。

粗胆大！

（带云）婆婆，咱出酸枣门，绕着黄河岸上赶去来！哎！俺这般拽巷摆街，都因他弃业抛家。

当张员外最终追上了他儿子时，他对儿子迷信预言只有彻底的轻蔑，同时也讥讽地说出了他对东岳大帝的怀疑，不相信东岳大帝有能力关心每一个信徒包括未出生胎儿的个人福祉。

（等外末一行上）（云）婆婆，拖住只！
好也啰！
却不父母在不合离家？你兀的不惹得旁人骂！
（等外末云了）

【小桃红】
更做道好儿好女眼前花，
你说这不辞您爷娘的话。
兀的是那一个袁天纲算来的卦？[1]
这言语唬庄家，
却不忧父母病体着床榻。
你去了呵，
交人道做爷娘的鳏寡，
做孩儿的谎诈，
交人道你个媳妇儿不贤达。

---

[1] 袁天纲是生活在7世纪早期的著名风水师。

(等外旦对卜儿云了)(卜儿云了)

【鬼三台】听言罢，无凭话，惹的聪明人笑话。那没子嗣，没根芽，烧大细马[1]，将金纸银钱香火加，便贤孙孝子儿女多。早难道神不容奸，天能鉴察。

(等外末云了)

【紫花儿序】

我问甚玉杯珓下下，

偌大个东泰岳爷爷，

他闲管您肚皮里娃娃？

却不种谷得谷，种麻收麻！

兀那积善人家，

天网恢恢不道漏了纤掐。

这言语有伤风化，

我不信你调嘴摇舌，利齿伶牙。

(等外末云了)(云)婆婆，心去意难留，交他去！媳妇儿，大哥有着身穿的汗衫儿，脱将来。

为了万一发生什么不测，一家人今后见面能彼此相认，张员外将儿子的汗衫用血做了标记并撕成两块。张孝友在父亲回去后就乘船继续旅程。

等张员外夫妇返回到城里，他们的房屋已经被烧毁，全家沦入穷困境地。张孝友旅途多舛：陈虎把他推到黄河里试图把

---

[1] 祭祀会用到"纸马"，因而我认为这里指很大的祭祀物。

他淹死，然后强占了他有身孕的妻子。在戏剧的第三折中，17年后，张孝友成了开封著名的大相国寺的住持长老，而他那由陈虎养育长大的儿子已经做官。当张员外夫妇在节日去庙里进香的时候，他们通过那件血汗衫认出了也出现在现场的孙子。寺庙住持也认出了他父母和儿子。在最后一折戏里，恶棍陈虎被赵兴孙依法严厉惩罚，全家团圆了。

其他元代刻本（但在早期版本中没有保存）的戏剧强调与年轻貌美的妻子一起去泰安进香之旅给男子带来的危险。在去往东岳泰山和返回的途中，他们的妻子都被绑架了。[1] 在张国宾的《汗衫记》中，旅途的危险以及对东岳大帝能力的怀疑都得到了强调，目的是突出奇迹般的团圆发生在相国寺，那是大众举行信仰活动的一个中心。[2]

三、古杭书会写的《小孙屠》

去往泰安的长途旅行之危险没能阻止多少人去进香。许多

---

[1] 在佚名杂剧《黄花峪》中，一对夫妇在从泰山返乡的路途中，漂亮的年轻妻子就被绑架了，绑匪最终被鲁智深所杀。在高文秀（13世纪晚期）的《双献功》中，丈夫在启程之前就获得了李逵的护卫。快到泰安时，丈夫将妻子留在旅店，自己与李逵先去泰安打点住宿。随后妻子被其情夫绑架。李逵抓住了这对奸淫男女，将他们处死后，将头颅献给了她的丈夫。

[2] 钟嗣成《录鬼簿》——这部14世纪中期的戏曲目录仅列出两位来自开封的杂剧家。从《录鬼簿》提到一个故事的戏剧改编本为"汴本"可以看出开封应该是杂剧活动的中心。参见伊维德：《元代及明前期杂剧中的效仿与改编》（"Emulation through Readapation in Yuan and Ealry Ming Tsa-chu"），《亚洲专刊》1990年第3辑，第116页；李春祥：《略论元代中州杂剧作家》，《元杂剧论稿》，第117—125页。李春祥所著《元杂剧论稿》，由河南大学出版社1988年出版。——编辑注

人经常定期去进香,这一点从《小孙屠》可以看得很明确。尽管这部戏是《永乐大典》的三部戏文之一,它明显是一出杂剧的改编本,因而很可能出自北方某处。《永乐大典》将著作权归为古杭书会,但更早期的《录鬼簿》的作者钟嗣成说它是14世纪杭州的郎中萧德祥所写。假定萧德祥是当地书会的一名很活跃的成员,就可以解决这个矛盾了。[1]

该剧的主要活动地点设定在开封,小孙屠的哥哥娶了官妓李琼梅为妻,但李琼梅婚后仍与过去的主顾有染。在小孙屠突然撞见这对淫妇奸夫在行苟且勾当之后,李琼梅向丈夫指控其弟弟企图奸污她。当兄弟二人的关系彻底恶化、他们的母亲突然想起其丈夫在世时,她曾许愿每三年一次定期去泰山进香,而今刚好第三年了,她执意要小孙屠此番陪她去进香。戏剧的第九出,几乎全部描写母子二人进香之旅的艰险。第十二出戏文里,母子二人在前往泰安的路上:

第十二出

(婆上唱)【望远行】离了故乡,跋涉崎岖劳攘。水宿风餐,旅况怎消遣?

---

[1]《永乐大典》本《小孙屠》不断地出现在影印总集如《小孙屠等三种》(《古本戏曲丛刊初集》)之中。钱南扬编注的《永乐大典戏文三种校注》(中华书局,1979年)第257—324页提供了一个重要的注释本。关于该剧创作日期及作者的研究综述,参见金宁芬:《南戏研究变迁》,天津教育出版社,1992年,第140—148页;塔杜什·兹比科斯基(Tadeusz Zbikowski):《南宋早期南戏研究》(*Early Nan-hsi Plays of the Southern Sung Period*),华沙(Wydawnictwa):华沙大学出版社(Wydawnictwa Uniwersytetu Warszawaskiego),1974年,第92—95页。

（末上）那日方离家乡，回首家乡怎想？

且缓步徐徐行上。

（婆）

【四犯·腊梅花】高山叠叠途路长，何时得到东岳殿，赛还心愿一炉香也？人寂寂，奴凄惶，相随只有儿共娘。奔波在旅邸。满眼是山花夹岸傍。

（和）路上逢花酒，自徜徉，

一程管教分作两程行。

（末）

【同前】暮宿村店朝又往，宽心放怀休惆怅，拜还心愿一炉香也。身康健，回故乡，朝行暮止儿共娘。一心愿得学，拜舞彩衣堂上。[1]

（和同前）

（婆白）孩儿，我身已自觉有些不快，你可早寻个安歇处。

（末）妈妈，前面便是草桥茅店，且歇了，明日早上殿还愿。

（婆）孩儿，早寻旅店且安宿，身安便是无量福。

（末）赛还香愿早回家。

（并下）

到戏文的第十四出，我们了解到，旅途的艰辛远非老母亲

---

[1] 身着彩衣、拜舞双亲之人（这样父母才会认为他仍是孩童，而他们也在壮年）当为孝子典范老莱子。

所能承受,在还愿之后,她死在了回家的路上。在小孙屠不在的这段时间,在开封家里,那个以前的妓女与其奸夫陷害他的哥哥犯了杀人罪。怀着对兄弟的忠诚,小孙屠在监狱顶替了他愚蠢的哥哥,为的是使他免遭死刑。在第十九出中,在他遭到勒杀并被撇在城外受死之时,在东岳大帝速报司的干预下,他获救了。

(净扮禁子开关拖末上)(净下)(外扮东岳泰山府君上唱)

【少年游】瞬目一观,霎时已到凡世。

(白)莫瞒天地莫瞒心,心不瞒人祸不侵。

十二时中行好事,灾星过了福星临。

小圣乃是东岳泰山府君。

劝君莫作亏心事,东岳新添速报司。

切见李琼梅淫妇,谋杀人命,孙必贵屈死郊中。此人平日孝心可重,今日有此之难。上帝敕旨,差下小圣,降数点甘雨,其苏醒此人。

孙必贵,甘雨沾身魂梦醒,醒来冤枉自分明。从空伸出拿云手,提起天罗地网人。

(外下)

(末活醒了介)

此处速报司的职能由包拯来行使。包拯是传说中的判官,白天在人间上朝,夜里在阴间开庭。[1]他白天会最终努力使真正的坏人受到惩罚。然而,泰山府君的头衔通常留给崔府君,他被认为是唐代最初几十年间的一位英明的官员,白天为活人判案,夜里为死人判案。到了宋代早期,他已经成为一尊广受崇敬的神,其庙宇遍布中国各地。12世纪早期,每逢他的生日,六月六日,开封会举行盛大的庆祝活动。然而,崔府君也被并入东岳大帝的地府。[2]在讨论《焚儿救母》时,我们会有机会来评论孝悌崇拜与东岳大帝信仰之间的联系。

四、郑廷玉的《看钱奴》

到目前为止,已经讨论过的两部戏曲都还未将我们带到

---

[1] 元好问是最先指出包拯判官身份的作家,见其《续夷坚志》,中华书局,1986年,第2—3页,及韩书瑞:《元杂剧中的地下朝堂》("The underworld Courts in Yuan Drama"),《传统中国(600—1400)的日常协商——民众如何使用契约》(Negotiating Daily Life in Traditional China: How Ordinary People Used Contracts, 600—1400),纽黑文:耶鲁大学出版社,1995年,第216—218页。

[2] 关于崔府君的研究,高桥文治(Takahashi Bunji):《关于崔府君》("Sei Fukun womegutte—Gendai no myō to denzetsu to bungaku"「崔府君をめぐって元代の廟と傳説文學」),收入《中国古典戏曲论集——田中谦二博士颂寿纪念》(Tanaka Kenji hakase sōshu kinen Chūgoku koten gikyoku ronshū『田中謙次博士松壽記念中國古典戲曲論集』),东京:汲古书院(Kyūko shoin),1991年,第35—82页。崔府君是《元曲选》中《崔府君断冤家债主》的主角,此剧的作者与创作时间尚存争议。关于历史中的包拯,参见伯恩·施莫勒(Bernd Schmoller):《包拯(999—1062):作为官员和政治家》[Bao Zheng(999—1062)als Beamter und Staatsmann],波鸿(Bochum):布洛克迈尔(Brockmeyer),1982年;关于元杂剧中的包拯,参见乔治·海登(George Hayden):《中古中国戏曲中的罪与罚——三部包拯戏》(Crime and Punishment in Medieval Chinese Drama, Three Judge Pao Plays),剑桥:哈佛大学出版社,1978年。

神山泰安,郑廷玉的《看钱奴》会带领我们走向那里。公元13世纪下半叶,郑廷玉生于河南北部的彰德(今安阳)。[1] 该戏头两折发生在曹州的曹南镇,戏剧讲的是一个叫贾弘义的人,当他向众神埋怨他不该受穷时,他突然找到了一堆贮藏的银子。在第二折戏里,他变成了真正的吝啬鬼。当来自开封的周荣祖夫妇在走亲戚途中不幸落难,并通过陈德甫的协助,将他们的儿子卖给贾时,贾弘义竟然拒绝付给那对夫妻按惯例该支付的费用。

戏剧的第三折发生在20年后,生病的贾弘义打发收养的儿子到泰山上香,以还自己多年前许下的誓愿。与此同时,周荣祖及其妻子也去进香。在没有互相认出对方的情况下,一个贫苦农民,满怀义愤,一位富家青年,傲气十足,在泰安庙彼此身体相撞。在该剧头两折的唱词中,扮演周荣祖的男主

---

[1] 关于郑廷玉,参见罗德里希·普塔克(Roderich Ptak):《郑廷玉戏剧》(*Die Dramen Cheng T' ing-yüs*),巴特博尔(Bad Boll):克莱门贝格出版社(Klemmerberg-Verlag),1979年,尤其参见第178—214页。《元刊杂剧三十种》(《古本戏曲丛刊四集》)中有元刻本《看钱奴》。现代整理本载郑骞《校订元刊杂剧三十种》第85—100页、徐沁君《新校元刊杂剧三十种》第161—187页、宁希元《元刊杂剧三十种新校》第一册第101—116页、高桥繁树《新校订元刊杂剧三十种》第3—22页。此外,此剧还有两个改动严重的晚明版本。英译本见杨宪益、戴乃迭:《中国文学中的守财奴》("Chinesische Dramen der Yuan-Dynastie"),《中国文学》(*Chinese Literature*),1962年9月,第53—99页。德译本见晋文(Martin Gimm)编:《元朝——法尔福雷ктор·佛尔克的十篇遗译稿》(*Yüan-Dynastie: zehn nachgelassene Übersetzungen von Alfred Forke*),威斯巴登(Franz Steiner),1978年,第430—499页。高桥繁树:《元杂剧的改变与文学性的倒退》(「元雑劇の改変と文学性の後退」),《中国文学研究》1990年第16号,第138—140页。

角,描述了由汴梁城(开封)到泰安来的旅程和到达寺庙时的心情。

(做叹科,云)过日月好疾也!自从买了这个小的,可早二十年光景。我便一文不使,半文不用。这小的他却痴迷愚滥,只图穿吃,看的那钱钞便土块般相似,他可不疼。怎知我多使了一个钱,便心疼杀了我也!(小末云)父亲,你可想甚么吃那?(贾仁云)我儿也,你不知我这病是一口气上得的。

(唱)

【商调·集贤宾】我可便区区的步行离了汴梁,(带云)这途路好远也!

(唱)过了些山隐隐更和这水茫茫。

盼了些州城县镇,经了些店道村坊。

遥望那东岱岳万丈巅峰,怎不见泰安州四面儿墙匡?

(云)婆婆,这前面不是东岳爷爷的庙哩?

(唱)这不是仁安殿盖[1]造的接上苍,掩映着紫气红光。

正值他春和三月天,

(带云)婆婆,(唱)早来到仙阙五云乡。

【逍遥乐】这的是人间天上,烧的是御赐名香,盖的是那敕修的这庙堂。

我则见不断头客旅经商,还口愿百二十行。

听的道是儿愿爹爹寿命长,又见那交椅上顶戴着亲娘。

---

[1] 仁安殿是泰安东岳大帝庙中带复式屋顶的主殿。

13、14世纪戏曲文学中的泰山进香

我这里千般感叹,万种凄惶,百样思量。

到达泰安后,周荣祖与妻子准备打地铺过夜,大概就在寺庙外面靠近大门处。在 12 世纪早期,一个人可以在庙里过夜并得到食宿招待,但这种做法在 1182 年金代重建寺庙后就终止了。一篇记录重建的残缺碑文提到了此前在寺庙内对香客提供的特殊食宿情况:

庙之西南隅旧设舍馆,宾客往来皆止焉。郡吏时设倡乐以娱乐之。因为□□□□□□□□洞启,或终夜欢哗。诏以"神灵静谧之宅,岂可使之污漫如此"。即其地更置庙库,俾门禁加严,盖所以崇肃静也。[1]

周荣祖提到他的愿望:能从第一盆火点燃自己的香(赶烧头香),以此作为在紧靠庙门打地铺过夜的理由。

(云)婆婆,咱今夜子这里宿睡,明早五更时赶烧头炉香咱。(小末、来兴上,做住)(正末云)哥哥好狠呵!

【金菊香】

我子理会得雕梁画栋圣祠堂,又不是锦帐罗帏你的卧房。你这里厮推厮抢老丈丈,不顾危亡,一迷地先打后商量。

【后庭花】

偏向庙官行图些犒赏,咱客人行有甚盼望。他见有钞的都

---

[1] 参见《大金重修东岳庙碑》,金棨编:《泰山志》,光绪木刻本,第 17 卷,第 63 页。

心顺,子俺这无钱的不气长。枉了你献千章,枉了你沉檀笺降。你搀头炉意不减,瞒人在斗秤上。一斤称十四两,籴一斗加二量。瞒天地来赛羊,欺穷民心不良,昧神祇烧谵状。

【双雁儿】

这的是你亏心枉爇万炉香!要儿孙,往上长,休把那陷百姓儿羊羔儿利钱放。儿开不的敬客坊,爷收不得不死方;儿恋不的富贵乡,爷已卧在安乐堂。

【青哥儿】

他病在膏肓、膏肓之上,谁家问间别、间别无恙。铺裀褥重重被一张,又不敢靠着他旁,行行离了门旁,离了他方。子怕那奉母求鱼孝王祥,卧死在冬凌上。[1]

(各做睡科)(正末云)婆婆,我怎睡得着!

【梧叶儿】

料是前生罪,今世里当,末不烧了断头香?揾不迭腮边泪,挠不着心上痒,割不断业心肠。儿呵,为你但合眼眠思梦想。

接下来为一场梦境,大约预示的是地狱判官对贾弘义进行审判,贾在此同时死去,他的灵魂被带到阴司判官跟前。我们可以在《焚儿救母》中看到类似的梦境,也许在庙门前过夜的动机之一就是希望因此产生预言性的梦境。周荣祖醒

---

[1] 王祥是二十四孝之一。在严冬时为了满足继母想吃鲜鱼的要求,他卧于冰上以体温融化冰块。在王祥躺下后,冰面忽然裂开,有两条鲤鱼神奇地跳出了冰面。

来时,留意到了自己儿子和睡在他旁边的那个傲慢年轻人的相似之处。

(云)儿呵,知他你那里?
(小末打喷嚏了)(等神鬼卒子拿净上)
(外、净云了)
【村里迓鼓】
做了个哑子托梦,说不的这场反障。奴婢和使长,一合相风波千丈。看这后生形像,好似孩儿模样。子为他茶里饭里思,行里坐里念,眠里梦里想。作念着团圆了半晌。

本折戏继续以一系列唱段推进,唱段中贫农老夫妇二人用最粗鲁的话诅咒那有钱的年轻人,愿上天降祸于他(头上),并且对他父亲的巧取豪夺给予一切可能的惩罚。注意到这一点很有意思,至少在后来,许多地方节日都会有一个仪式,称为"控诉"。如果人们对某些公民同胞怨愤不满,他可能穿着丧服并蓬头走到阴间众神面前,大声喊"冤"。[1] 读那些应和着宣泄私愤方式辱骂人的唱词倒是蛮吸引人的。

在第四折戏开场,贾弘义已经死了,他儿子也回到了曹南。不久,周荣祖和他妻子也随后到达。周荣祖开始唱起赞颂东岳大帝的一个唱段。

---

[1] 康豹(Paul R. Katz):《厉鬼与送船——中华帝国晚期浙江的温元帅信仰》(*Demon Hordes and Burning Boats, The Cult of Marshal Wen in Late Imperial China*),阿尔巴尼:纽约州立大学出版社,1995年,第152—153页。

（外末上，提贾员外死了）（小末上了）（正末、卜儿上，开）咱泰安州烧了香，两口儿去曹州曹南打听孩儿消息。咱共婆婆两口儿虔心烧香，想神圣也多灵感呵！

【越调·斗鹌鹑】

赛五岳灵神，谁不奉一人圣旨！总四大神州，受千年典祀；护百二山河，掌七十四司。咱献香，醮钱纸。道积善的长生，造恶的便死。

然而，在后面一段唱词中，他质疑神灵的公正和法力。同样也在随后的唱词中掺杂了一些讽刺。

【紫花儿序】

怎生颜回短命，盗跖延年，伯道无儿？[1]谁不道灵神有验，正直无私，劝化的人心慈。便道东岳新添速报司，孔子言鬼神之事。大刚来把恶事休行，择善者从之。

他的妻子随即心痛，周荣祖认为那是对他怀疑的惩罚：

（卜儿做急心疼的科）

（正末慌科）

【东原乐】

疼的他合了双目，把捉定冷了四肢。

---

[1] 颜回是孔子最欣赏的学生，因贫困而早逝。盗跖是《庄子》中的荒淫大盗。伯道即邓攸（死于326年），他在逃难的危急时刻，以牺牲自己的儿子保存了失去双亲的侄儿，后来终生无子，并未得到天道的奖赏。

（带云）恰才不合道了一句言语！

降灾祸来疾追魂使，显灵圣的尊神信有之。全不报我亲儿，作蜈蚣近来何似？

【绵搭絮】

但行处人间私语，天闻若雷。一时报应，更不差迟，专设着未说先知举意司，又差着千里眼能听呵顺风耳。那谤神道言词，子是这老丑生不三思。

实际上，他妻子的心脏病发作证明表面是祸，其实是福。当周荣祖求药的时候，他碰到了陈德甫，而陈竟然是早年他卖儿给贾弘义的见证人。陈德甫让他和儿子团圆了，而他儿子，也就是在泰安东岳庙里碰到的那个傲慢的年轻人。周荣祖对于他儿子不孝行为非常愤怒，甚至想向当局告他，但最终当早先被贾弘义发现并热心守护的那窖藏银证明实际属于周家时，父母和儿子愉快和解了。

五、《焚儿救母》

同前面的戏曲一样，《焚儿救母》有富人与穷人对立，同时，戏剧的场景从他们的家乡（又是开封）转移到泰安神山，又转移回开封。[1]这部戏的主题主要讲述了主人公情愿牺牲儿

---

[1]《焚儿救母》只有元代版本，此剧并没有出现在早期的戏剧目录里。《元刊杂剧三十种》(《古本戏曲丛刊四集》) 收有影印本。现代整理本载隋树森编：《元曲选外编》(中华书局，1959年，第714—724页；郑骞：《校订元刊杂剧三十种》，第427—443页；徐沁君：《新校元刊杂剧三十种》，第778—807页；宁希元：《元刊杂剧三十种新校》，第二册第229—261页。

子以救母亲的孝道，以及东岳大帝惩恶扬善的威力与公正。事实上，这部戏剧可以作为研究中国12世纪到14世纪逐渐重视对孝道的崇尚的一个很好的范例。这种对孝顺的崇尚最显著的一个方面是二十四孝故事以多种绘画艺术出现与流行——例如棺木上的雕刻以及墓室里的绘画，我们的男主角一再提及许多这样的例子。[1]

由于这是唯一一部把我们带到东岳庙里面并描述了对神灵崇拜的戏剧，我们将在此详细分析。《焚儿救母》戏剧的主角是小张屠，他居住在开封，以经营肉档为生。他家有老母、妻子以及幼小的孩子名叫喜孙。在戏剧开头，他母亲在正月十五元宵灯节后病倒，由于家里没有粮食，他命他妻子去当铺将棉袄当给戏中的坏角色王员外。事实上，王员外是第一个出现在舞台上的人，他用以下的措辞介绍自己：

（外末上，开）老夫王员外便是，家住在汴梁西北角隐贤庄。家中有万贯钱财。有个孩儿，唤做万宝奴，一家儿看成似神珠玉颗。我不合将人上了神灵的纸马，又将来卖与别人还愿。我卖的是草香水酒，似我这等瞒心昧己又发迹，除死无大灾。（下）

典型的吝啬鬼原来也有母亲，于是，他和他的家人对于我

---

[1] 高桥文治：《金元时期墓葬中的孝子图与元曲》(「金元墓の孝子図と元曲」)（《未名》1989年第8号，第29—61页）从对孝道的狂热，尤其是"二十四孝"崇拜的角度探讨《焚儿救母》。

13、14世纪戏曲文学中的泰山进香

们善良正直的男主角起到了绝佳的衬托作用。

小张屠特有的品德就是他特别孝顺。戏剧的第一折一开场就是男主角的大段漫骂式的唱词,针对他妻子,敦促她在照料婆婆过程中要表现得更加孝顺。当老太太的身体状况继续恶化,郎中指出只能用朱砂救命,小张屠的妻子马上主动献出自己仅存的嫁妆——一对金钗,以向王员外换取朱砂。然而,王员外给他们的是假的朱砂。老妇人服下后呕吐不止,更是病入膏肓。陷入绝望的小张屠采取了极端的手段,他瞒着母亲,发出毒誓,如果母亲康复,他愿意将自己的独子献给东岳大帝。随后,小张屠母亲竟然真的好起来了。小张屠也将自己的儿子送到了泰安的东岳大帝庙的香炉或者火盆中烧给了神仙。[1]

(末见外)(员外与假朱砂)(末问)朱砂有真假?(员外说)害你来俺除死无大灾。

【金盏儿】

朱砂面有容光,这物色淡微黄。他那里咒连天誓说道无虚诳,恨不得手拈疾病便离床。愿母亲三焦和肺腑,五脏润肝肠。可怜见俺忤逆子,则怕妨杀俺七十娘。

---

[1] 冯梦龙《古今小说》(《喻世明言》)第 15 回中的"史弘肇龙虎君臣会"也有此类描述。韩南认为这部小说的创作时间在 1250—1450 年,参见韩南:《中国短篇小说之时期、作者与结构研究》(*Chinese Short Story: Studies in Dating, Authorship, and Composition*),剑桥:哈佛大学出版社,1973 年,第 237 页,以及伊维德《龙虎君臣会——对比结构与复合主题》("The Meeting of Dragon and Tiger, Prince and Baron: Contrastive Structure and Complex Theme"),《自然协会信息(汉堡)》(*Nachrichten der Gesellschaft für Natur-und Völkerkunde Ostasiens/ Hamburg*),1984 年第 136 期,第 65—74 页。

699

（末云）大嫂，这假朱砂母亲吐了，别无救母之方。俺两口望着东岳爷拜，把三岁喜孙，到三月二十八日，将纸马送孩儿焦杯内做一枝香焚了，好歹救了母亲病好。上圣有灵有圣者！

【后庭花】

我这里望东岳大帝方，祝神明心内想。则为我生身母三焦病，许下喜孙儿做一炷香。我这里过茶汤，愿母亲通身舒畅。汗溶溶如水一江，冷渗渗似冰凉。面溶溶有喜光，笑孜孜亲问当。

【青哥儿】

病可却便是平生、平生模样，往日、往日形象。常言道孝顺心是人间海上方。每日家告遍街坊，谁肯惭惶？仰告穹苍，许下明香，儿做神羊。谁想道舍死回生便离床，兀的是天将傍。

【赚煞尾】

（云）母亲疾病痊可，有何不喜。

母亲病体万分安，你儿喜气三千丈。舍了我嫡亲子热血一腔，咱人有子方知不孝娘，岂不问哀哀父母情肠。[1]我这里自参详，不由我喜笑愁忘，再不揾伤心泪两行。将孩儿焰腾腾一炉火光，碜可可一灵身丧。舍了个小冤家，一心侍奉老尊堂。

第二折开头，到了宿命所决定的进香以及完成毒誓的时候。由于本折多段唱词描述前往泰安的旅程、在庙里过夜的情形、进香的香客们以及实际的祭祀行动等，我会将这折戏的一

---

[1] "哀哀父母，（生我劬劳）"，引自《诗经》。

个完整文本呈现出来,在不同时刻穿插我对内容的点评。第二折一开始就描述了旅程,强调人群规模之庞大。

(正末扮上,开云)母亲,三月二十八将近,你儿三口儿,待往大安神州东岳庙上烧香去,说与母亲。(母亲云)你去烧香,休带喜孙去。(末云)许愿时有孙儿来,须得他同去。(母亲云)你三口儿少吃酒,疾去早来。

【越调·斗鹌鹑】
青云天宫千重,占有峰峦万朵。明晃晃金碧琉璃,高耸耸楼台殿阁。王孙每宝马金鞍,士女每香车绮罗。正遇着春昼暄,丽日和。袅春风绿柳如烟,含夜雨桃红似火。

(旦末行路科,旦问末)怎生走了几日,到不得大安神州?

(末云)兀那高山便是。

【紫花儿序】
闹清明[1]莺声婉啭,荡花枝蝶翅蹁跹,舞东风剪尾婆娑。你看那车尘马足,作戏敲锣,聒耳笙歌,不似今年上庙的多。普天下名山一座,壮观着万里乾坤,永镇着百二山河。

然而,情节不仅要求小张屠同他妻子和儿子这次去泰安进香,而且还要求王员外在场。他每年暮春都要去泰安,为的是在虔诚信众聚集时做他那欺诈生意。

(末扮王员外,云)我每一年三月二十八,去大安神州做

---

[1] 清明节在冬至后的第105天,本文中的清明似乎指三月。

一遭买卖。到那里卖与人的纸钱。上了神灵,我又将来卖。我又有一个孩儿叫做万宝奴,我一家儿看成似神珠玉颗。行好的倒无钱,又无儿女,但我瞒心昧己,倒有钱又有儿。我看来除死无大灾。

在小张屠一行到达寺庙后,他妻儿就展开地铺在庙里过夜,而他则入庙祈祷。笔者断定,此处的庙是泰安城内东岳大帝庙的主殿。在这折戏里连续不断的最长唱段中,小张屠与自己的良心进行搏斗,思考自己所面对的两难抉择时,众神已经决定了,这样一个孝子的主动提议不能接受,还决定王员外的儿子反而一定要活烧。东岳大帝没有以人的面貌现身,出现在台上的是炳灵公、崔府君以及速报司。炳灵公,据说是东岳大帝的三儿子;而崔府君是三兄弟中年齿最长者,泰安有供奉他们的殿堂[1];速报司,我们早已得知,以包拯为首。

(正旦末云)俺三口儿来到三门下,宵歇一宵,明日早晨还愿。

(外末上)吾是炳灵公,这位是崔府君,这位是速报司。俺三位神灵,察谁是孝子,谁是忤逆之人。今有王员外瞒心昧己,不合神道,恶祸生身。城隍奉吾神令,教那急脚李能,半夜后将王员外儿神珠玉颗抱去。明日午时,去在那火池里烧死,却把孝子张屠的喜孙儿,虚空里着扮为凡人,先送与他母

---

[1] 参见《新编连相搜神广记》"东岳"部分,《绘图三教源流搜神大全(外二种)》,上海古籍出版社,1990年,第482—484页。

亲。休教人识得是神人。（下）

【金蕉叶】

你去山门前潜躲，你去东廊下休来伴我。你向松阴中权且歇波，我入三门沉吟了几合。

【调笑令】

别无甚献贺，为救俺母亲活，上圣！教张屠无奈何。报娘恩三年乳哺恩临大，怀躭十月[1]娘情多。弃儿救母绝嗣，我为亲娘暴虎冯河。

【金蕉叶】

恩养上谁人似我，孝名儿天地包罗。将亲娘煨干就湿都正过，四十年受苦奔波。

【调笑令】

为母亲疾病可，因此上许下他，便无子息待如何。病未可，不须我，古人言，儿女最情多。

【小桃红】

也是前生那世冤业多，积攒下六年祸，教他今生忍饥饿，受贫薄，为这人昧神造业天来大，也是他前生做作，故教他今生折剉，须是贫恨一身多。

由于旅途的辛劳以及精神的痛苦，小张屠睡着了，他在梦中见到那些神灵。然而，此处的舞台提示，没有详细交代那些神灵是否会再次出台。

---

[1] 从怀孕到婴儿出生刚好为十个月。

【鬼三台】

见神灵在空中坐，鬼使是天丁六合。炳灵公府君神像恶，速报司两鬓双幡。阔剑长枪排列多，有十王地府阎罗。上圣，金鞭指引俺孩儿，舒圣手遮罗护我。

【寨儿令】

我心恍惚，面没罗。是谁人撒然惊觉我？则见圣像严恶，鬼似喽啰，排列的闹呵呵。穿红的圣体忙挪，穿青的仔细评跋，穿绿的亲定夺。似白日里无差讹，元来是一枕梦南柯。[1]

小张屠在梦中被王员外的儿子突然失踪所引起的骚动和嘈杂声惊醒过来，以下头五行唱词似乎是小张屠针对他妻子的，而最后四行唱词似乎是针对王员外的。我们的主人公最终暗示，孩子只可能被人趁着夜色绑架了，原因是他身上佩戴的首饰金银太贵重。

【鬼三台】

那里哭的声音大，到来日只少个殃人货。儿女是金枷玉锁，你道他悲，理当合，你来朝也似他。接孩儿那人姓甚么？万人中认的是那个？你孩儿带着金钏银镯，敢远乡了神珠玉颗。

当我们听到第二折最后两首唱词的时候，时间已经转换到

---

[1] 在李公佐的唐传奇《南柯太守传》中，淳于棼梦见自己事业有成，成为南柯太守，结果梦醒时分发现梦中的王国竟然只是蚁穴。

了次日正午了。与小儿子一起，我们孝顺的主人公站在寺院地面上的火池前面。这个火池本是用来焚烧敬神的纸质祭品的。然而，别的珍贵物件也被投入火中作为一种祭献。正如我们在本论文开头所知，这是一个记录以这种令人毛骨悚然的方式将一个孩子献祭的真实的案例。这已经暗示了《焚儿救母》或许以哪个真实事件为背景。将孩子猛然投入火焰的舞台动作也许在《圣药王》曲调之后、终曲之前做出。

【秃厮儿】

焰腾腾无明烈火，昏惨惨宇宙屯合。儿也！咱两个义绝恩断在这垛，人穰穰，闹呵呵，无个收罗。

【圣药王】

寻思了半晌多，当炉不选火。一炷香天下愿心多，他那里泪似梭，则管里扯住我。报娘恩非是我风魔，火葬了小胡娑。

【收尾】

两行清泪星眸中堕，我这九曲柔肠刀割。弃了个小冤家凄凉杀他，存得个老尊堂快活杀我。

在第三折戏中，唱歌的角色被神灵急脚李能接替，他把小张屠的小儿子安全带回到奶奶身边。李能是以崔府君的一名部下的身份出现。

（正末扮急脚上，开）小人姓李名能，磁州人氏。生前时曾跟磁州崔相公，相公死后为神，封为府君，取小人做个急脚鬼。今日蒙神旨,差送孝子张屠孩儿还家。我相公的圣佑,与做勾当的灵报。[1]

(诗曰)守分休贪不义财,命中合有自然来。若将巧计干求得,人不为仇天降灾。

【中吕·粉蝶儿】

富和贫天地安排,使心计放钱举债,恼神灵天祸生灾。那一个是人上人,他则待利上取利,全不想其中毒害。便休题苦尽甘来,利名场有成有败。

【醉春风】

他则待人满眼本钱宽,全不想得临头天地窄,明晃晃刀山[2]一齐排,无一个改。但有些八难三灾[3]。一心斋戒,把神灵抛在九霄云外。

(末云)奉炳灵公旨,送孝子张屠儿离了神州。

【迎仙客】

出神州十字街,下东岳摄魂台,奉圣帝速风早到来。积善的遇着祯祥,作恶的生下患害。哭的那厮急煎煎抹泪揉腮。张屠笑吟吟,醉里乾坤大。

当李能和小张屠的儿子到达开封时,他首先就碰到了王员外的母亲,她已经听说一些关于孙子的传言了,正走在去张老夫人家的路上,想去探听新的消息。李能将小男孩还给张老夫

---

[1] 这句话有语法问题。
[2] 刀山是地狱中的刑罚。
[3] 八难三灾指各种突如其来的灾祸。

人，解释说他是小张屠的朋友，将小孩带回家来，因为他父亲把自己灌得酩酊大醉了。当张老夫人对他的帮助表示诧异时，他如此回答道：

【普天乐】

问从初，添惊怪，他道我头似土块，身似泥胎。支更在金殿中，听事在衙门外。牌面上书神字催香赛，拂西风满面尘埃。也不是张千李牌[1]，也不跟州官县宰，这一场恰便似鬼使神差。

李能接下来向王夫人证实了她最惧怕发生的事——她孙子死了！

【快活三】

三门外大会垓，两廊下闹埃埃。非干运拙共财衰，则为他造恶弥天大。

【朝天子】

你那厮最歹，直恁爱财，恰待惹阎王怪。你那厮损人安己惹下祸灾，

（云）说与你王员外：（唱）再休放来生债。啼哭的摘胆剜心，伤情无奈。他道除死无大灾。炳灵公圣裁，火龙王[2]性乖，半时，摔碎了你天灵盖。

李能在肯定了小张屠夫妇的孝道，并将孩子交给张老夫人

---

[1] 张千、李牌是政府文员和衙门杂役的惯用名。
[2] 火龙王也许是火之神。此处应该是炳灵公的另一个称呼。

之后,便开始大段称颂速报司包待制:

(小旦寻孩儿科)

(末云)娘娘,那里有个神灵,在生时是包待制,死后为神,速报司是也。

【煞】

那爷爷曾抚的社稷安,补圆天地窄。穿一领紫罗袍,手秉着白象简,腰系着黄金带。那爷爷睁双怪眼乌云黑,两鬓银丝雪练白。那爷爷威风整神通大,断阴司能驱鬼使,判南衙不爱民财。[1]

【尾声】

由你香焚满斗香,财挑万斗财,归家还舍沿离寨,这早晚十谒朱门[2]九不开。一望人烟大,止不过前山后岭,休猜做大院深宅。

(末云)张婆婆,我留下这包袱。上面有个字,交张屠看,他须认我名字。

【煞尾】

要寻处无处寻,见来时难见来。你道收藏幼子无妨碍,恰便似拾得孩儿落得摔。

最后一出戏讲的是小张屠和妻子回家的事。先演的是从泰

---

[1] 南衙与皇宫的北司并举,是北宋时期(960—1126)开封的官署。包拯任职于开封。
[2] 朱门代指富人。

安返回开封的旅程。

（旦、末回家科）

（末云）大嫂，咱到家见母亲，问孩儿，说甚的好？

（旦云）只说明了不见。

（离大安州，下山科）

【双调·新水令】

泪汪汪心攘攘出城门，好教人眼睁睁有家难奔。仰天掩泪眼，低着揾啼痕。懒步红尘，倦到山村，入的宅门，愁的是母亲问。

本小节是令人困惑不解的舞台方位中唯一涉及登泰山的地方——作"离大安州，下山"科。然而，在紧接下来的唱词中，正如我们所见，只有一处涉及出城门的地方。也许，只是去朝拜了在山腰的寺庙。在元朝时期，山腰的寺庙是相当大的一片建筑群，这点与后世形成对比。[1]当小张屠回到家，他母亲询问她孙子的下落，同时埋怨他不该把孙子托付给一个朋友。当小张屠解释他为了祈求她健康而把儿子祭献给了神灵时，老太太又严厉叱责他，因为她将儿子所说当成了荒谬可笑的谎言。

（旦、末到家，叫门科）（母亲问）张屠，你二口儿来了，孩儿那去了？（旦、末跪下科）

[1]参见沙畹《泰山》第87页。

【沽美酒】

迎门儿拜母亲，犹兀自醉醺醺。

（云）孩儿交你哥哥者，连孙儿不见了。

（唱）你似醉如呆劳梦魂，从根至本，一声声说元因。

【太平令】

想母亲病枕着床时分，你孩儿急煎煎无处安身。望东岳神祠一郡，格幼子喜孙儿，火焚在焦盆，是你那不孝的愚男生忿。

（婆婆云）你二口那里有心去烧香。你吃得醉了，丢了孩儿，我跟前说谎道焚了，亏杀李能哥哥送来。怕你两口不信，叫孩儿出来你看。喜孙出来！

（旦、末惊怕，跪下）

小张屠被事件的转折完全震惊了，当他母亲给他看李能留下的包袱时，他才意识到奇迹真的发生了：

（母亲作科状：将包袱与张屠看）（张屠作认出神急脚李能的系腰科）（旦云）元来神灵先送将孩儿来了，俺一家儿望着大安神州东岳爷爷，将香案来。

（末叫母亲云）我想这世间人，打好歹都有报应。俺都拜谢神灵来。

【水仙子】

莫谩天地莫谩神，远在儿孙近在身。焚儿救母行忠信，报爷娘养育恩，劝人间爷子恩情。为父的行忠孝，为子的行孝顺，传与你万古留名。

所以，正如其他为了自己的父母而牺牲自己子女的故事一样，这出戏剧也有个一家团聚的圆满结局。跟亚伯拉罕牺牲以撒的事例一样，不论是受到神的旨意而献子，还是出于孝道，考验一个人的忠诚，没有比要求他舍弃自己唯一孩子更极端的做法了。在这两种情景中，那些神毕竟是人：如果谁愿意做那件事，上帝（神明）会注意确保它永远不可能发生。

结语

现在可以尝试总结一下我们的研究发现了。我们是通过引用14世纪早期的一些资料开始我们的讨论的。讨论的四部戏剧都不能精准确定年代。虽然张国宾和郑廷玉通常被认为是13世纪后半叶的作家，这应该是一个最接近的回溯了。《汗衫记》和《看钱奴》则很有可能也来自14世纪最初几十年。我们唯一的戏文《小孙屠》，《永乐大典》认为来自古杭书会，也许是14世纪早期生活在杭州的某位叫萧德祥的人之作品。除了该戏剧留存于元代印刷品中，以及它的写作或许受到发生在1312年的一个事件所激发这两个事实外，我们无从得知《焚儿救母》写作的年代。值得注意的是，随着金的衰落，泰安的庙宇于13世纪中期损毁，又于1285年得到大面积修复。令人难以置信的是，这些戏剧反映了当时进香的繁盛以及与这些建设活动关系密切。南宋和金朝保存下来的剧本目录并没有包括与东岳大帝以及其他众神崇拜相关的剧目。

官方文本或民间剧本在形式和内容上要求不同，但是，它们对于进香的描述有着惊人的相似。泰安进香的人群高峰通常出现在三月最后几周或四月的前几周，前去进香的人们来自社会各个阶层，不论贫富。一些出于虔诚，前去"还愿"；一些是去求财运。有些人可能每年都去，有些三年一次，有些一生之中也仅去一次，还有的会找人代自己去。正如官方所担心的，进香人流太多会引发问题，例如香客间的斗殴，或绑架等。

进香中心应是供奉东岳大帝的泰安城主庙。进香者在庙里或庙外过夜。在这种联系上，两部戏剧都提到了泰山诸神主持正义的梦中景象。人们烧香和烧纸钱，或者把其他供奉神明的贵重物品投到"香炉盆"里以祈神佑。"香炉盆"或称为"火盆"，一定是当时寺庙的显著标志——连续不断的火焰燃烧着珍贵的物品。在《看钱奴》里提到了在黎明时烧香的心愿，而《焚儿救母》里的屠夫小张则想要在正午时分进香。明清时期，"香炉盆"不再燃烧，因为献给碧霞元君的贵重礼物都作为官方用途，被朝廷敛走。对于碧霞元君的朝拜据说源自1008年真宗皇帝在泰山顶上发现她的塑像，但还不知其名。在我们所说的四个戏剧中也模糊提到了登山朝拜之事，这样看来，在主庙的朝拜出现在登山之前。戏剧中描述的一些事件有可能发生在山腰供奉东岳大帝的庙里。戏剧里描述的都是男性进香者，但需要注意的是，他们有可能是有妻子陪同的。

官方文本只提到了东岳大帝，但这些戏剧里提到普通大众的朝拜对象包括了他统管下的一些杰出神明，例如炳灵公、崔府君以及速报司包公。14世纪早期，对于崔府君的供奉可能

13、14世纪戏曲文学中的泰山进香

已经不似之前那么普遍。12世纪前十几年开封有一座香火旺盛的寺庙供奉崔府君,每当六月六日其生日时,盛况空前,而专门供奉东岳大帝的寺庙却没有。14世纪早期,杭州有五座寺庙供奉东岳大帝,正如戏剧中所提到的,包公还只是泰山诸神新加入的一个成员。

另一个不同是,官方文本在宽泛意义上指出了东岳大帝的朝拜和泰山进香是一个全国性现象的特征;戏剧发生场所则以泰安和开封为轴线而展开。从这个意义上说,它们仅仅反映了进香首先只是区域性事件,进香的主体主要来自山东西部和河南北部地区。

这些戏剧与官方文本最为突出的区别可能在于它们特殊的话语类型。官方文本和其他非戏剧材料描述供奉东岳大帝的当地庙宇是集体所有,也重复指出进香的集体性质。仿佛宋元时期进香的主要方法便是入会。但是,这些戏剧中的主角都是出于个人原因独自前往进香。同时,东岳大帝作为一个普世的救赎者和裁判者也得以强调。原因很清楚:传统的、仪式般的集体行动通常不易在戏剧中表现,而个人性行为则不然。通过强调进香者的个体性,忽略神明的地域性特征,戏剧情节更具有普世性。

需要注意的还有,戏剧中的主角都是男性。而后来,当碧霞元君成为主要的供奉对象时,在泰山进香的戏剧中,女性往往成了主要的角色。在妻子伴随丈夫前往进香时,丈夫是主动者,有一个例外是小孙屠的母亲。但即便如此,最后祈愿还是

713

由丈夫来完成的。妇女和儿童被描绘成进香的一个负担，因为他们可能被绑架，或者因长途奔波而劳累。

官方文本中时有香客通过自残等极端行为以表达对东岳大帝的虔诚。有关的官员谴责了这种行为，因为他们担心会引发社会动乱。这些戏剧有着不同的视角，它们都涉及如何处理家庭关系，暗示着最高的虔诚便是全面遵从孝道（以及手足之情）。这种美德适用于任何一个人，不论其经济条件和社会地位如何。这样看来，戏剧《小孙屠》和《焚儿救母》里的正面角色从事常受到歧视的屠夫职业也可能不是巧合而已。两者都愿意走极端：小孙屠愿意为他的哥哥顶替谋杀的罪责（后者并没犯罪）；小张屠为了救母不惜拿自己的独子充当祭品。除了提到这种家族式孝悌美德和进香的虔诚，戏剧并没有提及信徒们要做出的其他特别的虔诚行为，例如信徒的反复祈祷或者对于某部佛经的阅读。

在对富人的暴行进行强烈谴责的背后，是对遵守社会道德原则的重要性的进一步强调，同时指出除非他们愿意和穷人分享财富，要不金钱再多也买不来神明的恩泽。高利贷的危害也得到反复、清晰的描述。我们注意到这些歌曲也有可能可追溯至一些宗教仪式，可起到舒缓公众个人哀怨的作用。顺便提及一句，《汗衫记》和《看钱奴》中对于富人贪婪成性和巧取豪夺的激烈谩骂在后来改编成明朝宫廷娱乐剧时被大量删除，显然，它们被认为是不堪入皇家耳目的。

官方文本和这些戏剧都提到了戏子也参与进香的行列中，

13、14世纪戏曲文学中的泰山进香

因为进香给他们提供了重要的演出机会。香客们来到泰安后需要娱乐,而他们也以向神明表达敬意为名进行赞助式的戏剧演出。也许这些戏剧(除了《汗衫记》《小孙屠》的原本是杂剧),的确原本就是为了在泰安的主庙里为敬奉东岳大帝进行表演而写的。但是,更有可能为三月二十八在当时从大都到杭州的众多庙宇中,为敬奉所有神明进行的表演而作。[1]保存下来的元朝《汗衫记》是在大都印制的,而《焚儿救母》在杭州印制,《小孙屠》的南方版本也在此地完成印制。总之,这些戏剧提供了非常重要的证据,证明了13到14世纪的戏剧和宗教仪式、信仰之间紧密而多方面的关系。

---

[1] 按照惯例,这些庙宇都有戏台。有关寺庙戏台的最早记录出现在11世纪早期,关于东岳大帝庙戏台的最早记录出现于12世纪。金、元山西南部地区的寺庙戏台一直留存至今日,其中一些与东岳大帝有关。参见廖奔《宋元戏曲文物与民俗》(北京:文化艺术出版社,1987年,第1—9页)、寒声等《泽州三座宋金戏台的调查》(《中华戏曲》1987年第4辑,第106—111页)、杨太康、车文明《关于古代戏台考察和研究中的几个问题》(《中华戏曲》1991年第11辑,第48—65页)。

《南游记》的宗教根源

——历史与小说中的五通/五显崇拜[1]

[德]蔡雾溪(Ursula-Angelika Cedzich)著
吴群涛译,王建平校

近些年来,汉学家对那些缺乏正规儒家教育的中国普通大众的生活与思想表现出了日渐浓厚的兴趣,这导致了汉学家们对反映普通中国人心态的各类文化的研究远甚于对经典文本传统的研究,这种研究尤其体现在对宗教、图像、戏剧以及通俗文学的研究上。其中,有四部明代小说对研究中国文学的西方学者来说还比较生疏。

这几本小说就是众所周知的叙述八仙修炼得道过程的《东

---

[1] Ursula-Angelika Cedzich: *The Cult of the Wu-t'ung/ Wu-hsien in History and Fiction—the Religions Roots of the Journey to the South*. In David Johnson, ed., *Ritual and Scripture in Chinese Popular Religion*: *Five Studies*, Berkeley: Publications of the Chinese Popular Culture Project, 1995, pp. 137-218. 作者简介:乌尔苏拉-安格利卡·策德齐希(Ursula-Angelika Cedzich),汉文名蔡雾溪,德国著名汉学家,系德国维尔茨堡大学教授。

游记》[1]《南游记》(本文的研究对象)、《西游记》[2]及描述北方真武大帝的《北游记》[最近由沈雅礼(Gary Seaman)做了翻译[3]。四本书凑在一起合成一个集子,称为《四游记》。据推测,这四部小说独立完成后,其最早的合刻本不会晚于16世纪末或17世纪初[4],而《四游记》现存最早版本是清刻本[5]。

倘若《四游记》不包括《西游记》,它在古典文学学者当中根本不会引起任何兴趣。《西游记》对那部同名小说名著(以

---

[1] 吴元泰创作、余象斗刊刻(约刊刻于17世纪)的《东游记》,其最早版本现存于东京的内阁文库。这本绘有插图的木刻版分为两卷,每卷有28则,包括余象斗的短序,书的全名为《新刊八仙出处东游记》。参见孙楷第:《日本东京所见小说书目》,人民文学出版社,1981年,第84—85页。

[2] 由杨致和(大概是活跃于16世纪末的福建刻书家)编撰的《西游记》,其最早版本翻刻于1811年和1830年版的《四游记》中。

[3] 沈雅礼(Gary Seaman):《朝北之旅——中国通俗小说〈北游记〉的人类学分析和译注》(Journey to the North: An Ethnohistorical Analysis and Annotated Translation of the Chinese Folk Novel Pei-yu chi),伯克利和洛杉矶:加利福尼亚大学出版社,1987年。另见沈雅礼:《〈北游记〉的神圣著作权研究》["The Divine Authorship of Pei-yu chi (Journey to the North)"],《亚洲研究杂志》(Journal of Asian Studies),1986年5月卷45第3期,第483—495页。另见沈雅礼1988年于三藩市举行的第40届亚洲研究协会年会提交的关于《南游记》里的中式葬礼论文。

[4] 一般认定,余象斗是《南游记》和《北游记》的作者,他将自己的这两部作品跟《东游记》和《西游记》,汇编成首版《四游记》(参见陈新:《唐三藏西游释厄传》,《西游记传》,第315页),但仍需验证。只有完全考察《四游记》的不同版本,方可证明或反驳这一观点。

[5] 现存最早的《四游记》版本是绣像本,刻于1811年;稍迟的1830年版明显是在4个不同印本基础上的翻刻本,据推测,这4个印本可能重现了自明朝以来的早期版本;清代《四游记》的第三个刻本是小蓬莱仙馆坊刻本,约刻于同一时期。参见孙楷第:《中国通俗小说书目》,中国大辞典编纂处,1933年,卷5第234页及卷9第322页;柳存仁:《〈四游记〉的明刻本》,《四游记》,中国台北河洛图书出版社,1980年,第415页;以及陈新(整理):《唐三藏西游释厄传》,《西游记传》,人民文学出版社,1984年,第327页。

吴承恩的百回本最为著名）之形成所起的作用，当然必须加以考虑。[1]同理，学者们对《四游记》其他三部的注意通常局限于：这几本小说的渊源与传播多大程度上与《西游记》的文本历史有关。《东游记》《南游记》及《北游记》风格平庸、结构粗糙，文学价值不高。此外，《北游记》与《南游记》的内容显得毫无趣味，因为它们与更为知名的中国通俗文学故事无直接关系，其故事背景——尤其是《南游记》——被极大地忽略了。

然而，最后提到的这部小说，即《南游记》，值得密切关注，并非主要从文学的角度，而是因为其渊源，它会引领我们领略民间宗教活动最活跃之处。

《南游记》引起笔者的注意，与我对某种祭礼历史的研究有关。这种祭礼在其发展过程中经历了极其令人困惑的变化，其源于古时对名为山魈的精怪的崇拜，并在佛教影响下，将其崇拜对象改名为五通。自1109年婺源（江西）的五通庙得到宋代朝廷承认以来，这种祭祀分为两种不同的传统：在婺源，以"五显"之名对新受封的神的祭拜迅速具有了地域重要性（在明朝首位皇帝的统治下，甚至上升到了全国），而原五通由于受巫师及乩童供奉，继续在华南受到膜拜。然而，与五显不同的是，五通被认为是淫祀对象而遭禁。

---

[1] 关于杨致和本《西游记传》与朱鼎臣本《唐三藏西游释厄传》在百回小说《西游记》版本史地位上的详尽且具说服力的讨论，参见杜德桥（Glen Dudbridge）：《百回本〈西游记〉和它的早期版本》("The Hundred-chapter Hsi-yu chi and Its Early Versions")，《泰东》（Asian Major）1969年第14卷第2部分，第141—191页。

《南游记》的宗教根源

在道教传统中，同样的崇拜也经历了惊人的变革。在道士们反对五通与五显的斗争中，他们将其天将之一的马元帅塑造成了一个神通广大的对抗者，同时将这些"恶魔"的本质特征赋予了马元帅。这个过程导致了双方的彻底融合，将曾遭排斥的神灵融入了道教的崇祀系统。

阅读《南游记》时，笔者意识到，这部小说完全脱胎于五通与五显的复杂历史。[1]诚然，不理解这些崇拜的复杂历史，就不可能理解《南游记》。华光，小说中的天神主角，化身不一，或神或怪，是不同时期的祭拜对象。在其生涯中，华光曾转世三次，为的是接受因自己触犯天庭该受的惩罚。由于他将自己第三个母亲——一个食人的恶魔，从地狱解救出来，其罪过最终获得谅解，并进入民间信仰的以佛道之神为主的万神殿之中。不过，《南游记》并不仅仅是孝道的另一典范，也并不纯粹是著名的整套目连故事的起源。正如我们将会看到的，华光的一生和奇遇讲述了一个更为重要的故事——也就是关

---

[1] 五通崇拜引起笔者的注意，并梳理了它的历史，参见《"五通"信仰的发展历程》(*Wu-t' ung Zur bewegten Geschichte eines Kultes*)，收于格特·瑙恩多夫（G. Naundor），卡尔-海因茨·波尔（K.-H. Pohl），汉斯-赫乐曼·施密特（H.-H Schmidt）所编的《东亚的宗教与哲学——石泰宁格纪念文集》(*Religion und Philosophie in Ostasien. Festschrift für Hans Steininger zum 65. Geburtstag*)，维尔茨堡（Würzburg）：柯尼希斯豪森与诺伊曼出版社（Königshausen und Neumann），1985 年，第 33—60 页。吴守娟《五通的传说》（东海大学硕士论文，1987 年）是五通传统有益的汇编和原始数据。五通崇拜历史的丰富参考资料尚有万志英（Richard von Glahn）的《财富的魅力——江南社会史中的五通神》("*The Enchantment of Wealth: The God Wutong in the Social History of Jiangnan*"，《哈佛亚洲学报》(*Harvard Journal of Asiatic Studies*) 卷 51，1991 年第 2 期，第 651—714 页，这是关于五通作为财神角色的研究。

于这种崇拜的故事，而他自己就是这种崇拜的一部分。这一重要观点容易被那些不了解这部小说宗教背景的现代文学评论家所忽视。但这一要点对于《南游记》的同时代读者则是一目了然的，因为他们熟悉其所处时代的宗教传统。此外，在《南游记》中，这些人不但确证了自己的信仰，而且发现它们被铸成了一个连贯、值得尊敬的模式。

唯有求助于其背景的崇拜史，才能满意地解读《南游记》。本文将追本溯源，顺着构成华光故事之基础的一些基本思想，寻找它们在古代宗教传统中的起源。我们会看到，《南游记》的作者或编者吸取了大量自己能够设法得到的材料，其来源不仅有如今大部分已经佚失的书面记载，而且还有他所生活的周围社会。尤其有趣的是，作者将所有这些传统的要素、主题都融进了他对膜拜/崇拜的描述中，而这种膜拜/崇拜是中国所有民间信仰中最有疑问的膜拜/崇拜之一。并且，我也将仔细分析《南游记》作者的文化背景，以及阅读此书的社会群体。最后，我们将看到，那种大众传统（《南游记》明显以它为起源），其自身也因这部小说的出版而适时受到影响。不过，首先让我们看看文本。

一、文本及其作者

关于《南游记》不同版本的起源、作者及流传的问题远未解决，而且它们本身就值得研究。只有彻底搜寻《南游记》可能存在的雏形，以及仔细研究由明朝至现今的不同版本，才能澄清涉及该文本的诸多问题。不过，这种调查会超出本研究的范围，因此，笔者只限定于跟文本有关的重要资料及其公认的作者或编者。

虽然《南游记》通常作为《四游记》的一部分流传，但今天它也以单行本而存在，常由庙宇分发。[1]在所有这些现代版本中，文本正文分为18回，长短不一。其叙述本身是以白话体写成，穿插许多对话段落，这可能意味着它至少有部分内容以前曾经以戏剧脚本的形式流传过。

《南游记》现存最早的版本为绣像刻本，藏于伦敦的大英博物馆内，该馆还藏有同样版本的《北游记》和《东游记》。[2]根据最近中国台湾出版的影印版，文本又名《华光天王南游志传》和《五显灵官大帝华光天王传》[3]，共4卷18回。

文本的字模由昌远堂书坊的李铺所刻。[4]最后一卷的末页表明印刷日期为辛未年。据柳存仁考证，类似的《北游记》印于1602年[5]，并得出结论：此辛未年对应的，要么是1571年，

---

[1] 例如在中国台湾，流传着基隆五显庙助印的年代不详的版本，书名为《五显灵官大帝华光天王传》。
[2] 这些重印本最早于刘修业《古典小说戏曲丛考》（作家出版社，1958年，第87—88页）一书中有所描述。
[3] 《华光天王南游志传》，中国台湾大学古典小说研究中心主编：《明清善本小说丛刊初编》，中国台北天一出版社，1985年。以下《南游记》的引文皆出自这一影印本。
[4] 大英博物馆版《南游记》的中国台湾影印本并未复制印有"李铺"的封面。笔者所用资料是大英图书馆《南游记》的缩微胶卷，编号：No. PS8920698/OMP.8362。
[5] 柳存仁：《〈四游记〉的明刻本》，第429页。大英图书馆《北游记》与《北游记玄帝出身传》在同一套书中影印出版（中国台北天一出版社，1985年）。

要么是 1631 年。比较而言，后者的可能性更大，因为《北游记》和《南游记》是原版的重刻本，这些原版的刊行时间极有可能在 16 世纪 70 年代或 80 年代早期。[1]《北游记》《南游记》的这两个版本都认为余象斗是它们的作者或编者[2]，后来的大多数版本也都重复了这一信息。

余象斗生于 16 世纪中叶[3]，其背景颇有趣味。16 世纪末和 17 世纪初，他是闽南建阳双峰堂[4]和三台馆两家书坊之主。北宋年间，其祖上在此地区便有印刷生意，并迅速在全国享有盛名。南宋与元朝年间，最著名的书坊是余仁仲和余志安的。除了其他书外，余仁仲（约 1181—1197）与余志安（约 1304—1345）还出版了众多的儒家经典。[5]

明朝万历年间（1573—1620），余氏书贾顺应时代潮流，专印通俗小说（多数配有插图）与历史小说。余象斗本人或其

---

[1]《华光传》及《北游记》与我们所提到的小说相同，这已在万历（1573—1620）版《续编三国志后传》扉页 1586 年后序中提及。参见孙楷第《日本东京所见小说书目》，第 47—49 页。

[2] 两个版本都提到，余象斗分别创作或汇编了这两部小说。余象斗，字仰止，道号三台山人，或三台馆山人，明显缘于其刻坊"三台馆"。

[3] 余象斗的生卒年不详。官桂铨研究了存于福建省图书馆内的 1896 年《书林余氏宗谱》，认为余象斗生于 1550 年前后。参见官桂铨：《明小说家余象斗及余氏刻小说戏曲》，《文学遗产增刊》1983 年第 15 期，第 129 页。

[4] "双峰"是余象斗之父余孟和的号。参见肖东发：《建阳余氏刻书考略（上）》，《文献》1984 年总第 21 期，第 239 页，以及官桂铨：《明小说家余象斗及余氏刻小说戏曲》，第 126 页。

[5] 余仁仲和余志安所刻目录，请参见肖东发：《建阳余氏刻书考略（上）》，第 234—236 页。肖东发厘清了两位刻书家之间的混淆之处（这曾使书目提要编著人错误鉴定其版本），功不可没。

直系前辈或后人所发行的众多书籍表明，余氏这家分店的利润当时在福建是最高的，也是最兴旺的刻坊。[1]而且，由于大众对口头传统中的通俗叙事情节的印刷版本，以及诸如戏剧表演艺术的要求提高了，有些余氏书坊主甚至开始自己创作一些有潜在利润的小说。如1606年，余象斗印刷了《列国志传》，此书显然归功于其叔余邵鱼。[2]一般认为，余象斗本人除了著有《北游记》和《南游记》外，还写了《皇明诸司公案传》和《西汉志传》。[3]余象斗似乎还与不少变化有关，譬如，将镇压田虎、王庆的传说加入其双峰堂书坊所印的《水浒传》之中。[4]余氏另一成员，余象斗之侄余应鳌，将《唐国志传》《大宋中兴岳王传》著作权归为己有（实为熊大木所编），亦是明嘉靖年间（1522—1566）活跃于福建的刻书家及作者。[5]

16、17世纪，众多刻书家也在写作上一试身手，尤其是为了促进生意。其作品的质量未必都高，并且他们以随心所欲的方式处理材料。通常的做法是将剧本之类的文本加以简单改写，并冠以编者之名。有时，精明的书坊主甚至会占有某位作

---

[1]余氏刻坊所印全部文本，参见孙楷第：《日本东京所见小说书目》，第31—46页；《文献》（1985年总第23期，第237—250页）所载肖东发《建阳余氏刻书考略（下）》公正评论了余氏刻坊在明代对出版、编撰的不同贡献。
[2]参见孙楷第《日本东京所见小说书目》第98页，以及官桂铨《明小说家余象斗及余氏刻小说戏曲》第129页。
[3]《明小说家余象斗及余氏刻小说戏曲》，第125页。
[4]参见孙楷第《日本东京所见小说书目》第97—106页。
[5]《日本东京所见小说书目》，第31—46页；以及官桂铨《明小说家余象斗及余氏刻小说戏曲》第126页。

者的作品，置于另外一位作者名下再版发行，正如熊大木小说的遭遇一样：由三台馆重印，却被认为是余象斗之侄余应鳌所著了。

余象斗在所有这些书坊主中的声望并不是特别高。据他证实，他只是被指责抄袭他人作品的人之一。[1]另一方面，他自然也并非像某些批评家所说的那样毫无教养。作为一家成功、信誉卓著的书坊主，他当属16世纪殷实的城市中上层阶级。虽然科举不第，但是他明显并不缺乏一定程度的学识。余氏族谱记载了一则有趣之事：余象斗的祖父余继安（1492—1562）在其土地上建了一所庵，名曰清修寺，旨在为子孙提供一个学习场所。[2]这个私塾的夫子是谁，教什么内容，这则资料并未透露。但它提到《诗经》及《四书》，说明了对儒家经典的重视。[3]从中我们可得出结论：余象斗熟知不少中国文学作品，其教育背景足以使他成为有创造力的作家。

不过，余象斗在创作《南游记》和《北游记》中所起的作用却不明朗。[4]柳存仁认为，余象斗只不过修改并重刻了这两部小说的早期版本。另一方面，沈雅礼最近提议寻找揭示《北游记》的创作根源——扶乩。[5]在我看来，比较而言，柳比沈

---

[1] 参见余象斗《东游记》(《新刊八仙出处东游记》)引言，引自孙楷第《日本东京所见小说书目》第84—85页。
[2] 参见官桂铨《明小说家余象斗及余氏刻小说戏曲》第127页。
[3] 出处同上。
[4] 参见《〈四游记〉的明刻本》，第427—428页。
[5] 《北游记》，第11—23页。在此语境中，应提及陈怭对道教圣典《太上说玄天大圣真武本传神咒妙经》(翁独健：《道藏子目引得》第753号)的（转下页）

雅礼更接近正确。当然,此二书有现今之貌,却是余象斗之功,因为二书所含的诗词明确说明是"余氏"之作。[1]同时,倘若说这两部小说完全是余象斗创造性想象的结果,则又极不可能。因此,他可能主要汲取了早期的资源。对此我们了解多少呢?尤其是,我们能鉴定余象斗倚赖的《南游记》早期文学版本吗?我们所了解的唯一直接原型是一部名为《华光显圣》的剧本。沈德符的《万历野获编》有所提及,但遗憾的是,它未能得到保存,其内容也无从得知。[2]

通过进一步寻找其他(也许是更早的)《南游记》版本,我们找到同类的《绘图三教源流搜神大全》。[3]这是年代不详的简明情节,讲述的不是华光,而是马元帅[4]——一位神灵,他从12世纪开始,在华南的道教仪式之中出现,并且与五显和五通密切相关。

(接上页)注释主要依靠《玄帝实录》。《玄帝实录》由真人董素皇与张亚(又名梓潼灵应帝君)于1184年在襄阳(湖北)举行的扶鸾降神过程中宣示给道长张明道的;参见《道藏子目引得》第753号,卷1,第4—5页;卷5,第12—15页;卷6,第27—28页。仔细比较这些数据也许有助于澄清《北游记》启示的问题。

[1] 关于诗词,请参阅《华光天王南游志传》卷1,第1回第4页,卷2,第6回第21页,以及《北游记玄帝出身传》卷1,第4回第16页。
[2] 沈德符:《万历野获编》(1827年编),第25卷。
[3] 叶德辉:《绘图三教源流搜神大全》,中国台北联经出版事业公司,1909年,1980年重印,卷5,第8—9页。
[4]《三教源流搜神大全》是元代作品《搜神记》的扩容版,应该不早于16世纪末,因为它引用了百回本《西游记》中的一首诗;可将该书上卷7第22页的情节与《西游记》(人民文学出版社,1981年)第10回第127页比较。元代秦子晋编《新编连相搜神广记》最近重现于《中国民间信仰资料汇编》(王秋桂、李丰楙编,中国台湾学生书局,1989年)。

正如《南游记》中的华光一样，马元帅重生了三次，卷入了与天庭权威的同样争斗，赢得同样的胜利，从地狱救出母亲，最终因其对母亲的孝心而得到赦免。

然而也有一些显著不同之处，包括：马元帅在极其重要的最后一次投胎中，变成了鬼子母的儿子。（在《南游记》中，华光则是吉芝陀之子，她吞食了虔诚的婆源魈娘娘后，化身于她。）《绘图三教源流搜神大全》中这段简短的描述也未透漏马元帅与五显信仰之间的任何关系，而华光与这种信仰在《南游记》中则是重要特征。这些差异表明，《南游记》与马元帅的传说皆来源于一个更早的相同原始资料（现已佚失），而并非一书根据另一书撰写。这个出处可能是前文提及的华光戏剧，但由于这本杂剧的内容不明，我们也无法证明这个推想。

但是，到了 16 世纪，华光已是戏剧、小说的大众化人物则是确有证据的。譬如，华光就出现在一出主题为玄奘西天取经的名剧——名为《西游记》的 24 折杂剧当中。这一刻本于 20 世纪 20 年代早期在日本重见天日[1]，它出自元代的剧作家吴昌龄之手[2]，但极有可能是后来才刊行的。[3]在此剧第 8 折，

---

[1] 此剧的文本首先在日本《斯文》杂志 1927 年 9 月第 1 期至 1928 年 10 月第 3 期以连载方式出版。其发现的背景在盐谷温印行剧本的后记中有所描述。

[2] 据《西游记杂剧》剧本前言（1614 年）记载，它出自吴昌龄，翻印于《斯文》1928 年第 10 期第 3 页附录。吴昌龄大致生活在 13 世纪末，按 14 世纪戏剧目录《录鬼簿》载，《西天取经》归功于吴昌龄。参见《天一阁蓝格写本正续录鬼簿》（影印本）卷 1，中华书局，1960 年，第 17—18 页。

[3] 孙楷第用令人信服的考证驳斥了杂剧《西游记》为吴昌龄所作的观点，他认为该剧本实际上是杨景言（又名杨景贤）之作，杨是元代蒙古人，卒（转下页）

观音派了 10 位守护神保护前往西方异国危险旅途中的唐三藏。华光是天神之一。他描述自己的唱段在《南游记》有重复，比如，他作为火神的一些法力。我们也可以在《南游记》中发现一些间接提到的详尽叙述细节，比如，华光在玉皇大帝的天庭引发的争吵。[1]华光在《水浒传》中也有出现，他在当中明显与两样法宝有联系，即三角金砖和金色长矛；这些象征也可在《南游记》找到。[2]《封神演义》也含有这一基本主题：马善由油灯的灯芯变成，这与《南游记》华光的前身是佛祖座前的油灯如出一辙。[3]

然而，所有这些资料只不过是提供一些孤立的细节，证明华光及其变身已经激发了剧作家和小说家的想象力，但都还不能被认为是余象斗《南游记》的直接原型。华光故事（包括《南游记》）的文学想象的真正来源，在于广泛的口头叙事艺术，它反过来从对华光崇拜的漫长传统中汲取思想。在我们转向这种崇拜的迷人历史之前，像余象斗《南游记》中所呈现的

（接上页）于 15 世纪初。参见孙楷第：《吴昌龄与杂剧西游记》，1939 年首印，重印于《沧州集》，中华书局，1965 年，第 366—398 页。孙楷第的论文被杜德桥引用。他推测，该剧本的创作估计要迟至 16 世纪。参见杜德桥：《西游记——16 世纪中国小说的成书研究》(*The Hsi-yu Chi: A Study of Antecedents to the Sixteenth-Century Chinese Novel*)，剑桥：剑桥大学出版社，1970 年，第 75—89 页。在第 193—200 页的此书附录中，杜还概括了这本《西游记杂剧》第 24 回的内容。

[1] 参见《斯文》1927 年第 9 期第 5 页附录。
[2] 《容与堂本水浒传》，上海古籍出版社，1988 年再版，第 13 回 178 页及第 37 回 534 页。
[3] 《绣像评点封神榜全传》，四雪草堂，1695 年编，1883 年重印，卷 12，第 63 回，以及《华光天王南游志传》卷 1，第 1 回。

华光故事梗概是有条有理的：华光，《南游记》的主角，原是佛祖座前一盏灯的灯晕，因听佛祖讲经而得道。最终佛祖将其点化为妙吉祥。因此，妙吉祥的原身是火。他是火之相、火之灵及火之源。难怪他脾气火暴，并导致其再三惹祸。

妙吉祥最初作为佛祖的弟子时，因为一时之气，将独火鬼王烧死。他也因这一无情残酷之举而受罚——带着与生俱来的五种神通，他化身投胎，进入马耳山娘娘腹中。[1]马耳山娘娘是马耳山大王的遗孀。马耳山大王因与东海铁迹龙王争宝而被杀。马耳山娘娘为其儿子（即转世的妙吉祥）取名"三眼灵光"，因其生来三目。三眼灵光出生仅仅三朝，便去报父仇，大败不可一世的龙王。

不久，三眼灵光因盗紫微大帝的金枪而被紫微大帝所杀。[2]妙乐天尊感其在天界的弱光——华光的遗体——使其再次投胎，这一次，他成了炎玄天王夫妇之子。

华光后来成了妙乐天尊的弟子，学得一身武艺。凭借新学之艺及哄骗之术，他获得师傅的三角金砖，此法宝可助他随意变化。学成之后，他因收服水、火二怪而名声大振，并被授封为兵马大元帅。[3]

---

[1] 马耳山和马半头是梵语 Skr. Asvakarna 的中译，是围绕苏达梨舍那山的七座同轴山之一。见《杂阿含经》，《大正新修大藏经》第 99 号，卷 16，第 114 页；《起世经》，《大正新修大藏经》第 24 号，卷 1，第 312 页上；《起世因本经》，《大正新修大藏经》第 25 号，卷 1，第 367 页。
[2] 《华光天王南游志传》卷 1，第 1 回第 1—12 页。
[3] 《华光天王南游志传》卷 1，第 2 回第 12—17 页。

但在一次琼花会上,华光打了金枪太子(玉皇大帝之皇位继承人),于是玉帝大怒。[1]他被天兵天将追杀,向北逃遁,并被玄帝降伏。玄帝任命其为自己的第36个将军,逼其立誓改邪归正后,将其放走。他听从玄帝的慈悲建议,火烧南天宝德关后逃走。[2]

降至凡间后,华光以救世主的姿态出现。他收服了千里眼和顺风耳两妖魔,他们对千田国活人献祭贪得无厌,给那里的居民带来了沉重负担。因此善行,该国国王下令为华光建祠立像。遗憾的是,新祠建于另一神将,即火漂将的废庙上。火漂将于是将在庙中行香的公主掳去,以报其庙宇被拆之仇。起初,众人疑是华光所为,但他立马将公主救出,证明了真正行恶之人另有其人。[3]

与此同时,玉帝发现了华光,于是派天兵天将捉拿他。华光无处可逃,再次投入妇胎,他与其他四个兄弟一起重生于婺源的萧家。[4]随即,他卷入一连串戏剧化的混乱之中。其母实际上是个食人魔,名叫吉芝陀,当年她趁真正的萧家娘子在花园佛坛前叩求子嗣时,将其吃掉。[5]因萧家无人知道此事,这吉芝陀于是继续在邻里吃人,并最终被龙瑞王捉住,囚禁于酆都山。华光对自己的身世及其母的真实面目一无所知,他猜测

---

[1]《华光天王南游志传》卷2,第4回第1—6页。
[2] 出处同上,第5回第6—12页。
[3] 出处同上,第6回第12—21页。
[4] 出处同上,卷2,第8回第22—33页。
[5] 出处同上,卷2,第7回第21—22页。

母亲定是被掳走且被杀死,欲去寻母。

华光假扮太乙救苦天尊,为孤魂野鬼设一道场[1],询问其母所在,但全然无用。[2]不过,这一渎神的假冒之举再次招来玉帝对他的讨伐。可是,这时的华光面无惧色,藐视所有的权威,不顾一切寻找母亲。为达此目的,他大展神通,不惜诉诸暴力和欺骗手段。

他打败天师宋无忌,捉了百加圣母凶猛的火鸦。[3]在追赶掳其母而去的龙王时,他攻击了文殊、普贤两位菩萨,甚至敢反抗观音和佛祖。[4]玉帝派神通广大的哪吒收服他。华光与哪吒大战时,丢失了三角金砖。[5]于是他将玉环圣母的金塔骗去,欲用来炼成金砖。这引发了他与圣母之女铁扇公主的冲突。华光借助一种奇药,打败了美丽动人的公主,并娶其为妻。[6]随后,在寻找其母时,华光再度被怀疑调戏凡女,但他再次揭露真相,表明其无辜:作恶者乃是一白蛇精。[7]

虽然一路坎坷、危险,华光却一心一意寻找其母。他最终

---

[1] 文中所述表明,华光所设道场与佛教和道教举行的施食饿鬼之法事相似,分别叫作"放焰口"或"普度"。现代普度道场的描述参见 Duane Pang 的《普度仪式——檀香山中国社区的庆典》("The Pu-tu Ritual: A Celebration of the Chinese Community of Honolulu"),收于苏海涵(Michael Saso)与大卫·查佩尔(David Chapell)所编《佛教与道教研究》第一卷(Buddhist and Taoist Studies Ⅰ),檀香山:夏威夷大学出版社,1977年,第95—122页。
[2]《华光天王南游志传》卷2,第8回第32—33页。
[3] 出处同上,卷3,第9回第1—10页。
[4] 出处同上,第10回第10—18页。
[5] 出处同上,第11回第18—26页。
[6] 出处同上,卷3第12回第26页至卷4第13回第1页。
[7] 出处同上,卷3,第13回第2—9页。

在阴司遇到了可怜的真正的萧太婆,并在得知其生母的真实身份后,他仍愿去解救那个妖怪。他确保真正的萧太婆投胎名门后[1],又以太乙救苦天尊的扮相,直奔酆都山而去,最终将吃人恶魔吉芝陀,即其妖怪生母解救出来。[2]

华光最后一次使诈,是他化身神猴齐天大圣,从西王母的园中偷来仙桃,这也引发了他的最后一次战斗。他将仙桃喂给吉芝陀,使其摆脱吃人本性。[3]因华光此番孝心,玉帝赦免了他以前所有的罪行。[4]尽管如此,华光还得由人特别提醒他曾对佛祖许下的诺言:只有失去一条腿后,他才情愿皈依佛祖,自此以后,他受封为"佛中上善王显灵官大帝"。[5]

《南游记》的故事到此为止。不可否认的是,这个故事呈现了一个令人困惑的主角。首先,华光是佛教之神,还是道教之神?他似乎超越了这些熟悉的范畴——或者说,两者皆是——虽然小说明显强调华光的佛教属性。由此,我们被告知,华光是佛祖将其座前的一盏灯变化而成。在他最终找到佛祖避难之前——不论他情愿与否——每在关键时刻,华光也常得到佛教的神灵之助。故事中的另一些要素,比如玉帝宫廷的背景,或华光化身太乙救苦天尊,都清楚显示来自道教的灵感。华光的神通法术与驱除妖魔的特征既可是道教之神的,也

---

[1]《华光天王南游志传》卷3,第15回第10—12页。
[2] 出处同上,第17回第15—18页。
[3] 出处同上,第17回第18—25页。
[4] 出处同上,第17回第25页。
[5] 出处同上,第18回第25—28页。

可是佛教之神的。

然而,《南游记》中的许多主题和中心思想既非来自道教,也非来自佛教的传统。其中:华光与妇女稍稍可疑的关系,他与其他四兄弟一起重生于婺源(江西的一个名城),以及故事结尾处他神秘地失去一条腿。这些特色仅仅是有趣的修饰,目的是使小说对大众更有吸引力吗?我希望表明,它们远非如此。

二、华光故事背后的信仰

1. 早期历史

《南游记》的故事呈现了带有众多的伦理、宗教信息的主题,这些我们已从中国文学,尤其是宗教文学、通俗戏剧和小说得以熟悉。通过不断重生进行赎罪是一个频繁出现于佛经及民间宗教文本的主题。为了救母而降至阴间的真正孝子的最初原型当然是目连。华光的反抗或不断伪装,以及反复使诈,使我们有充分的理由想起《西游记》中的主角——猴王。

然而,华光的性格与历险显得过于清晰可辨,以致被认为是一些著名传说的拙劣临摹。实际上,只有当我们审视《南游记》的各种主线,甚至表面上熟悉的主线,跟华光崇拜有关的意义时,它们才会变得有条不紊。《南游记》作为一个整体,它的意义依赖于其主要人物,既然这是顺理成章的,那么我们不禁要问:华光是谁?他的起源是什么,他的崇拜背景是什么?

讨论这个问题,我们就必须牢记这部小说的一个特色。既然作者想让华光及华光崇拜显得积极,他应当力图掩盖,而不是澄清前例。尽管如此，我们一旦知道方向，便可看出小说无法掩盖华光与某种崇拜之间的关系，且这种崇拜源于最古老、最受责难的恶魔崇拜形式。这种崇拜及其历史可以从大量资料（包括世俗的和宗教的）进行重构，引领我们回到神话时代。

华光最初的原型属于一个广泛、多样的古代自然神魔范畴。这些精灵被认为是山中的木石之精华变成的老妖，它们法力通神，人们相信这些精怪可随心所欲地变化，比如狐狸。不过，虽然它们被描绘得形态各异，例如：龙[1]、牛[2]、鸟[3]、猴[4]、人[5]，或半人半兽的怪物，但最显著的特征则是，它们只有一条腿。

在古代资料中，这些山中精怪是以魍魉[6]或虚构的独腿夔而出现的。[7]这种奇特、多面之人在《书经》中有介绍，是传

---

[1] 对这些鬼怪的变体，例如夔，参见许慎：《说文解字》第112页（中华书局，1979年），以及下述的葛洪《抱朴子内篇》引文。
[2] 关于夔，参阅郝懿行《山海经笺疏》（《四部要》本）卷14第6页。
[3] 参见任昉（460—508）《述异记》（《龙威秘书》本）卷2第17页。
[4] 参见下文所引韦曜对《国语》的注释。
[5] 例如，古代志怪小说集《神异经》据称是东方朔撰，但有可能始于后汉时期（《汉魏丛书》第9页）。
[6] 在传说的夏朝铜鼎镌刻的鬼神中便有"罔两"（又名"魍魉"或"蝄蜽"），《春秋左传·正义》卷21，《十三经注疏》，中华书局，1983年，第11页。对魍魉及相关鬼神有详细研究，江绍原（Kiang Chao-yuan）：《中国古代旅行之研究》（Le voyage dans la Chine ancienne），老挝万象：维萨余版（Vientiane Editions Vithagana, 1935年）可见。
[7] 关于夔，另见葛兰言（Marcel Granet）的《中国古代的舞蹈与传说》（Danses et légendes dans la Chine ancienne）卷2，巴黎：法兰西大学出版社，1959年，第505—516页。

733

说的舜[1]时的乐官。《庄子》中的夔是种愚蠢的独腿动物，它纳闷为何自己只有一只脚，只会给自己招致麻烦，而蚿尽管有许多脚，却走得比自己轻松。[2]《韩非子》认为夔是历史人物，否认其一足的外表[3]，而《山海经》则描绘它形状如牛，苍色无角，黄帝曾用夔的皮作成鼓，其回声可谓地动山摇。[4]根据《说文解字》，夔是一足龙形异兽，有角、爪、人面。[5]《国语》引孔子语：

"丘闻之，木石之怪，曰夔、蝄蛃……"

韦曜（204—273）注云：

木石指山；夔，一足，越人谓山缫，浙江富阳有之，人面猴身，能言；魍魉，山精，独足，效人声而迷惑人。[6]

这段话说得非常清楚，文学传统中的魍魉或夔山精早已被人们所知，虽然名称不同，或许是因为地区不同。韦曜用了山缫、魍魉、山精、独足等名称；其他资料对此种精怪用了诸如

---

[1]《尚书正义》，《十三经注疏》，卷3，第18—19页。
[2] 郭庆藩辑：《庄子集释》，中华书局，1982年。
[3]《韩非子校注》，"外储说"左下，说2，江苏人民出版社，1982年，第415—416页。
[4]《山海经笺疏》卷14，第6页。
[5] 许慎：《说文解字》，中华书局，1979年，第112页。
[6] 左丘明：《国语》，卷5 "鲁语（下）"，上海古籍出版社，1978年，第201页。

山晖[1]、山都[2]、木客[3]之名。葛洪（284—343）提供了一则尤为有趣的描述：

> 山中山精之形，如小儿而独足，走向后，喜来犯人。人入山，若夜闻人音声大语，其名曰蚑，知而呼之，即不敢犯人也。一名热内，亦可兼呼之。又有山精，如鼓，赤色，亦一足，其名曰晖。又或如人，长九尺，衣裘戴笠，名曰金累。或如龙而五色赤角，名曰飞飞，见之皆以名呼之，即不敢为害也。[4]

这一类鬼怪最为常见的名称是山魈及山缫。如高延（de Groot）所研究的，魈和山魈的不同写法显示，称呼这种鬼时，这些词是最接近口语体的。[5]一本3世纪的资料证实"魈"或"缫"的声音是模仿这种鬼的叫喊声。[6]

山魈是邪恶之鬼，常使山区的居民或游客人心惶惶。六朝时的资料显示，它们将在山中的流浪汉诱入歧途[7]，扔石[8]，散

---

[1] 例见《山海经笺疏》卷3第6页。
[2] 例见《山海经笺疏》郭璞的评论。
[3] 例见《太平御览》(《四部丛刊》本)卷884第7页，引任昉《述异记》。
[4] 例见《抱朴子内篇》(孙星衍撰《四部备要》本)卷17第4页。据高延 (J. J. M. de Groot) 翻译并少许改编的《中国的宗教体系》(*The Religious System of China*) 卷5，莱顿，1910年首版，中国台北成文出版社1975年再版，1976年，第501页。
[5] 高延：《中国的宗教体系》卷5，第498页。最常见的译法是"山魈"，但也存在许多不同形式，如山萧、山缫。段成式(9世纪)：《酉阳杂俎》卷15，中华书局，1981年，第144页。
[6]《神异经》(《汉魏丛书》本)第9页。
[7] 例见《抱朴子内篇》卷17。
[8] 例见李时珍(1518—1593)：《本草纲目》(人民卫生出版社，1981年)，引用了15世纪的《幽明录》。

735

播病毒[1]，或焚屋[2]，除非以血淋淋的祭品来安抚它们。[3]葛洪警告到山中寻求独居的人有危险甚至死亡之虞：

> 入山而无术，必有患害。或被疾病及伤刺，及惊怖不安；或见光影，或闻异声；或令大木不风而自摧折，岩石无故而自堕落，打击煞人；或令人迷惑狂走，堕落坑谷；或令人遭虎狼毒虫犯人，不可轻入山也。[4]

实际上，人们对这种残忍的鬼怪异常恐惧，所以他们不仅用祭品使它们息怒，而且从早期开始，就利用一些方式驱逐它们。张衡（78—139）的《东京赋》言及汉代岁终大傩驱疫；[5]而它们的另一通俗叫法，即山魈，则十分忌惮竹子着火时发出的噼噼声。[6]据6世纪时的《荆楚岁时记》记载，新年的第一天早上，各家首个仪式便是在屋前的院子点燃竹子，以驱走这些恶鬼。[7]

2. 五通怪的演变

对山魈精怪一类的一足鬼怪的崇拜是一贯的。纵贯几世

---

[1]参见《神异经》第9页。
[2]参见《太平御览》卷884第7页，引《述异记》。
[3]例见《抱朴子内篇》卷4第11页。
[4]《抱朴子内篇》卷17，第1页。
[5]张衡：《东京赋》，《六臣注文选》（《钦定四库全书》本）卷3，第29—31页。另见卜德（Derk Bodde）：《古代中国的节日》(Festivals in Classical China)，普林斯顿：普林斯顿大学出版社，1975年，第75—138页。
[6]《神异经》第9页。
[7]宗懔（活跃于554年）《荆楚岁时记》（《钦定四库全书》本）卷1第1页。

纪，它们一直在人类中散播恐慌，并激发人们的灵感，使他们想出许许多多驱逐、安抚的方式，直至更高级的宗教代表采取措施取代这种根深蒂固的民间信仰。不过，山魈后来的历史表明，这些企图既未能消除，也未能完全改变这些鬼怪，以及对它们的崇拜。以神秘和迷惑的光环掩盖这些古老的鬼怪以便消除恐惧的努力，只会使对它们的信仰复杂化。新的崇拜形式的衍化并未取代旧的膜拜传统，而是与之共存。上面强加的一些意图取代旧"迷信"的想法最终被吸收了，但没有改变原始信仰的核心部分。

图1 形状如牛的单足夔（插图选自吴仁臣《山海经》广注）

中国的高级信仰对古代大众传统的一个主要影响可在佛教术语"五通"在山魈的运用上看出。这一术语原指可通过冥想、苦行、药饵及其他方式获得的五种神通。中观派重要论著《大智度论》给这五种神通下的定义是：

1.飞行自在、变现自在的能力（如意通）；2.超越肉眼的所有障碍，可见常人所不能见者（天眼通）；3.超越肉耳的所有障碍，可听闻常人所不能听到的音声（天耳通）；4.可洞悉他人之心念的能力（他心通）；5.能知晓自他过去之事（宿命通）。[1]

不过，最迟至12世纪，五通这一术语被广泛用于山魈鬼怪。洪迈（1123—1202）在其《夷坚志》中谈道，这种名曰五通的鬼怪在浙东、浙西和赣东（大致相当于今天的浙江、安徽南部和江西东南部）多有信仰；在江西和闽（现在江西、福建的其他地区）的木下三郎或木客实际上正是夔或旧时的山魈，大抵与北方狐魅相似。在许多乡村，这些鬼怪实际上并无神祠，但皆受崇拜。[2]据同一出处的说法，五通与一种叫作五郎的妖精之间有明显交融。[3]洪迈对山魈与五通的认定，由官员项安世（1146—1208）在其《项氏家说》中得到确认。他提到，澧阳县（湖南北部）的地方志描述了巫师膜拜和祈求五通（因

---

[1]《大智度论》,《大正新修大藏经》第1509号（鸠摩罗什译于406年），卷5，第97—98页；另见艾蒂安·拉莫特（Etienne Lamotte）：《龙树菩萨的智慧》（*Le Traitéde la Grande Vertu de Sagesse de Nāgārjuna*）卷1，鲁汶大学出版社（Louvain: Publications Universitaires），1966年，第328—333页。
[2] 洪迈：《夷坚志》，丁志，卷19，故事7，中华书局，1981年，第695页。
[3] 同上，第1238页，支癸，卷3，故事1。

其为太乙神第五子,又称云霄五郎或山魈五郎)。此神第一次出现在文学作品可追溯至屈原的《九歌》[1],地方志与项安世都认为,山魈/五通信仰源自这本名著中的东皇太一信仰。[2]最终,12、13世纪道教资料常将山魈与五通相提并论,由此可以表明,根据道教释义,这二神属于相同的鬼神学范畴。[3]

这种认同当然并非突然出现,而是缓慢的同化结果,其间佛教明显起了决定性的作用。当然,这一过程无处描写,必须从散见于文学的细微迹象中重构。首先让我们仔细观察佛教的"五通"概念。

佛教的五种神通可以通过佛家或非佛家的方式获得。因此,在佛教文学中,不仅诸如五通菩萨(他曾往西方极乐世界,收到了由50个菩萨环绕的阿弥陀佛像,这些菩萨和佛均端坐于巨大的莲华之上)这样的权威神灵拥有这五种神通[4],而且许多异教师傅、方士,甚至鬼怪也拥有。所有这些神通广大的鬼怪通常被贴以五通鬼的标签。但这些法力,尤其是通过

---

[1] 朱熹:《楚辞集注》,上海古籍出版社,1979年,卷2,第29—31页;另见戴维·霍克斯(David Hawkes):《楚辞》(The Song of The South),企鹅出版社,1985年,第101—102页。

[2] 项安世:《项氏家说》(《钦定四库全书》本),卷8,第1页。

[3] 例见《上清玉枢五雷真文》,《道法会元》,《道藏子目引得》第1210号,卷59,第1—4页;《高上景霄三五混合都天大雷琅书》,出处同上,卷104,第5页;《太上三五邵阳铁面火车五雷大法》,出处同上,卷122,第16页;《上清天蓬伏魔大法》,出处同上,卷166,第22页;《太上天坛玉格》,出处同上,卷250,第15页。

[4] 道宣:《集神州三宝感通录》,《大正新修大藏经》第2106号(作于公元664年),卷2,第42页。

非正统的方式获得的,并不能使拥有者免于死亡,也不能重生,除非他彻底顺从佛法。因此,我们发现数不胜数的寓言讲述了原本是异教的五通皈依了佛教。比如有一个传说是这样的:五百罗汉曾经就是这种五通怪,他们住在喜马拉雅山上,后来成了佛祖的弟子。[1]这就是中国和尚开始使用它时的意义。唐朝名僧道宣(596—667)是第一个将五通与居于佛寺的山神皈依联系在一起之人。[2]

唐朝时,著名的本土佛教宗派纷然蔚起,并在全国范围内建造了众多的寺庙。佛教和尚深入中国南部的深山,并与古老的巫教信仰遭遇。这些和尚试图解决以鬼怪和自然神为中心的宗教信仰冲突,他们尽力用自己的体系来解释在群众中引起恐慌的鬼怪现象。由此,"五通"这一术语也许首次运用于形容本土鬼怪(如老山魈)的可怕法术,以此澄清人们对"魔鬼信仰"的神秘感。通过将大众恐惧的对象的非凡能力和崇拜变为他们自己教规的五种(相对的)神通概念,佛教徒或许希望破解这些精怪施在其信徒上的符咒。

10世纪的禅师延寿(904—975)对五种神通有了新的阐释。延寿给道通、神通、依通、报通下了定义后,将妖通列为第五通,它可使老狐狸和木石之精成形[3],并可支配人类。木

---

[1]《阿育王传》,《大正新修大藏经》第2042号(译于281—306年间),卷5,第11页。
[2] 道宣:《道宣律师感通录》,《大正新修大藏经》第2107号,第439页。
[3] 延寿(904—975):《宗镜录》,《大正新修大藏经》第2016号,卷15,第494页。

石之精即老山魈，所以这个解释暗示了佛教的"五通"概念与大众对山魈及相关狐精信仰之间的紧密联系。

后来，中国的作者发展了这个见解，即，名为五通的鬼怪在唐朝已受到膜拜。遗憾的是，本文常援引用来佐证的一些资料，其历史价值尚有疑问。由此，可以肯定的是，记载龙城（广西）五通轶事的《龙城录》并非柳宗元（773—819）[1]所作，也没有确凿的证据表明下列诗句确实由施肩吾（约806—820）所写，据传他在一间寺院过夜时，受到五通神的骚扰：

五通本是佛家奴，身着青衣一足无。[2]

最早流传于当代、证实五通的资料不早于约1035年。[3]不过一些证据表明，"五通"这一名称于延寿在其《宗镜录》重新定义五种神通时，已作为信仰对象的名称。一些当地的方志显示，早在10世纪的浙江、江苏、福建和广西，已有五通祠庙的存在。[4]

---

[1]《河东先生龙城录》（《百川学海》本）卷1第7页。余嘉锡驳斥了此书为柳宗元所作的观点，见《四库提要辨证》卷19，中华书局，1980年，第1170—1171页。

[2] 此诗为施肩吾所作的观点最早见于叶廷珪（1115年进士）《海录碎事》（《四库全书》本）卷13第25页。吴守娟指出，9世纪郑愚在其所撰碑铭中，将"鬼五通"与佛教地狱的牛首阿旁并列；参见《五通的传说》，第28页。不过，根据其语境，这一令人困惑的段落也许可以这种方式理解："心作恶、口脱空、欺木石、嚇盲聋、牛阿房、鬼五通、专觑捕、见西东……"参见郑愚：《大沩虚祐师铭》，《唐诗纪事》（《四部丛刊》本）卷66，第13—14页。

[3] 见《宗镜录》第165页。

[4]《嘉定赤城志》（1223年编，《宋元地方志丛书》本）卷31，第4—5页提到，吴越国（908—978）时期的台州已经有五通庙，庙中的五通（转下页）

无论这些主张是否基于史实，这一点是非常清楚的：对五通的崇拜开始在佛教寺庙附近具体成形。对老山魁的信仰似乎根深蒂固，和尚们无法简单将其根除，而不得不将其施以"洗礼"，挂上在民间传播的大众佛教之标牌。佛教由此对老自然精怪崇拜的变形和演变施加影响，这种影响远非仅仅给"五通"重新命名。

　　洪迈讲述了名曰安乐神的五通怪有预卜吉凶之能，供奉于建昌县（今江西省永修县）云居寺。[1] 根据1233年记载的一则传说，这一信仰直接关系到那所名刹的建立。它谈到五个山神将土地捐给8世纪的和尚道容，在此基础之上，道容建了禅院。山神栖居于寺院附近的一棵老树上，心怀感激的和尚称其为"安乐公"。[2]

　　在此，我们看到五通历史的另一个重要主线。中国的和尚

　　（接上页）这时已经被封为"保德王"；这座庙于994年重建，并于1123年由官方赐额为"佑正庙"。《苏州府志》（1379年刊刻；中国台北成文出版社，1983年）卷15，第24页提到，1011年的《祥符图经》与苏州城的五通庙有关。根据《咸淳毗陵志》（1268年编；《宋元方志丛刊》本）卷14第5页，毗陵县（今江苏常州）县令为了防止辖区内的火灾在906年为五通建了一座神庙。在福州，传说闽国的第一个统治者于10世纪初建立一座五通庙。参见《淳熙三山志》（该书编于1182年；明末徐渤据谢肇淛（1592年进士）藏稿本整理，未署具体整理日期；伯克利东亚图书馆缩微胶片）卷8，第13—14页。王象之《舆地纪胜》（1221年编，1849年）卷23第14页，所引德州五显庙碑铭指出，此神庙建于651年。同样，根据当地传统，婺源五显神的主庙是奉祀五通的，建于886年。参见《祖殿灵应集》引文（载《新编连相搜神广记》前集第25—26页）及《徽州府志》（1502年编；《明代方志选刊》）卷5，第42—43页。

[1]《夷坚志》，第1295—1296页，支癸，卷10，故事4。
[2]《新编连相搜神广记》前集，第25—26页。

似乎常认为"五通"这一术语指的是五个组成的一群（或数群）神，而非数量不确定的精怪。由此产生了这个多面性的精怪的另一个名称：五圣。

从 16 世纪开始，许多后来的著作家肯定了五圣或五通的身份；这在较早期的资料中也有论述，虽然方式不够广泛。13 世纪，五通的称号似乎主要指这些精怪的正统形式。因此，学者胡升（1198—1281）反对任何混淆五显神的做法，他也把"五圣"等同"五通"这个普通、通用的名称。[1]12 世纪已存于杭州的五圣庙，一个世纪后被确认为正统五显的神祠。一本元刻著作在关于五圣的章节中，只论及上文提到的云居寺的五显和五个山神。[2]

但是，五圣在 12、13 世纪之前已经为人所知；早在 11 世纪的苏州，他们就在一座佛寺中受到供奉。[3]我们也注意到，总体上他们的名字被提及时，常涉及佛寺。例如，13 世纪末的一本道家资料讲述，在丰城（江西）的观音庙立有一个护法五圣的神祠。[4]13 世纪的杭州地方志记载了白衣五圣的殿堂于 1247 年变成了一间独立的小寺院。[5]根据 14 世纪的地方志，

---

[1] 参见《新编连相搜神广记》前集第 26 页，胡升的《星源志》(1269 年编)。五显神与普通五通的对比，参见下文论述。
[2]《新编连相搜神广记》，第 24—26 页。
[3]《吴郡图经续记》(1084 年编，《宋元地方志丛书》本)卷 2，第 13 页。
[4] 杨智远（活跃于 1082 年）《梅仙事实》的 1296 年补编本，《梅仙观记》，翁独健：《道藏子目引得》第 600 号，第 9 页。
[5] 潜说友（自 1270 年始任临安知府）：《咸淳临安志》(1830 年编，《宋元地方志丛书》本)，卷 82，第 8 页。

743

镇江（江苏）梁广寺所属的建筑中，有一殿便是供奉五圣的。[1]

所有这些显示，五通和五圣实际上皆源于佛教环境。虽然目前笔者还缺乏第一手证据，但相信从一开始，两个术语均表示同一神灵——古代的山魈。显而易见的是，佛教徒不仅重新命名和重新解释这一古老的华南山怪，而且还求诸其他方式，试图沿着佛教正统学说的界限，开辟狂热的山魈信仰传统。随着五通（山魈）被纳入该体系，组成五圣，由此转变成了护法神和伽蓝神。[2]山魈怪的旧巫术信仰传统重新接纳佛教的五通后，才有必要区分五通和五圣。可是，16世纪及之后，这种区分不复存在，因为独立的信仰传统之间的界限已日益模糊。这一点稍后再谈。

在佛教经典文学中，鬼怪或非佛教之神皈依佛门是众所周知的主题。尤其是佛教密宗的文本出现了大量凶残的鬼王、古印度万神殿的众神，他们除异护身的力量屈服于佛教的仪式传统。相同的例子也可在中国找到。在中国，本土之神（以及与此相关的神）的皈依、民间信仰的改造，均为佛教劝导者的对象。有关建造佛门寺院的传说常充斥着当地神祇归顺佛法的故事。在此援引两例：安息名僧安世高（活跃于约148—170年）超度蟒蛇、将关羽封为湖北玉泉寺的守护神。[3]

---

[1]《至顺镇江志》（1332年编；《宋元地方志丛书》本）卷9，第5页。
[2] 例见1612年（1831年重印）版《闽都记》卷31，第9页，此书明确将五通怪、五显的派生物定名为古田附近一座佛寺的伽蓝神。
[3] 关于安世高超度庐山蛇神，参阅由慧皎（497—554）于530年左右所撰《高僧传》，《大正新修大藏经》第2059号卷1，第323页。关于这一段落（转下页）

3. 大众对普通五通神的信仰

五通被重塑为佛教神灵后，很快就从寺院脱离，11、12世纪时期，此神在整个华南、中南受到祭拜。[1] 约1035年，文人李觏为建昌（江西）附近的一座私人所建五通祠写了篇铭文，文中赞扬了此神："噫！五通之为神，不名于旧文，不次于典祀。正人君子未之尝言。"因为其家人患了流行的瘟病，祈请五通神而得痊愈。他将这些"神"比作散播痫疾的瘟神，但并未提及他们与山魈之间的关系或与佛教的联系。[2]

不过，从洪迈的《夷坚志》的多则趣闻轶事可以非常清楚看出，在民间范围内，到了12世纪，五通神已再次具有了其前身的特征。如山魈一样，五通只有一条腿，其特点具有极度模糊性。一方面，他们慷慨给予其信徒大量财富（通常是偷来的），或者甚至拯救他们使之免遭灾祸。另一方面，他们又不怀好意，常戏弄人们。

据《夷坚志》的一段文字，一个单足之物常光顾一位会稽（浙江）官员家中厨房偷取食物。房主为避免进一步损失，正

（接上页）的翻译和解释，请参阅宫川尚志：《孙恩叛乱时期庐山的地方崇拜》(*Local Cults around Mount Lu at the Time of Sun En's Rebellion*)，载尉迟酣(Home Welch)、索安编写的《道教面面观——中国宗教论文选》(*Facets of Taoism: Essays in Chinese Religion*)，纽黑文和伦敦：耶鲁大学出版社，1979年，第94—96页。关于关羽任玉泉寺的守护神，参阅董侹：《荆南节度使江陵尹裴公重修玉泉关庙记》（鉴定为802年），《钦定全唐文》卷684，第14—15页。

[1] 据吴曾《能改斋漫录》（吴曾之子于1157年撰跋，《守山阁丛书》本）卷18，第21页，五通怪于1056年和1064年间在开封暴露其恶魔特征。
[2]《邵氏神祠记》，《李觏集》卷24，中华书局，1981年，第267—268页。

考虑迁至异地,这时发现其邻居膜拜一神。那人在自家室内设一神龛,正画一巨脚,无相貌。郡士姚县尉和一名道士认出这是独脚五通,即山魈之类,最终厨房再无闹鬼。[1]

然而,最重要的是,五通名声不佳,但又为世人所惧,原因是据说他们强迫妇女与其交媾。这个特点似乎并非山魈所特有,但成为一般五通的主要特点,正如洪迈证实,妇人精神失常的种种表现,直接与五通淫妖附身有关。而且,人们认为,五通的特殊法力也是与妇女之灵交媾的结果:

(五通)尤喜淫,或为士大夫美男子,或随人心所喜慕而化形,或止见本形,至者如猴猱、如龙、如虾蟆,体相不一,皆矫捷劲健,冷若冰铁。阳道壮伟,妇女遭之者,率厌苦不堪,羸悴无色,精神奄然。有转而为巫者,人指以为仙,谓逢忤而病者为仙病。又有三五日至旬月僵卧不起,如死而复苏者,自言身在华屋洞户,与贵人欢狎。亦有摄藏挟去、累日方出者。亦有相遇即发狂易,性理乖乱不可疗者。所淫据者非皆好女子。神言宿契当尔,不然不得近也。[2]

如果五通怪与已婚女子开始有染,他们就不再让她们的丈夫与之交媾。《夷坚志》中,有个丈夫每次醒来,常发现自己被抛下床或锁在屋外,而妖怪则与其妻共度良宵。[3]五通也造

---

[1]《夷坚志》第890页,支景,卷2,故事5。
[2]同上,第696页,丁志,卷19,故事7。
[3]《夷坚志》第696页,丁志,卷19,故事7。

成妇女怀孕和生下怪胎。洪迈谈道,与五通有染的妇人会生下猴、猪或肉团。[1]

16世纪末17世纪初,五通逐渐与财神崇拜紧密联系起来,并以索淫作为赐予财富的回报而变得名声不佳。[2]不过,性与财富的主题在12世纪已有关联。因此,根据《夷坚志》另一轶事,一个穷困潦倒的外乡人与家人迁至宿州(安徽),因供奉单足五通而突然暴富。他夜间在小神龛举行仪式时,全家不论男女老幼,皆裸身暗坐。但五通怪并不知足:他奸淫了那家所有妇人,有些妇人甚至产下鬼胎。当家中长子的媳妇不肯随众为邪时,五通将疾病降临其家人,并将其家中所有财富散落四方。[3]

尽管五通再度堕落成对鬼怪的崇拜和灵媒信仰,被净化过的佛教五通并未消失。相反,这些神明以五人一组的形式在寺院受到祭拜,且在经济繁荣的中国南部成了最成功的一种崇拜。

4. 五显神的兴起

从10世纪起,经济的快速发展,以及城市化在中国南部的扩大,给当地群体的社会结构和民间信仰的范围都带来了根本性的变化。庙神及其信仰成了表明身份、提高城镇威望的方

---

[1]《夷坚志》第696—697页。
[2]见前注提及的万志英的论文《财富的魅力——江南社会史中的五通神》,第698页。
[3]《夷坚志》第1238—1239页,支癸,卷3,故事1。

747

式,在这些城镇,平民、乡绅和县官齐心合力以获得对他们颇感自豪之神圣体现的认可。朝廷急于确保与强大的地方势力合作,于是改变了其立场。正如韩森(Valerie Hansen)指出的那样,11世纪末12世纪初,由国家承认、官方敕封的地方神祇的民间信仰突然大量增加。几乎与此同时,管理员将民间信仰入选为官方祀典的程序,以及关于继续推广神祇的条文得到了统一。[1]

这些事实也促成了五通信仰历史上的关键转折:1109年,徽州(江西)婺源的五通庙获得官方认可,并重命名为灵顺庙。14年之后,庙中神祇被敕封为"侯"。1174年,神祇又获全新之名,被加封为"公"。[2] 1202年,在一次受皇帝亲赐御题的五把扇子时,庙神受封为王。[3] 为了获得自己的五通庙[4],另一城市,即饶州(江西)的德兴,与婺源展开了激烈的竞争,并最终不得不放弃其主张,承认以婺源的庙宇为首。[5]

---

[1] 韩森(Valerie Hansen):《变迁之神——南宋时期的民间信仰》第4章,普林斯顿大学出版社,1990年。
[2] 《宋会要辑稿》(徐松1809年版摹本),中国台北新文丰出版社,1962年,卷20,第157—158页。
[3] 出处同上,引自胡升(1198—1281)《星源志》(1296),收于《新编连相搜神广记》前集第26页。
[4] 例见胡升《星源志》,出处同上。
[5] 据《舆地纪胜》卷32第14页,虽然德兴庙由官方命名为灵顺庙,但世人仍未忘记其原名五通庙。自12世纪末以降,这座庙也以五显庙闻名。(见《夷坚志·三志》第1378页,己志,卷10,故事4。)《宋会要辑稿》,"礼"篇卷20第158页,谈道,1145年,在婺源五神的尊号上各加二字时,官府也命令"信州别庙封,令一体称呼"。虽然当时德兴隶属饶州,而非信州,但这段话仍指称德兴,正如在一文献中,婺源被错误地划为宁国(安徽)的一部(转下页)

然而，当婺源庙的神祇声名鹊起时，1111年，五通整体上已被朝廷禁止，其在京城的神庙已遭到破坏。[1]这又是何故呢？

部分答案可在太常寺祭祀的烦琐程序中找到。要求国家认可某种崇拜的奏章通常由某地的官方代表提交。这些地方官详细报告其管辖范围内庙宇中的神祇，请求朝廷支持他们。其他省市内的类似信仰则自然不是他们的责任。反过来，即使朝廷批准了请求，其认可也只限于那个提交请愿的寺庙的鲜明传统。[2]这个寺庙可与不计其数的分寺建立附属关系，由此可以将其信仰传播至原址之外的地方，但分寺的合法性只能来自受封的寺院及其代表的当地传统。

易言之，在处理民间宗教事务的国家体系中，以及信仰得到官方认可之后的发展中，地方势力起着极为重要的角色。欲获得某个信仰的认可（如五通那样），需由一个特定地方的代表发起。自五通信仰在南部地区蓬勃发展以来，还无任何地方整体上替五通辩护。此外，难以想象的是，一般的五通含义模糊，而其他任何普通的灵媒崇拜却都得到朝廷的批准。

（接上页）分。婺源为信仰战胜德兴的另一证据见《夷坚志·三志》第1379页，辛志，卷10，故事6，以及《梦粱录》（1275年编；《学津讨原》本）卷14第12页。据第一份资料，杭州五圣庙于1177年仍被认为是德兴五显庙的分庙，约100年后，该庙作为婺源五显庙的分庙名列第二份资料中。

[1]《宋会要辑稿》"礼"篇卷20第14—15页。
[2] 参见韩森：《变迁之神——南宋时期的民间信仰》第4章，普林斯顿大学出版社，1990年，第91—104页。

当婺源、德兴[1]，也许加上一些其他地区[2]，积极将各自的五通神庙列入官方祭典时，在所有这些例子中，当地传统已将他们的神祇与在南部中国其他地区受到崇拜、令人惧怕的五通怪区别开来。[3]朝廷为何对一般的五通与婺源的五通崇拜表现出的态度截然不同呢？答案恰恰在于此。婺源的五通支持者肃清了他们的神祇含糊不清的联想，将之塑成一个正派、可接受的形态。这一点可从婺源的信仰历史中看出。

根据婺源的五通庙记录，886年邑民王瑜见黄衣神五人，要求百姓供奉他们，作为回报，他们允诺福佑斯民。婺源百姓

---

[1] 除了胡升提到婺源与德兴为争取其各自的五通神庙的合法源地之外，我们尚缺少德兴为其神祇争取官方批准而采取初步措施的具体证据。据后来的文献《古今图书集成·职方典》（光绪同文书局摹本，中华书局，1934年）卷859第45页，德兴的庙神于669年受封为"侯"，并于937—943年提升为"公"，但是否合乎历史，尚有疑问。德兴于12世纪末确实试图进一步提升神王，这在《夷坚志·三志》（第1379—1380页，己卷，卷10，故事6）的一个片段得到证实。根据这一描述，德兴以五显公事状申江东运司，于是邻县上饶儒林郎前去谒庙。在庙里，他突然想起少年时梦见神王五位，皆冕服正坐，光焰烜赫。他因此写了关于德兴此庙的纪事，详记与神祇有关的奇事；于是德兴的五神得以加封。

[2] 参见《嘉定赤城志》卷31，第4—5页，五通神庙的神祇于908—978年加封"保德王"。1123年，神庙收到一块匾，改名为"佑正庙"。

[3] 例如，据德兴当地传说，张蒙在附近游猎追逐白鹿时，由一位仙人引至银矿；感激涕零的百姓在旁边修建了一座庙，名为五通庙；参见《舆地纪胜》卷23第14页；《饶州府志》卷4第18页及卷4第29页（1872年编，中国台北成文出版社，1975年重印）提供了这一故事的另一修订版：根据这一文献，故事发生于隋朝，有五位神向张蒙显示银矿。书中补充道，神祇于宋朝再次出现，将德兴百姓引至富含铜和铁的泉水边，非常有益于提炼铜和银。这些传说很好地说明了源于民间崇拜的兴盛地区。依靠银和泉的矿藏，于10世纪成立的德兴县在宋朝经历了经济上的腾飞。这一繁荣直接归因于五神。相应的，这些神灵能够以一种积极的方式来构想，完全没有一般"五通"所具有的模糊特征。

为神建庙一座，名为五通庙。[1]除了庙名之外，这一建庙传说中并无任何地方让人联想到那个法力惊人、好色淫荡的单足妖精，在其他地方，人们对他则又惧又恐。婺源的五通是五个庄重、仁慈之神，与中国古典宇宙哲学的五行有关，看来似乎与那个含糊不清、普通的五通无关。[2]

但是，这并非说，完全没有这种关系意识。相反，那时一般的五通信仰一直存在于持无神论的知识分子群体与寻常百姓之中。朱熹（1130—1200），婺源有声望的名宿，被家人催促去拜谒五通庙，但他批评、奚落了五通崇拜，而且他感到遗憾的是：由于五通的官方地位，他无法采取措施。很明显，他没有区分邪恶的五通和婺源的那五个守护神。[3]

关于五通庙之神的起源，也存在不同传说。皇帝颁布的封地似乎意指某个民间传说，根据这一传说，这些神明是神化了的五兄弟，他们在江东地区显灵已达千年。[4]祝穆（约1225—1264）在其《方舆胜览》一书中提供了关于这五兄弟的额外信息：他们原是萧姓人家。[5]这一传说是建立在五通与古时山魈

---

[1] 此段引自《祖殿灵应集》，收于《新编连相搜神广记》前集第24—25页，以及《徽州府志》卷5第42页。与婺源五通庙分庙有关的灵顺庙坐落于徽州地区，《徽州府志》引证了一篇碑铭，它将五显显灵的时间追溯至627年（卷5第37页）。并且它引用了胡升1269年的《星源志》，根据此书，五位神祇原先于开元（713—741）初期降临到婺源附近的长林镇，而不是像庙宇记录的那样降至婺源王瑜的花园（卷5第44页）。
[2] 参阅前述胡升《星源志》引文。
[3] 朱熹：《朱子语类》卷3，京都：中文出版社，1970年，第18页。
[4] 参见《舆地纪胜》卷20第18页，以及《徽州府志》卷5第37页。
[5] 祝穆：《方舆胜览》(《钦定四库全书》本)卷16，第8页。

的较古老身份认定的基础之上的，因为显示其家姓的"萧"字也作为山魈之"魈"的异体字。[1]暗示山魈、五通及婺源重塑的庙神之间身份的萧氏兄弟传说的意义，是后来的作家，例如陆粲（1494—1551）所指出的，并在《南游记》重现其主题：正如前所述，小说主角华光在其第三次投胎时，与四个兄弟一道重生于婺源的萧家。

尽管如此，官方的婺源传说认为，这些神祇在王瑜面前显形，并避免暗指山魈或五通，这一传说是信仰起源的标准版本，并决定了其在婺源及其他地方的进一步发展。

随着1109年皇家封赐新的寺庙，以及第二年婺源的神明的连续提升，五通信仰分成两个独立的传统。1111年，在帝国南部（甚至开封）供奉的普通五通被宣布为淫祀，此后，常被地方的当权者严厉打压。与此同时，婺源的神明崇拜则发展成为南部中国最显赫的信仰之一。

1174年，婺源灵顺庙的五位神祇被赐予新的封号：显应公、显乐公、显佑公、显灵公、显宁公。[2]因其封号第一个字为"显"，神祇迅速以"五显"之名在人间流传。[3]在这一新名称之下，五神很快在长江下游每个主要城市的众多分庙受到膜

---

[1] 参见《酉阳杂俎》前集卷15第144页。
[2] 参阅《宋会要辑稿》卷20第157—158页。
[3] 至12世纪末，这一称号已非常流行，参见《夷坚志·三志》第1378—1379页，己卷，卷10，故事6。

拜。13世纪,苏州、杭州[1]、严州[2]、宁波[3]、泰州[4]、常州[5]、玉峰[6]、镇江[7]、丹阳[8]、句容[9]、福州[10],甚至南部中国的偏远之地如广西苍梧[11],都建有隶属婺源主庙的五显庙。至14、15世纪,婺源的五个神祇崇拜已传播至西、北的四川和北京。

婺源的五显与佛教传统之间也有渊源。据上文简述的传奇描写,王瑜于886年率先为这五个神祇建造神龛,被称为"双善"。[12] 1502年的《徽州府志》记载了一个名为王双杉之人于

---

[1] 关于苏州、杭州的分庙,见下文。
[2] 在浙江。该庙建于1201年。参见《景定严州续志》(1260—1264年编,《丛书集成》本)卷4第46页。
[3] 在江苏。该庙由某位官员从徽州回到其宁波家乡时,建于1205—1208年。参见《延祐四明志》(1320年编,《宋元地方志丛书》本)卷15第12页。
[4] 在浙江。神龛建于1221年。参见《嘉定赤城志》卷31第7页。
[5] 在江苏。参见《咸淳毗陵志》卷14第5页。
[6] 位于上海附近的嘉定(江苏)。该庙由一位当地的玉峰人建于新安佛寺址上,他将婺源主庙香炉的烟灰带来。参阅《玉峰志》(1252年编,《宋元地方志丛书》本)卷3第20页。
[7] 在江苏。13世纪存在两座五显庙:一座据称建于唐朝,是较古老的五通神祠,并于1241年成为婺源五显庙的分庙;另一座建于1241—1252年。参见《至顺镇江志》卷8第8—9页。
[8] 在江苏。该庙于1248年由当地名士蔡逢所造。出处同上,卷8第18页。
[9] 在江苏。一座早已存在的祠庙(供奉一般五通)于1241—1252年隶属婺源五显庙。参见张宁:《句容县五显灵官庙碑》,《方洲集》(《钦定四库全书》本)卷18第7—8页。
[10] 这座建于10世纪的五通神龛后来迁至福州旧城墙的一座塔内,并转变成婺源五显庙的分支。年代不详,据推测,是在宋代。参见《淳熙三山志》卷8第13页,以及《闽都记》卷3第11页。
[11] 见陈汝:《苍州重修五显庙记》(1368年),《永乐大典》卷2343,第4页,中华书局,1960年。
[12]《徽州府志》卷5,第43页。

875年捐献土地，建造智林院——婺源城西边的一座禅院。[1]如今，这座智林院是婺源五通神龛原来的附属之地。[2]虽然我们无法确定智林院的资助者王双杉与五通庙所谓的创建者王瑜是否为同一个人，但是婺源与众不同的五通传统源于智林院也似乎是有可能的。

这种联系可能另有原因，为何婺源的五个神祇没有随普通的五通被判为不正当崇拜的对象，而是得到朝廷的批准。当时的资料中也没有提及朝廷对普通五通的禁令延至身为佛寺守护神的五圣。婺源的五显由此最终因其为佛教的附属而获得声望。

智林院与灵顺庙及其五显信仰之间的紧密关系，从后来皇室对这些寺庙的厚爱而得以明朗。当婺源的五显原庙在影响力颇大的王家的倡议下重建，并于1314年由官方重新命名为"万寿灵顺五菩萨庙"时，智林院也新遭劫难，此后被称为"万寿寺"。[3]

佛教对该信仰的仪式也有影响。据婺源庙志记载，984—987年，当地县官令狐佐梦见五位神明，告诉他消除该县瘟疫之法。因那次显灵发生于佛诞日——农历的四月初八，自此以后，为了纪念五神将人们从瘟疫中拯救出来，每年的这一天婺源人都会举行节日。[4]

---

[1]《徽州府志》卷10，第58页。
[2] 程钜夫（1249—1318）：《婺源山万寿灵顺五菩萨庙记》，《雪楼集》（《钦定四库全书》本）卷13，第19页。
[3] 同前注。
[4]《徽州府志》卷5，第43页。

无论这一描述的历史真实性如何，它都是佛教信仰形式与民间信仰相互深度渗透的生动例子：纪念佛诞的传统庆典设定了敬仰当地神的框架，而节日的重点则从佛祖转移至五显。

在12、13世纪之间，婺源的五显节发展成为中国的盛大庙会之一。每年农历四月，全国各地，甚至海外的香客都涌至该市参观神庙，观看丰富多彩的游行。[1]商人、小贩，以及各类艺人也可从中获利，并为活动增彩添色。1211年，一名来自杭州的年青人周雄死于节日骚乱中，于是出现了新的信仰：身遭不幸的周雄被归入五显的随从之列，并于1235年获得了第一个正式封号。[2]类似的事件引发朝廷于13世纪中期暂时中止了该节日。[3]

随着在浙江、江苏及其他中国南方各省建立五显庙，婺源

---

[1]引自上述胡升《星源志》。
[2]参见方回（1227—1307）于1300年为周雄家乡新城（杭州）的神龛所撰碑文《辅德庙碑歌》，极具趣味性，载《桐江续集》(《钦定四库全书》本)卷36第26—29页。方回谈道，与婺源竞争正式承认五通神庙的德兴是首个为周雄追封为圣者而请愿的城市。请愿于1235年获准，周雄受封"翊应将军"。1238年，官府准许周雄家乡新城的神庙使用与德兴一样的名号。1244年，（婺源所属的）徽州请求提升该神的地位，于是周雄被封为"翊应侯"。1259年，周雄的后人开始以婺源灵顺庙的风格，在新城为他们的先祖建庙，20多年后方才竣工。这个例子勾勒出在通向获得某种崇拜的正式过程中，不同竞争地区的角色。虽然周雄是新城人，卒于婺源，但获中央准许的首个神庙却在德兴。这个神庙一直成为周雄崇拜的主庙，虽然周的后人在其家乡新城极大地提升了对他的膜拜。还需指出的是，1244年徽州的斡旋表明，请求提升神的地位的奏章不需来自祖庙之地，也可由其他地区提交。
[3]参见黄震（1213—1280）：《申诸司乞禁社会状》，《黄氏日抄》(《钦定四库全书》本)卷74，第27页。但在元朝年间，这个节日再次吸引了该地区的人群。参见《饶州路治中汪公墓志铭》，《桐江集》"补遗"卷40，中国台湾"中央图书馆"，1970年。

的五显节也被若干城市所采纳。1241年左右开始，每年农历四月的初四和初八，来自苏州两个重要的五显庙、上善庵和如意庵的神祇画像被扛着穿街游行至该市的北寺。庆祝活动的壮观队伍和表演使这个节日成为苏州最流行的年度活动。[1]

自1138年以来就是南宋皇帝所在地的杭州，有一座12世纪中期就存在的五圣神庙。[2]该庙因著名画家苏汉臣（主要生活于约1119—1163年）所作的壁画而闻名于世。[3]一个世纪之后，在杭州附属婺源灵顺庙的庙宇数已达10座。[4]杭州每年两次祭祀五显：佛祖诞日、农历九月[5]，这一天被认为是神祇自己的生日。参加这些庆典的有该市的行会以及不同的朝拜团体，他们各显其能，展示最奢华的祭品。[6]

与佛教的紧密关系促进了这种崇拜在其发源地婺源的发展，这一点在苏、杭也同样明显。13世纪初，一名和尚从婺源带来了木刻五显，并将其置于如意庵——苏州一座建于1203年的小佛寺，其址为12世纪初的一座宝塔。[7]从婺源来

---

[1]《苏州府志》(1379年)，中国台北成文出版社，1983年，卷15，第24页。
[2]《夷坚志·三志》第1379页，己卷，卷10，故事6。
[3] 参见周密（1232—1298）：《武林旧事》(《知不足斋丛书》本) 卷5第17页。这个庙宇和壁画在16世纪被田汝成（1526年进士）再次提及，见田汝成：《西湖游览志》，中国台北世界书局，1963年，卷8第91页。
[4] 参见《咸淳临安志》卷73第14页；卷74第12页；卷76第17—18页；卷78第10页；卷82第8页。
[5] 参见《梦粱录》卷19第8页。此书说明五显神的生日为农历九月二十九日。不过，由于其他数据一致认为是九月二十八日，因此疑《梦粱录》有误。
[6] 同上，卷19第8页。
[7] 参见《苏州府志》卷15，第24页，碑文由刘铉于15世纪中叶所撰，即《况知府重建五显王行祠记》，《吴县志》(1642年编) 卷21第17页上。（转下页）

的另一木像于1209年到达，并首先设于一座道观之中，最后才放于永久性的安置之处——佛教徒主持的上善寺，其主体建于1240年。[1]值得注意的是，杭州地区的10座五显庙有5座也是直接附属于佛寺的。[2]

被婺源具体的五显传统同化之前，在某些地方已存在较古老的五通或五圣庙了。例如，杭州最古老的五圣神祠似乎原本就与婺源的灵顺庙毫无瓜葛。洪迈，饶州鄱阳人，明显试图为自己家乡对这一信仰所有权提出强有力的证据，其《夷坚志》的某一篇坚持认为，杭州神祠是德兴五显庙的分庙。[3]只是到了13世纪，这一神祠才被认为是婺源主庙在京城众多分庙之一。[4]另一例子是福州城的五通神祠。据1182年的《淳熙三山志》记载，这一神祠的起源早至10世纪。1004—1008年，建有一庙（五通庙），1040年，在一名佛教徒的帮助下，该庙得以扩建和修葺。[5]后来的资料，即1612年的《闽都记》，确认这一古老的神祠中所供奉的神祇便是五通神。[6]常州（江苏）

（接上页）这一段落与顾儒宝为苏州上善庵所作的碑文，也出自《吴县志》，由万志英慷慨相赠，他手抄自日本的原版。万志英注明刘铉所作碑文日期是1439年，但这与文本其他表述相左。例如，刘铉谈道，自洪武（1368—1398）初年，已过80年。由此，我们可将年代定为1448年左右。1439年可能是笔误。

[1]《苏州府志》卷15，第24页。
[2]《咸淳临安志》卷73，第14页；卷74，第12页；卷76，第17—18页；卷78，第10页；卷82，第8页。
[3] 德兴原在饶县。《夷坚志·三志》，第1379页，己卷，卷10，故事6。
[4]《咸淳临安志》卷73，第14页；《梦粱录》卷14，第12页。
[5]《淳熙三山志》卷8，第13—15页。
[6]《闽都记》卷3，第11页。

757

的一个庙宇（到了1268年时，已是众所周知的五显王庙）据称是早至906年由刺史张崇所立的，他希望借此抑制困扰辖区的这种热情。[1]同样，镇江（江苏）的五显分庙的起源，如婺源被称为灵顺庙的主庙一样，可追溯至唐朝，当时婺源的五位神祇崇拜尚未开始流传。[2]当位于句容城（江苏）东部一个村庄的另一个神祠于1241—1252年变成婺源五显庙的附属之时，业已陈旧。[3]最后三则材料虽未确定这些庙宇及那儿供奉的神祇的早期名称，但都清楚地假定：其信仰传统从早期至与婺源的五显信仰同化（或多或少）是一脉相传的。虽然总体而言，我们必须对后来的资料所宣称的庙宇建立日期予以小心求证，因为它们有意将时间推前以提高某种传统的威望[4]，但在这三个案例中，例如杭州和福州的庙宇，在与婺源五显信仰同化之前，就已设有更早期的佛教或民间类型的五通或五显神祇，这是非常有可能的。

　　佛教对快速传播的五显信仰的影响仍以其他方式体现。因此，宝塔或类似的多层结构，也成为供奉五显的圣殿，这是佛教建筑的典型特征，通常供奉地位并非十分重要的佛教守护神。例如早在1082年，即婺源的当地神正式得到承认之前的几年，城中神祠西边立了一个阁，当时仍被称为五通庙。[5]苏

---

[1]《咸淳毗陵志》卷14，第55页。
[2]《至顺镇江志》卷8，第8—9页。
[3]《句容县五显灵官庙碑》，《方洲集》卷18，第7—8页。
[4] 情况大致如此：婺源与德兴互为对手，声称五显神显灵的早期日期。
[5]《徽州府志》卷10，第71页。

州的如意庵于 1225 年易址而重建；新的建筑物是两层楼的阁，其下有一处奉祀五显，并有一屋供传播佛经之用。[1]

这些附有五显神祠的巍峨建筑物倘若没有特定的意义，则极容易被视为无甚特色：它们逐渐象征五显的核心之神——华光。在 13、14 世纪之间，在苏州[2]、杭州[3]、婺源[4]、海盐（浙江）[5] 及其他地区的五显庙中，供奉华光的楼塔、阁楼或宝塔突然涌现。[6]

华光的根源完全在于佛教，虽然关于其身份的不同观点在权威佛教文献以及它们在六朝的中文译本里就业已存在。《妙法莲华经》中出现过一个华光，经中谈道，他将在未来世中作

---

[1]《况知府重建五显王行祠记》，《吴县志》卷 21，第 17—18 页。
[2] 苏州上善庵奉祀华光的第一座雄伟建筑建于 1254 年。1264—1293 年，华光阁建于该庙之前，1295—1296 年，另一座华光阁建于神祠之后。参阅《苏州府志》卷 15，第 24 页，以及顾儒宝《万寿祠记》（约 1514 年），《吴县志》卷 21，第 19—21 页。在苏州附近的吴江，1283 年，在接待禅院界域立了一座华光阁。参见《吴江县志》（1747 年，《中国方志丛书》本，中国台北成文出版社）卷 11 第 53 页。
[3] 1270 年，临安新知府潜说友强烈支持五显在京城的崇拜，他赞助在佛教的荣国寺的院址、临安的灵顺庙建华光楼。参见《咸淳临安志》卷 73 第 4 页及卷 78，第 10 页。
[4] 婺源灵顺庙中的华光阁最迟于 14 世纪上半叶就已存在。参见《徽州府志》卷 10 第 33 页。这座塔与建于 1082 年的阁（见上述）是否相似，已不可考。1397 年，当灵顺庙的整体庙群修葺时，华光塔也按旧规划重建。出处同上，卷 5，第 43 页。
[5] 在 1241—1252 年间，一座奉祀华光和五显的阁建于海盐的佛寺德藏寺的院址。这一圣殿及附近的井吸引了大批信徒，因为井水可治疾病。由此，该址成为栖身寺庙的和尚的财源。见鲁应龙《闲窗括异志》（《盐邑志林》），第 3 页。
[6] 在 1276 年，苍州（广西）五显分庙增加了华光塔。参见《苍州重修五显庙记》卷 2343 第 4 页。

为舍利弗的化身授记华光如来。[1]其他资料，例如过去、现在、未来佛的不同版本的目录，都言及华光是过去一劫初千佛中的首佛。[2]整个宋代及以后都渗透至佛教仪式的密宗传统似乎赋予华光更具体的作用。根据著名道士白玉蟾在一本13世纪的经文所言，释迦化为令人敬畏的秽迹金刚，华光身列其众圣之中，以降梵王婆罗贺摩天。白玉蟾抱怨道，如华光大圣这样的神灵已被伪道士纳入其仪式了。[3]稍后，在道教斩妖伏魔之神温琼的言行录补遗（黄公瑾于1274年所编）中，华光菩萨是五显中第四个[4]，也是法力最强的，他常摄贵妇的魂魄，并以自信无比、傲慢无礼的方式对抗某道士。[5]

将传统的佛教人物华光重新定位为五显之一，无疑代表了佛教徒试图获得对该信仰的完全控制，尽管先前努力将其结合，它最终保持了其民间信仰。然而，在所有佛教众神中，为何偏偏华光逐渐以五显而闻名，这仍是一个谜。围绕遗迹膜拜和佛塔守护神的传说丰富多彩，也许有线索可循，但这尚待见

---

[1]《妙法莲华经》卷2，第11页，《大正新修大藏经》第262号，鸠摩罗什译于406年。
[2]例见《三劫三千佛缘起》，《大正新修大藏经》第446号，第364页，畺良耶舍译（他活跃于5世纪上叶，居于南京）。
[3]《海琼白真人语录》，《道藏子目引得》第1296号，卷1，第11页，由白玉蟾的弟子于13世纪中叶汇编，参阅鲍菊隐：《道教文献通论》(*A Survey of Taoist Literature*)，伯克利：东亚研究所，1987年，第177—178页。
[4]数字指的是赐予五位神的尊号的第四个，也指的是立在其庙宇中的神的五个塑像当中的第四个。
[5]《温太保传补遗》，《地祇上将温太保传》，《道藏子目引得》第779号，第2页；黄公瑾在此篇的跋存于《道法会元》，《道藏子目引得》第1210号，卷253，第9—10页。

分晓。

5. 道教的调和

朝廷的承认和佛教的支持使五显神崇拜在南部中国的城市变得体面，但要获得道教的认可则另当别论。

众说纷纭的圣徒传说并未导致道教无视这一事实：五显与五通本质上是一致的。根据道教的神鬼学，五通与五显都属于同一范畴：令人厌恶的山魈，并被无情地打压。[1]12、13世纪的道教仪式手册充满了对抗山魈/五通以及医治因其附身而导致的不同疾病的方法。[2]在道教看来，五显的新信仰并没减少邪恶，而是更难对付。

一本13世纪的道教文本描述了一名道士在池州（安徽）五显庙与第四位神明华光（或更确切地说，是代表五神的五个神像中的第四个）的相遇，华光摄走了一名妇人的魂魄，并导致其死亡。道士责问他时，华光反驳说："我是五岳四渎山川秀气结成，非他神比，法官但绝我池州香火而已（但你无法灭了我）。"[3]

---

[1] 例见元妙宗：《太上助国救民总真秘要》（序于1116年），《道藏子目引得》1217号，卷1，第3页，里面将山魈解释为五行不正之精，他们冒称自己为"圣贤"或"圣人"，并与妇女淫乱。因而在此文中，五通的典型特征归于山魈。

[2] 例见同上，卷1，第3页及卷9，第9—10页，以及《上清玉枢五雷真文》，《道法会元》,《道藏子目引得》第1210号。

[3]《温太保传补遗》，第1—2页。

图2 五显神（摘自据传为吴道子所作的图谱《道子墨宝》。该书实际上可能产生于元代或元代以后）

然而，在对抗华光信仰时，无法摧毁其身体，而比这更严重的障碍是：五显是朝廷册封的。《夷坚志》中一则轶事说明了这一点：五显强迫扬州（江苏）一男子离开自己的房子，将其房作为他们的庙。当房主请来道士帮忙时，五显神声称："闻欲招法师见治，吾乃正神，享国家血食，只欲宅屋建庙，未为大过，法师何为者哉？虽汉天师复出，吾亦不畏。"[1]

此外，该信仰的官方地位及其广泛的知名度也开始吸引一些道士。此前我已提及，1209年苏州已立有五显神的塑像。白玉蟾，13世纪初道教仪式的泰斗，曾抱怨巫师、降神者、佛教僧侣、道教法官在当地彼此争斗，华光和其他源于佛教的

---

[1]《夷坚志》，第1098—1100页，支戊，卷6，故事10。需要提及的是，这个故事以驱逐无礼之"神"（事实证明，他们并非五显，而是伙骗子）而告终，他们只不过有着一位下界帮助户主佛神的形象。

神也被纳入"伪"道教典礼。[1]《天坛玉格》是一部12世纪末或13世纪初的受箓科仪书[2],明确警告道教法官:身行天法,求灵五通等神,至为神庙主者迎引众会,或为誊词醮祭,皆犯谴也。[3]但就长期而言,无论禁令、驱魔和毁庙,都无法使道教传统免于这一民间信仰的影响。为了应付这一挑战,需要更文雅的策略。

道教的妖魔论中并无五通与五显的绝对划分,但将五通区分为不同等级还是有可能的。始于13世纪中期的另一部科仪经典《酆都黑律仪格》[4]将五通分为三个范畴。根据该书,上部五通,乃金木水火土之气结成。中部五通,乃山川五岳之气结成,如华光,假佛威光,以号为神首。道士被警告勿敬重像

---

[1]《海琼白真人语录》卷1,第11页。
[2] 这份体现神霄派神圣传统的科仪书存于《道法会元》(《道藏子目引得》第1210号)的第249—250卷,全称是《太上天坛玉格》。这个本子的确切日期,包括其"正义",已不可考,但它既然在《海琼白真人语录》(卷2第10页)所记载的白玉蟾相关说明中被提到,那么可知它早于汇编语录的13世纪中叶。
[3]《太上天坛玉格》卷250,第2—3页("正义")(参见上文注)。
[4] 这一科仪书收在《道法会元》卷267—268,名为《泰玄酆都黑律仪格》。书中开篇的注释指出,它由郑知微汇编、卢埜注。郑知微和卢埜的确切年代不可考,但二人在编撰体现不同实践方法的神霄科仪书中扮演了重要角色,其中包括编纂《道法会元》第264—268卷《酆都黑律》的方法和规章。卢埜是郑知微的弟子,是林灵素(1076—1120)之后的第三代弟子,仍继承了神霄派传统。他是刘玉的师傅。为了助黄公瑾校勘温琼的言行录《地祇上将温太保传》(《道藏子目引得》第779号)(参考上述注),刘玉于1258年撰写了以尊神温琼为中心的《地祇法》(《道法会元》卷253,第1—3页)。刘玉的传记由其弟子黄公瑾所编,也收录于《道法会元》(卷253,第10—12页)。据称《酆都黑律》在文中几处都比《太上天坛玉格》严格,因此,很清楚它比后者要迟。

华光这样不可预测的神明，虽然他们受命于神霄玉帝。下部五通，乃草木之气结成，有木下之称，即依草附木而成祠宇，其神飞祸与人，而求血食也，必须降伏或根除。[1]此种分类使道教的五通概念适应于该信仰的不同传统而不致使其鬼神学的分类失效。五通与五显属于同一范畴，但那个必须被处决的下部五通与那个仅需避开的五通仍有区别。

而在同一段落中，有一条线索。在提及华光受命于玉帝的天庭时，已经指出五通/五显的最终合二为一，归入道教之神。不过，这种一体化并非一蹴而就，而是涉及另一个不可思议的同化过程。在12、13世纪期间，道教之神的一个新元帅因与诸如山魈/五通之类的恶魔大战而声名鹊起。灵官马胜首次出现在12世纪初天星派驱魔仪式汇编的道教语境中[2]，但其根源却久远得多——他们是佛教的。马胜是阿说示（Asvajit）[3]的汉译，为释迦牟尼的五个弟子之一[4]，舍利弗（Sāriputra）[5]之师。据推测，马胜通过佛家弟子的典礼而被民间宗教的行家和道士所知，继而融入巫家仪式和道教礼拜仪

---

[1]《泰玄酆都黑律仪格》，《道法会元》卷267，第14—15页。
[2]《太上助国救民总真秘要》卷7，第37页。
[3] 参见玄奘（600—664）：《大唐西域记》卷9，第920页，《大正新修大藏经》第2087号。Asvajit 的其他译名有调马、马师，或马星。该名音译为额鞞、阿湿婆特等。原文为596，有误，玄奘出生年份应为公元600年。——编辑注
[4] 参见《中本起经》卷1，第147页，《大正新修大藏经》第196号（译于3世纪早期）；《佛本行集经》卷25，第768页，《大正新修大藏经》第190号（译于5世纪上叶）。
[5] 参见《佛说十二游经》第147页，《大正新修大藏经》第195号（译于4世纪末）。

式。[1]

道教信徒以其宇宙论重新阐释这个神。他们从"马"字推导出他的家姓，属南，并解释道，他是南斗第六星而名"胜"。[2]通过这种方式，马胜成为掌控火的南天星神，被派去净化受妖魔左右的世界。

马元帅的肖像反映了佛教密宗的传统。他被描述为有三只眼，通常有六只胳膊，以及三个头。[3]他的第一个副将是白蛇大将马充将军。[4]他的兵器有：金枪、三角金砖、七星宝剑、风火轮、装有五百火鸦的葫芦等，所有这些也都被道士用来召唤他。[5]

从14世纪初的道法书文汇编《道法会元》可知，在13世纪或14世纪初一系列驱魔仪式上，这一神明外形显赫。[6]在一些道法文献中，我们已经发现某些迹象：马胜（他的主要职

---

[1] 马胜在民间宗教传统的角色在《太上助国救民总真秘要》(《道藏子目引得》第1217号)卷7第36页，得以证实；另见于《绘图三教源流搜神大全》(16世纪末?)卷5第9页，书中谈道，巫家仍借助该神。
[2] 参见《正一咓神灵官火犀大仙考召秘法》，《道法会元》，《道藏子目引得》第1210号，卷222，第1页。
[3] 参见《灵官陈马朱三帅考召大法》，《道法会元》，《道藏子目引得》第1210号，卷229，第2页上。关于印度佛教神祇多胳膊、多头、多眼的特点，参阅玛丽-泰雷兹·德·马尔曼(Marie-Thérese de Mallmann)所著：《佛教密宗画集导论》(Introduction à l'iconographie du Tântrisme bouddhique)，巴黎：国家科学研究中心，1975年，第1—41页。我将另文描述佛教密宗对马元帅肖像的影响。
[4] 例见《正一咓神灵官火犀大仙考召秘法》，《道法会元》卷222，第2页上。
[5] 例见同上，卷222，第9—17页。
[6] 这些仪式见于《道法会元》，《道藏子目引得》第1210号，第222—226卷及第229—231卷。

责是消除山魈／五通）开始呈现出其对手的某些特质。[1]实际上，这个道教火神发展成了五通的正统类似体。因为恶魔五通只能被势均力敌的对手降伏，所以马胜也被赋予五种神通（五通）。因此，前面所述12世纪末或13世纪初的经典《天坛玉格》，记载了以下道教驱魔的建议：

> 应鬼神各有所隶，自可慑伏。木下之鬼、木下三郎之类，当祭奉木郎大神。山魈五通，当祭奉灵官五通。[2]

13世纪中叶左右，灵官马元帅也出现在《酆都黑律仪格》的分类体系中。与华光及其五显等为一组，并排于五通的第二等级。但正如文中所言，他在这一等级中"为神至灵"，因此他的五种神通明显高于华光的"五通"。[3]由此，马胜成了道教的"五通"：五种神通的纯洁化身，散发无穷的星宿之能，并且不受普通五通怪污浊出身的玷污。

这一演变的结果仍令人吃惊：马胜、华光、五显及五通融为一体。他们融合形成一个道教神明，呈现五种面貌或单独的形态。

《道藏》和《续道藏》（1607年）中有三篇年代不明的道经证明了马元帅与其从前敌手的完整融合。其中两篇为道士吟诵

---

[1] 例见《正一吽神灵官火犀大仙考召秘法》卷222第4页，其中已有"华光五通"之谓。
[2]《太上天坛玉格》卷250，第15页。
[3]《泰玄酆都黑律仪格》卷267，第14页。

《南游记》的宗教根源

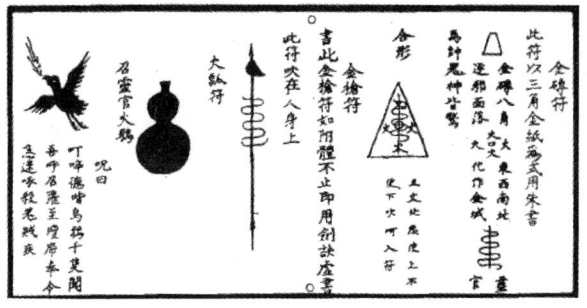

图 3 马元帅及其法力的象征，召唤神明的护身符（摘自《道法会元》）

的"经"，或教外信徒自己在家设坛所用[1]，而第三篇则描述了为神明设灯的小仪式。[2]在这些资料中，马胜的名字并未被提及（虽然很容易通过他的肖像辨认出）。[3]另一方面，其中两篇——灯仪及道经之一，则将南宋敕封的官方称号五显列入

---

[1] 这两部经文为《大惠静慈妙乐天尊说福德五圣经》(《道藏子目引得》第1183号）及《太上洞玄灵宝五显灵观华光本行妙经》(《道藏子目引得》第1436号）；后者收于《续道藏经》。
[2] 《五显灵观大帝灯仪》，《道藏子目引得》第 206 号。
[3] 同上，第 4 页；《大惠静慈妙乐天尊说福德五圣经》，《道藏子目引得》第1183号，第1页，第3页；《太上洞玄灵宝五显灵观华光本行妙经》，《道藏子目引得》第1436号，第6页，均谈及马胜特有的象征，例如，三角金砖、金枪、风火轮和白蛇等。

其中。[1]此外，他们每一个都受封为天庭大元帅。[2]

灯仪经文提及五显在婺源的原始信仰中心的一些侍从。[3]在以更普通术语描述神明身世的两部经文中，并无这种暗指神明原籍的记载：这些神明由元始天尊派遣，救度众生，不生灾害，平息干戈，潜消魔鬼，比如山魈。[4]这些百姓的守护神或现一身，或显五相，或化为华光菩萨，或其他面貌等。[5]换言之，华光和五显已跻身道教天神中的高级成员之列。他们在道教传统中声名鹊起的结果是，马胜似乎不在他们中占首要地位。事实上，马胜现在是被民间神祇所合并，而不是将他们融至自身。

假若13世纪的道典仍排斥华光和五显，那么是什么改变了道士们的主意呢？是什么使这种信仰变得如此重要，以至于道士们最终不受限制地接受了它，并于1445年版道教经典的代表性礼拜仪式中，收录了向五显表示敬意的仪式呢？他们又是何时完成了这一彻底的名誉恢复呢？

---

[1]《五显灵观大帝灯仪》，《道藏子目引得》第206号，以1213年受封的五显称呼；《大惠静慈妙乐天尊说福德五圣经》第1183号，第4—5页，列有1257年敕封神祇的尊号。

[2] 参见《五显灵观大帝灯仪》，《道藏子目引得》第206号，第1页和《大惠静慈妙乐天尊说福德五圣经》，《道藏子目引得》第1183号，第4—5页，这些道家的尊号是一样的。

[3] 参见《五显灵观大帝灯仪》，《道藏子目引得》第206号，第1页，在其他侍从中，周雄（朔应将军）和令狐佐（令狐寺丞）与五显一道，被乞求助佑。

[4] 参见《太上洞玄灵宝五显灵观华光本行妙经》，《道藏子目引得》第1436号，第6—7页。

[5] 参见《太上洞玄灵宝五显灵观华光本行妙经》第1436号，第4页，此书言及神祇也以梵王、吉祥如来和日露天王的面目显示。

《南游记》的宗教根源

　　第一个由显要的道教权威公开接纳五显的实例出现在 14 世纪初,当时张与材(卒于 1316 年),即中国南部影响甚大的正一道第 38 代天师[1],授予婺源五显祖殿两位神化的守护者尊号及宝剑。[2]但这一承认并非直接意指五显,并且似乎是预示而非反映这些神最终融入上述三部经文中的道教众神。

　　如前所述,这些文本日期不详,但其通俗的特点(除了其他众多的特征)表明[3],它们是在较晚时期所编,约 13 世纪末和 14 世纪。例如,两篇经文都旨在广泛流传。人们被鼓励散发抄本,甚至可能以印刷形式,作为特别值得称道的行为。[4]像这样的简易礼拜文本常用于家庭仪式,尤其盛行于明朝最初的几十年间。灯仪属于一组相类著作,并且似乎也是于明朝修

---

[1] 关于张与材,参见《汉天师世家》,《道藏子目引得》第 1451 号,卷 3,第 13—18 页。这位在龙虎山(江西)的天师自 1280 年始,掌管南方诸路道教;同上,卷 3,第 10 页。

[2] 参见《祖殿灵应集》引文,载《徽州府志》卷 5 第 44 页。五显崇拜虔诚的支持者胡发及其子胡德胜因可靠的预言而闻名,两人去世后,立即被供奉在灵顺庙内,加入五显的随从行列。

[3] 例如,《大惠静慈妙乐天尊说福德五圣经》(《道藏子目引得》第 1183 号,第 1 页)以及《太上洞玄灵宝五显灵观华光本行妙经》(《道藏子目引得》第 1436 号,第 6—7 页)将顺风耳和千里眼命为五显的随从。在明代之前,这些神灵并没有出现在道教文本中。但确实出现在《太上老君说天妃救苦灵验经》(《道藏子目引得》第 649 号,第 5 页),这是一本记录追封妈祖(始于 1409—1414 年)为圣者的圣典。欲进一步了解该圣典,参阅鲍菊隐:《礼敬天妃》("In Homage to T' ien-fei",载《美国东方学会会刊》(*Journal of the American Oriental Society*)总第 106 卷 1986 年第 1 期,第 211—232 页;鲍菊隐还提供了该经的全文翻译。

[4] 参见《大惠静慈妙乐天尊说福德五圣经》(《道藏子目引得》第 1183 号,第 7 页)及《太上洞玄灵宝五显灵观华光本行妙经》(《道藏子目引得》第 1436 号,第 9 页)。

订和编辑。[1]

在明朝第一任皇帝统治期间，五显确实达到了鼎盛。朱元璋将这一信仰抬至国家层面。1389年，一座气派的庙宇——五显灵顺庙在南京附近落成，此后每年两次致祭五显神。[2]宋讷（1311—1390）为庙宇的石碑撰文。碑文指出五显发祥于婺源。神明与五行有关，但未提及与名声不佳的五通之间的关系。[3]

五显融入道教也许必须与这些事件相联系起来观察。视自己为王朝权力保证人的道教信徒几乎无法反对皇家的信仰。[4]明太祖赐予五显的高规格地位使道士除了将此神置于众神之中恰当地位外，别无选择。在这种情况下，不再需要将马元帅作为五显的正统替身了，而是成为五个神明的多种化身之一。另一方面，更早期的道教权威已无可挽回地将五显定义为某种五通，把帝王支持的神明纳入道教传统意味着五通也必须得到承

---

[1] 这些仪式见于道教教规中，载《道藏子目引得》第197—214号。这些仪式只占了单个家庭或一小群信徒举行的更复杂的仪式的一部分。除了主要的诸神，灯仪中还供奉土地神、灶神，以及瘟神。所有这些文本的结构和形式都相似，例如与《洪恩灵济真君七政星灯仪》(《道藏子目引得》第475号）极为类似，这是一本推崇徐知证、徐知谔两位神明兄弟的灯仪，对他们的崇拜在明成祖年间（1403—1425）获得皇帝承认。后来的灯仪与聚焦于这两位被神化的兄弟的仪文也许编于1418年获新尊称之后。欲进一步了解，参阅鲍菊隐的《道教文献通论》第52—53页。

[2] 参见《大明会典》(《钦定四库全书》本）卷85第1页。

[3] 宋讷：《敕建五显灵顺祠记》，《西隐集》(《四库全书》本）卷5，第30—32页。

[4] 关于这一话题，参阅索安：《皇家宝藏与道教圣物》("Imperial Treasures and Taoist Sacraments: Taoist Roots in the Apocrypha"），司马虚编：《密宗和道教研究——纪念石泰安专号》("Tantric and Taoist Studies in Honour of R. A. Stein"），布鲁塞尔：比利时高等汉学院，1983年，卷2第291—371页。

认。道教信徒反对的老百姓的自然神灵如今不得不恢复至恶魔最古老的形态。这也就解释了为什么在灯仪经文中，五显也公开被称为五通[1]，而五显（又名马元帅）的恶魔对手现在也不再被叫作山魈／五通，而仅仅是山魈。[2]

图 4　马元帅（插图选自《三教源流搜神大全》）

---

[1]《五显灵观大帝灯仪》，《道藏子目引得》第 206 号，第 1 页。
[2]《大惠静慈妙乐天尊说福德五圣经》（《道藏子目引得》第 1183 号，第 2 页）及《太上洞玄灵宝五显灵观华光本行妙经》（《道藏子目引得》第 1436 号，第 6 页）。

6. 15、16世纪的五显和五通

直接来自帝王对五显的恩典并未持久。1421年，随着迁都北京，皇室对这种崇拜的兴趣似乎一落千丈。虽然礼部仍监督在南京城外举行半年一次的祭祀，但在北方的道教则没有为五显神建立官方庙宇。尽管在官方范围内，五显的意义逐渐缩小，但在城镇的宗教生活当中，对他们的膜拜仍占有一席之地。这时，在中国北部和西部也发现有五显庙。[1]

在15世纪，南方的传统庙宇被一再扩建、修葺[2]，祭祀五

---

[1] 例如在北京，明显附属于禅院的一座五显庙建于永乐年间（1404—1425）。参见沈榜：《宛署杂记》卷19第233页（1593年，北京古籍出版社，1983年）。至少是从14世纪初始，成都（四川）便有了五显庙。参阅《纯阳帝君神化妙通纪》，《道藏子目引得》第305号，卷5，第10页。后者是关于吕喦（吕洞宾）的故事汇编，由全真教弟子苗善时（活跃于1288—1324年）于1310年之后所编。欲进一步了解，参阅鲍菊隐的《道教文献通论》第67页。值得一提的是，在四川石门的大足县的东南方，仍有个壁龛，在圣府洞庙群内众多佛教和道教的石塑中，有一尊单足的保护神。这个塑像的脸呈动物或鬼怪状，独立于风火轮上，被认为是始于1738年碑文中的"独脚五通大帝"。该碑文（部分已被侵蚀）提到，在古老的雕像（始于北宋）中，这一肖像显然于1738年得到修葺，当代中国学者似乎都认为这个塑像始于北宋，虽然他们对这个人物的描述大相径庭。见刘长久等：《大足石刻研究》，四川省社会科学院出版社，1985年，第337、340、545页，以及第12页该塑像照片（极不清晰）；此外尚有王家祐：《道教论稿》，巴蜀书社，1987年，第88页。倘若属实，我们便有了五显崇拜传到四川之前的独脚五通的早期珍贵例子。

[2] 参见《重建五显王行祠记》，《吴县志》卷21第17—19页。这一碑文于15世纪中叶苏州如意庵重修时所撰。苏州上善庵于1514年重修。参见《万寿祠记》，《吴县志》卷21第19—21页。杭州其中一座五显神祠于1436—1449年扩建。该庙毁于火灾，后来于15世纪重建。参见《西湖游览志》卷17第232页。另一座在句容（江苏）的五显庙于1434年重建。参见《句容县五显灵官庙碑》，《方洲集》卷18第7—8页。此外，松江（上海附近）的灵顺行宫于1450—1457年扩建。该庙于1465—1487年间毁于火灾，但于稍后重建。参见《松江府志》（1818年）卷17，第10页下，引于1512年版（转下页）

位神明（华光居于最突出位置）的年度节日继续吸引一些城镇的大量群众。[1]

自始至终，对一般的五通的非法祭仪并未销声匿迹。在引人注目的五显的阴影下，对独脚妖怪的信仰也活跃在乡村与城镇地区。现在，对盛极一时的五显神的热情开始消退，对五通及其法师和灵媒的狂热崇拜则保持了影响力和兴旺发达，尤其是在城市。杭州和苏州一跃成为15、16世纪五通崇拜复兴的中心。

杭州因其突出的五显传统而扬名，在普通的五通崇拜上也占有一席之地。作为疾病的始作俑者或作为潜在的财神，自宋代以来，杭州城的百姓都惧怕和敬畏五通。[2] 16世纪时，杭州的大街小巷充斥着小型五通神龛，受信徒关注的程度超过了知名的五显庙。而且在这些小型祭坛膜拜的人们并不关心正式与非正式的宗教行为之间的区别，不分青红皂白地称他们礼拜

（接上页）《松江府志》。

[1] 例如于1494年，杭州的"华光会"吸引了众多的百姓，以致大桥不堪重负而倒塌。由此，这个节日被当地官府所禁止。参见《仁和县志》（1687年刻印，上海图书馆藏，卷29第24—25页。万志英慷慨提供此段的手抄复印件。）1818年的《松江府志》（卷5，第9页上及卷17，第10页）引用了当时的方志，它表明16世纪间，"华光会"每年都在佛诞日（农历四月初八）在这座城市举行。

[2] 例如《夷坚志》（三志，第1484页，壬卷，卷3，故事1）的某个片段讲述了五通怪以疾病困扰韩彦古（卒于1192年）一家。另一轶事讲道，五通——在此也是以五人一组出现——如何剥夺一个贪婪酿酒商的几乎全部家产，虽然此人原先指望依靠神灵之助获取更大利润。参见《夷坚志·补遗》卷7故事6第1612—1613页。

773

的对象为五通、五圣,甚至五显。[1]在民间信仰中,这两种崇拜的界限是模糊不清的;只有上层阶级才会关注皇室认可的五显信仰与非法的五通崇拜的明显差别。例如,士大夫田汝成(1526年进士)试图通过重复13世纪业已提出的论据,为朝廷批准的五显庙的存在做辩护,反对不计其数的未经批准的五通神龛。[2]承认和推广婺源当地神明的皇帝于1111年宣布五通为淫祀。因此,在他和他代表的阶级来看,五通和五显并不相同,无论道教信徒如何说,也不管百姓的信仰怎样。[3]田汝成以极其厌恶的口气谈论五通:

  杭人最信五通神,亦曰五圣,姓氏源委,俱无可考,但传其神好矮屋,高广不逾三四尺,而五神共处之,或配以五妇。凡委巷若空园及大树下,多建祀之,而西泠桥尤盛。或云其神能奸淫妇女,输运财帛,力能祸福见形,人间争相崇奉,至不敢启齿谈及神号,凛凛乎有摇手触禁之忧,此杭俗之大可笑者也。……予平生不信邪神而御五通尤嫚虐,见其庙辄毁之,

---

[1] 参见《西湖游览志》卷17第232页,以及陆粲(1494—1551)《庚巳编》(《丛书集成初编》本)卷5第91页。
[2] 参见胡升《星源志》引文。
[3]《西湖游览志》卷17,第232页。例如,冯梦龙(1574—1645)在其《警世通言》(中国台北世界书局,1958年)卷27,第1页中曾做过类似的努力,区分五通和五显。冯梦龙在书中讲述了一则趣事:住在杭州五显庙隔壁的一名年轻书生被假扮成吕洞宾和何仙姑的龟精所诱惑。只有借华光,即五显灵官之助,龟精才会最终显形并被惩处,而书生则能恢复健康。因此华光被塑造成反对淫乱之人,而淫乱是五通的特征。这个故事唤起了道教的五通斗士马元帅,他的道术,如我们所见,后来传给了华光和五显。类似的有《南游记》将华光描述为淫魔的征服者。

凡数十所，斧其像而火之溺之，或投之厕中。[1]

15、16世纪，官方及个人反对五通的运动屡屡发生。在学者张宁（1454年进士）为句容城附近五显神庙所写的碑文中，发现一个尤其有趣的例子——它也勾勒出了五通与五显的微妙关系。张宁指出，在1241年和1250年间，婺源灵顺庙的一所官方分庙取代了一所有其自身古老信仰传统的非官方五通圣所。这所官方的庙宇在元末毁于战火后，五显信仰迁至一个村民家中。但在1435年，64名当地乡绅试图宣布这一私家圣所为非法，因为它已成了一个灵媒信仰的中心（即，原始五通信仰的特征再次出现在对五显神的膜拜中）。但经过对灵顺庙原守护人后裔的审问，证实了这一私供的灵媒信仰与婺源五显的原始关系。因此，1436年官方将原庙宇土地归还给百姓，并为重建五显庙发起筹款。[2]

反对五通扶乩信仰的运动也发生在苏州。1445年，知府李从智试图消除百姓为敬供五通而举办的所谓"茶筵"[3]；另一起镇压该信仰的事件是由知府曹凤于1494年发起的。[4]但16

---

[1] 田汝成（1526年进士）：《西湖游览志余》，中华书局，1958年，卷26，第476—477页。

[2] 《句容县五显灵官庙碑》，《方洲集》卷18，第7—8页。张宁对五显附体的指控进行了辩护。在他看来，要么是假扮五显的"异气"借乩童之口说话，要么显贵们的怀疑空穴来风。

[3] 《姑苏志》（1506年编），《中国史学丛书》，中国台湾学生书局，1965年，卷3，第40页；卷40，第27页，以及杨循吉《苏州府纂修识略》（1506年撰，《杨南峰先生全集》本）卷3，第9页（感谢万志英提供文献）。

[4] 参见《庚巳编》卷5第98页；韩邦奇（1479—1555）：《嘉议大夫都（转下页）

世纪初，该信仰以前所未有之势蔓延，有谣言说，这两位知府都成了五通报复的牺牲品。[1]苏州最大的五通神龛在距该市西南方15里的楞伽山（俗称上方山）上。虽然它于1265—1274年间建在一座古老佛寺——楞伽寺（时至今日，寺内著名的七层佛塔仍是苏州主要景点[2]）的房屋内，并成为自15世纪至19世纪苏州普通五通崇拜的中心，但它与婺源的五显崇拜毫无瓜葛。后来的资料证明，以这些鬼怪为中心的非法扶乩行径是栖身该寺的佛门弟子积极支持的。在一篇关于江苏巡抚汤斌的文中提到，他于1686年领导了一场对五通信仰中心以毁灭性一击的运动，并摧毁了楞伽山上的五通信仰，逮捕了与之有关的僧侣。[3]在1839年，清朝的按察使裕谦（1793—1841）认为，惩罚巫师、乩童及少数僧侣并不足以消除该信仰，于是上疏提议彻底摧毁楞伽寺和宝积院（山上东南坡面的一座寺院，

（接上页）察院右副都御史西野曹公墓志铭》，《苑洛集》（《钦定四库全书》本）卷4，第12—13页。
[1] 参见杨循吉：《苏州府纂修识略》（1506年撰）卷3，第9页，以及褚人获：《坚瓠八集》（《笔记小说大观》本）卷4，第9页，引明朝遗书《挑灯集异》。
[2] 《姑苏志》卷9，第5页上；卷27，第25页；卷29，第35—36页；《古今图书集成·职方典》卷677，第30页。楞伽寺的塔建于608年，重建于978年，于1636—1640年修葺，但其10世纪的结构几乎未变。砖建筑是苏州宋朝初年一些佛教建筑样例的代表。参见王德庆：《苏州楞伽寺塔》，《文物》1983年第10期，第83—85页。
[3] 董含（1655年进士）：《革淫祠》，《莼乡赘笔》（《说铃》本）卷3，第25页。汤斌上疏要求永久禁止膜拜五通，包括楞伽山宗教活动的详细报告，见于《毁淫祠以正人心疏》，《汤子遗书》（《钦定四库全书》本）卷2，第55—58页。

它与五通崇拜也有瓜葛）。[1]

陆粲（1494—1551）在其《庚巳编》中指责了16世纪苏州对五通的民间信仰：

> 吴俗所奉妖神，号曰五圣，又曰五显灵公，乡村中呼为五郎神，盖深山老魅、山萧木客之类也。《夷坚志》云：一名独脚五通。予谓即传所谓"夔一足"者也。他郡所事者曰"萧公"，正取山萧义。[2]五魅皆称侯王，其牝称夫人，母称太夫人，又曰太妈。民畏之甚，家家置庙庄严，设五人冠服如王者，夫人为后妃饰。贫者绘像于板事之，曰"圣板"。祭则杂以观音、城隍、土地之神，别祭马下，谓是其从官。每一举则击牲设乐，巫者叹歌，辞皆道神之出处，云神听之则乐，谓之"茶筵"。尤盛者曰"烧纸"。虽士大夫家皆然，小民竭产以从事，至称贷为之。
>
> 一切事必祷，祷则许茶筵，以祈阴祐，偶获祐则归功于

---

[1] 裕谦：《请毁上方山五通淫祠疏稿》，《裕靖节公遗书》，中国台北成文出版社，1969年，卷3，第1—3页。另见裕谦源于1835年的更早期的五通禁令《禁五通淫祠并师巫邪说示》，出处同上，卷3，第29—33页。他还建议将宝积院改成为贞洁、孝道典范而立的孔庙，并于1839年三月呈送。仅五个月之后，他要求摧毁这些庙宇。参见《敕议宝积禅院改建节孝祠》，出处同上，卷6，第14页。裕谦的建议是否得到同意和执行已不可考，但如今山上已无宝积院，而楞伽寺于清朝末年得以部分重建。参见王德庆：《苏州楞伽寺塔》，《文物》1983年第10期，第83页。无论如何，值得一提的是，在今天的楞伽寺主殿的两间厢房内，五通及其母亲仍受到膜拜。里面既无祭坛，也无圣像，实际上在每间房内都设有一张大床，一张是给母亲的，另一张铺有五床被子，是给她五个儿子的。以上出自万志英的个人通信。
[2] 关于五显与古代山魈之间的典故，参见前文。

神，祸则自咎不诚，竟死不敢出一言怨讪。有疾病，巫卜动指五圣见责，或戒不得服药，愚人信之，有却医待尽者。又有一辈媪，能为收惊、见鬼诸法，自谓五圣阴教，其人率与魅为奸云。

城西楞伽山是魅巢窟，山中人言，往往见火炬出没湖中，或见五丈夫拥驺从姬妾入古坟屋下，张乐设宴，就地掷倒，竟夕乃散去以为常。

魅多乘人衰厄时作祟，所至移床坏户，阴窃财物，至能出火烧人屋。

《酉阳杂俎》亦云：山魈能烧庐舍。[1]性又好淫妇女，涉邪及年当夭者多遭之，皆昏仆如醉，及醒，自言见贵人巍冠华服，仪卫甚都，宫室高焕如王者居，妇女列坐及旁侍者百数十辈，皆盛妆美色，其间鼓吹喧阗，服用极奢侈。与交合时，有物如板覆己，其冷如水。有夫者避不敢同寝，或强卧妇旁，辄为魅移置地上。其妖幻淫恶，不可胜道。[2]

这些关于16世纪苏州、杭州对五通的非法宗教行为的描写显示了自宋代至明末这一民间信仰传统的异常持续性。实际上，自12世纪洪迈描写的掌故中，所有对这些恶魔的崇拜的特征均可在16世纪的叙述中找到。这些灵怪一方面能壮大他们的信徒，另一方面能粉饰他们的恶行，如我们所见，已成了

---

[1] 参阅《酉阳杂俎》前集卷15第144页。
[2]《庚巳编》卷5，第91—93页。

宋代民间信仰熟悉的主题。但最重要的是，五通令人恐惧的性倾向，包括对妇女的附身和扶乩崇拜的生活方式，仍是16世纪五通崇拜的核心。

很明显，佛教、道教及国家都没有成功地完全根除这些错综复杂的民间信仰，正派的五显崇拜没能盖过模糊不清的五通宗教膜拜。而且，陆粲所言与其他的传闻显示，即使上层阶级也卷入五通崇拜。[1]虽然从这些陈述中尚不明确上层集团参与五通祭祀的频率，但无可置疑的是，至少在某些基本的信念上，贵族阶层与老百姓是一致的。陆粲的描述一点也不怀疑这些恶魔的存在，以及他们对女色的嗜好，这在其他大多数士大夫对五通的描述中也有所发现。然而，这些信念的形式大相径庭。在社会底层，与灵怪的媾合可巩固女性乩童的地位，而同样的主题却用来解释上层妇女严重的心身错乱。以下两个例子勾勒了这一差异：其一源于较早时期，但似乎完美地支持了陆粲关于苏州的五通灵媒崇拜的说法。这是洪迈关于12世纪杭州一名低层女巫四娘的故事，多少有点讽刺意味。这个女子常被名为五郎的鬼附身。凡有疑问，五郎均通过她的嘴预测，莫不谐合。四娘借助五郎的启示，迅速成为广为人知的巫师，其名声最终传到了上层阶

---

[1] 除了陆粲的证明外（译文如上），关于上层阶级人士以非官方的形式参与五通崇拜的陈述，见于归庄（1613—1673）为其乡里昆山（江苏）五圣庙所撰的极为矛盾的碑文《重建五圣庙门引》，《归庄集》卷10，中华书局，1962年，第511—513页。

级。一天，她被邀至韩世忠（1089—1151）之弟韩世良的府上，以示其预言之能。但不幸的是，这一次五郎全无回应，完全辜负了这个女子。数日后，五郎才再次联系她，并辩解说："门神御我于外，不能达也。"[1]

其二载于陆粲的《庚巳编》。这是李伯昇——朱元璋的对手张士诚（1321—1367）麾下的高级官员女后裔的故事。在她大婚之日被名为五圣的鬼附身。陆粲用以下文字描绘了这一事情：

忽狂舞唱呼，自称五圣。家人忙怕设祭，妇从房奔出，唱赞如巫然。祭案列酒杯数十，妇行践其上如飞，杯了无倾侧，时以刀自割，不伤。此妇今犹往来予家，神已痴矣。[2]

这些描写清楚地显示了下层百姓与上层人士关于妇女和五通淫妖之间关系的不同视角：一方乐于接受的神谕，在另一方看来却是鬼附身导致的精神错乱的消极之辞。

社会上层阶级人士不能公然尊崇五通。即使他们（或其家人）极欲以私祭抚慰五通怪，也不得不公开谴责这些做法。他们充其量能证实五显——这种崇拜的文明形式。不过就当时而言，严格划分五显和五通还是很重要的，正如杭州士大夫田汝成所为。另一方面，上层人士如要公开宣称五通与五显的密切关系，都必定要谴责这种崇拜的两类形式。例如，陆粲

[1]《夷坚志》，第97页，甲，卷11，故事13。
[2]《庚巳编》卷5，第96页。

及其恶毒的描述，以及后来的江苏巡抚汤斌（1627—1687）于1668年领导声势浩大的运动反对五通崇拜中心，并且就楞伽山上的宗教活动向皇帝上疏，都表达了这一激进的立场。[1]

在社会等级的下层，看待这些事情的角度则全然不同。灵媒崇拜的支持者企图缩小五通与五显的差距。五通怪的公开支持者为五通挪用了五显的肖像，并且吸纳正统人物（如道教的马元帅），试图为他们的信仰规避迫害——正如句容郊区的百姓通过证明他们的五通崇拜曾位于官方承认的婺源灵顺庙分庙，从而避开禁令。

换言之，这一崇拜的两种类型之间错综复杂关系的特点是相悖的态度，这不仅常遭到截然不同的反对，而且时常导致误解。至少一部分五通崇拜者为了替自己的活动辩解，强调这种崇拜的统一性，但这完全不被中上层人士所接受，他们并不公开参与这些声名狼藉的灵媒活动。因此，我们貌似面临自相矛盾的局面：五显与五通是一样的（对于低层阶级），却又是不同的（对于上层阶级）。

另一方面，在这些分离、融合趋势之后的两股不同势力使两种传统保持活力，并使之结合在一起。两种传统不时相互作用，产生了不同社会阶层共有的观念，也以不同方式评估这些观念。正如五显的口头传说和肖像被五通的追随者所吸收一样，五通信仰的某些特征也影响了人们对五显的观念，虽然为

---

[1] 汤斌：《毁淫祠以正人心疏》卷2，第57页。

了保持五显的名望,五通的旧事必须给予新的、情有可原的解读。

五通神专以渔猎女色为乐,已蔚为传统。影响所至,足以让社会不同阶层人士神驰心迷。既然不论出身高低贵贱,无人怀疑这五个淫魔的魔力,情况就更是如此。但是一小群文化精英所设定的公德标准并不允许对这些神明及与之有关的崇拜行为有积极的肯定。我们只有通过完全消极的描述了解他们。华光、五显及马元帅的个性已通过佛教的教义和道教的诠释而被塑造和教化,与一般的规范相适宜,因此而被接受——只要他们与五通毫无关系,因为五通的猥亵行为对于有产阶级的高尚文雅行为标准是个威胁。

16世纪中国南部的都市文化清楚地显示,五通与五显之间的区别无法通过这一事实来定义,即不同的社会阶层遵循非此即彼的崇拜模式。相反,我们发现五通和五显带有一个硬币的两面的特点:对五通的痴迷传统代表了这种崇拜的非官方的一面,它不允许公开的表达,而被大众所接受的华光和五显则已进入了小说和戏剧。

三、追溯《南游记》中的崇拜传统

在本研究伊始,我便断言,撇开五通/五显是无法理解《南游记》的。既然我们对该崇拜的复杂历史已有所了解,那么让我们看一下小说主人公华光在小说及图像中是以何种样貌或伪装出现的。

首先，最疑问重重的问题，即，这种崇拜含糊不清的起源：即便真的有，山魈和五通，华光的单腿原型又是如何介绍的？

我们发现，两者都出现在小说，虽然他们的身份完全模糊不清。在描述华光重生于婺源萧家时，间接提到了山魈。这一记述明显是以非官方的传统为典范的：婺源的神明是萧家的五兄弟。虽然我们已经看到这一传说表达了对山魈与五通和五显的身份的古老信仰，但是《南游记》并未详细说明这一主题。如果不是因为民间口头传说中传递的类似描述，我们会完全忽略小说中的这一暗指。

另一方面，"五通"这个术语在早期被用来象征华光的主要特点。就在华光（又名妙吉祥）首次化身马耳山大王之子之前，如来赐予他五种神通。佛祖这一次说道：

我就赐你五通：你一通天，天中自行；二通地，地赶自裂；三通风，风中无影；四通水，水中无碍；五通火，火里自在。[1]

显而易见，这仅仅是佛教对"五通"标准的通俗解释，在此，它结合了佛教的五个要素。如果我们立即往下读，当华光进入马耳山娘娘腹中时，这些神通以五团火的形式具体化了[2]，我们意识到，"五通"确实是华光的本质。另一方面，全书始终避免任何直接影射邪恶的五通怪。

---

[1]《华光天王南游志传》卷1，第1回第8页。
[2] 同上，卷1，第1回第9页。

不过必须解释五通怪的一些特性，或者说是为之辩解，尤其是，因为他们明显玷污了华光的性格。首先是臭名昭著的喜淫，这是华光从五通继承而来的。这一微妙话题在书中出现两次，而两次都证明华光是被冤枉的。

在第六部分，一个叫火漂将的妖怪伺机报复，因为千田国王拆了他的神祠，而为华光另立庙宇。由此，当国王之女在新庙上香并爱上华光的塑像时，火漂将趁机为华光制造事端。火漂将掳走公主，并强迫与之交欢。自然，每件事都指向华光就是劫持者，他也一度因此罪行而遭谴责。所幸的是，我们的主角成功解救了公主，并收服了火漂将，还了自己的清白。[1]

有趣的是，这一片段读起来像前文提到的道教文本的修改版，它确实谴责了华光的这一行为。池州（安徽）的同知一上任，便拜谒当地的五显庙。他的小妾被第四位神（华光）的塑像所倾倒，晕厥过去，并倒在地上不省人事。用尽办法仍无法使其复苏后，一个名为曹可复的道士被唤来探看。很快，小妾站了起来，附在她身上的鬼祟自报身份是华光，他解释道，妇人对他的爱慕之情使他能摄其魂魄。曹可复在天将温琼帮助下[2]，毁了华光在池州的香火。当他将华光塑像上的头斩下来时，血从泥像中流出。[3]

---

[1]《华光天王南游志传》卷2，第6回第15—21页。
[2] 对于这个像华光、五显、以及在民间信仰和道教占有一席之地的许多其他庙神一样的神灵的研究，最近由康豹发表《温琼——多面神祇》("Wen Ch' iung— The God of Many Faces")，《汉学研究》1990年卷8第1期，第183—219页。
[3]《温太保传补遗》，《地祇上将温太保传》，第1—2页。

《南游记》的宗教根源

图 5　华光收服白蛇（插图选自大英图书馆藏明刻本《南游记》）

《南游记》显示，华光在第二个例子当中也是无辜的。小说第 13 回，一个邪恶的道士，自称是落石大仙[1]，化身华光，进到黄百娇姑娘的闺房。当真正的华光在姑娘的闺房制伏冒名顶替的妖精后，道士现出了原形：一个巨蛇精蜷在床上。妖怪被降伏后，华光让其缠在自己的金枪上，并把它变成麾下的妖精之一。[2]由前面提到的道教仪式手则得知，这就是华光的副将白蛇大将。

独腿这一主题是五通无可置疑的特征，也出现在《南游记》的某一片段。在小说最后一回，佛祖关注的是华光仍未皈依佛门，尽管华光已有承诺。佛祖派众罗汉去接那个拒不服从的弟子。众罗汉认为华光依从的可能性太小，于是想出一个计

---

[1]《华光天王南游志传》卷 4，第 13 回第 2 页。
[2] 同上，卷 4，第 13 回第 6—8 页。

785

策。他们降至凡间，化作把戏人，表演砍脚砍手，立即引来了华光的注意。华光非常着迷，也想模仿他们，于是砍了自己的右腿。罗汉乔装的青鬃狮子突然出现，将他的腿衔至佛祖面前。华光无计可施，只好踏了风火车，跟随狮子，为了保全身子完好无损，他皈依了佛门。[1]

因此，五通怪的不良特性——其姓名、不正当性行为及其独腿——的确在小说中提到，但无损于华光。令人信服的是，他证明自己没有不端行为，他失去一腿似乎得到合理解释，"五通"这一术语仅用于佛教意义上对五行的控制。所有可疑的品性都得到无害或幽默的解释。

相形之下，《南游记》对华光与五显崇拜的关系毫不隐讳。文中指出了这种崇拜的确切起源地，列出了五个神明的尊号。但小说提供了自己版本的神祇家世，而不是婺源五显崇拜起源的当地传说。

如我们所见，根据婺源的传说，五位神明于886年出现在王瑜面前，要求他为他们建座神祠。《南游记》的故事与这传说毫无共同之处。小说中，华光第三次投胎就发生在婺源。他的五种神通化成灯晕，进入化身萧太婆的女妖胎中。九月二十八日，妇人产下一个牛肚样的肉球。萧长者绝望之余，欲除之，但徒劳无功。最后，他听从一名和尚（实则是华光的师父火炎王光佛）劝告，将肉球剖开，发现里面有五个儿子，并各

---

[1]《华光天王南游志传》卷4，第18回第25—28页。

取名为显聪、显明、显正、显志及显德。[1]他们数日便长大，其中四个必须离家修行。只有显德，即华光[2]，留在家中陪伴父母。[3]

这是《南游记》唯一暗指婺源五显崇拜之处。五显神，至少是五位中的四位，出生后不久便消失，不再受到关注。随着华光之母被囚禁，华光不顾一切地寻找她，故事的背景也从婺源移开。婺源及五显的当地崇拜也由此缩为华光人生中的一个单独片段。

图6 狮子衔华光之腿至佛祖处（插图选自大英图书馆藏明刻本《南游记》）

在《南游记》中，华光实际上代表了所有五个神明。他治

---

[1] 这些名号于1202年由宋朝廷封婺源神灵为王时所赐；参阅《徽州府志》卷5第43页。
[2] 此处华光被认为是第五个名字，而非第四个（显志），这表明：他究竟代表五个神灵中第几个，已经变得模糊不清了。华光已被设想为这五显的化身了；见下文。
[3]《华光天王南游志传》卷2，第8回第22—27页。

好其母吃人的嗜好后，最终归顺了佛祖，并受封佛中上善五显灵官大帝。[1]由此，华光变成了五显的"一显"，五显神的化身。《南游记》中五显的相对边缘化似乎也反映了小说形成时期这种崇拜的真实历史形势。正如我们在上述章节所看到的，享受明朝开国皇帝恩惠的神明在15、16世纪在官场失去了突出地位，而五显在百姓当中历久不衰似乎主要是华光受到青睐。

华光在某种程度上吸纳了五通与五显，他在小说中的个性接近那个道教的合成神，如前所述，他的形成集合了所有这些神祇、鬼怪及其勇猛的主公马元帅。实际上，在《南游记》中，这位道教将领成了华光最不为人知的身份。他作为马耳山娘娘之子第一次投胎，以及第二次投胎时受封为兵马大元帅，均是暗示。[2]华光与马元帅的身份的一个更明显象征是华光的火暴本性。且看道教对马元帅的描述：

夫灵官者姓马，名胜。今之法官但知其姓名，皆未究其化源流者多。……乃即是南方火中之精，火中之王，火中旺炁。[3]

小说中的华光有许多其他特点也与道教的马元帅有关：

---

[1]《华光天王南游志传》卷4，第18回第28页。
[2]《北游记》对华光与马元帅的身份更为明确。在与北极大帝大战前，华光便报称自己是马胜，百姓称为花酒灵官。参见《北游记玄帝出身传》卷3，第15回第16页。参阅上述文字。
[3]《正一呎神灵官火犀大仙考召秘法》，《道法会元》卷222，第1页，《道藏子目引得》第1210号。

他有三只眼，从北极大帝处偷来的金枪，从其师傅处得来的三角金砖、风火轮、百加圣母的五百火鸦[1]，以及白蛇。所有这些肖像要素已出现在 13 世纪至 14 世纪道教典籍中，作为马元帅法力的象征和典型。当山魈/五通摄取他人（主要是妇女）的魂魄时，道士在作法过程中，这些象征或神灵便可见到、助佑及作为法宝取出，其目的是授权马元帅收服和烧死附身之鬼。

道教的礼拜仪式似乎不仅激发了小说中华光的肖像，而且也激发了部分叙事手法。为了进入酆都救出因罪受罚的母亲，华光扮作太乙救苦天尊模样，这一主题令人想起在度亡斋醮上，道长将自己冥想为太乙救苦天尊，为的是解救地狱的亡魂。[2]现代道教和佛教礼拜仪式进一步完善了度亡科仪的这些环节，如今一般叫作"打城"，并嬗变为极具观赏性的表演[3]，常常上演著名的目连降至地狱、救出受难母亲的故

---

[1]《华光天王南游志传》卷 3，第 9 回第 4—7 页。
[2] 参见劳格文：《中国社会和历史中的道教仪式》（*Taoist Ritual in Chinese Society and History*），纽约：麦克米勒出版公司，1987 年，第 229 页。劳格文提供了以下段落的译文：金允中编撰符咒道法总集描写了由一道长扮演太乙救苦天尊时所必需的观想，是为了破地狱之门，引度受苦亡魂往生。参见《上清灵宝大法》，卷 35，第 7 页，《道藏子目引得》第 1213 号。
[3] 这一表演的根源至少可追溯至 13 世纪。当时这种在度亡斋醮中戏剧性的表演在道士中仍有争议。参见劳格文：《中国社会和历史中的道教仪式》，第 217 页，书中有金允中《上清灵宝大法》，卷 34，第 7 页（《道藏子目引得》第 1213 号）的译文："近世立科宣白以助观美，且使斋官喜其详密……此等事显行不若默行……为高功者，只当精其念虑，专诚告祈于大道，乞上帝矜允，则狱何患其不开。"

事。[1]这些礼拜主题与《南游记》华光从地狱救出其妖怪母亲何其相似。

图 7　华光及其兄弟（插图选自大英图书馆藏明刻本《南游记》）

在以马元帅——华光个性的另一面——为中心的道教驱魔仪式中，可以找到更进一步的直接相类物。根据始于13

---

[1] 以目连故事作为表演主题的戏剧系列演变成道教度亡科仪的融合，最近由几位道教仪式专家进行了研究。参见劳格文：《中国社会和历史的道教仪式》第216—237页。进一步的研究有丁荷生：《雷雨声和福建传统戏剧、丧葬传统中的目连》["Lei Yu-sheng ("Thunder is Noisy") and Mu-lien in the Theatrical and Funerary Traditions of Fukien"]；邱坤良（Ch' iu K' un-liang）：《中国台湾丧葬仪式中的目连戏》("Mu-lien 'Operas' in Taiwanese Funeral Rituals")；施舟人：《道教礼拜仪式语境中的目连戏》("Mu-lien Plays in Taoist Liturgical Context")；以及沈雅礼：《中国台湾埔里的目连戏》("Mu-lien Dramas in Puli, Taiwan")。所有这些论文均发表于：姜士彬（David Johnson）编辑：《仪式剧、仪式——中国文化中的"目连救母"》(Ritual Opera, Operatic Ritual: "Mu-lien Rescues his Mother" in Chinese Popular Culture)，伯克利：中国民间文化工作坊，1989年。

和 14 世纪的仪式文本，法师将自身变为马胜，[1]然后召集迷魂及附在一个乩童（童子）身上的鬼神。[2]接着乩童的身体变成"狱"，或者说是地狱的阴间，在此收禁邪鬼。[3]此时，化身道士的马元帅开始审问鬼怪，鬼怪于是（借乩童之口）说出其名[4]，然后将其释放，或被马胜用火根除。[5]《南游记》某些主题效仿了这些仪式，这是确定无疑的。华光将妇女从妖怪手中救出，并冒险下至酆都救出他的两个母亲：一个是被妖所吃的"真"母亲，另一个是吃人的女妖本人——这一作为恶魔杀手的英雄角色反映了佛教和道教的丧葬仪式。当他在道教治疗科仪中解救山魈／五通附体的灵魂时，也反映了马元帅的驱魔功能。

结语

尽管有这些不同寻常的相似之处，但我们不要忘了，《南游记》是本通俗小说，而不是道教文本，其目的当然并非传播道教的科仪传统，而是以南部中国及其他地区熟悉的人物的精彩故事来吸引广大的读者。余象斗在编纂出版这本小说时，理所当然意识到华光的通俗性，以及故事的销路。

---

[1] 参见《金臂圆光火犀大仙正一灵官马元帅秘法》，《道法会元》，《道藏子目引得》第 1210 号，卷 224，第 3—4 页。
[2] 参见《正一吽神灵官火犀大仙考召秘法》，《道法会元》卷 222，第 25—28 页。
[3] 参见上书，卷 222，第 33—34 页。
[4] 参见上书，卷 222，第 34—35 页。
[5] 参见上书，卷 222，第 30 页。

不过，前面所述表明，华光不仅是通俗艺术的重要主人公和书商的利润来源。华光代表了一种宗教传统，它由古代对神通广大的自然精怪的民间信仰演变而来，经过几个世纪后，成为现代化之前的中国最具影响力的崇拜之一。在讲述华光的故事时，余象斗从这一复杂宗教背景中吸纳了诸多元素。毋庸赘言，他并不打算以简单明了的历史记述方式来展现华光的宗教传统。然而，《南游记》或多或少涉及了这种崇拜的方方面面，包括其含糊不清的起源这个极度微妙的话题。因此，小说不仅清楚说明了华光与五种神通（"五通"）的关系，甚至暗示华光与古老的山魈有关。五显神也出现在故事中，形成华光多样化个性的另一面。

佛教和道教对华光崇拜的众多影响在小说中也显而易见，在主人公本人的性格上体现得最为显著。华光是作为佛教之神妙吉祥（文殊师利的传统称号）出场的，与此同时，也认同道教的马元帅。此外，我们已看到，《南游记》含有佛教和道教的仪式活动。华光为了进入酆都山其母受难之地，假扮太乙救苦天尊，这与道教丧葬仪式有相似之处。同样的主题也与目连有关的戏剧极为相似，佛教和道教的超度法事上常安插这种目连戏。而且，华光作为神通广大的驱魔者，常使用不同的法宝将妇女从鬼附身中解救出来，这一角色直接反映了马元帅的职责，以及在道教驱魔仪式中力量的象征。

我们可以猜测，大多数读者熟悉华光崇拜的许多方面，即《南游记》中的传统与主题的来源。因此，乍看之下，小说只不过似乎反映了围绕华光及其崇拜的当前民间行为和信仰,但仔细深究下去,会发现并非如此。

小说影射的崇拜对象华光的许多特征在某种程度上被修改、重新诠释和重组,明显是试图正面表现他。因此,华光与其模糊不清的原型五通的关系以佛教原始的五种神通的概念得到解释,而五通怪自身的邪恶面则展现在小说中华光的对手上,比如火漂将、白蛇,最主要的是华光的那位食人母亲。华光本人虽然生性鲁莽,但代表的是孝道的典型,几乎可与圣僧目连媲美。

《南游记》对这种崇拜的观点迎合了统治大众的普遍伦理价值观,而不是直接体现构成华光宗教背景特点的多种传统。小说修改了这种传统模糊不清或引起歧义的方面,提供了这种崇拜惊人的一贯形象。《南游记》的作者利用道教和佛教的传统及中国孝道的基本美德,为这种崇拜构建了大众可接受的框架,将复杂的历史背景转换成持续的叙事。换言之,《南游记》陈述了一种崇拜的纯化、同质、可敬的故事,这种崇拜稳稳地扎根于大众知晓的民间信仰领域。

无法确定这种重释是否作者有意使某种因起源模糊而受到削弱的崇拜的地位合法化,也不知道小说在多大程度上表达了作者或他预期读者的信仰。余象斗也许只不过传递了一个美化的、独立衍化多年的华光/五通崇拜版本。另一方面,如果他意识到这种崇拜的阴暗面,或许会为了避免冒犯大众行为规范而压制它。华光与五通的关系疑问重重,所以只能拐弯抹角地提及。小说中五通的灵媒崇拜受到指责，对它任何积极和直接影射都会激怒那些自命公众伦理卫道士的人——上层阶段的士大夫。

《南游记》顾虑上层阶级的癖好这一事实表明，小说的起源无法在五通灵媒崇拜的直接环境中得到落实。这种传统以直接源于灵媒降神会的民谣和故事传递，并在向五通致敬的"茶宴"上由巫师吟诵，但如今已经失传。可以肯定的是，几乎完全是口头相传的民谣和故事与精心写作的《南游记》在内容上难有相同之处。膜拜五通的下层人士的宗教信仰和行为由巫师和乩童把持，他们对自己的崇拜对象深感满意。他们并不关心他们的神明在他人眼里是否声名狼藉，也不需要《南游记》谨慎的重新诠释。除此之外，能够追溯到这一社会背景的文本都未能保存下来。

不过，我们并不能从中得出这样的结论：《南游记》瞄准的是受过良好教育的读者群。小说完全口语化的风格实则表明，其预期读者介于灵媒崇拜的文盲信众和上层社会人士之间。不过这些中间人群难以确切分清。我们只能说，《南游记》的风格虽然明白通晓，但需要读者有相对高的文化水平。对于大部分中间阶级而言，以简单文言文写就的伦理或宗教短文比这部小说要易于理解，因为这部小说不仅词汇量丰富，而且提及大量佛教和道教的思想和仪式。余象斗设想的读者因而符合他自己的社会阶层：商人、店主及其他独立的百姓，他们的经济条件允许他们接受某种程度上的教育。小说中对这种崇拜的修正观点或许也得到了富裕的中间阶级市民的认可。

《南游记》与其宗教背景的密切关系引出了最后一个问题。小说或戏本中信仰主题的叙事性改编对其原始的传统有追溯效果吗？

当然，这个问题必须小心处理，因为在口头叙述传统形于笔端之前，我们对它缺乏明确的了解，因此，无法准确地分辨故事中哪部分奇思妙想是已知的，哪部分又是源于小说本身的。尽管如此，还是可以发现值得考虑的地方。比如，根据1684年宁化县（福建西部）方志，华光（又名妙吉祥）是宁化县北门五通庙里的重要膜拜对象。该记述补充道，百姓将华光直接与圣徒目连比较，因为他为母赎罪，表现出了影响深远的孝道。[1]我们无法不注意这一民间传统与《南游记》故事情节的相似性。

再者，后来的资料也记载了邻省广东的崇拜传统中华光的声望。例如，19世纪的一个文本指出，在农历八九月时，当地的巫师祈求火神华光助佑。[2]这种联系使我们想起《南游记》中华光与火的具体关系，而如我们所知，这根本上缘于他与道教马元帅的密切关联。

最后，有可能的是，华光在中国南部各省戏剧传统中的显赫角色与基于《南游记》之类的故事的戏剧版本有关。华光不

---

[1]《宁化县志》(1684年) 卷7，第9页。
[2] 凌扬藻 (1760—1845)：《蠡勺编》(《岭南遗书》本) 卷29，第11—12页，引述1832年《粤小记》。

仅在广东粤剧中被提升至守护神的地位[1],而且甚至在今天也是众多戏剧、提线木偶剧和皮影戏中的人物。援引两个明显的例子:大概作于20世纪中期的粤剧当代目录中有一出名为《华光闹地府》的戏剧。内容是华光投胎于丑陋怪异的吉芝陀,吉芝陀被囚于酆都,华光寻母,最终将其母从地狱中解救出来。[2]换言之,其情节与《南游记》的情节相吻合。

第二个例子是19世纪末或20世纪初的中国台湾皮影戏(其传统或可追溯至福建)。这部由施舟人(Kristofer Schipper)所藏的戏剧共分16幕短剧,它描绘了华光大战李哪吒,以及战胜铁扇公主后,娶其为妻。[3]这些插曲包含在《南游记》的第11、12回。此外,皮影戏中的一些对话似乎直接取自《南游记》。[4]所有这些都表明,这部16世纪的小说对广东和福建的戏剧传统具有永久持续的影响。

总之,《南游记》的例子显示,通俗小说不能从它们的社会宗教环境的现实中割裂开来,也不能只从文学的观点中判

---

[1] 参见田仲一成(Tanaka Issei):《中国祭祀演剧研究》(*chūgoku saishi engeki kenkyū*),东京大学东洋文化研究所(*Tōyō Bunka kenkyūjo*),1981年,第547页。
[2] 佚名:《粤剧剧目纲要》(广东:中国戏剧家协会,1961年,1982年中国香港重印),卷2,第351页。
[3] 施舟人:《皮影戏手稿集》("Une collection des manuscrits de pièces de théâtre d'ombres chinoises"),《中国研究欧洲协会年会》(*Occasional Papers of the European Association of Chinese Studies*),感谢施舟人为我提供这一皮影戏的复本。
[4] 参见《华光天王南游志传》卷3,第11回第23—24页,以及其剧本第15页;《华光天王南游志传》卷3,第11回第24页,出处同上,第18页;《华光天王南游志传》卷3,第11回第25页,出处同上,第23页。

断。像《南游记》这样的著作不仅仅是唯利是图的雇佣文人的离奇之作。它们代表了源于古代宗教传统,并最终融合成持续故事的大众化思想和信仰的创造性综合体。而且,《南游记》中华光故事的修改和重释表明,文字上的宗教思想的表达,是由与现存崇拜传统的新信仰相悖的大众(儒家)道德规范准则支配的。但是这些冲突与矛盾也为了解中国大众心理(总体而言,这种心理是上层阶级的文化继承与普通百姓创造性传统不断互动而形成的)提供了可贵的视角。

《北游记》的神圣著作权研究[1]

[美]沈雅礼(Gary Seaman)著
吴群涛译，王建平校

20世纪70年代早期从事中国宗教崇拜组织及其演变的人类学田野调查时，我曾多次和村民们去中国台湾中部南投县的寺庙参加宗教朝圣仪式。该圣地主神名真武，即玄天上帝，有时被人们简称为"玄帝"。据我了解，有多种关于玄帝出身和特征的说法流传，包括他是个在《北游记》所记载的佛陀。

当得知这个道教的神竟然是一个"真正的佛陀"，我产生了认知失调感，于是赶紧买了一本《北游记》来看。书中写道玉帝为财所诱凡心稍动，一缕真魂下凡投胎。在经历了多番轮回转世后，玉帝的这一缕真魂通过在武当山自行修炼不断积累功德，得道后被玉帝任命为玄帝，统治（管理）天堂和大地。

---

[1] Gary Seaman, *Divine Authorship of "Pei-yu chi（Journey to the North）"*, *Journal of Asian Studies* 45.3（1986）: 483-97. Seaman Gary, *The Journey to the North: An Ethnohistorical Analysis and Annotated Translation of the Chinese Folk Novel Pei-yu-chi*, Berkeley and Los Angeles: University of California Press, 1987.

《北游记》的神圣著作权研究

历经重重考验的玄帝积累了更多功德后,终获"无量寿佛"的称号。

时至今日,《北游记》的主人公在中国台湾仍然是一尊广受大众膜拜且很灵验的神。而在历朝历代,位于湖北北部的武当山作为其崇拜的中心,受到来自帝王和平民的慷慨资助和虔诚供奉,有资料云:[1]

(它)最晚从13世纪以来就一直是祭祀北方之神玄武的道教圣地。早在汉代玄武就是北方七宿的总称,此外还代表五行中的水和阴阳中的至阴,以龟和蛇作为象征。时至宋代,玄武变成了战神,宋真宗(998—1023年在位)为避讳宋太祖之名"赵玄朗"而改其名为真武。宋徽宗(1101—1126年在位)曾见到玄武大帝并向其致祭。这个时期追溯了玄武神最古老的形象,即站立于驯服的龟和蛇之上的黑色武士形象。唐代以后的道教仙传和汉代的神仙传说一起,将这位天神当作净乐太子的后身。[2]

读完《北游记》对北方的描写,我开始思考为什么它会和其他三本小说一起出版,合称为《四游记》。有一些间接证据显示《北游记》最晚在明代末年曾单独出版。但从清代初年开

---

[1] 间野潜龙(Senryū Mano):《明代文化史研究》(*Researches into the Cultural History of the Ming Dynasty*),东京:同朋舍(Tōmeisha),1979年。
[2] 索安:《明代道教神仙张三丰》("A Taoist Immortal of the Ming Dynasty: Chang San-feng"),载狄培理编:《明代思想中的个人和社会》(*Self and Society in Ming Thought*),纽约:哥伦比亚大学出版社,1970年,第483—531页。

始，它已经常被作为《四游记》的一个组成部分。[1]中国文学系的学生最初对《四游记》的传播史发生兴趣是因为其中的一部《西游记》，该书是一部被认为是吴承恩所作的百回本小说，亚瑟·韦利1958年译其名为"*Monkey*"[2]，余国藩1977年译为"*The Journery to the West*"。[3]吴承恩《西游记》的长期流行，引发了学者对于其作者的争论，但《四游记》中的其他三部，因为其几乎与中国古代伟大小说的称号无缘，因而很少有人关注。它们可能被收录于书目之中，在文献汇编中得到再版，但是针对其进行的学术研究却很罕见。

《四游记》通常被归类为"古典小说"或"通俗小说"。孙楷第把《北游记》放到了"灵怪小说"的次目录下，他将"灵怪小说"定义为唐代（618—907）时就出现的描述灵鬼和神明干预人间事务的故事。[4]在他编著的《中国通俗小说书目》[5]正文中，孙引用《北游记》的标题是《北方真武玄天上帝出身志传》，他还说该书也称为《北游记玄帝出身传》。孙把该词条和其他"灵怪小说"如《封神演义》《济公传》《平妖传》，以及多个版本的《四游记》放在一起。

我们能够对《北游记》的文本起源有所了解，很大程度上

---

[1] 柳存仁：《〈四游记〉的明刻本》，收录在许仁图编著《四游记》第407—437页，中国台北河洛图书出版社，1980年。
[2] 阿瑟·韦利译（Arthur Waley）：《西游记》（*Monkey*），纽约：格罗夫出版社（Grove Press），1958年。
[3] 余国藩：《西游记》第一册，芝加哥：芝加哥大学出版社，1977年。
[4] 孙楷第：《中国通俗小说书目》，中国台北木铎出版社，1983年，第2页。
[5] 出处同上，第196页。

要归功于柳存仁,是他发现了明版《北游记》《南游记》《东游记》。柳在多处描述了这些发现[1],他说《北游记》最早的版本为木刻本,可追溯到1602年。[2]他还指出,书中提到永乐帝时称"我主",暗指作者生活在明代。此外,书中最后一则的结尾指出:1405年永乐帝在与黄毛鞑子的战事中陷入困境,危急时刻真武祖师现身救帝,因此才有"至今两百余载,香火如初,永受朝拜"。据此柳存仁推断:

> 从永乐三年到万历三十年虽然只有197年,但是这可能只是一种文学表现中使用的时间,我们不应该太拘泥于字面意思。[3]

换言之,根据内部证据柳存仁认为该书成书年代大概是万历三十年,或者说是1602年。还有一点可以确定的是,永乐皇帝在1399年开始了他篡取皇位的反叛,因此计算他的统治期应将他的叛乱期涵括进来,那么"两百余载"在字面上就说得过去了。

《北游记》明版封面上刊登的全名是《全像北游记玄帝出身传》。书中第一卷封面却印了个略微不同的书名《北方真武祖师玄天上帝出身志传》。这一版的每一页分成两半,上半部

---

[1] 柳存仁:《两座伦敦图书馆中的中国通俗小说》,中国香港龙门书店,1967年;柳存仁:《〈四游记〉的明刻本》,第407—437页,收录在许仁图编著《四游记》,中国台北河洛图书出版社,1980年。
[2] 柳存仁:《〈四游记〉的明刻本》,第436页。
[3] 出处同上,第437页。

绘图阐释说明,下半部十行,每行17字。

全书共四卷,各卷都印有标题,如第一则的标题是"玉帝设宴会群臣"。共24则,不分章回次第。[1]

这种体例暗示该书至少早在明代就已经出版,因为在刻本小说的常规演变进程中分章分回法晚于分则法的使用。[2]现代版本已经不再使用半页图画半页文本的编排体例(据此柳存仁认定这是一个很早的版本),并且他们通常已经抹去了在晚明版本中附录的宗教仪式。[3]

柳存仁认为余象斗"辑"或"编"了明版的《北游记》和《南游记》,但在很多版本中余象斗却是署名作者。[4]夏志清说:"余象斗在万历年间管理着余家有着悠久历史的刻坊,还发行了现存最早的篇幅较短的《水浒》版本。"[5]何谷理在研究《隋唐演义》的一篇论文中发布了有关余象斗的补充信息,他说郑振铎:

轻蔑地写道,晚明的小说编辑,把他们说成没受过教育的

---

[1] 柳存仁:《〈四游记〉的明刻本》,第436页。
[2] 出处同上,第415页。
[3] 出处同上,第427页。
[4] 例如《北游记》,见许仁图编《四游记》,中国台北河洛图书出版社,1980年;也可参见戴尔·R·黑尔斯(Dell R. Hales):《余象斗》("Yu Hsiang-tou"),傅路德(L. Carrington Goodrich)编著《明传记大辞典》(Dictionary of Ming Biography),纽约:哥伦比亚大学出版社,1976年,第1612—1614页。
[5] 夏志清(C. T. Hsia):《中国古典小说导论》(The dassic chiese Novel),第348页,纽约:哥伦比亚大学出版社,1968年。

书商,为了可怜的商业利益"夸饰"他们发行的文本(通过加入无关的诗句和托名著名作者的序言)。但是郑振铎清晰地区分了这些人(包括闽南书商余象斗)与有天赋、文学背景和创造性天才的真正文人,后者才有可能书写原创性文本。[1]

考虑到这种恶名和插补到《北游记》和《南游记》文本中的署名"余先生"的诗歌,我们可假设那个"余先生"不是文本其余部分的叙述人。例如《北游记》卷四在描写了一场持续时间很长的战斗之后有人感叹:

可怜五万番兵,一个个不能走脱,后仰止余先生观到此处,有诗叹曰:飞沙一起石濛濛,雄兵叫苦乱如蜂。云散不闻番将语,惟见尸骸满阵中。

柳存仁指出"余先生"肯定拥有一个更早的版本,才能向其中插补诗句,据此柳存仁确信有比余版更早的《北游记》版本存在。[2]唯目前余象斗是公认的《北游记》作者。[3]
另外一个确认余象斗在更早版本的基础上改编出余版的证据是《北游记》每则常用的结句"不知后来如何,且听下回

---

[1] 何谷理(Robert E. Hegel):《〈隋唐演义〉和17世纪苏州精英美学思想》("Sui-T'ang yen-i and the Aesthetics of the Seventeenth-Century Suchou Elite"),载浦安迪(Andrew H. Plaks)编:《中国叙事》(Chinese Narrative),普林斯顿:普林斯顿大学出版社,1977年,第151页。
[2] 柳存仁:《〈四游记〉的明刻本》,1980年。
[3] 戴尔·R·黑尔斯:《余象斗》,收录在傅路德编著《明传记大辞典》,第1612—1614页。

803

分解"在余版中不见了。这就更加证实了我的一般印象，最后一则是后来"钉到"那个早已完成的版本上去的。另外还发现了一个例证也是在最后一则：作者仅有的第一人称叙事（当然除了对话中）是在当文本中说道"至入于我朝永乐爷爷三年"（强调"我"）。最后一章可能因此成了余象斗为郑振铎所诟病的那种文本的"点缀"范例。在柳存仁的引导下我相信现存最早的《北游记》版本来自一个更早的署名非"余"，但经"余"编辑和发行过的版本。

然后我转而关注贺登崧对《北游记》主题的研究成果。贺登崧推断《北游记》的基本故事框架源于一些道教经典传说，特别是《搜神大全》。[1]在粗略调查了这些资料来源后我确认它们极有可能是《北游记》中某些内容的出处，甚至还包括它的总体故事框架，但是它们并不是直接来源，而是另有出处，如褚人获写作《隋唐演义》收集原材料就毫不犹豫地从其他著作中成批量地借用，其书100回中有21回就完全来自早期别的作家已发表的作品。[2]道教经典传说不是现存《北游记》版本的前身，因为二者之间并没有在叙事结构或描写细节上非常相似，虽然这个观点仍有争议性。这些传说和《北游记》之间还是有一些主题上的平行内容。例如《武当福地总真集》（卷

---

[1] 贺登崧（Willem A. Grootaers）：《中国真武帝圣徒传》("The Hagiography of the Chinese God Chen-wu")，《民俗研究》(*Folklore Studies*)，卷11，1952年第2期，第145—146页。
[2] 何谷理：《〈隋唐演义〉和17世纪苏州精英美学思想》，第132页。

中，第 12—14 页）有一篇名为"神仙灵迹"。[1]该篇描写了一段祖师受到武当圣母劝导的插曲，也可以在《北游记》第 9 则中见到。民间传说和《北游记》书中记载的一样，祖师决意放弃修行，因此圣母才想给他一个深刻的教训，让他明白坚持不懈的重要性：圣母变成老妪在岩石上试图将铁棒磨成针。这只是我在道教经典传说中发现的多个插曲之一，它们甚至与小说内容在细节上都有合理的相似性。

贺登崧的《北游记》研究也具有重要意义，因为从他提供的细节我们可推断出至少有两个版本的《北游记》文本存在。贺登崧考察了 1830 年版《绣像四游全传》，该书和柳存仁发现的明版一样是插图版。[2]贺登崧所依据的版本与我查阅的那个中国台湾版在细节上有很多差异，在此我仅指出，即在笔者所依据版本中被称为"哥阁"的王国，在贺登崧的文本中叫"阁阁"。[3]还有一点，阁阁的敌人被明确地称作西方野蛮人的伊斯兰教王国[4]，而不是我所见版本中模糊的"蕃"字。此类差别数不胜数，归根结底，《北游记》至少有过两个版本。

贺登崧提供的这些资料为深入研究创造了丰富的可能性，但是我自己对《北游记》来历的研究兴趣在于一个完全不同的方向。如果我没有亲身参与这些进香之旅和其他祭拜玄帝的宗

---

[1]《武当福地总真集》(A collection of True Tales about the Holy Places of Wu-tang)，卷 2，第 12—14 页，见《道藏子目引得》第 609 号，第 1268 页。
[2] 贺登崧：《中国真武帝圣徒传》，第 147 页。
[3] 出处同上，第 151 页。
[4] 出处同上，第 152 页。

教活动，就不可能坚持读完该故事，因为《北游记》也有中国历史小说共有的缺点，即公认的"结构松散、场景间联系不密切、相关事件间的关联具有偶然性或是虚构性"。[1]

  尽管在文学上有缺陷，《北游记》仍然包含了信徒的重要意识形态：神话中神明的排列。试图回答如我所观察到和拍摄记录下来，为什么玄帝有那么多信徒迷信他的驱魔神力的这个问题时[2]，我认为《北游记》不是一部仅仅为了娱乐目的而创作的小说。因为书中人物叙事视角假设作者了解玄帝在不同时代不同地方的命运，超出了凡人的眼界范围，由此我又想到作者是怎样掌握这些超自然的知识呢？尽管余象斗的刻坊和编辑活动可能是《北游记》流传至今的主因，有证据显示存在更早的、用以衍生的版本，至少有一部分被衍生，这些据我所知来源于从未被提及过的玄帝自己。当然，天神授书是通过一种灵媒仪式来进行的。我个人认为，《北游记》有着宗教启示环境下的起源，脱离了这种语境《北游记》的一些特征就无法解释。

  为了探讨《四游记》整体上（又尤以《北游记》为对象），是否得自神启，我借助了韩南对叙事问题的"分析维度"理论。在这个理论中，韩南认为应当注意六个方面：叙事者、焦

---

[1] 马幼垣（Y.W. Ma）：《中国历史小说——主题与情境概要》("The Chinese Historical Novel: An Outline of Themes and Contexts")，《亚洲研究杂志》(*Journal of Asian Studies*)，卷34，1975年第2期，第286页。

[2] 沈雅礼：《中国萨满教》(*Chinese Shamanism*)，16毫米胶片，得克萨斯州奥斯丁（Austin, Texas）：远东视听（Far Eastern Audio Visuals），1977年。

点、对话模式、风格、意义和音调。[1]由于我们的研究目的,此处只借用韩南维度论的两个要素:叙事者和焦点,我们发现《北游记》的叙事者开篇即进入了超自然的状态,尽管开篇第一句"却说隋朝炀帝临天下"营造一种历史氛围,但紧接着下一句转到玉帝"在三十三天兜率宫设宴"。在小说的其他部分,讲故事的人经常颠来倒去,不仅穿越时空,甚至在不同层级的意识、行为表征和死亡之间来回穿梭。如果像韩南所说,潜在的叙事者与潜在的听众连接,那么《北游记》中的叙事者很清晰地对听众说话,这是准备好要接受33天存在的观念,而且一些人能够在33天和凡间自由穿越。听众也准备好了接受这些压倒性的主题:重生、鬼怪对日常生活的干扰、有血有肉的日常物质变成木石、火焰,或者其他完全存在于想象中的东西——要言之,是一些在中国俗信仰和文体中可见的主题。

俗信仰的概念,尤其是其中与民间性的本质接壤的部分,以及来自佛、道二教神祇系统的人物,他们容易被改造成为对历史小说家有益的经常利用的资产……它们为小说提供了探讨宇宙本质和人性本质的途径……超自然人物的改造利用可以为小说提供重要的资源,以从宇宙观的基础上说服读者,而且,如果小说家和他的读者均对这些内容深信不疑的话,这种说服的力量会更为强大。[2]

---

[1] 韩南:《中国白话小说》(The Chinese Vernacular Story),剑桥:哈佛大学出版社,1981年,第16—17页。
[2] 马幼垣:《中国历史小说——主题与情境概要》,第290页。

超自然性令《北游记》试图,也最终成为一种存在,这种存在包含的问题与人类世界类似,传递出一种为世俗社会的事件提供道德判断,或者为榜样提供普世框架的意图。这两种意图都发生于宗教内部。

再看叙事的焦点,即文本表达的叙述视角,我们可将叙述视角(当然要排除对话)概述为通常说的"宇宙视角"。这种叙述视角从未被书中人物明确指出或者辨认,而是具有启示性,以全知全能的视角在宇宙中移动。它甚至有时候超出了佛祖的能力。联系到《北游记》著作权的模糊性,这种幽灵似的视角具暗示性,不由得令人联想到灵媒,其视角被置于他自己的身体之外,借助媒介对其他世界的"超自然"事件进行见证。

第二个支撑著作权灵媒理论的论据来自《北游记》的宇宙学特征,从起源于那种我称为"游记体"小说的特性,这种特性为《北游记》及其姊妹篇所共有。这些书籍是引导人们进入未知的灵怪世界的指南,所以名为"记""行""游""朝圣"——读者可能已经碰到过很多令人困惑的对"游"字的翻译。这个术语的传统翻译是"旅行"。但说到《北游记》及其姊妹篇,并没有给作者的意图以公正的判决。甚至虽然余国藩说《四游记》是"有较长篇幅的讲述众多神话传说中人物去特定地区旅行的故事"(与笔者观点相似)[1],这个意义上的单线旅游肯定不是《北游记》的视点,而且的确对后期发行的一个版

---

[1] 余国藩:《西游记》第一册,第13—14页。

本，余国藩指出更合适的术语是"朝圣之旅"，因其是以对精神追求的宗教情感和热忱作为指导的目的。[1]

《北游记》中描述的事件并未围绕去北方的旅行而展开，而是来自北方宣示——即，北方有序统治的宇宙中那些关键因素在什么时候、什么地方以什么方式自行表现出来。这些力量以一种神（圣）的形式显现，一个人实际转化为一种不朽神力（也即玄帝的显现）的地方，恰巧在湖北省武当山。《北游记》并不是笼统地叙述去这个地方或去北方的旅行，而是叙述这种神力怎样征服所有其他地区的超自然邪恶力量，使其遵从自己意愿的过程。因此，在《北游记》中我们读到一个中心地方的力量对应该属于它的周边地区怎样施行控制的叙述。在一个宗教网络体系的层面，从该小说中采用的叙述视角来看，武当山是位于超自然力量的中心地区等级制度的顶端。第一则到九则讲述了该地是如何取得它的地位，而第10到23则叙述该地如何保持地位，并使其他地区服从于它的权威。具有挑战性的最后一则增加了关于中国明代社会秩序如何由武当山神维持的段落：通过第24则我们很容易得出神令"十九省与两京得以扬名"这样的结论，这一表述是说北方天神促成了明朝永乐帝推行的两都制。[2]

---

[1] 余国藩：《宗教朝圣的两个文学范例——〈神曲〉和〈西游记〉》("Two literary Examples of Religious Pilgrimage: The Commedia and The Journey to the West"),《宗教史》(*History of Religions*)，卷22，1983年第3期，第202—230页。

[2] 可对比范德（Edward L. Farmer）：《明初两京制度》(*Early Ming Government: Evolution of Dual Capitals*)，剑桥：哈佛大学出版社，1976年。原文中间名作"K."，有误，应该是"L."——编辑注。

《北游记》因此拥有了一个不同地方整合于同一等级制度的宇宙视角。这些地方自身的特色就在于那些有代表性的各种"神话人物和传说"。这些人物一个个都服从于武当山上的玄帝，并且效忠于一个忠诚体制。因此小说文本是一种宇宙结构学，是对空间等级的前因后果的散文叙述。[1]令宇宙结构及其象征变得通俗易懂，是牧师、巫师以及灵媒一类的宗教专业人员的责任。

　　支持我们认为《北游记》出于灵媒创作的第三点论据涉及现存的游记类文体。在中国台湾、香港居民和海外华人中间有许多流行的宗教信仰，流传着大量可以泛称为"鸾书"的启示性作品。它们被酒井忠夫称为"善书"，其中包含大量被称为"宝卷"的宗教文本。[2]这些书并不是小说，而是虔诚的道德文学，署名的不是专业作家而是灵媒或宗教组织，这些组织为民众的生活提供细节的指导以令其获得救赎。[3]

　　这种文学过去在大陆也很常见，包括大量的游记文本。人

---

[1] 余国藩：《宗教朝圣的两个文学范例：〈神曲〉和〈西游记〉》，第202—230页。
[2] 欧大年（Daniel L. Overmyer）：《民间佛教信仰——近代中国传统的不同教派》(*Folk Buddhist Religion: Dissenting Sects in Late Traditional China*)，剑桥：哈佛大学出版社，1976年。
[3] 欧大年：《慈惠堂初探》("A Preliminary Study of the Tz'u-hui-t'ang")，《中国宗教研究学会通报》(*Society for the Study of Chinese Religions Bulletin*)，1977年第4期，第19—40页；沈雅礼：《一个中国村庄里的寺庙组织》；劳伦斯·汤普森（Laurence G. Thompson）：《飞鸾——中国宗教的启示和复兴解读》(*The moving Finger Writes: A Note on Revelation and Renewal in Chinese Religion*)，《中国宗教研究集刊》(*Journal of Chinese Religions*)，第10期，1983年，第92—147页。

们通常认为此类文本受到了一直流行的《四游记》魅力的影响。《四游记》这类通俗小说使得游记模式对于那些寻求读者群的人变得有用，这一点是毋庸置疑的，更有意义的是，游记类作品的流行已经形成了悠久的传统宗教崇拜制造出的作为在心灵旅行的"导引书"，追求人死后的不朽和自我完善。[1]这些宗教小手册在扶鸾中产生，也称作鸾书，被证明系自汉代[2]延续至今，时至今日在中国台湾，游记文本通过扶鸾仪式仍然被制造出来。[3]

目前中国台湾流行的各种类型的文本有《地狱游记》[4]及其姊妹篇《天堂游记》。[5]这些书起源于台中，并在1981年和1984年单独发行。尽管书名相近，却没有一本书与100回本《西游记》有相似的内容或主题。它们形成于20世纪70和80年代在台中反复举行的众多寺庙里的扶鸾集会。《天堂游记》分为36"回"以对应"三十六天罡"。这些文本因而体现了上天入地的灵媒和在其间的神话及传说人物之间的对话。有时候

---

[1] 坂井忠雄：《扶乩》，《中国灵书研究》，1943年；克里斯汀·于·格林布莱特（Kristin Yu. Greenblatt）：《袾宏和晚明居士佛教研究》("Chu-hung and Lay: Buddhism in th Late Ming")，载狄培理编：《新儒学的开展》(The Unfolding of Neo-Confucianism)，纽约：哥伦比亚大学出版社，1975年，第93—140页。

[2] 司马虚：《陶弘景的炼金术研究》("On the Alchemy of T'ao Hung-ching")，载尉迟酣、索安编：《道家面面观》(Facets of Taoism)，康涅狄格州纽黑文：耶鲁大学出版社，1979年，第123—192页；许地山：《扶乩迷信的研究》，中国台北："商务"印书馆，1966年。

[3] 欧大年：《民间佛教信仰——近代中国传统的不同教派》；沈雅礼：《一个中国村庄里的寺庙组织》。

[4] 《地狱游记》，中国台中：圣德杂志社，1981年。

[5] 《天堂游记》，中国台中：圣贤堂（圣贤堂扶鸾著作），1984年。

这些人物之间的对话并没有一个确定的讲述者，但可以推测讲述者就是灵媒。如果是灵媒记录，视角应该与《北游记》一样。这两种情况都是为了告诉读者唯有灵媒可以触知的层面的存在，灵媒是能够沟通道德和精神层面的。

在这两本现代版的书中，读者、讲述者、视角都几乎与《北游记》一样。这些相似的文本在寺庙和朝圣中心免费发放。这些书的结构和功能与《北游记》非常相似，暗示了《北游记》和类似文本产生的环境。

第四个支撑神圣著作权的论据是从另一部作品的灵媒著作权的类比中得出来的。最近狄培理给了我一个《北游记》残本，译成英语叫作 Park Yem Kee，是他从槟城找到的。[1]原本显然与我在中国台湾读到的那个版本很接近，虽然译本中很多细节被忽略了。狄培理认为其翻译是灵媒所为（1983年的私人交流），其意向（目标）读者包括在那些寻找启示的人当中，这一点在翻译结尾的告诫中显而易见：

《北游记》是在北极仙祖的指导下翻译出来的。为了确保翻译的准确无误，"Posy"应用到了翻译每一句话中，不得更改。

该书的出版发行不是为了个人利益，而是为了全人类的福祉。在该书出版之前，三册"siau posy"必定是从北极仙祖处获得。这个应该是从 Po Guay Keng 寺庙获得。这里也是将会给

---

[1]《北游记》(*Park Yew Kew*)，槟城（Penang）：南阳图书公司（Nanyang Book Company），1974年。

予出书许可的唯一庙宇。任何人未征得北极仙祖的许可擅自出版该书有违上帝律法。这个译本是在北极仙祖福佑下才为人所知（公之于众）的。要边读边悟，认真思考其中给予的各方面启示。[1]

《北游记》的宗教功能通过这个既无介绍又无译者姓名标注的史实体现了出来。《北游记》的宗教功能由一个事实进一步体现出来：该译本既无介绍，也没提供译者姓名。相反，其中却有对神仙的直接诉求，请他们保佑翻译的真实性和准确性，同时还动用了"掷笅（珓）"装置（关于这种占卜装置的描述参见 Emily martin Ahern[2]。《北游记》与现代游记文本有相似性：虔诚的意图很显然占主导地位，也强烈地暗示出神自身才是该文本著作权的真正拥有者。至于《北游记》算不算"小说"这一问题，接下来这份摘自《北游记》（其作者"北极仙祖"无疑是《北游记》主人公的封号）的免责声明，对了解每一本所谓"游记类"小说提供了新的线索：

北极仙祖并不打算将此书作为优秀的文学或语言作品而推出。它本身就是重要的意念。它的纯真朴素传达了道教很多方面的真意。由此可以通往光明之路。[3]

---

[1]《北游记》，槟城：南阳图书公司，1974年，第79页。
[2] 艾米莉·马丁：《中国仪式与政治》（Chinese Ritual and Politics），剑桥：剑桥大学出版社，1981年，第45—47页。
[3]《北游记》，槟城：南阳图书公司，1974年，第80页。

另外一个来自中国台湾的《北游记》现代版本也展示出了该文本目前所发挥的宗教启示工具的功能,并且暗示出它最初的社会环境。1978年,《悟彻世针》由受真宫在中国台湾埔里镇出版发行。该书的弁言解释了受真宫发行的目的:

> 本书由《北游记》和降神会中受真宫本堂主席(本堂主席即玄天上帝)口述的选诗组成。目的在于散布小巧的口袋书以解释北极和玄帝的来历,因此他的编年史中将不会有错误,并且他的修身经历将会给世人启迪![1]

虽然没有版权页,也因此找不到出版方,但可以肯定该文本是翻印自20世纪60年代晚期台中瑞诚书局的版本,此版本我一直作为基本参考文献。

像《悟彻世针》这样一册书当然不能证明明代《北游记》产生自明代扶鸾仪式。但是它却暗指印刷和传播《北游记》已经与生产道德说教书籍历史性地联系到了一起,目的是明确地获取宗教优势地位。而且无论当前《北游记》的标准文本如何,现在它已经融入了海外华人和中国台湾人宗教仪式中的神灵文学。

虽然以上论点已经为《北游记》(甚至可能为《四游记》中其他三书)的起源在宗教启示的上下文语境中建立了明显的情境,我们必须考虑到是否有足够有文化水平的媒介创作出版

---

[1]《悟彻世针》,中国台南埔里:受真宫,1978年,第9页。

了那些在明代晚期署名的文本，据推断当时《北游记》已经问世。我们必须进一步探究，是否有足够的证据表明对玄帝的崇拜广泛传播和普及流行达到了足够的程度，致使颂扬神化他的故事成了迎合大众兴趣的合适的主体。

坂井忠雄告诉我们早在元代，已有律法禁止扶鸾降神与传播鸾书。[1]我们知道很多"道教"文学都来自灵媒启发，在4世纪陶弘景的时代就已经开始。[2]且郭仁告诉我们扶鸾仪式吸引了大量学者的关注，这种崇拜甚至为明遗民反清提供了视点：

> 在满族入主中原后，多数官员都隐退了，因为新的统治者不喜欢朝政受到干预。在家无事可做，那些有着相似思想的人聚集到一起组织扶鸾活动。他们可能邀请圣贤参加并赋诗填词……他们还会修德诵经。当时在湖州发生了"明史案"，牵涉到的很多著名学者都被杀头了，其中很多人都是扶鸾信仰的拥趸。这是清朝史上最大的冤案。七百多人受到迫害，其中一百多人是宗教信徒。[3]

我们可能假设在这些受邀"参加并赋诗填词"的圣贤中有很多神话和传说中的人物，能够起到导向灵媒的作用；那些受邀者定然包括孙行者（《西游记》中的"猴子"）、"八仙"（《东

---

[1] 酒井忠夫：《扶乩》，第196页。
[2] 司马虚：《陶弘景的炼金术研究》，第123—192页。
[3] 郭仁（Jen N. d. Kuo）：《扶乩真传秘诀》（*A Tour Relation of the Secrets of Spirit Writing*），上海，第4页。

游记》的主人公）中的多位，当然还有玄帝。我们确信玄帝与众神一道降临扶鸾坛场，因为对他的崇拜与明朝的开国元勋和继承者们有着特殊的关联[1]，而且甚至扶鸾在朝廷中成了一种时尚。[2]此外，玄帝的朝圣中心位于现在的湖北省，靠近上文中提到的"湖州"，所以几乎能够肯定，有相当多的灵媒和相应的仪式存在于合适的时间和地点，炮制了《北游记》的文本。

那么玄帝的传说在明代时流传有多么广，多么受欢迎呢？贺登崧在他的论著中发现，大约348个中国村庄的半数建了玄帝庙。[3]这些寺庙最老的可溯源到1368年至1398年，其中多数似乎明朝时期已经出现。[4]它可能说明崇拜玄帝在中国北方早在明初就已经很普遍了。特别有价值的是在他的调查中，贺登崧还发现：

真武庙通常在两边的墙壁上都有一系列的彩绘，是一部真武帝的彩绘插图传记，在所有的村庄里它的主题都是一样的，但是也不排除有一些重大的变异。[5]

到底从多久以前这种为玄帝传记彩绘插图的传统扩展开来，这一点还不清楚。贺登崧推断这些彩绘的主题证明了独立

---

[1] 间野潜龙：《明代文化史研究》，东京：同朋舍，1979年。
[2] 许地山：《扶乩迷信的研究》，中国台北"商务"印书馆，1966年。
[3] 贺登崧：《中国真武帝圣徒传》，第163页。
[4] 出处同上，第143页。
[5] 出处同上，第164页。

艺术传统不受16世纪小说结构的影响。[1]与目前的论证相关的重要一点是，在真武应化中存在一种流行的宗教仪式和对之强烈的兴趣。对这个过程的图像呈现有可能被来自神灵的传达所刺激，或者至少与之共存。如果以上情况属实，那么这些传说最终被郭仁描写的那些参加扶鸾活动的学者和士绅过滤就丝毫不令人吃惊。在这个过程中书面文本与寺庙墙壁上某套插画结合起来，产生了柳存仁描述过的，上为插图、下是书面文本的明代书籍。

柳存仁在大英博物馆发现的明版《北游记》："其末尾附录中也收录了崇拜真武的宗教仪轨……这些仪轨在后来的版本中经常被修订……事实上这种虔诚的文字被记录在通俗小说当中，本身就说明了16世纪末人们宗教信仰的繁荣景象。"[2]

这个附录的宗教仪式的存在是证明《北游记》的作者和读者有宗教信仰的最有力的证据。我已经发现了这个附录的两个版本。[3]它们大体相同，只是1974年版的篇幅较长，包含两段增补的内容，描写了神和神力的性质。两个文本都含有以下内容：

1. 供品的安排；
2. 祭献食物的禁忌；
3. 自我保护的规则；

---

[1] 贺登崧：《中国真武帝圣徒传》，第181页。
[2] 柳存仁：《〈四游记〉的明刻本》，第437页。
[3] 《北游记》，1974年版，1980年版。

4. 名字禁忌的规则；

5. 神明降凡的时间；

6. 神的诞辰；

该版本补充的两段有这个小标题：

7. 玄帝的封号和规劝。

除了第 6，这些标题与柳存仁所录明版《北游记》附录相同。[1]他们的内容和结构与扶鸾信仰中产生的善书类文学作品相似[2]；他们本质上与崇拜的固定规则相关。显然人们并不希望读者只是消极被动地读《北游记》，而期望读者主动地向小说的主人公致敬，践行恰当的仪式。

第 7 个标题在柳存仁描写的明版中也有。1974 年版《北游记》中该标题下的文本中第一段是用简洁、圆通和模糊的话语说及神的封号和神力的来源。第二段是个提纲，罗列了道德因果关系、具体行为和奖惩间的关系。附录结尾的词语意义显著：

也希望得到玄帝庇护的人能认真地抄十份四处分发——这样做的人将不受疾病和瘟疫折磨。而那些忽视或诽谤该书的人灵魂将入地狱！[3]

---

[1] 柳存仁：《〈四游记〉的明刻本》，第 437 页。
[2] 沈雅礼：《一个中国村庄里的寺庙组织》。
[3]《北游记》，槟城：南阳图书公司，1974 年，第 263 页。

这样的禁令是扶鸾产生的鸾书的典型结尾[1]，它还清晰地指出了文本重印和分发到读者手中的方法，承诺通过修习善书人们将会积累功德。由此，我们可以理解《北游记》第 23 则结尾——解释那些附属玄帝的将军的封号是如何授予的——的用意了。令人惊奇的是名单上的头六个人并不是小说中的人物。这暗示了当前版本中这些人物出现的章节流失，或者他们代表的是小说中人物完整的或者有变化的称呼，比如说三清大帝或道教天尊（真武的精神导师）。后面这种可能性不大，因为这些当时用来代表主人公的从属，而在小说中他们显然不是。前者不成立是由于任何这样被切除的篇章肯定应该是故事的中心，因为在名单上这些名号处于前列。我相信不是上述任何一种情况，他们应该是那些支持了该书写作的神的封号，要么是发行了该书的崇拜团队的守护神，或者是那些借助灵媒"传播"这本书的神祇。

出版这些书最初的意图（而且我相信书写这些书也一样）主要不是为了娱乐或经济利益，而是为人类的安全和福祉求得神灵的保佑。极有可能是余象斗收集整理了大量此类文本并以多个版本发行达到更大的流通。这不仅仅是为了盈利——余内心也想为自己、先人和后人积功德。事实上，光是对通过灵媒来出版发行这些神授文本怀有的这种超脱尘俗的自我兴趣就足以解释为何《北游记》《南游记》之类的书在中国明代后期如

---

[1] 劳伦斯·汤普森：《飞鸾——中国宗教的启示和复兴解读》。

此流行，甚至为何直至今日仍在中国流传。

宗教功德，其形式之一即是传布敬神的文本，这令许多小说如同孙楷第所谓的"灵怪小说"一样，在结尾处有列有因功德而来的封赏名单。如 100 回本《西游记》的结尾就有这样一个名单，虽然吴承恩创作的风格和气魄已得到公正评价，但多数读者还是认为满满一页空虚的名单背离了其波谲云诡的风格，没有为作品提供戏剧性的结尾。同样出于宗教原因而用封号奖赏主人公的做法在《北游记》《南游记》《封神演义》等书的结尾也有体现，不难理解其说教意图和明显的风格偏差。《西游记》的魅力、活力使其免于遭受很多中国古典小说曾被大加挞伐的厄运，而《北游记》则可能凭借它的灵媒著作权逃过此劫。其众多文学缺陷可能不是幼稚的或分散的书写所致，而是因为与其说《北游记》是一部小说，不如说其是一部圣书。

朝圣行

——论《神曲》与《西游记》[1]

[美]余国藩著

李奭学译

"朝圣"一词在宗教上如何定义，学者的看法向来众说纷纭。尽管如此，朝圣得具备某些基本特征，却也是众所承认。用最近一份研究论文上的话来讲，宗教上指的"朝圣"至少要涵括三种特质："第一，有'圣地'的存在；第二，个人或团体朝'圣地'而行；第三，这种行动可以为'朝圣者'带来物质或精神上的报偿。"[2]我们若是接受此一定义，则冒险犯难、

---

[1] Anthony C. Yu, "Two Literary Examples of Riligious Pilgrimage: The 'commedia' and 'The Journey to the West', *History of Religions*, Vol.22, No.3, 1983, pp.202—230.

[2] 莱迪·拉菲尔（Freddy Raphael），《朝圣，社会学方法》("Le Pèlerinage, approche sciologique")，马塞尔·西蒙（M. Simon）等编，《朝圣——从圣经古代与古典时期到西方的中世纪》（*Les Pèlerinages l'antiquitè biblique et classique à l'occident médiéval*），巴黎，1973年，第12页。不同信仰文化关于朝圣的文献甚多。对于这一研究，我查阅了以下文献：乔纳森·萨姆欣（Jonathan Sumption），《朝圣——中世纪信仰的意象》（*Pilgrimage: An Image of Mediaeval Religion*），新泽西：托托华（Totowa, N.J），1975年；西德尼·希思（Sidney H. Heath），《中世纪的朝圣生活》（*Pilgrim Life in the Middle Ages*），波士顿，1912年，以及重新命名的《朝圣的步伐》（*In the Steps of*（转下页）

海外中国道教文学研究译文选

（接上页）the Pilgrims）增补版，纽约，1950年；唐纳德·J.豪尔（Donald J. Hall），《英国的中世纪朝圣》（English Mediaeval Pilgrimage），伦敦，1965年；阿瑟·帕西维尔·牛顿（Arthur Percival Newton）编，《中世纪的旅行及旅人》（Travel and Travellers in the Middle Ages），伦敦，1962年；R.J.米切尔（R.J.Mitchell），《春季远航——1458年耶路撒冷朝圣》（The Spring Voyage: The Jerusalem Pilgrimage in 1458），伦敦，1964年；托马斯·莱特（Thomas Wright）译，《巴勒斯坦的早期旅行》（Early Travels in Palestine），伦敦，1848年；维克多·特纳（Victor Turner）和爱迪丝·特纳（Edith Turner），《基督教文化的意象与朝圣》（Image and Pilgrimage in Christian Culture），纽约：哥伦比亚大学出版社，1978年；《朝圣》("Pilgrimage")，詹姆斯·黑斯廷（James Hastings）编，《宗教与伦理学百科全书》（Encyclopedia of Religion and Ethics），纽约，1921年第9卷，第10—28页；A.福勒（A. Fowler），《朝圣图案》("Patterns of Pilgrimage")（述评），《泰晤士报文学增刊》（Times Literary Supplement），1976年11月12日，第1410—1412页；南希·福尔克（Nancy Falk），《凝视神迹》("To Gaze on the Sacred Traces")，《宗教史》（History of Religions）1977年第16期，第281—93页；C. E. 金（C. E. King），《宗教改革前的圣地和朝圣》("Shrines and Pilgrimages before the Reformation")，《今日历史》（History Today）1979年第29期，第664—669页。关于具体讨论文学与朝圣的研究，以下文献尤为有益：W. H. 马修斯（W. H. Mathews），《迷津和迷宫——其历史及发展》（Mazes and Labyrinths: Their History and Development），纽约，1922年，1970年重印；乔治·罗彭（Georg Roppen）和理查德·萨默（Richard Sommer），《陌生人与朝圣——旅程的隐喻随笔》("Strangers and Pilgrims: An Essay on the Metaphor of Journey")，英文版《挪威研究》（Norwegian Studies）1964年第11期，奥斯陆；加德纳（F. C. Gardiner），《欲望的朝圣——中世纪文学的主题与体裁》（The Pilgrimage of Desire: Theme and Genre in Medieval Literature），莱顿，1971年；哈罗德·布鲁姆（Harold Bloom），《探索传奇的内化》("The Internalization of Quest Romance")，《塔中的敲钟人——浪漫主义传统研究》（The Ringers in the Tower Studies in Romantic Tradition），芝加哥，1971年，第13—35页；马多克斯（D. L. Maddox），《圣亚历克西斯的生活——手抄本A和L里朝圣叙述及意义》("Pilgrimage Narrative and Meaning in Manuscripts A and L of the Vie de saint Alexis")，《罗曼语语文学》（Romance Philology）1973年第27期，第143—157页；克里斯汀·扎克（Christian Zacher），《好奇与朝圣——14世纪英格兰发现的文学》（Curiosity and Pilgrimage: The Literature of Discovery in Fourteenth-Century England），巴尔的摩，1976年；罗纳德·保尔森（Ronald Paulson），《如旅如剧的生活——两种18世纪的叙述结构》("Life as Journey and as Theater:（转下页）

822

长途跋涉的旅程，就未必全部都称得上是"朝圣"。英雄式的探险每令旅人奋不顾身，但同样不尽能以"朝圣"一词名之。根据前引定义，我们或者还可补充道：个人或集体的行动若要具备宗教意义，一定得和圣地的观念、参与的模式，以及旅程本身的回报有关。

在本文里，我拟讨论两部文学名著所具现出来的"朝圣"观：但丁的《神曲》，以及16世纪时或由吴承恩所撰的《西游记》。行文之时，我拟从历史的角度出发，略谈"朝圣"的观念在西方早期经籍中的发展，然后再把触角集中到上述两部作品，看看两位作者所了解、使用的宗教朝圣行，如何能为我们提供一种有趣而又不失启发性的比较。在这种过程里，我们也可以进一步发现东西文学与宗教文化上的歧异之处。

一

下文先从《神曲》起论，原因有二：第一，《神曲》早于

（接上页）Two Eighteenth-Century Narrative Structures"），《新文学史》（*New Literary History*）1976年第7期，第43—58页；唐纳德·霍华德（Donald R. Howard），《作家与朝圣——中世纪朝圣叙述及其后世》（*Writers and Pilgrims: Medieval Pilgrimage Narratives and Their Posterity*），伯克利，1980年。从4世纪至19世纪关于到圣地朝圣的参考文献不可或缺，可见于莱因霍德·罗里克特（Reinhold Röhricht），《巴勒斯坦地理文库——公元333至1878年有关圣地文献的编年目录及地图绘制尝试》（*Bibliotheca Geographica Palestinae:Chronologisches Verzeichnis der von 333 bis 1878 verfassten Literatur uber das heilige Land mit dem Versuch einen Kartographie*）（修订版），柏林，1890年再版；戴维·艾米兰（David H. K. Amiran），耶路撒冷，1963年。

《西游记》出现；第二，此一西方名著呈现的基本朝圣观，在整体上似乎最能契合其本身预设的宗教传统。在中世纪天主教会的活动里，"朝圣"之扮演重要地位，早为人知，毋庸赘述。《新约》里面是否有制度化朝圣行为，尚乏佐证，事实上可能也根本阙如。虽然如此，在《马太福音》第 23 章第 29 节里，耶稣却曾提到："先知的坟墓，以及……为圣贤所立的石碑。"［另请参较《马太福音》27：52—53；下引经文均出自《圣经》现代中文译本（中国香港：联合圣经公会，1975 年）］易言之，《新约》写经人所记载的暗示，指出"圣地"与"圣堂"的观念可能早已存在。以色列人的宗教传统也相当熟悉类似的设定与构筑。

天主教初兴之际，教徒很早就把《圣经》中有关耶稣生平与圣职的地方标出，作为崇奉的圣地。事实上，探访巴勒斯坦的朝圣者一向都视耶稣为朝圣先驱。他复活后前往以马忤斯（Emmaus；《路》24：13—35）的旅程，中世纪的解经学者常常解释为"朝圣行"。[1] 此外，《马太福音》第 27 章第 51—53

---

[1] 参考赫伯特·瑟斯顿（Herbert Thurston），《十字架之站——其历史与奉献目的之描述》（*The Stations of the Cross: An Account of Their History and Devotional Purpose*），伦敦，1906 年，第 3 页；吉尔伯特·科普（Gilbert Cope），《〈圣经〉及教堂的象征主义》（*Symbolism in the Bible and the Church*），纽约，1959 年，第 52—53 页；M.D. 安德生（M. D. Anderson），《英国中世纪教堂中的戏剧与意象》（*Drama and Imagery in English Medieval Churches*），剑桥，1963 年，第 150—51 页；约翰·普拉默（John Plummer），《克利夫斯的凯瑟琳时刻》（*The Hours of Catherine of Cleves*），纽约，1966 年，第 75 条；达米安·J. 布拉赫（Damian J. Blaher）编，《圣弗朗西斯的小花》（*The Little Flowers of St. Francis*），纽约，1951 年，第 457 页。

节,亦曾记述耶稣死后才设置的许多墓碑,并谈及复活后立起的"多处上帝子民向遗骸"。这些叙述,可以示范"教团神学"(Gemeindetheologie)所预示的末世神话。当然,其叙述可能也会因教徒特别关心圣墓与圣物而更为生动。

我们当然也得记住:在君士坦丁时代以前,集体朝圣的行为并不多见。通往罗马的路途,不管一般传说有多便捷,由于政府敌视不已,加上人民的经济能力有限,大规模的朝圣若非惨遭迫害,便是因此而令大众裹足不前。僧侣和布道人员所以仍愿冒死朝圣,目的在完遂学术或宗教追求。他们的朝圣,因而绝少大举行事,多属个人行为,或是小规模的团体合作。

4世纪以降,教会不再纷扰如故,加上波拉女士(Lady Paula)和圣哲罗姆(Saint Jerome)等写作者一再鼓吹,朝圣的行动日渐增多,日趋盛行。基督徒礼拜圣地(Holy Land)——尤其是耶路撒冷——的动机,宗教热忱与好奇之感兼而有之,而且程度不相上下。这种风起云涌、蔚为风气的情况,《天界漫游》(*Peregrinatio aetheriae*, ca.400)的作者曾经身体力行,可为佐证。用最近一位学者的话来形容,这位女作者"手持《圣经》,视之为旅游指南"。[1] 她拟探访《圣经》所示圣地的期望,还不仅是一种虑精思熟的"旅行欲"(Wandertried):她每到一地,便回溯《圣经》上的记载,勤勤礼拜,笃笃虔信,

---

[1] 马塞尔·西蒙,《古代基督教的朝圣》("Les Pèlerinages dans l'antiquitè chrètienne"),西蒙编,《朝圣——从圣经古代与古典时期到西方的中世纪》,第10页。

不但自然合宜，而且本人几乎也已融入《圣经》事件和地点之中。总而言之，《天界漫游》作者的朝圣行，实际上已把救赎史和圣地结为一体。从埃及到巴勒斯坦这一人人向往的旅途，乃变成新旧《出埃及记》的经验复制。

除了救赎史所圣化了的探访圣地的企求外，基督徒无异于异教徒，朝圣的动机常常羼入"疗病"或"精神重生"一类于己有益的期盼。朝圣的旅程苦难丛生，可能横遭劫掠，危险不堪。从此一事实着眼，则罗马教会视朝圣为苦修或特殊意义之追寻的看法，也算合理。有时候，连教皇本人也会认为这种作为是圣举。瓦格纳（Wagner）的歌剧《唐豪瑟》（*Tannhäuser*）第一幕第三景里，那几位年老力衰的朝圣者曾经唱道：

Ach, schwer drückt mich der Sünden Last,
kann länger sie nicht mehr ertragen:
drum will ich auch nich Ruh' noch Rast,
und wähle gern mir Muh' und Plagen.
Am hohen Fest der Gnad' und Huld
in Demuth sühn' ich meine Schuld;
gesegnet, wer im Glauben treu!
er wird erlöst durch Buss und Reu'.

罪您何其重，
担担难忍受；
宁静祥和远，

唯好苦与难。
若蒙神宠顾，
谦谦补罪过；
信心人有福，
悔罪得救赎。

朝圣既然是基督徒在俗世获取"确切解脱"的不二法门，最佳之实践当然是通过苦修来悔罪。勾勒此一观念最为栩栩如生的艺术形式，无过于历史与歌剧。前者可以教皇格列高利二世（Gregory II）与亨利四世在1077年充满冲突性的相遇为代表，后者自然可举《唐豪瑟》为最佳例证。

朝圣的意义还不仅限于此，《圣经》上刻画的无家可归的基督徒漫游者又为之扩张不少。最足以显示此一观念的《圣经》篇章，厥为《希伯来书》第11章第14—16节。经文谓：基督徒"在世上不过是异乡人和流浪的旅客"；他们"渴慕一个更美的家乡"，盼望"更美好的在天上的城"。数世纪以来，此一观念迭经作家推演，或据此而为"说教的主题，或扩展而为文学的情节"。[1]圣奥古斯丁（St. Augustine）就曾经这样子

---

[1] M. H. 艾布拉姆斯（M. H. Abrams），《自然的超自然主义——浪漫主义文学中的传统与革命》（*Natural Supernaturalism: Tradition and Revolution in Romantic Literature*），纽约，1971年，第165页。另见格哈德·拉德纳（Gerhart B. Ladner），《羁旅者——异化与秩序的中世纪理念》（"Homo Viator: Medieval Ideas of Alienation and Order"），《知识宝鉴》（*Speculum*）1967年第42卷，第233—59页；乔治·H. 威廉斯（George H. Williams），《基督教思想的荒野和天堂》（*Wilderness and Paradise in Christian Thought*），纽约，1962年；W. G 约翰逊（W. G Johnsson），《伯来之书中的朝圣母题》（"Pilgrimage（转下页）

做过。在《论天主教义》(On Christian Doctrine)一书里，他以灵巧的手法结合荷马式的语言、柏罗丁式(Plotinian)的意象，以及天主教理于一体，然后堂而皇之说道："因此，我们在有生之年，在乖离上帝之后，若仍思回归故园，沐浴在神恩里，我们就得善用俗世的一切，而不是在其中放纵享乐。"[1]

诚如李柯勒(Jean Leclercq)等人提醒过我们的，基督徒放逐者的观念盛行于中世纪，早就变成很多人的"理想"。[2]至于朝圣旅行，得等到12世纪才会成为显著的精神追寻的象征。这种种引发的结果，是肉体与精神之旅的快速融合。在过程当中，实际上的朝圣行——不论是到耶路撒冷、坎特伯

（接上页）Motif in the Book of Hebrews"），《圣经文学杂志》(Journal of Biblical Literature) 1978年第97卷，第239—51页。

[1] 奥古斯丁(Augustine)，《论基督教教义》(On Christian Doctrine)，小D.W.罗伯逊译(D. W. Robertson)，印第安纳波利斯，第1卷第4章，第10页。参阅《上帝之城》(The City of God)中普罗提诺(Plotinus)对奥古斯丁的引文，马库斯·多兹(Marcus Dods)译，纽约，1950年，第9章第17节，第296页。另见克里斯汀·莫尔南(Christine Mohrmann)，《基督徒拉丁语研究》(Études sur le latin des Chrétiens)，第2卷，《拉丁语与中世纪》(Latin Chrétien et médiéval)，罗马，1961年，第75页及其后各页。

[2] 参见道姆·吉恩·莱克勒科(Dom Jean Leclercq)，《中世纪早期的修道与朝圣》("Mönchtum und Peregrinatio in Frühmittelalter")，《罗马基督教古代和教会历史季刊》(Römische Quartelschrift für Altertumskunde und Kirchengeschichte) 1960年第55期，第212—225页，以及《9—12世纪的修道与朝圣》("Monachisme et pérégrination du IXe au XIIe siècle")，《研究修道主义》(Studia Monastica)，1961年3期，第33—52页；贾尔斯·康斯特布尔(Giles Constabl)，《中世纪的修道与朝圣》("Monachisme et pèlerinage au moyen age")，《历史评论》(Revue Historique)，1977年第258期，第3—27页；以及汉斯·福尔·凡·坎本豪森(Hans Frhr. von Campenhausen)，《古代教会与早期中世纪修道主义中的禁欲性朝圣》(Die asketische Heimatlosigkeit im altkirchlichen und frühmittelalterlichen Mönchtum)，图宾根(Tübingen)，1930年。

雷、康普斯第拉（Compostela），或是罗马——已经反映出人生，反映出一个架构更大的基督教朝圣行为的过程与意义。中世纪的士林哲学强调人心的优异，与基督教朝圣观不谋而合。灵魂上升天堂实与心灵活动关系匪浅。这一点，回应了波拿文都拉（Bonaventura）一部论述的题目：《朝神而行的心灵之旅》（Itinerarium Mentis ad Deum）。圣托马斯·阿奎那（St. Thomas Aquinas）亦作如是观。他在《神学大全》（Summa Theologica）里借用圣奥古斯丁在《论福音传播者约翰》（Tractatus in Joannis evangelium, 32）里的话说道："我们之所以是'徒步的旅人'，乃因我们正在逐步朝神而行。上帝是至福的所在。要接近上帝，不能凭借'身躯的移动'，唯有畀恃'灵魂的亲炙'才能竟功。"[1]

圣托马斯·阿奎那援用的圣奥古斯丁所强调的接近神灵之法，当然是从整个天主教神学最严厉的唯心论出发的。然而在但丁的《神曲》里，天主却是可借"身躯的移动"来接近的。《神曲》里的诗人朝圣者（the poet-pilgrim）先入地狱。在历尽危难之后，他努力攀上净界山。最后，在一片眩晕当中，朝圣者登上最高天。但丁的诗行充塞"身体力行"的写实风格，数世纪以来，佳评如潮。这种风格代表诗艺上的人神同形论向教义决裂的事实。决裂的意愿愈强，游侠作风愈盛。奥尔巴赫（Erich Auerbach）曾经敏锐地指出："在但丁之前的一

---

[1] 托马斯·阿奎纳（Thomas Aquinas），《神学大全》（*Summa Theologica*），2-2, 24.4。

整个世纪里，士林哲学及其求取和谐的奋斗，已经超越了上古流传下来的机械论。后者另又本于'通俗的唯心论'（Vulgar Spiritualist）寓言。在圣托马斯·阿奎那的《神学大全》中，早已有一有机而又不失系统化的秩序。此一秩序援用开列与分类之法来定位宇宙：天主是第一序位，继之则为祂所创造的万物。这种秩序化了的系统不但有其教诲上的目的，抑且是不论静动态的万物皆能涵括在内的。"[1]此一教诲系统里的抽象成员，但丁都曾一一为之"定位，赋予名称"。他在这样做时，实则又把"'存在'化为经验；在探讨'存在'时，他同时也让世界'存在'了……"《神曲》通篇之中，但丁每每通过教义的具体演出，把教条化为戏剧。他所信仰的教义，诚如奥尔巴赫所说的："乃从天主教的赎罪史建构而来，其理论则本于圣托马斯·阿奎那。"[2]易言之，但丁认为唯有通过知识上的启迪与爱的觉醒，人类才有可能在最后与上帝结合为一。

《神曲》的时空架构浩瀚，枝节蔓延有序，实足让诗人逞其想象构设戏剧。在这种情况下，朝圣旅人的故事，无疑是组织动静、设想审判与试炼、画定逆转和延宕等戏剧成分的最佳方法。当然，《神曲》里的朝圣行非关死亡所致，作者吟咏的目的，一方面在记录自己的精神成长，另一方面则在指导芸芸

---

[1] 埃里希·奥尔巴赫（Erich Auerbach），《但丁，世俗世界的诗人》（Dante, Poet of the Secular World），拉尔夫·曼黑姆（Ralph Manheim）译，芝加哥：芝加哥大学出版社，1961年，第94页
[2] 同上注。

众生，使其沐浴在永恒的神恩中。要完遂上述目的，但丁得借助于各种已知的朝圣文献。如同尔来的研究所显示的，但丁确曾大量征引传统。[1]不过，本文由于篇幅所限，这里我不能论尽一切，所以只能择要说明。首先应该注意的是，尽管维吉尔在全诗伊始即已警告但丁：他若想走出黑森林（sefoa oscura），就得远离迷途，另寻正道（《地狱篇》，1：9-93）[2]，但是，《地狱篇》中却无一语暗示但丁有意采行天主教的朝圣观。他的冥

---

[1] 相关文献的一些简要回顾极易找到：约翰 G. 德马雷（John G. Demaray），《但丁〈神曲〉中的创意》（*The Invention of Dante's Commedia*），纽黑文：耶鲁大学出版社，1974 年，第 51—52 页。更近期的研究，参阅 R.H. 兰辛（R. H. Lansing），《但丁，〈神曲〉中的两个隐喻——海难泳者和以利亚的崛起》（"Two Similes in Dante's Commedia: The Shipwrecked Swimmer and Elijah's Ascent"），《罗曼语语文学》，1974 年第 28 期，第 161—177 页；D. 海尔布朗（D. Heilbron），《但丁的狄斯城之门及天国的耶路撒冷》（"Dante's Gate of Dis and the Heavenly Jerusalem"），《语文学研究》（*Studies in Philology*），1975 年第 72 期，第 167—92 页；G.D. 艾克诺默（G. D. Economou），《地狱第二十四篇的田园明喻及基督朝圣的不安之心》，（"Pastoral Simile of Inferno XXIV and the Unquiet Heart of the Christian Pilgrim"），《知识宝鉴》1976 年第 51 卷，第 637—646 页；D. J. 唐诺（D. J. Donno），《道德水文地理学——但丁的河流》（"Moral Hydrography: Dante's Rivers"），《现代语言札记》（*Modern Language Notes*），1977 年第 92 期，第 130—139 页；J. C. 博斯韦尔（J. C. Boswell），《但丁的典故——汤因比补遗》（"Dante's Allusions: Addenda to Toynbee"），《按语与征询》（*Notes and Queries*），1977 年第 24 卷，第 489—492 页；A. A. M. 帕索宁（A. A. M. Paasonen），《但丁的坚定之足与圭托内·达雷佐》（"Dante's Firm Foot and Guittone d'Arezzo"），《罗曼语语文学》，1979 年第 33 期，第 312—317 页；J. B. 霍洛维（B. Holloway），《塞姆斯·苏姆斯——乔伊斯与朝圣》（"Semus Sumus: Joyce and Pilgrimage"），《思想》（*Thought*），1981 年第 56 期，第 212—225 页。

[2] 《神曲》意大利语文本是乔治·佩德罗奇（Giorgio Petrocchi）为"意大利但丁学会"（Società Dantesca Italiana）所编的版本，重印于 C. H. 格兰金特（C. H. Grandgent）的版本，查尔斯·S. 辛格尔顿（Charles S. Singleton）重新修订，剑桥：哈佛大学出版社，1972 年。

府行虽说森然可怖,地狱的惨状或许也符合天主教的末世神话,不过,此一历程构设的目的是要获悉人亡故后的合理状况,不是在阐扬神恩浩荡,更非在申论悔罪能避灾免厄的事实。《地狱篇》中写朝圣群众及其行动的诗行,通常讽刺连连,例如18章第28—33行之中,即有一明喻把皮条客和诱惑者的反常行为仿之天主教大赦年时罗马的扰攘大众。很多批评家从象征的立场着眼,认为"地狱"隐喻埃及。后一国度有一切俗世的奢侈、低劣、变节与束缚。诗人一进入净界,马上察觉到自己的旅程已有不同于往昔者:他称呼自己是个"踏入朝圣首日的人"(novo peregrin,《炼狱篇》,8:4),而且全诗还有逐渐增多的细节描写和朝圣文学、游记,甚至和中古地图所绘者一致。全诗的动作和景致叙写又互相呼应,几乎已达天衣无缝的程度。例如但丁抵达诸王所在的山谷时,在崦嵫薄暮中,他回想到初识爱情的一刻:此际,远方钟声正响,仿佛在为新的朝圣者哀悼逝去的岁月(《炼狱篇》,8:416)。

很多批评家曾经观察到,净界山实为西奈山(Mount Sinai)的合成复制品,其最高峰遥对耶路撒冷,与月界接壤。炼狱里到处有危崖(《炼狱篇》,3:46—48),羊肠小径圈圈环绕,山脊曲曲折折(7:70—72),蠕岩之间豁然有旷野(9:74—78,以及12:97),斜坡则陡峭异常(4:40—43)。这些景致予人之印象深刻无比,每每教人回想起《圣经》和朝圣文学所细写的"天主的雷霆之山"。不论是净界山或西奈山,由于都在为人类象征天地结合,历历如真,所以彼此关系密切。《圣经》里的西奈山是以色列人和历史上的基督徒到达朝圣终站前必经的审判之地。在基督徒蒙受神恩、福音广被之前,天主的戒令必先在此颁布。正因上述种种,《神曲》里的诗人朝圣者事先必须经历这样一种体验:他在逐步迈向幸福升华的同时,也在逐渐净化自己的错误与罪过(12:115—136)。

这样来说,炼狱无疑深能契合其预设的宗教意义与功能。孤独的旅者若想和其他的赎罪者一样获悉更深一层的团体和灵交之感,必得亲临斯地。第一卷中,诗人的经验是既孤独又可怕,他说:"而我孤单一人。"("e io sol uno",《地狱篇》,2:3)不过,第二卷开卷不久,就在他和维吉尔在净界山前的荒岛上遇到一群访客之际,其经验已然变成一架构更大的经验的一部分了(《炼狱篇》,2:22以下)。麇集在冥河(Acheron)河畔受罚的亡魂,必须由恶魔卡戎(Charon)摆渡进入地狱:他们兀自哭泣,兀自"旅行"(《地狱篇》,3)。相反,为炼狱里的一百个灵魂掌舵的是天使。像诗人一样,这些灵魂已经开始炼狱之旅,目的地是天堂。他们走下天使的舟舶之际,齐声高唱《以色列人出埃及歌》("In exitu Israel")。这首歌是《旧约·诗篇》第114首的开卷之作,也是但丁在致斯卡拉(Can Grande della Scala)书上用来解释赎罪四义的那一首。

幽魂齐声高唱,天使画十掌舵,大伙儿终于雀跃登岸,民胞物与之情油然生焉。他们上岸后的和济之感,实可仿之史上的朝圣者践履圣地的记载。然而,比故事和事件的多义关系更具意义的,则是两位诗人和一船灵魂会面时形成的微讽之感。众灵魂兴奋地问维吉尔要如何渡到净界山麓（《炼狱篇》，2：59—60），而诗人却以一无所知婉转拒答。他说："我们甚至无异各位，也是陌生的访客。"（"noi siam peregrine come voi siete," 2：63）原文中这位罗马诗人所用的意大利文"peregrine"，实为一文字游戏，兼有"陌生人"和"朝圣者"的双关含义。但丁选用此字，或许是故意之举。由于维吉尔的命运恒已定于"遗忘狱"（Limbo），他在此一场合中确实不宜以"peregrine"来描述自己——除非他指的是不带宗教意义的"异乡人"或"过客旅人"而言。另一方面，维吉尔在原文句中又用到复数形的第一人称"noi"，也别无"诗人特权"（poetic license）可言，因为同行的但丁确为朝圣者，其命运无异于赎罪的众灵魂。维吉尔稍后更得在时机来临时离但丁而去。

两位诗人分手的一刻，发生在他们攀达净界山巅之时。值此之际，但丁已臻至意志"自由、旷达和完整"（"libero, dritto e sano"，《炼狱篇》，27：140—142）的境界。过去的罪也在升入天堂之前涤清。《炼狱篇》最后数章把他"得道升天"的这一刹那镂刻得非常仔细，从伏笔到终篇几乎无懈可击。如同艾布拉姆兹（M. H. Abrams）在《自然的超自然作风》一书里为我们恰当总结的，基督徒视生命为"艰辛的朝圣游历"（a toikome peregrinatio）的观念，本身就已包含两个主要意象：一为直线形的进程，一为圈状的回返。前者的情形，容我引艾氏的话说明：

生命是朝圣的比喻，重要非常。此一观念，乃受《旧约》中有关放逐漫游者之启发而来，尤以天主的选民出埃及一事为然。他们在旷野长途跋涉，最后进入应允之地的事实，同样具有影响力。旅行的终点设定在新耶路撒冷，实属不凡。此一地点不但是一"城市"，同时也是一"女人"。渴望一履目的地的心态，常沿袭《启示录》第22章第17节的模式，而以受邀参加婚礼的形式给表现出来："于是圣灵对新娘子说道：'来吧。'听到的人也说：'来吧。'渴望参加的人也说：'来吧。'"[1]

和直线形的旅程相伴而来的，是圈形回返的意象。《新约·路加福音》第15章11—32节，曾把此一意象的大要浓缩出来。浪子在悔罪、回见欣喜又宽宏大量的父亲之前，曾经收拾家业，"出发到远国旅行，挥霍无度，散尽千金"。天主教传统里的此一故事，长久以来就是罪恶和救赎的深刻寓言。在《神曲》里，直线形的旅程和圈形回返的意象双双重现，因为我们看到朝圣诗人辩解和圣化过程里的若干阶段。

但丁把地上的伊甸园置于净界山顶，深能吻合《神曲》构设的神学观。乐园是他穷山恶水漫漫追寻后抵达的首站。根据全诗的地理叙述，从亚当和夏娃因堕落而遭逐出乐园以来，人类已经从南半球迁徙到北半球。所以，凡人的俗眼再也不能辨识神恩的所在，天真纯洁的心灵乃一去不返（参较诗人在《炼狱篇》，1：22—28所唱的哀歌）。查尔斯·辛格腾（Charles

---

[1] 见艾布拉姆斯（Abrams）。

Singleton)在《走向贝雅特丽齐》一书中说明这点道:"一般人看到的但丁详绘的旅程路线",因而是一种想要"回归伊甸园的动作……极思回复人类在堕落以前的崇高状态"。[1]

但丁和维吉尔爬上净界山的第三天拂晓,朝圣诗人深知自己正濒临顶峰,乃将自己的感觉比喻为返乡的朝圣客("che tanto a' pellegrin Surgon piú grati, / quanto, tornando, albergan men lontani";《炼狱篇》,27:115—117)。接下来,维吉尔告诉他:凡人长久追寻的"甜美果实"(dolce pome,另请参较《地狱篇》,16:62),但丁那一天即可采得(《炼狱篇》,27:115—117)。维吉尔临去那一刻,但丁为他加冕执笏,以俗世短暂精神权威的象征来显耀他。此一举动相对地反映出一点:诗人朝圣者意志完善,颇能节制自己。

想要恢复内心的廉正,澡雪精神,不能不先洗涤污染。辛格腾谓:《炼狱篇》最后数章写人类回到自然后的完美和恩泽状态,极尽生动之能事。这两种状态,亦可在广受景仰的天主教义中找到对称的说法:依天主的形象创造出来的亚当,早就从造物主手中获得额外的恩赐。[2]但丁的诗是否实为"原始完美"(Justitia originalis)和"额外恩赐"(donum superadditum)的烦琐寓言?这个问题复杂无比,本文难以尽论。不过,只

---

[1] 查尔斯·S. 辛格尔顿(Charles S. Singleton),《贝雅特丽齐之旅》(*Journey to Beatrice*),出版时原为《但丁研究》第2期,巴尔的摩,1977年,第224—225页。

[2] 查尔斯·S. 辛格尔顿,《贝雅特丽齐之旅》,第101—116页,223—283页。

有待贝雅特丽齐（Beatrice）现身之后，但丁才能改变自己，获得救赎，却也是毋庸置疑的事实。在很多批评家眼里，贝雅特丽齐不啻基督的化身之一。《地狱篇》第二章中，维吉尔曾经提到圣露西（Saint Lucy）应圣母玛利亚之请，敦促一貌美女性从遗忘狱召唤罗马诗人前来帮助该女子的情人。所以《神曲》早在开篇之时，即已设定贝雅特丽齐为中介角色。但丁后来回想到此事，感念之余惊叹道：在地狱留下足印，导引他走向赎罪之路的正是贝雅特丽齐（"e che soffristi per la mia salute/ in inferno lasciar le the vestige"；《天堂篇》，31：80—81）。她操之虑之，对但丁的关怀诚诚笃笃。事实上，贝雅特丽齐也帮过诗人坚定信心，让他在旅途伊始就无畏于万状困难（《地狱篇》，2：127—133）。在《炼狱篇》最后一部分中，但丁一眼看到贝雅特丽齐，昔日的爱恋油然苏醒，力量之强之大，就好像她后来严斥诗人，让他痛悔不已的力量一样。但丁的悔恨，无异于赎罪之举，所以铺下最后得见上帝显灵（visio Dei）的道路。

批评家早已指出：但丁和幼时情人之间，确实有真正的感情存在。[1]然而，他们"伟大的旧爱"（"d' antico amor sentì a gran potenza"，《炼狱篇》，30—39）显然还没有"结束"，因为就全诗的神学架构来看，此一"爱情"正是驱策但丁拥抱"善"

---

[1] 参见查尔斯·威廉斯（Charles Williams），《贝雅特丽齐的人物形象——但丁研究》（*The Figure of Beatrice: A Study in Dante*）（纽约，1961年），尤其是第2—3章，及8—12章。

837

的决定性力量：贝雅特丽齐让他体认到应该爱一切"人在其背后再也找不到可爱物件的'善'"（"Per entro i mie'disiri, / che ti menavano ad amar lo bene/ di l àdal non è a che s'aspiri",《炼狱篇》，31：22—24）。重新进入净界山尖的人间乐园伊甸之后，天主教朝圣者但丁终于有幸目睹"一场盛大的演出：其动作雍容华丽，其光炽亮如旗帜，而其歌声庄严曼妙"。对批评家而言，这些奇景不啻暗示教廷人员的行进行列。他们肩负化为圣饼的基督，鱼贯而走。朝圣的人已经忏悔；他们曾经苦行，赎罪，而圣水也已涤净了他们。四大美德既然已经坚定了他们的信心，接下来朝圣者便可接受圣饼，由耶稣代其赎罪。圣饼是"食物；本身既能满足大众，也令人羡慕不已"。"朝圣者的灵魂，便因领受圣饼而与三大神学美德愈形接近。"[1]

终此情节全部，甚至包括下一篇章，贝雅特丽齐象征神圣之光的意象持续发展，气势慑人而又饶富诗意。她的眼神炯炯，笑容和蔼可亲。朝圣诗人身历其境，仿佛看到一个双重意象："如镜中之金乌，尤物光芒熠熠，一会儿眼波撩人，一会儿笑容可掬。"（"Come in lo specchio sol, non altrimenti/ la doppia fiera dentro vi raggiava, / or con altri, or con altri reggimenti"，《炼狱篇》，31：121—123）[2]。尽管但丁汲汲然如

---

[1] 德马雷，《但丁〈神曲〉中的创意》，第123页。
[2] 关于这一意象的意义，参见多萝西·L.塞耶斯（Dorothy Sayers）翻译的《但丁·阿利吉耶里的喜剧，第二部分——炼狱》（*The Comedy of Dante Alighieri, Cantica II: Purgatory*），巴尔的摩，1955年，第321页"在启示之镜（在贝雅特丽齐的眼里），但丁看到化身之爱的双重属性——时而完全神性，时而完全人性……"。

此强调，贝雅特丽齐本人所代表的意义——如同诗人后面会细细告诉我们的——实则不仅限于此端。从贝雅特丽齐重逢爱人那一刻开始，一直到最后他们朝光辉耀眼的最高天行进为止，她每每能砥砺朝圣诗人的所作所为。下引一句，可见此一关系的典型模式："贝雅特丽齐抬头仰望，我也目随她转。"（"Beatrice in suso, e io in lei guardava"，《天堂篇》，2：22）抬头谛视太阳的灼灼眼神，确实曾令凡夫俗子的但丁心仪不已，终而亦步亦趋。有人曾拿贝雅特丽齐的目光，比附一备受争议诗行里的两个意象："箭刺而下又昂然拔起的鹰隼"和"打算归乡的朝圣客"（"come pellegrin che tornar vuole"，《天堂篇》，1：51）[1]。原文里的"pellegrin"仍然一语双关，可指"鹰隼"或"朝圣者"而言。但丁心思细密，用这个字可能有意，盖两种诠释都能强化贝雅特丽齐升天或入地狱的意义。但丁的天堂之行，亦秉承此种先入地而后上天的途径而来。

艾略特（T. S. Eliot）曾经批评已登天堂的众人道："起先，这些人看来并没有像前面那些未蒙神恩的人那样清晰可辨。他们乍看虽说变化巧妙，但是，基本上仍属索然无味的至福状态的单调变化。"[2]艾略特之言仍有值得商榷之处：他或许应该

---

[1] 关于翻译此段的问题，参见多萝西·L.塞耶斯与芭芭拉·雷诺斯（Barbara Reynolds）翻译的《但丁·阿利吉耶里的喜剧，第三部分——天堂》（*The Comedy of Dante Alighieri, Cantica III: Paradise*），巴尔的摩，1962年，第352—353页。

[2] T. S.艾略特（T. S. Eliot），《但丁》("Dante")，《文选》（*Selected Essays*），纽约，1962年，第225页。《天堂》中关于发展的主题近期讨论，参见J.莱尔乐（J. Leyerle），《玫瑰轮设计与但丁的天堂》("Rose-Wheel Design（转下页）

了解，自己的评论乃是从读者或从但丁的眼界出发的。诗人写《天堂篇》的目的，是要描述一己赎罪的变迁过程，极尽曲巧之能事。他在天堂的经验一如先前两界的游历经验，基本特征是"成长"，是知识的启蒙与爱情的强化，而不是在瞬间获悉人生至理，或是要澄清自己的情感。但丁到达第一重天月界时，有灵魂在他眼前现身。此时，贝雅特丽齐的谆谆教诲之中，便明白包含"神的宽容"等万人景从的教理，裨益诗人，也裨益读者匪浅（《天堂篇》，4：37—43）。稍后，贝雅特丽齐复劝但丁要敞开心胸，牢记她曾经为他揭示的一切：不经过记忆保存、内化，知识不可能会存在（《天堂篇》，5：40—43）。

因此，朝圣者内在的转变，才是情节中真正具有动力的元素；统一整个行动并赋予其真实感与激动人心的，不是对等级、阶层或各重天体的描写，而是诗人体之察之的与日俱增的经验。如果像艾略特所说的天堂里的圣徒真的"看来并没有像前面那些未蒙神恩的人那样清晰可辨"，这是因为朝圣者的眼光尚得调适于眩晕的天光之故。但丁最后行进到最高天（《天

（接上页）and Dante's Paradiso"），《多伦多大学季刊》（*University of Toronto Quarterly*）1977 年第 46 期，第 280—308 页；J. L. 米勒（J. L. Miller），《但丁之天堂的三面镜子》("Three Mirrors of Dante's Paradiso"），《多伦多大学季刊》1977 年第 46 期，第 263—79 页；D. M. 默托（D. M. Murtaugh），《天堂的描绘——翻译但丁之天国的符号》("Figurando il paradiso: The Signs that Render Dante's Heaven"），《美国现代语言学协会会刊》（*PMLA*）1975 年第 90 卷，第 277—284 页；J. A. 马佐（J. A. Mazzeo），《但丁与波琳的视觉模式》("Dante and the Pauline Modes of Vision"），《哈佛神学评论》（*Harvard Theological Review*）1957 年第 50 期，第 275—306 页。

堂篇》，31），此时他已完全可以适应天光了。于是，连蒙恩灵魂的主人也变得"清晰可辨"，而灵魂个个又触手可及。但丁在旅程最后阶段里所体会到的，实为一连串的惊奇、敬畏与愉悦之感。《神曲》的叙述者为了吐露这些感觉，再度使用到朝圣行的各种意象。史诗诚然雄浑，其时空背景却是灾厄频仍的1300年复活节那一周。这一年的2月22日，博尼费斯（Boniface）教皇敕书诏曰："我们……赐福那些真心忏悔的人。他们会悔罪，每隔百年即可行近（彼得与保罗的）这些巴西里加（Basilica）教堂。我们全然赦免他们的罪愆，给他们最盛丰的福。"[1]

浸淫在这类形式中能够产生什么效果？但丁可能对此嗤之以鼻。不消多说，他一向敌视罗马教皇及其腐败的教会。不过，我们却不能因此而否认他对罗马城关怀有加。罗马不仅是俗世朝圣者渴望一履的地方，也是所有精神之旅最尊贵的终站。因此，在诗人朝圣者将抵达自己目的地——亦即天界的玫瑰之城——之时，他把自己的茫茫然比诸北方蛮人之兵临罗马城下。铁骑达达，而首先映入蛮族眼帘的，正是光芒万丈的拉特兰教堂的高塔（"Se i barbari, …/ veggendo Roma

---

[1] 皇敕文的拉丁文原版见于《1300禧年——14世纪主教斯内斯基手稿中的历史与教皇诏书》(*L'anno santo del 1300: Storia e bolle pontifice da un codice del sec. XIV del Card. Stefanischi*)，罗马，1900年，第30—31页。所引用的英译源自赫伯特·瑟斯顿，《圣年——罗马天主教大赦年的庆典与历史札记》(*The Holy Year of Jubilee: An Account of the History and Ceremonial of the Roman Jubilee*)，马里兰州：威斯特敏斯特，1949年，第14页。

e l'ardüa sua opra；/ stupefaciensi, quando Laterano/ a le cose mortali andbò di sopra"，《天堂篇》, 31：31—36）。但丁又两次自喻为朝圣者：第一次他环顾周遭，希望知道身在何处，然后他认为自己是在誓言之寺里重获新生的人（《天堂篇》，31：43—45）；第二次他则称呼自己是从克罗地亚（Croatia）来的朝圣者，想要前往罗马瞻仰圣维罗尼卡（Saint Veronica）的帕子（《天堂篇》），31：103—104）。这件圣物供奉于圣彼得教堂之中，每年一月和复活节前一周开放供人膜拜。尽管如此，但丁稍后很快也会了解，自己已经不需借用象征或圣物来寻求精神满足之感了：地理上的神圣处，最后也会融入灵视和赞美的喜悦之中。在不多久后，他也会蒙神眷宠，目睹"无尽善"的光辉。这种"机缘"，笔墨不足以馨述；这种"目睹"，最后会让但丁解脱出俗世的羁绊，心灵终于获释。

二

众所周知，《神曲》的情节建立在想象性的旅程上面；但丁既是朝圣者，也是身历其境的叙述者。从全诗的表面故事来看，但丁在《地狱篇》一开头即进入冥域。然后在维吉尔的引导下，他成功登上净界山的对蹠之地。他从山巅飞越地表，最后又升入天界。我们回顾一下整个旅程，可以想见这种安排必然别有意义。进入地狱，不啻等于天主教朝圣者之进入埃及。登高而行，耶路撒冷就在地球中心遥望炼狱的锡安山（Mount Zion）。诗人最后的旅程，是从巴勒斯坦航向罗马，以便瞻礼圣彼得教堂供奉的圣维罗尼卡的帕子。约翰·迪马瑞(John Demaray)所言不虚:全诗"回顾今世,虽然这并不意味着作者要我们认同俗世。诗中的朝圣途径,是活人所能践履的最蒙神恩的路。之所以如此,缘于此一路途所经皆为《圣经》地理上的最神圣之地。坚忍不拔的朝圣者所以漫漫跋涉,不过是为了要在人世时能一睹上帝显灵"。[1]

由于作者最深层的企图,是要我们把全诗视为虚构与事实两皆有之的作品,传统批评家认为《神曲》若非"诗之寓言"(allegoria poetica)便是"神学寓言"(allegoria theologica)的看法,因而颇有商榷的余地。[2]就某一层面言,诗人的经验和灵视确属向壁虚构,文学性强。但是,即使我们把全篇视为"诗",其中所涵括的"真理",就作者之了解而言,竟然又是如此接近《圣经》中所揭示:诗人在字里行间显现出来的企

---

[1] 德马雷,《但丁〈神曲〉中的创意》,第92页。
[2] 参见查尔斯·S. 辛格尔顿,《但丁研究》(*Dante Studies*)第1册第1章,坎布里奇:哈佛大学出版社,1954年;让·庇平(Jean Pepin),《但丁和寓言传统》(*Dante et la tradition de l'allgorie*),蒙特利尔,1970年;R. H. 格林(R. H. Green),《诗人们的但丁寓言及诗化小说的中世纪传统》("Dante's 'Allegory of the Poets' and the Medieval Tradition of Poetic Fiction"),《比较文学》(*Comparative Literature*)1957年第9期,第118—128页;查尔斯·S. 辛格尔顿,《不可简化的鸽子》("The Irreducible Dove"),《比较文学》1957年第9期,第129—135页;R. H. 霍兰德(R. H. Hollander),《但丁〈神曲〉中的寓言》(*Allegory in Dante's "Commedia"*),新泽西州:普林斯顿,1969年;以及《但丁的"充满学究范儿的诗人"》("Dante 'Theologus-Poeta'"),《但丁研究会和但丁研究会年度报告》(*Dante Society and Annual Reports of the Dante Society*)1976年第94期,第192—193页;J. A. 司各特(J. A. Scott),《但丁的寓言》,("Dante's Allegory"),《罗曼语语文学》1976年第26期,第558—591页。

图，还要加上把自己以外的朝圣者引领向至福视境一事(《天堂篇》,1：13—36)。

如果我们把《神曲》和晚出200年的中国伟构《西游记》加以比较，我们会发现其中确有近似与可对比之处。《西游记》最异于《神曲》的地方，莫过于中国这部史诗性的小说乃取材自宗教史上最受颂扬的朝圣旅程，亦即唐三藏历时17年（在小说中为14年）的西天取经故事。《神曲》结尾处皆大欢喜，《西游记》亦然。两部作品因而皆属所谓"高级喜剧"的模式。话虽如此，《西游记》中不乏低级喜剧的成分，却也不容否认。这种"成分"，几乎是乔叟式（Chaucerian）的笑闹与政教讽喻。当然，两部杰作的这种叙述语调和特征上的大幅对比，倒也不应蒙蔽我们的观点，不该让我们误以为《西游记》远非《神曲》之属。事实上，此一中国名著不仅为一气势磅礴的虚构作品，同时也是一复杂多端的寓言：唐三藏"朝神而行"的戏剧，乃是借作品的文字与譬喻意义之交错而逐一搬演的。

我认为《西游记》的意义至少可从三个层面来谈：首先，这是一出身历其境的冒险犯难的传奇。其次，这也是一则演示佛教业报（karma）与解脱观的故事。最后，小说中所涉及的内外修行的哲学与宗教内容，又是在说明这是一部寓言。

大众对于玄奘的故事不但不陌生，反而爱好有加。此一故事在发展成今日的百回本之前，在历史上业经千年演变，内容实为点滴聚成。就《西游记》在明代所发展出来的成熟架构观之，我们或许可以说：百回本的作者确实已为玄奘的故事找到最终极也是最合宜的形式。在故事演化史的早期舞台上，明人所撰的《西游记杂剧》，同样拥有类似说部的一些特色，如近24折的篇幅即属之。[1]然而，不管《西游记杂剧》有多长，到底还是不能和《西游记》的恢宏气派相比。后者故事绵延的时间长远，地理辽阔，朝圣之行的发展又枝节蔓延，在在都不是《西游记杂剧》所能望其项背。《西游记》的作者——不论是吴承恩或另有其人——在决定用章回体来衍述此一人尽皆知的故事时，确能体察时势，为自己的小说提供足够的篇幅，以便容纳他所喜欢的前人相关之作，顺便也结合了另行选择或独自创造的细节。

实际上，我们若比较百回本与前本，甚至是史上玄奘的朝圣故事，我们会发现此一明本最大的特色，确实就是在所谓"创造性"上。尽管玄奘的冒险事迹可于正史及其弟子为他所立的传记中看到，但这部小说的基本设定却几乎不遵循历史小说所应遵循的原则。《西游记》的作者在营构取经的旅程时，少假已知的历史材料。相反，诚如近来某中国批评家坚称的，小说里的"真实人生基础"（Sitz im Leben）除了设立在西南中国以外，另有其他。[2]单就小说的表面地理细节观之，也足以

---

[1]《西游记杂剧》收于隋树森编《元曲选外编》（全三册），1959年，中华书局，第2册第633—694页。
[2] 参见苏兴《追踪〈西游记〉作者吴承恩南行考察报告》，《吉林师范大学报》1979年第61期，第781—792页；以及其《追访吴承恩的踪迹》，《随笔重刊》，1979年第3期，第131—151页。

显示作者无睹于玄奘自撰的《大唐西域记》的事实。作者反而用了很多在江苏淮安才找得到的地名。这种写作上的安排，无疑可以引发读者的熟悉感，进而激发他们的兴趣。西向朝圣的丰富想象特质，同时可以在这里见出。

当然，这样说并不意味着作者不关心历史上的真正朝圣行。只要时机得当，他同样会援引史实，取得很好的效果。唐太宗为答谢取经人而颁赐的《圣教序》，就是一例。在中国历史上，太宗钦赐《圣教序》时，玄奘已东返中土，甚至已经译毕浩繁如史诗的《瑜伽师地论》。[1]在《西游记》中，此一敕文却是由太宗以口头颁布，事在玄奘归来当下，地点则为唐京长安。这种更动虽然无关宏旨，却增强了君臣重逢的戏剧力量，也为玄奘的虔诚与成就印证一番。所以序文内容或与史笔略有不符，意义却远迈之，毫无不及之处。只要一睹小说里《圣教序》述及的旅程艰辛之处，我们即可察明上文的正确性："我僧玄奘法师者……翘心净土，法游西域；乘危远迈，策杖孤征。积雪晨飞，途间失地；惊砂夕起，空外迷天。万里山川，拨烟霞而进步；百重寒暑，蹑霜雨而前踪。"[2]

太宗数语即尽括玄奘所历的艰辛，或许也曾挑起作者的奇思瑰想，进而渲染旅程的经过。在小说所写的各个枝节里，我

---

[1] 参见慧立与彦悰，《大唐大慈恩寺三藏法师传》，卷6，10a—17b；及亚瑟·韦利（Arthur Waley），《真实的三藏及其他》（*The Real Tripitaka and Other Pieces*），伦敦，1952年，第92—95页。
[2] 本篇所引《西游记》均选自余国藩翻译的《西游记》英译本（全四册），芝加哥，1977年至1983年，以下简称为《西游记》。

们从 43 回的黑水河、54 回的西梁女国、59—61 回的火焰山，一直到 64 回中横亘八百里的荆棘岭，在在皆有幸伴随取经人探访域外的诡谲，随着情节的波动而翱翔在想象里。虽然这些叙述荒诞不经，但是《西游记》的目的并不仅限于此；旅程和冒险只是万端之一。读过《西域记》的人，可能会对玄奘所历各地的风土民情感兴趣，但是《西游记》真正让人萦绕心头的，却是取经人遭禁受困仍一往无悔、勇于通过试炼的努力。困难万状，使取经之行的苦痛更加显眼，形成小说的大主题。玄奘餐风眠月，无时不为自然蹂躏，一无依恃。读小说的人很少略过这点，因为书中的取经人确实不是受人供养的一般僧伽，不是我们常见的出家人。尽管虚构中的三藏一反史上悄然出关的玄奘，并且曾经和太宗义结金兰，西向时又劳主远送，十分感人，但他在遥无尽期的旅行中，却遭贬为在夹缝中求生的"贱民"。他是一个"行脚僧"；无论就字义或喻义而言，他都无家可归。由于急于取经朝圣，他甚至会在特殊情况下和结伴同行者发生争执（例如第 16 回与 36 回）。

除了因自然失调引起的灾难外，玄奘也一再遭遇强匪拦路。贪官昏君无厌索求，妖魔鬼怪觑盯不已，甚至是天神地祇都会屡加磨炼。种种的苦难，玄奘都得以坚忍的毅力承受。他的精神照亮了人心的隐晦无力之处，也为第 87 回末他哀诉的诗行加深沉痛之感：

自从别主来西域，递递迢迢去路遥。

847

水水山山灾不脱，妖妖怪怪命难逃。
心心只为经三藏，念念仍求上九霄。
碌碌劳劳何日了，几时行满转唐朝！

（《西游记》，第 986 页）

更有甚者，这种精神也究明了首徒悟空在师父遭假扮佛祖的妖邪所擒后，悲嗟之下失声问天的话："师父啊！你是那世里造下这迍遭难，今世里步步遇妖精。似这般苦楚难逃，怎生是好？"（《西游记》，第 750 页）

悟空的话虽然只是率性在表面上抗议一番，实则却指涉到《西游记》的第二个大主题。玄奘的西行绝非一般的朝圣之旅，因为此一旅行乃由皇帝下诏成行，不类其历史上的对应之举。而且，取经虽然是西行的借口，旅行本身却已超越了我们所知的史上玄奘的西行关怀。

《西游记》强调的宗教上的中心课题，十分类似但丁的《神曲》，恒与个人的救赎有关——玄奘或者是众徒的"救赎"。虽然如此，我们也得了解到：上面这个简单的神学用语在两部名著中的意义尽管差别不大，但是细究之下仍然有其不同之处。但丁身为诗人朝圣者的角色，在天主教人皆有罪的教义前提下，可谓生来即已决定。这一点，全诗伊始——就在他踏上旅途之时——即已借由"黑森林"象征出来了。有一位《神曲》的现代编者，则干脆注明"黑森林"实指"蒙蔽人心的罪恶生活"("la vita del peccato, che ottenebra la mente")[1]。但丁最后升上天堂之前,还得在净界忏悔,涤清在今世所犯的罪愆,其中包括贝雅特丽齐十分不以为然,因而横加斥责的知识虚无感与对爱情的不忠(《炼狱篇》,31:58—63)。另一方面,中国小说里的各个角色虽然也需要"救赎",不过他们却是因为此前曾干犯天条,致使今生必须蒙受苦难。单就玄奘的四徒而言,还不仅仅这么简单,因为即使在转世投胎以后,他们仍然不知悔改,罪孽更深、更重。

如同众徒在第81回指陈历历的玄奘必须经历的赎罪过程,包括他遭贬、回生阳世,以及取经过程中的各难。第81回里,悟空亦曾费辞为八戒说明师父为何会罹犯病厄。两人间的对话如下:

> 行者道:"……你不知道,师父是我佛如来第二个徒弟,原叫做金蝉长老;只因他轻慢佛法,该有这场大难。"八戒道:"哥啊,师父既是轻慢佛法,贬回东土,在是非海内,口舌场中,托化做人身,发愿往西天拜佛求经,遇妖精就捆,逢魔头就吊,受诸苦恼,也够了;怎么又叫他害病?"行者道:"你那里晓得,老师父不曾听佛讲法,打了一个盹,往下一试,左脚下躧了一粒米,下界来,该有这三日病。"
>
> (《西游记》,第923页)

这种关乎玄奘何以成疾的解释,幽默中不乏严肃,当然是

---

[1] G. M. 塔姆布林尼(G. M. Tamburini),参见但丁·阿利吉耶里《神曲》,G. M. 塔姆布林尼编,佛罗伦萨,1959年,第21页,编号2。

善用喜剧心灵推衍的结果。所以八戒闻言之后,惊吓道:"像老猪吃东西泼泼撒撒的,也不知害多少年代病是!"[1]虽然如此,玄奘的苦难却是处处如一,真而又真。

倘若三藏必须借朝圣过程修得的功果之助,才能了还前世的业障,他的徒众也不会是例外。我在英译本《西游记·导论》里曾经说过:"加上龙马在内的四众,皆曾因犯错而遭贬。悟空的名头大,种因于大闹天宫。八戒、悟净和龙马,则分别因带酒戏弄嫦娥,失手打破蟠桃会上玻璃盏,或是纵火烧了殿上明珠而遭斥逐出天界,在凡间受苦受难。"[2]

神仙妖怪不断在全书中出现,或威胁,或色诱,在在考验取经五圣。这些考验之中,有无数次涉及旅次所遇的人或非人类;其呈现之方式,则每每以强化佛家的业报观作结。朱紫国国王以前曾不经意一箭射中佛母的孔雀,他的王后稍后便有灾难,遭观音的驮兽金毛犼绑去三年(第71回)。凤仙郡守同样因为先前将斋天素供推倒喂狗,造有冒犯之罪,玉帝便罚该郡干旱三年(第87回)。种种危机皆有因缘,不过最后终能赖取经人之助而化解。不论如何,这些故事都应了中国俗谚所谓的"一饮一啄,莫非前定"一语(《西游记》,第456页)。第99回告诉我们:玄奘总共经历了八十一难。此一圣数乃由九九的倍数得来。事实上,在佛祖座前几无一笔之误地记录玄奘历难次数的菩萨,正是重要性无与伦比的观世音。取经快要行满功

---

[1]《西游记》第4册第90页。
[2]《西游记》第1册第55页。

圆之际，菩萨突然在历难簿上发现尚缺一难，于是疾疾如律令，连命揭谛还生一难。如此才九九归真，完成圣数。

观音在小说中的地位十分特殊，因此，取经人师徒临近长久追寻的目标之际，她乃再度扮演护佑者的角色，非常得宜。我们还记得：第8回在西天极乐世界里，观音曾经当着佛面许下宏愿，发誓前往东土寻觅取经人。我们又记得：众徒尚为罪身时，劝化他们皈依佛门以便护送唐僧西行的菩萨也是观音。[1]

取经人启程后，观音复令山神土地一路庇护。在旅途中，只要时机成熟，她也会为唐僧耳提面命。取经徒众在取经行前半段中一遇危难，她更会挺身而出，除妖释厄，而且常是关键性的济助。虽然观音和唐僧之间没有任何浪漫韵事，但是她所扮演的调解人角色，确实可以方之《神曲》里的贝雅特丽齐。第8回观音奉旨前往东土，叙述者在所吟的诗中，便称观音为"求人"者："愿倾肝胆寻相识。"（《西游记》，第82页）。由于观音一向救苦救难，慈悲为怀，她的旅程当然会如叙述者二度的预言，以"佛子还来归本愿"（同上页）作为结束。若从小说的整体架构来看，我们还会发现三藏的取经行和但丁的三界之旅另有一些有趣的类似处：除了回返、复归之外，两人的朝圣行还应该包含为求救赎所做的改变。

从观音本身及其使命来看，她或许可以象征天佑与驱使人心升华的力量。维吉尔在但丁的诗中扮演的角色，兼具引

---

[1]《西游记》第1册第42—43页。

导与保护二者。这种双重身份，在《西游记》中，则由三藏的众徒——尤其是悟空——来担任。行者法力高强，不仅可以保护师父，使其免于叛神劣妖骚扰，而且每每亦能和师父互易地位，"教导"他取经的真正意义。第85回三藏辞别钦法国后，再度西行，忽见一座高山阻路，"远远的有些凶气，暴云飞出"，不免懊恼有加，恐惧不安。悟空闻言，乃笑着和师父"对答"起来：

"（师父，）你把乌巢禅师的《多心经》早已忘了。"三藏道："我记得。"行者道："你虽记得，还有四句颂子，你却忘了哩。"三藏道："那四句？"行者道："佛在灵山莫远求，灵山只在汝心头。人人有个灵山塔，好向灵山塔下修。"三藏道："徒弟，我岂不知？若依此四句，千经万典，也只是修心。"行者道："不消说了。心净孤明独照，心存万境皆清。差错些儿成惰懈，千年万载不成功。但要一片志诚，雷音只在眼下。似你这般恐惧惊惶，神思不安，大道远矣，雷音亦远矣……"

（《西游记》，第966页）

我们在此一简短的情节里所见到的，可能是全书第三个大主题的清楚显示：旅程不啻是修心的过程。

研究中国思想史的学者都知道：修心必然得先净心。这是新儒学的思想家共同的认识。从朱熹到王阳明，从邵雍到罗钦顺、高攀龙，以及焦竑等人，皆曾大力倡导过修心的重要性。这些人物也曾举出各种不同的修心之道，以便说明能够成就的程度。除了新儒家的诠释外，佛教的禅宗勠力强调的，也只在于一个"心"字。浦安迪（Andrew Plaks）说得不错："心所凝聚的般若波罗蜜智慧，恰好可以为我们提醒此一事实。不过，（类似禅宗的）同一基本讯息，也几乎尽可以自中国其他著名的佛典里看到。"[1] 只要我们仔细阅读，新儒家与禅宗所强调的修心之道，皆可在《西游记》之中发现。民间传统或是《西游记》前本里的三藏，甚至是明代百回本里的同一角色，都喜欢诵读《心经》。小说的叙述本身，也不断地在玩一些诸如"心猿"等大家耳熟能详的隐喻。心与佛性的结合，更不时在小说中现身。我们只要参阅第14回序诗的前四行，即可洞见此一事实："佛即心兮心即佛，心佛从来皆要物。若知无物又无心，便是真如法身佛。"（《西游记》，第153页）

虽然小说里的玄奘在西行之前即已说过"心生，种种魔生，心灭，种种魔灭"（《西游记》，第143页），但是他在故事中的经验，却一再告诉我们上引之言不过是喜剧性的反讽罢了：玄奘实则不知这些话的真谛。在取经朝圣的过程中，他

---

[1] 浦安迪（Andrew H. Plaks），《〈西游记〉和〈红楼梦〉中的寓意》，("Allegory in Hsi-yu chi and Hung-lou meng")，《中国叙事——批评与理论文汇》（Chinese Narrative: Critical and Theoretical Essays），普林斯顿：普林斯顿大学出版社，浦安迪编著，1977年，第182页。关于中华帝国晚期的"修心"详情，参见朱蒂丝·A.柏林（Judith A. Berling），《林兆恩的融合宗教》（The Syncretic Religion of Lin Chao-en），纽约，1980年，第90—144页，以及《融合之路——内丹道学心法与新儒学的互动》("Paths of Convergence: Interactions of Inner Alchemy Taoism and Neo-Confucianism")，载于《中国哲学杂志》（Journal of Chinese Philosophy）1979年第6期，第123—147页。

不时因"心生"——或因有疑惧之心，愚骏之心，毁誉之心，贪逸恶劳之心——而频频落入魔掌，尝尽苦楚。在这种情形下，真正能解其心悬，安慰之、济助之，而又时刻为他反复致意"无心"与"离心"之重要者，唯悟空而已。在小说中，三藏始终懵懂，但是到了第 93 回，他终于能够体会出这位大徒弟的言下之意了。于是他心生感激，道："悟空解得是无言语文字，乃是真解。"（《西游记》，第 1051 页）这样来说，《西游记》中显示的心生心灭的深奥吊诡，无疑便可用下面的话来总括：身受圣言如《心经》之教诲，又复持有法具符咒如紧箍儿与定心真言的人，如果要诸事顺遂，成就果业，仍然随时得仰仗"心"之济助。

正因为心的各类意象在《西游记》中地位是如此明显，有人便禁不住要视该书通篇为寓言了。隐喻的是什么呢？晚明新儒学的理想主义。这种看法或许不失正确，但是，我们若仅随清代编者张书绅作如是观，不免会犯了盲人摸象之病，无睹于小说多义结构里的其他成分。因此，我们必须记住：《西游记》强调的不仅止于修心的寓言，还应该包括修身、修道和修炼等课题。如此观之，反映各种修行的意象，便又会凸显出所谓的"炼丹之术"。

这个课题——容我指出——实则已涵摄在第 85 回悟空引用过的诗中。他三度提到的"灵山"一词，并不完全指佛祖所居，或是取经人极思一履的宗教圣地，也不一定是心的譬喻之词。虽然我尚待辨认其正确位置，但是在炼丹术语中，"灵山"确指人体的某一穴道。此即为何取经过程最后一段的灵山之行,恒有一定程式遵循之故。三藏师徒走到灵鹫山脚时,经金顶大仙延入一座道观。此一道观名唤"玉真",别具意义。而要攀上灵鹫,抵达目的地,唐僧便得让金顶大仙"接引旃檀上法门"。小说接下来又道:"原来这条路不出山门,就自观宇中堂",而"穿出后门便是(灵山)"(《西游记》,第1103页)。对一般门外汉来讲,上面的引文了无大意,但是,对近年来中国台湾道教团体出版的《西游记释义》的编者而言,可就大异其趣了。此一编者认为这一段语意含糊的地理叙写,实则可以证明灵山隐于人体之内的说法。[1]

我们或许不用过分强调这类细节上的巧合,但是,我仍然得指出上述的事实和炼丹术的目的若合符节。悟空有一首自叙诗,提及他所以成仙了道乃因异人点化,再经修炼完成:"他说身内有丹药,外边采取枉徒劳。"(《西游记》,第193页)这种成仙之道的观念,道教历代宗师以及职业炼丹术士都同声接受。[2]返老还童,长生不老,凭借的不是外丹药石,而是真正具有保健功效的内丹功夫。其修行方法,诚如一篇开创性的鸿文所说:

---

[1] 陈敦甫编:《西游记释义》,中国台北,1976年,第1150页。
[2] 由中国行家能手提出的炼丹术,详见李约瑟的《中国科学技术史》,剑桥大学出版社,1980年,第5卷第4分册,第211—323页。此卷集中于外部和原型化学的技能,接下来的第5卷第5分册将聚焦于该技术的生理层面。近期关于炼金术术语多义性的有益研究是陈国符的《道藏经中外丹黄白术材料的整理》,《化学通报》1979年第6期,第78—87页。

（修习内丹）必须结合两个重要性不相上下的观念。首先，重要的体液必得逆常轨而行。其次，修炼者得在冥思中感觉到五行反其道循环。第一个观念，即体液之逆常轨而行，特别可以应用在唾液及精水的制造上面。第二个观念和炼丹术士相传的五行相生之道有关。这些术士认为他们可以控制万物正常运作的过程，甚至倒转之——此即术语中所谓的"颠倒"。[1]

我们披阅《西游记》时，必须了解小说中往往沿用上引的两个观念，而且每有独到得体的写法，令人刮目相看。

我在英译本的《导论》里又曾说过，五圣之名和五行有极其显著的对应关系。此一关系，进一步配合上不同的内丹系统与功能。[2]因此，就像《神曲》里的但丁，《西游记》的作者也将静态的内丹术语转化为动态的情节布局，而且极其成功。由于此一复杂的系统使然，小说家不仅可在回目和证诗中用典，以评论取经人的经验作为，抑且还能赋予特殊的地理景观以象征意义。第44回讲车迟国道士欺凌佛僧，悟空棒杀两个道士，

---

[1] 鲁桂珍（Lu Gwei-Djen），"内丹：中国生理炼丹术"["The Inner Elixir (Nei Tan) Chinese Physiological Alchemy"]，《科学史的转变视角——纪念李约瑟文集》（Changing Perspectives in the History of Science: Essays in Honor of Joseph Needham），米库拉·泰奇（Mikuláš Teich）、罗伯特·杨（Robert Young）编，伦敦：海尼曼教育（Heinemann Educational），1973年，第74页。"颠倒"一词在此尤为重要，因《西游记》第二回菩提祖师在传授孙悟空长生不老的秘诀时说道："攒簇五行颠倒用，功完随作佛和仙"，《西游记》第1卷第88页。

[2]《西游记》第1卷第36—52页。另见张静二，《〈西游记〉的结构与主题》，《淡江评论》，1980年第11卷第2期，第169—188页；傅述先，《〈西游记〉中五圣的关系》，载于《中华文化复兴月刊》1976年第9卷第5期，第10—17页。

又捣毁了一部车子,然后释放了500名惨遭迫害的和尚。原来情形是这样的:这些道士逼迫众僧,令他们把车子推上一条陡峭的山脊。悟空路见不平,出棒相助。我们在阅读此故事时,最感兴趣、最急于一探的,可能是回目和正文前半部公然提到的"车"和"脊关"二词。

对不谙炼丹术语的读者来讲,正文中的散文部分,不过是一平常的客观描写而已。但是,对于浸淫在秘术中的龙门编者而言,这部车子无疑是在隐喻"河车"。在传统的炼丹术中,此一名词指一车药材之量或体液的逆转过程。若由这两层意义着眼,则"脊关"事实上便指涉体液在脊椎骨内逆转时所必须经过的部分。胡适曾指控《西游记》的传统编者评者语多"荒诞不经"。如果上述当代寓言家所做的说明恰如胡适的指控,那么我们至少得浏览一下明载此类过程的无数丹经,看看其中为我们描述了什么样深刻的意象:"抽铅添汞,运大药为过关,一路如河中车水,逆流而上,然后送归黄庭也。"[1]一旦了解上引这一小段话的含义,我们就不难想象《西游记》的作者为何会把第44回的故事所在定名为"车迟国"了。此外,认识到此一观念,还可以帮助我们设想到一个有趣的类比:《西游记》中的取经人师徒,实则十分像阿西莫夫(Issac Asimov)

---

[1] 见戴源长编《仙学辞典》的"大河车"条目,中国台北真善美出版社,1962年,第35页;另见《西游记释义》,第347—349页。"河车"的意义,另见李约瑟《中国科学技术史》第5卷第4分册,第254—255页;李叔还,《道教大辞典》,中国台北巨流图书公司,1979年,第405页。

的《狂想之旅》（Fantastic Voyage）里那些缩小身躯、顺血管航行的人。他们都是在进行"体内之旅"。这种比较倘有不谐之处，原因是中国作家的技巧过高：他几乎不动声色，只是静静地在写作。近400年来，《西游记》的读者只是为故事而读小说。就像阅读《神曲》的人一样，他们鲜能观透"怪异诗行所包裹的教义或微言大义"（"la dottrina che s'asconde/ sotto il velame de li versi strani"，《地狱篇》，9：63—64）。虽然如此，小说的寓言企图仍有其一贯强调之处，而且包罗万象，即使写景也不曾放过。第67回写取经人通过一条狭长隘口，路上尽是恶臭熏天的腐烂柿子。这一条"稀柿衕"，便是在用隐语及字音比喻人体内的结肠。第59回中，三藏路阻火焰山，火势摧枯拉朽，灼灼逼人，不亚于《地狱篇》第14章中但丁所写的火沙海。待取经人一行安然通过此山后，叙述者又以如下的观察开启下一枝节："……唐三藏师徒四众，水火既济，本性清凉。借得纯阴宝扇，扇熄燥火遥山。"（《西游记》，第709页）

这种"内化旅行"，每为寓言文学家所爱用，也道尽我在讨论此一特殊朝圣行时所谓的"反朝圣"（antipilgrimage）的成分。《西游记》的架构，大致受制于玄奘西行的史实。虽然如此，故事的表面动作却毫无顾忌地在寻求一个"终极的解脱之道"。而要完遂此一目的，当然得等到三藏师徒抵达灵山之后。至于小说里的寓言成分，则通篇在嘲讽、讥诮任何盲目依赖距离感和外在事件的效果的人。朝圣者的终极回报虽然仅能从圣地获得，但是此一"地点"近在眼前，实则存在于体内。

实际旅行所遭遇的艰辛,我们也可将之解释为修心炼丹时的不定与变化,例如:心浮气躁,错误屡犯,魔幻欺诈,走火入魔(参较提及"旁门"的各回),怠惰分神,好为人师(第88—94回),等等。

值此之际,有人或许会问道:百回本的作者为何要借用内丹术来架设其部分的寓言体系?如果我要一丝不苟地答复此一问题,无疑便得强调作者及其读者所处的明代中国的文化与思想环境。就本文的篇幅而言,我实在无力来研究、省思这个大课题。不过,问题的初步答案,或许可以从《西游记》不经意流露出的戏谑感中找到。此处我仅举"上西天"一语为例说明。须知在中文的俚俗用法里,"上西天"一词每指"死亡"或"死亡的状态"而言。这种用法,作者显然了然于胸,一有机会,他都会用来制造幽默感。在第39回里,乌鸡国王已溺毙了三年,后来经过众徒奔走,才告还阳。众徒留他在身边,权充个唤使的"老道"。他们上朝廷倒验关文时,假王疑心老道的身份。此时,作者便让悟空回道:"陛下,这老道是一个喑哑之人,却又有些耳聋。只因他年幼间曾走过西天,认得道路。他的一节儿起落根本,我尽知之……"(《西游记》,第452页)第78回的白鹿精也用过此一惯用语质问取经人:"西方之路,黑漫漫有甚好处!"(《西游记》,第896页)由此可知:《西游记》到处充斥活生生的俚语。因此,其含义就不仅止于西行的目的地,不只是如来佛驾之所在,而应该包括凡人皆得面对的骇人结局。如此一来,取经朝圣之旅的意义,便在刹那又扩大架构，变成更具共性的生命朝圣行。易言之，取经行已变成人类的死亡之旅。如果我上面所言属实，那么，接下来还有一个问题：博学多闻天才洋溢的《西游记》作者借由寓言形式来叙写修身炼丹，以便超脱凡人成败愚得的章法，是不是太过怪异牵强呢？

取经人抵达佛驾所在的灵山时，小说的发展也达到最高潮。就在此刻，佛道意象互通有无，昭然焯然。三藏师徒终得真经一景固然可见此一事实，第 100 回回目上公然使用的"五圣成真"一语，亦可印证之。灵鹫山在凌云仙渡彼岸。河水湍急，取经人得由宝幢光王佛掌舵，像《神曲》里泛舟而行的灵魂一样，乘无底船横越苍溟。舟行河中，玄奘看到上游漂下自己的本骸，不禁大惊。小说便如此这般，把道教用的"尸蜕"一语糅合进佛家"脱骸"的观念之中。

虽然取经五圣最后因成佛而欢欣不已，不过《西游记》即使到了最后一回，仍然不断地在思考成仙成佛的妙道。就在越过凌云渡后，小说中的"有诗为证"再度为我们提供了一个例子：

脱却胎胞骨肉身，相亲相爱是元神。
今朝行满方成佛，洗净当年六六尘。

(《西游记》，第 1105 页)

最后两行使用的意象显然是佛语，因为所谓的"六六尘"极可能是指感官的"六依谛"(gunas)，即：眼识、耳识、鼻识、舌识、身识，以及意识。至于第二句里的"元神"，则为道教称"人体内在之神"的代名词。

如果诗人朝圣者但丁在登上净界山后，真的有幸能共用圣体之宴（Eucharistic meal），那么抵达大雷音寺的取经人所享用的珍馐百味，就更是慷慨丰盛的一餐了。佛祖命人领他们移驾香积堂用斋之际，叙述者再赋韵文一首，"有诗为证"云云：

素味仙花人罕见，香茶异食得长生。
向来受尽千般苦，今日荣华喜道成。

（《西游记》，第 1108 页）

虽然《神曲》和《西游记》中都罗列了美食佳肴，但是两部作品中的主人公享用的经验却大不相同。但丁开列的食物必须配合全诗的神学内容，所以喂食他灵魂的食物只会令他更感饥渴，因而渴求更多的食物（"l'anima mia gustava di quel cibo/che, saziando de sé, di seé asseta"，《炼狱篇》，31：127—128）。但丁的理念实则改写自《外经》（*Ecclesiasticus*）第 24 章第 29 节。智慧仙（Sapientia）于其中说道："吃我的人仍然会饿，喝我的人会感到更渴。"（"Qui edunt me adhuc esurient, et qui bibunt me adhuc sitient."）相形之下，佛祖摆设的素品就极能满足取经人，连食肠肥大的八戒都称道"造化"。所以食后他们便脱胎换骨，再也不思人间烟火食（《西游记》，第 1120—1121 页）。这种本质与本性上的改变，象征佛门强调的凡世性欲的克制，又象征众人自己的"道果完成"，不用再倚靠俗世供给。

《西游记》的作者结合佛道的企图并非自觉性的。即使佛祖的语言也带有道教色彩。他说赐给取经人的真经之内，有"成仙了道之奥妙，有发明万化之奇方"（《西游记》，第1114页），就是例子。叙述者唯恐读者误会其"论点"，在众人通过最后一难后，亦曾赋证诗一首如下：

九九归真道行难，坚持笃志立玄关。
必须苦练邪魔退，定要修持正法还。
莫把经章当容易，圣僧难过许多般。
古来妙合参同契，毫发差殊不结丹。

(《西游记》，第1117页)

《参同契》（约142年）一向是内外丹术士修炼的初阶宝鉴，方士和哲学家读之论之不曾稍歇[1]。《西游记》想要借此丹经之王告诉我们的"讯息"，实则再明显不过了。取经的朝圣行临终数回的架构庞大，气势夺人，想象又瑰丽无比，不仅表明陈三藏一行已取得真经，同时也暗示他们早已正寿长生，跳出轮回。

维克多和伊迪丝·特纳（Victor and Edith Turner）合著的杰作《基督宗教文化里的朝圣者》一书中清清楚楚地说过："基督宗教国度的旅行者背后，每每会隐藏着所谓的'十字架之路'（Viacrucis）的典范。堕落之人，可以因此而得净化而得

---

[1] 对于这篇晦涩难懂的长文，可参阅李约瑟，1976年，第5卷第3分册，第50—75页；第5卷，第4分册，第248—285页。

新生。尽管教会里的冥思之学与神秘之学可以通过内心之旅而助人向善,但是,滚滚红尘里的凡夫俗子命就没有这么好了。他们必须把自己寻求救赎的企图用实际行动表现出来。如此,宗教上的新生才有门槛可跨。神秘的冥思果若为内化的朝圣之旅,那么,实际上的朝圣便是外现了的神秘思想。"[1]《神曲》和《西游记》的读者实在是三生有幸,因为他们手上捧读的不仅是以磅礴气势结合上述两种朝圣行为的作品,而且——不论他们阅读的是东方或西方的名著——每一部都有其重要的附加价值在焉,亦即他们可以享受到最高的阅读乐趣。

---

[1] 见前注的维克多·特纳和爱迪丝·特纳,《基督教文化的意象与朝圣》,注释1,第6—7页。

17世纪小说中的进香之旅
——泰山与《醒世姻缘传》[1]

[英]杜德桥（Glen Dudbridge）著
肖智立译，刘苹校

一、泰山进香

每岁三四月，五方士女登祠元君者数十万。篝灯如聚萤万斛，上下蚁旋，鼎沸雷鸣，仅得容足以上。予来已后期，不及见祈禳之盛，然询之庙祝，云崇祯己巳（1629）以前，每岁香客多至八十万，少亦六十万，今不满四十万矣！畿辅齐鲁以迄中州江北，苦疬苦寇，半毙于锋镝，半窜于荆莽，何暇祷祀名山，未知数十年后又复何似。听之惕然。[2]

---

[1] Glen Dudbridge, *A Pilgrimage in Seventeenth-Century Fiction*: T'ai-shan and the "Hsing-shih Yin-yüan chuan" *T'oung Pao*, Vol. 77, 4/5（1991）, pp.226—252.
[2] 陈弘绪：《寒夜录》下卷，第19页（《学海类编》本）。该书作者陈弘绪，为官与治学于明末清初，参见《四库全书总目》卷70第1页及卷181第13页（浙江，1795年；再版：中国台北，1964年）。这段文字是陈弘绪引自沈晴峰的《登岱记》。

沈晴峰，17 世纪中期的泰山游客，像同时期的其他文人一样，他认为规模庞大的上山人群让人印象深刻，而夜晚无数的灯笼在山坡上攒动也是一个令人惊叹的人造奇观。[1]

即使在 1629 年之后那些受灾的年份，泰山每年的香客也接近 50 万人。在当时当地看来，进香所产生的经济效益也相当可观：

> 泰山香税乃士女所舍物，藩司于税赋外资为额费。夫既以入之官，则戴甲马，呼圣号，不远千里，十步五步拜而来者，不知其为何也。不惟官益此数十万众。当春夏间，往来如蚁，饮食香楮，贾人旅肆，咸藉以为生。[2]

黄淳耀（1605—1645）的评说未免太过简单。显然，在圣山举行仪式捐赠银钱和贵重物品，早已是狂热的大众祭仪的一部分。传统中国学者认为这种做法始于汉武帝率官员所进行的封禅仪式。[3] 但是真正具备皇家祭仪特质的是 1008 年宋真宗仿效汉武帝在泰山进行的封禅仪式。宋真宗让人清理主峰附近

---

[1] 比较余缙（1652 年中进士）：《登岱记》，第 10 页，（《小方壶斋舆地丛钞》，第 4 卷）以及张岱（1597—1684？）：《琅嬛文集》卷 2，第 69 页（云告编辑，长沙，1985 年）的相关记载，晚明时期香客所制造的灯光壮景在其他地方也有出现，例如，江苏无锡附近地区人们出发去湖北武当山进香之前举行的大规模的祭河神活动，参见王永积《锡山景物略》卷 4 第 33 页（刻本，序，1898 年），转引自顾文璧：《明代武当山的兴盛和苏州人的大规模武当进香旅行》，《江汉考古》1989 年第 1 期，第 71—75 页。
[2] 黄淳耀：《山左笔谈》（《学海类编》本），第 2 页。
[3] 应劭：《汉官仪》，引自《后汉书·志》注 1，卷 7，中华书局，1965 年，第 3168 页；《琅嬛文集》卷 2 第 71 页。

的玉女池,池中出现了一个玉女石像,于是找人建造神龛把它供奉其中,并用玉石雕像替换了原石像。[1]一个世纪之后,一位当地的官员描述说:"岁至四月八日,四方之来者益希。因决水取池中所投物,藉而归之观中……今岁得黄金二百铢,白金数倍,缣缯衣服数百计云。"[2] 1327年泰山岱庙的碑文记载:"每年烧香的上头,得来的香钱物件,只教先生每收掌者,庙宇损坏了呵,修理整治者。"[3] 15世纪时玉女池边新修了一个宫殿用来举行仪式,后来此宫取名为碧霞灵应宫。[4]

但是从1516年朝廷开始向朝拜碧霞宫的香客征收税费以后[5],到1586年查志隆写作泰山志《岱史》的序言之时,一个复杂的体系开始形成,朝廷指派各级官员在泰山颁发和检查进香许可,对来自山东和其他地区的香客实行不同的税率,监管贵重祭品的修复和回收。每年细分为三个进香季度,每季度4个月,最繁忙的是第一季度(一至四月)和第三季度(九至十二月)。当时春季香客的祭品和香税累计达到一万两,而冬季则是一万二到一万三千两。这些税银用于不同的方面,包括省级官员的薪俸,公务支出(参见上文),维修防御工事,维修寺庙建筑以及其他公共开支。[6]这项管理税最终被新登基的乾

---

[1] 李焘(1115—1184):《续资治通鉴长编》卷70,中华书局,1979年,第1561页。
[2] 洪迈(1123—1202):《夷坚志》支癸,卷1,中华书局,1981年,第1227页。
[3] 顾炎武(1613—1682):《山东考古录》第15页(《亭林先生遗书》)。
[4] 查志隆:《岱史》卷9,第29、33页,见《续道藏》,哈佛燕京学社:《道藏子目引得》第1460号,1923—1926年上海重印本,第1092—1096页。
[5]《明史》卷81,北京:中华书局,1974年,第1977页。
[6] 查志隆:《岱史》卷13,第2—5页;泽田瑞穗《泰山香税考》(转下页)

隆皇帝彻底废止，他于 1735 年和 1736 年颁布的法令对宗教祭仪及其谦恭的崇拜者同样友善：

> 然王立大社，而州党又各有社宗之祭。则春秋祷赛，庶民各就其所敬信，而竭诚焉，亦礼俗之可以情假者也。泰山旧有碧霞灵应宫，远近瞻礼者，轨迹相望，必先输香税于泰安州，然后许其登山。税约岁万金。以前明以来，相沿未革。朕思东方物之所生，天地盛德之气之所发也，故传称触石而起，肤寸而合，而崇朝而遍雨乎天下者，惟泰山。则春祈秋报，黎庶辐辏，在国家亦宜顺达其情。若使力艰于输税，而不得登山，非所以从民之欲也。其富民乐施，多寡任意，准守寺人存储，以修葺舍宇，平治道途，有司不得干预。[1]

整个 19 世纪，香客依然前来进香，但规模越来越小。香客们依然把金银钱帛、银男银女投放在碧霞元君脚下。不过，大殿用栅栏铁网封起来了，直到四月封山"扫殿"时才打开，扫殿所得用以补偿道士的日常开支。[2]

（接上页）("Taizan kōzei kō"，参见他的《中国的民间信仰》(*Chugokū no minkan shinkō*) 东京，1982 年，第 298—302 页；黄仁宇（Ray Huang）：《16 世纪明代中国之税收与财政》(*Taxation and Governmental Finance in Sixteenth-Century Ming China*)，剑桥，1974 年，第 211—252 页。

[1] 《大清高宗纯皇帝实录》卷 21，第 10 页；亦可对比卷 7 第 2—26 页（见《大清历朝实录》，沈阳，1937 年）。

[2] 吴振棫（1792—1871）：《养吉斋丛录》之《余录》卷 6，北京，1983 年，第 329 页；福格（活跃于 1855—1867 年）：《听雨丛谈》卷 7，汪北平校注，北京，1984 年，第 153—154 页。

867

这个在16世纪和17世纪早期达到巅峰的大规模宗教仪式，已延续了上千年，至今仍在延续，但在公开的官方文件中却只有这样寥寥几笔的记载。那么，那些数以百万计蜂拥上山的香客都是些什么人？他们为何要上山？他们是如何准备和组织旅程的？他们是如何支付开销的？这么庞大的人群在山上又是如何安排吃住行的？他们如何缴纳香税？烧香之旅与他们每天的社会生活节奏有什么关联？同时，烧香的经历对他们到底意味着什么？对于普通香客的个人世界，极难找到资料予以证实，但是本文将从17世纪一本声称能给我们相关证据的叙事小说中寻求答案。这本小说名为《醒世姻缘传》，它的100回中有两回专门讲述了一群妇女从山东的小镇到泰山去进香。小说展示了这个群体是如何在道婆的安排下组成的，她们的银钱准备，与当地旅游业经营者相协调，以及一路上所经历的旅途劳顿与祭仪捐赠。最重要的是，它研究了一个女人因为下定决心去进香而引发的家庭内部矛盾，进香途中结伴的情况，微妙的社会等级差异。

对研究进香的历史学家或社会学家来说，这部分内容很让人动心，但是真正对它进行分析就会发现，把文学文本当作社会学的信息来源，其困难是显而易见的。[1]即使是现代公共健

---

[1] 这一困难正如彼得·拉斯莱特（Peter Laslett）在《透过望远镜看问题的错误方法——论社会学和历史社会学中的文学证据》（The wrong way through the telescope: a note on literary evidence in sociology and in historical sociology），《英国社会学杂志》（*The British Journal of Sociology*）1976年第27期，第319—342页中所提到的一样。

康统计数据都被认为具有"人为"的特点,因为不同时期的诊断都有一定的主观性[1],那么我们应当怎样看待一本明显是虚构的——如我们下文将看到的,表达当时当地的社会和知识正统的——叙事作品呢?最近一个批评家认为该书具有"一种像电影特写一样详细的、彻底的现实主义",但也从中看到了作者的想象"游离在现实主义的描写之外"。[2]要深入了解17世纪的进香行业,这些是测试条件。我们永远不能简单地相信作者的陈述,但是也不能把它们当作与人类实际经历无关的奇思妙想。我们的洞见应该出现在这两者之间,必须通过严谨的研究来找到它们。本文将从外部和内部两个角度出发:虚构的进香事件必须与外部信息源比对,在叙述中必须系统地界定作者既坦诚又生动的价值判断。然后,我们才有可能剥去层层面纱看到内核。

二、小说《醒世姻缘传》

《醒世姻缘传》所署作者笔名为"西周生",但我们没有他的确切个人信息,也不了解他的生平以及该小说的创作过程。

---

[1] 理查德·多尔爵士(Sir Richard Doll):《20世纪主要流行疾病——从冠状动脉血栓到艾滋病》(Major epidemics of the 20th century: from coronary thrombosis to AIDS),《社会潮流》(Social trends)1988年第18期,伦敦,第13—21页,尤其是第15、18页。
[2] 浦安迪:《萧条之后——〈醒世姻缘传〉与17世纪中国小说》("After the Fall: Hsing-shih Yin-yüan chuan and the seventeenth-century Chinese novel"),《哈佛亚洲研究》1985年第45期,第543—580页,尤其是第564—566页。以下的引文简写为《萧条之后》。——译者注

胡适曾经试图论证此人是蒲松龄（1640—1715），但是并没有多少学者赞同这个观点。[1]

这本书最早的文献记载是 1728 年，出现在当时日本所收藏的中国书籍目录中[2]；因此，该书的成书时间下限是 1728 年。而其上限则是 1628 年，这种观点由孙楷第提出，他发现该书中提到了一位著名的省级官员，而那位官员任职的时间是在崇祯早年。[3]要在这个时间范围内确定该书的成书时间就需

---

[1] 由胡适在《〈醒世姻缘传〉考证》中提出，见《胡适文存》卷 4，中国香港，1962 年，第 329—395 页；支持他的有徐北文：《〈醒世姻缘传〉简论》，见《醒世姻缘传》再版，卷 1，济南，1980 年，第 1—12 页；还有李永祥：《蒲松龄与〈醒世姻缘传〉》，《中华文史论丛》1984 年第 1 期，第 163—175 页。而质疑或否定此观点的有路大荒的《聊斋全集中的〈醒世姻缘〉与〈鼓词集〉的作者问题》，1955 年 9 月 4 日《光明日报》"文学遗产"第 70 期（再版，见《文学遗产选集》第 2 辑，1957 年，第 303—309 页）；王素存：《〈醒世姻缘〉作者西周生考》，《大陆杂志》第 17 卷，1958 年第 3 期，第 7—9 页；王守义：《〈醒世姻缘〉的成书年代》，1961 年 5 月 28 日《光明日报》；刘阶平：《〈醒世姻缘〉作者西周生考异》，《书目季刊》第 10 卷，第 2 期，第 3—10 页；金性尧：《〈醒世姻缘传〉作者非蒲松龄说》，《中华文史论丛》1980 年第 4 期，第 307—317 页；陈炳藻：《蒲松龄也是西周生吗》，《中报月刊》1985 年第 69 期，第 64—70 页；第 70 期，第 45—48 页；吴燕娜（Yanna Wu）：《唤醒世界的婚姻命运：对〈醒世姻缘传〉的文学研究》（"Marriage destinies to awaken the world: a literary study of Xingshi yinyuan zhuan"），哈佛大学博士论文，1986 年，第 19—58 页。另一种观点认为作者是丁耀亢（约 1599—1669），这种观点有人赞同（见前面所引王素存），也有人反对，如香阪顺一（Kōsaka Jun' ichi）：醒世姻缘传的作者与语言》（*Seisei innen no sakusha no kotoba* 醒世姻缘の作者のことは），《明清文学言语研究会会报》（*Min Shin bungaku gengo kenkyūkai kaihō*），1964 年第 5 期，第 22—38 页；吴燕娜在其博士论文中也反对此观点，第 58—68 页。

[2] 大庭修（Oba Osamu）编著：《舶载书目》（*Hakusai shomoku*），1972 年，第 30/31 卷，第 28—29 页，关西大学东西学术研究所。

[3] 孙楷第：《一封考证〈醒世姻缘〉的信》，《醒世姻缘传》，上海：1981 年再版，第 1500—1527 页，尤其是第 1521—1522 页。

要对相关证据进行大量的主观猜测,其结果当然也就不可靠。一种观点认为该书成书时间是晚明[1],另一种观点则认为是清初[2],他们所用的证据包括:该书现存不同版本中对明清皇室名字的避讳[3];以及书中提到的历史事件和机构,有些属于明朝,有些又属于清朝;修辞方法也与成书的年代有关,通过修辞方法的考证,作者似乎是以明朝百姓的口吻进行叙述的。根据这些证据,可以形成两种结论:小说文本看上去符合明朝的写作方式,但也符合清朝的写作方式。除非能找到一些从未见过的早期版本或有明确日期的作者序,否则就不能证明成书时间是在明朝。同样,也不能证明成书时间是在清朝,除非能在小说中找到令人信服的、仅仅出现在1644年之后的内在特征——而这目前还很难找到。[4]对于我们的目的来说,无论

---

[1] 王守义、金性尧以及曹大为:《〈醒世姻缘〉的版本源流和成书年代》,《文史》1984年第23辑,第217—238页。
[2] 王素存、李永祥。
[3] 吴燕娜:《唤醒世界的婚姻命运——对西〈醒世姻缘传〉的文学分析》,第69—71页。以下的引文简写为《婚姻命运》——译者注。
[4] 在这方面王素存和李永祥的立场最为坚定,但是他们的证据也禁不起推敲。参见吴燕娜,第75—81页,几乎所有的要点都被否定,还有鲁肖雷:《〈醒世姻缘传〉中的典史》,《中华文史论丛》1987年第1期,第62页。还有更多驳斥这种观点的文章,尤其是李永祥对于济南妓院地点的论证更禁不起反驳,第37回,第545页;李永祥:《蒲松龄与〈醒世姻缘传〉》,《中华文史论丛》1984年第1期,第167页。他声称此处地点因与晚明某著名官员的府邸太近而不可能是妓院。可是小说中对于地点的所指并不精确,并且历史上对于某官员家庭在全盛时期的住处也没有精确的时间证据。而且,把妓院与官员府邸联系在一起也有可能是有意为之,是小说的讽刺手法,用来批评某人或某种政治观点。综上所述,我们很难要求一部虚构作品与真实的历史地理环境相一致:因为作者可以随意在他想象中的中国地图上选择妓院的地点。

如何，这个大致的成书时间几乎精确地对应了泰山进香的历史地标：成书时间应在北方各省发生动荡导致香客大量减少之后，并且在乾隆皇帝取消香税之前。

该书的标题转换成明确（不过有些笨拙）的英语对等语是："Marriage destinies that will bring society to its sense"（将使社会更明智的婚姻命运）。这既表明了作者精选的情节设计，也展现了他的伦理关怀。他将故事建构为冤仇相报的两世姻缘，把主要的情节设置在15世纪中期的山东乡村。尽管提到了北部边境也先挑起战事以及崇祯皇帝被俘虏的历史背景，但小说主要描述的还是发生在山东士人家庭内部的事情。晁源外出打猎时，遇到并杀死了一只企图引诱他的母狐。母狐在他转世投胎时，做了他的妻子来虐待他。在他们转世复仇的生活中其他社会关系也出现了。我们对晁源转世为狄希陈与他的妻子薛素姐之间发生的故事很感兴趣。他们在一起的生活就好比一出黑色喜剧。他们的婚姻关系在一系列怪诞的，常常是骇人听闻的事件中延续，妻子给她那软弱顺从的丈夫制定了很多虐待性的条文。但这仅仅是一个结构精巧的社会异常行为的中心点。素姐反抗的不只是她的丈夫，也包括她的婚姻强加在她头上的家庭体系：婆家人的存在驱使她（正如她自己指出的那样）走向破坏性的疯狂。[1]她的行为首先导致狄希陈母亲

---

[1]《醒世姻缘传》第3册，再版，上海，1981年，第59回，第850页。所有以下参考引文都选自这个版本，必要时标注为缩写的 YYC，并给出回和页数。

的崩溃和死亡[1],然后是他的父亲[2],紧接着是她自己父亲的死亡[3]。素姐把破坏性的暴力和仪式性的愤怒结合在一起:她彻底地违反了与家庭礼仪有关的社会规范,她进一步嘲笑和颠倒了整个儒家社会的等级关系。[4]

事实上,颠倒是整个小说的主要基调。作者主要用说教式的陈述,在第23—30回中以山东章丘县的小商镇明水(这里依当地的河流改名为绣江)作为世风日下、人心不古的象征。这本是个自然风光优美、气候适宜的天堂,官府公正,物产丰富,民风淳朴,人与人相处谦恭礼让,最后这一切却崩溃瓦解,社会变得一片混乱。有放高利贷的,有利用婚姻来确保财产的,有忽视教育的,有滥用科举制度职权的,有欺辱老人的,有衣着奢华的,有酗酒赌咒的。整个世界的状况也反映了道德体系的总体衰败。在农村,农作物减产,灾害天气频发,紧跟其后的是饥荒、死亡和自相残杀。小说的主体部分是要通过对大量的微观世界描写来表现道德败坏和社会功能紊乱的主题。其详细的、专注的对社会的扭曲价值观念的描写符合公认的17世纪小说的主题。[5]作者公开地呼喊高尚的道德并恰当地用故事中正直人物的声音来支持他的观点。然而,他的这个故事同时也向人们展示了令人战栗的非法行为。他喜欢让人觉

---

[1]《醒世姻缘传》,第59回。
[2]《醒世姻缘传》,第76回。
[3]《醒世姻缘传》,第59回。
[4] 浦安迪:《萧条之后》,第568—574页;吴燕娜:《婚姻命运》,第96—107页。
[5] 浦安迪:《萧条之后》,第548—554页。

得震惊和恶心。他信奉清白简朴的道德理念,同时又对恶劣行为有病态的兴趣。他让笔下的人物走到最怪诞的极端,以此来研究他们的行为。很显然,观察罪恶给他带来快乐。

这也正是这本丰富的民族志给我们带来的问题。其作者自称"西周生"就已经表明了一种姿态,似乎是对完美高尚的古老儒家社会的怀旧。[1]他肯定了明君忠臣、父慈子孝、夫义妻贤,但这些都是通过反讽和漫画的手法表现出来的。他的叙述饱含仔细观察到的细节,但处理手法却是带有倾向性的。即使素姐的泰山进香之旅可能并没有表现出作者最狂野的想象,但确实表现出了这个基本特征。阅读小说时,我们需要正确地对待这明显的偏见。

三、宗教组织

小说中的"泰山"情节,包括第68回和第69回,形成一个独立的插曲[2],但是与其他章节联系非常紧密,其中有两个人物刻画得尤为真实——老侯和老张,她们充当领导者与组织者,主导着整个进香之旅。她们在前面的一个回目中以"两个邪说诬民的村妇"的形象出现,在三官庙里打了三昼夜"盂兰盆大醮"。作者满怀厌恶和憎恨,列举了她们的一系列行

---

[1]《醒世姻缘传》,第26回,第378页;金性尧:《〈醒世姻缘传〉作者非蒲松龄说》,第313—314页;浦安迪:《萧条之后》,第574页;吴燕娜:《婚姻命运》,第60页。
[2] 这两回的完整翻译将在由韩书瑞和于君方编辑的《进香——中国历史上的朝圣之地》(Pilgrims and Sacred Sites in China)会议的论文集中发表。

径：她们引诱已婚妇女去寺庙参拜和斋戒，拉她们加入姐妹会，而她们自己却偷偷享用那些软弱的女子从丈夫家里带来的物品和贵重东西。只有那些"有正经的宅眷禁绝了不许他上门"[1]。侯和张在这两回里的再次出现刺激了作者，他更丰富细致地描写了女信众们为了弄钱以满足她们那被禁止的宗教乐趣所使用的种种权宜之计，那些都是破坏规矩和等级秩序的。[2]这里也更清晰地定义了侯和张在当地的社会地位和扮演的角色。首先介绍一下"老道"这个称呼——传统上用于指道士——在此书中也用"道婆"，这个术语有时也指寺庙雇用的女工。[3]这个术语完全适合作者的说教目的，他随意地利用它的谐音双关语"盗婆""偷盗的老女人"（英语中不可能有此谐音，所以我简单称为"temple thieves"）。这些妇女显然不是神职人员或任何正规意义上的尼姑：她们有丈夫和儿子，后者在她们的指导下从事宗教建筑和服务业[4]（这本身又再次颠倒了社会层次）。那么，侯和张就是已成为专业的宗教从业者的普通农村妇女。她们为自家男人接下建筑合约，她们负责筹措资

---

[1]《醒世姻缘传》第 56 回，第 806—807 页。
[2]《醒世姻缘传》第 68 回，第 969—970 页。
[3] 参见尉迟酣：《中国佛教的实践（1900—1950 年）》(The practice of Chinese Buddhism)，马萨诸塞州剑桥，1967 年，第 33 页。对应于男性"道人""打工的下人"。在曹雪芹（1715？—1763）的《红楼梦》中，我们发现"道婆"一词用来指尼姑妙玉（北京大学主编：人民文学出版社，1953 年，第 41 回，第 440 页及第 111 回，第 1257—1258 页）；而且，在前回中，"道婆"可以作为大家庭女眷的宗教和礼仪指导者，有时甚至会使用巫术（第 25 回，第 252 页及其下）。
[4]《醒世姻缘传》第 68 回，第 969 页。

金和说服别人信教,用"姐妹会"来团结她们的追随者。在有关"泰山"的回目中,我们可以近距离地看到她们如何运作。

进香仪式已开展得如火如荼:二月份观音菩萨生日,四月份碧霞元君生日,这都在当地的庙会上庆祝过了,而素姐却都错过了。侯和张现在正为八月十五去泰山进香而组织结"社"(有时也用"会")。这是一个"女社",从当地的特定阶层招了80多人。组织者急于招募花钱大手大脚的素姐,没有告诉她所谓特定阶层其实并不"特定"。素姐对于成员的社会地位很感兴趣:她的父亲原任兖州府学的教授,如今升了青州衡府的纪善[1],她的哥哥有个相当于"本科生"的"生员"地位[2],她的丈夫就更胜一筹,买了个"监生"(国子监的学生)。[3]

侯和张让她安心花钱:"杨尚书宅里娘儿们够五六位,北街上孟奶奶娘们,东街上洪奶奶、汪奶奶、耿奶奶,大街上张奶奶,南街上汪奶奶,后街上刘奶奶娘儿们,都是这些大人家的奶奶。那小主儿也插的上么?"[4]而真实情况却大相径庭:"也没有甚么杨尚书宅里的奶奶,都是杨尚书家的佃户客家;也没有甚么孟奶奶、耿奶奶,或原是孟家满出的奶子与或是耿

---

[1]《醒世姻缘传》第 25 回,第 364 页。
[2]《醒世姻缘传》第 38 回,第 558 页及其下。
[3]《醒世姻缘传》第 50 回,第 725—727 页。参见何炳棣(Ping-ti Ho):《成功的阶梯——明清社会流动的诸面向》(*The Ladder of Success in Imperial China: Aspects of Social Mobility*, 1368—1911),纽约和伦敦,1962 年,第 32—38 页。
[4]《醒世姻缘传》第 68 回,第 974 页。

家嫁出去的丫头；倒只有素姐是人家的个正气娘子。"[1]这种地位区分显然也是为故事服务的：素姐公然和一群农妇或女仆混在一起去进香，这有违她自己以及她丈夫的社会地位。随后的陈述更进一步地描述了素姐的颠覆行为："素姐甘心为伍，倒也绝无鄙薄之心。"（同上）像她这样来自诗书之家的女子本应私下在男性近亲的陪伴下去泰山进香：我们从狄希陈的父亲那里知道了这点，当素姐初步决定要去泰山进香时，他就向儿子提出了这样的建议。[2]在16世纪的《金瓶梅》中，吴月娘，她的先夫是山东的商人，曾当过小官，为实现上泰山进香的夙愿，只好和她的哥哥一起去。[3]"行社"是为收入不多的人们服务的，因为如果没有专门的支持，他们个人是不可能完成旅程的。19世纪的观察家明恩溥（Arthur H. Smith）以第一手资料描述了具有相同功能的"山社"，直接证明了它们对不富裕的泰山香客进行资助。[4]明恩溥密切关注的财务细节，我们在下文中也将讨论。

在这里又出现了一个有趣的普通观点。作者用可见可察的公共机构服务于他的叙事目的。明水小镇妇女的"山社"作为

---

[1]《醒世姻缘传》第69回，第986页。
[2]《醒世姻缘传》第68回，第976页。
[3]《金瓶梅词话》(Chin Ping Mei tz'u-hua)，东京：大安株式会社（Daian），1963年再版，第84回。
[4] 明恩溥（Arthur H. Smith）：《中国乡村生活的社会学研究》(Village Life in China: a study in sociology) 第4版，纽约，1899年，第141—145页。另见哈伯德（G. E. Hubbard）：《泰山香客》(The pilgrims of Taishan)，《中国科学与艺术期刊》(China journal of science and arts) 1925年第3期，第324页。

877

一个中立的语境来凸显素姐怪诞的社会行为。这个机构越寻常，就越显出她的行为不同寻常。作者通过刘嫂子这个角色来增强这个效果。刘嫂子是县衙一个循规蹈矩的小官员的母亲，也是进香途中素姐最好的朋友。刘嫂子就是传统妇德的代言人："丈夫就是天哩，痴男惧妇，贤女敬夫，折堕汉子的有好人么？"[1]三个层面的社会评论在起作用：素姐处在前台最显著位置，她病态的狂野和怪诞，总是让人震惊不已；侯和张处于中景位置，是野蛮曝光的靶子，可信而又险恶，至少在作者眼中是足够真实的；进香人群中的其他女性构成这一整体的背景。这景观不需要多少修辞扭曲就让人蔑视和厌恶——因此，他们对于研究中国香客的学者来说有一定价值。

除了这些临时的"山社"，还有长期的会社，关于这一点，素姐也是后来在旅途中住店时才知道的。侯和张充分利用机会，通过引导她加入她们的宗教团体，以获得完全的、私下接近香客的便利。[2]准备阶段只是宣讲一堆适用于普通妇女的宗教纪律——吃斋念佛，拜斗看经——并允诺来世的种种好处。素姐响应了，于是她们马上邀她入教。侯和张所指的"教"，字面意义是"教习"，现代学者可能会译为"教派"。我之所以不用"教派"有以下两个原因：它适用于教派已经真正分裂的情况——广义男权传统里敌对的正统体系完全分离开

---

[1]《醒世姻缘传》第69回，第983页。
[2]《醒世姻缘传》第69回，第984—986页。

来[1];其次,这个词主要是局外人或第三方使用,宗教群体本身并不用。我更倾向于使用"church"(教会)一词。尽管这个词有让人想起建筑物的倾向,它既涵盖了少数教派的概念,又是从一个整合的宗教团体内部的眼光来看的。中国宗教在这一领域的经历已引起历史学家和人类学家的普遍重视:我们熟悉那些在中国封建社会末期影响广泛的小宗教团体,有些只限女性参加;这些教派都隶属于先天道,有其融合为一的神学体系。[2]可是当侯和张开始讲述教规、教义和群体活动时,就出问题了:

> 凡有来入教的,先着上二十两银子,把这二十两银支着生利钱,修桥补路,养老济贫,遇着三十诸天的生辰,八金刚、四菩萨的圣诞,诸神巡察的日期,建醮念经,夜聚晓散;只是如此,再没别的功课。又不忌荤酒,也不戒房事,就合俗人一般。[3]

这已经与她们早先宣扬的"吃斋"相抵触。事实上她们的

---

[1] 马杰里·托普莱(Marjorie Topley):《先天道——一组中国秘密宗教教派》("The Great Way of Former Heaven: a group of Chinese secret religious sects"),《亚非学院通报》(Bulletin of the School of Oriental and African Studies)1963年第26期,第362—392页。
[2] 现在这个词的释义很广。如果特指女性团体的话,参见马杰里·托普莱的博士论文《新加坡中国妇女斋堂的组织与社会功能》("The organization and social function of Chinese women's Chai-t' ang in Singapore"),伦敦大学,1958年;托普莱,《先天道》(见前注)。
[3]《醒世姻缘传》第69回,第985页。

整个教义与其他更常见、更正规的大众宗教行为相比，看上去就漏洞百出。用利钱来做公共服务和善事，以此建功立德，用中国人信仰的佛教神明当作自己教会的神明，用乡土道教的仪式来规范教众行为。而夜聚晓散则是明清法典明令禁止的非法宗教活动。[1]这些做法与通常有着清教徒式教规的先天道相悖，也与她们所声称的以无生老母为核心的个性神学相左。而且，她们马上就为素姐举行了入会仪式，这样做同样有悖规矩。素姐指定刘嫂子为她的见证人，拜老侯和老张为师傅。第二天天亮的时候，侯和张，作为师正和师副：

两把椅子坐着，素姐在下面四双八拜，叩了一十六个响头。老侯两个端然坐受。与众人叙了师弟师兄，大家叙了年齿，行礼相见。[2]

现实生活中的入会仪式根据仪轨的不同而各异。我们读到过跪拜与磕头，口授神圣的教规，烧香，发誓，受戒，交入会费，头皮上做记号，教授秘密手语[3]；还有的入会仪式是由三个不同宗教职位的人主持，并授予新入会者教名以标志其身份的改变，并从此在同一组织的成员之间衍生出类似亲属之间的

---

[1]《大明律集解附例》卷11第9页，见《明代史籍汇刊》第12期，中国台北，1970年；《大清律例统纂集成》卷16，"禁止师巫术"，1839年。
[2]《醒世姻缘传》第69回，第986页。
[3] 韩书瑞：《千年末世之乱——1813年八卦教起义》(*Millenarian rebellion in China: the Eight Trigrams Uprising of 1813*)，纽黑文和伦敦，1976年，第33—35页。

称谓，即使是女性团体内也使用男性亲属称谓。[1]比较一下素姐在老侯和老张这里的入会仪式，那是难以置信地敷衍了事。她在进香后缴纳的20两银子和她作为老侯、老张弟子的身份倒足够可信。新的"尊卑"关系及与其他会员的关系直接让人回想起前面的章节里侯和张哄骗妇人"认娘女，拜姊妹"[2]；但素姐把老侯和老张称为"师父"是男性称谓在这里的唯一表现。总而言之，作者的相关知识看起来很肤浅，我们不能清晰定义他的描述。对于这种情况可以有三种解释：1. 作者呈现的事实大致符合现实——也许确实存在这样松散随意的已婚妇女信徒组织，不隶属于任何正规、虔诚的宗教组织；2. 作者并不了解这些秘密或半秘密群体的真实性质和活动，而只是凭印象或道听途说的信息拼凑粗略的画面，集中于他所关注的社会讽刺；3. 他故意贬低且扭曲这些组织的完整性，炮制嘲弄，以便更有力地攻击颠倒的秩序。无论是上面哪一种情况，作者的攻击都清晰地表明了他最想表达的重点：素姐，一个监生的妻子，与一群普通村妇一起磕头跪拜，并与她们亲亲密密地认娘女、拜姊妹，这不正是要让读者倒胃口吗？更绝的还在后头，狄希陈自己，戴着方巾，穿着长衣，也遭受了同样无法想象的耻辱。[3]这是辛辣的讽刺，可是这样的民族志令人怀疑作者的写作动机：这样似乎不大看得出泰山进香的意义。

---

[1] 托普莱：《先天道》，第380—383页。
[2]《醒世姻缘传》第56回，第807页。
[3]《醒世姻缘传》第69回，第986页。

四、财务和后勤安排

素姐是新加入"山社"的,还没受益于"山社"财务体系。但侯和张还是对会钱如何安排给了明确的交代:

起初随会是三两银子的本儿,这整三年,支生本利够十两了。雇驴下店报名,五两银子抛满使不尽的。还剩五两买人事用的哩。[1]

素姐当然立马交了10两。但"山社"的重点在于其刚刚起步的资本运作。对于地位低下的香客而言,三两是他们经济能力的上限,还得提前三年做准备才能让伟大的进香之旅成为可能。"山社"的第一要务是充当储蓄所。它不同于民国时期常见的农民社会中各种各样的"钱会":召集成员定期出资,然后依次用差序格局把收益分给每个成员。[2]在明恩溥对于泰山进香的观察中可以找到与明水"山社"更为相似的描述:

山社向每个成员收缴费用,(比如说)每月100元。如果有50名成员,在起步时就有5000元现金。山社的组织者,开始把这笔钱借给愿意给付两三分利息的人……到期后收回本

---

[1]《醒世姻缘传》第68回,第975页。
[2]费孝通:《乡土中国——长江流域乡村生活的田野调查》(*Peasant life in China: a field study of country life in the Yangtze valley*),伦敦,1939年,第267—274页;甘博(Sidney D. Gamble):《亭县——华北农村社区》(*Ting Hsien: a north China rural community*),斯坦福,1954年,第260—270页。

金和利息,然后再次放贷,从而确保资本的快速积累。在短期内连续高息放贷,在通常为期三年的资本积累期内不断获利。[1]

在存储体系之中存在一个重要的差异:明恩溥提到了按月定期付款模式,而侯和张一开始就要求每个人全额支付。她们承诺的收益率在三年时间里将3两变成10两,假定每个月的利率为3.4%,这比明恩溥所说的利率要高些,但还不算离谱,可能反映了当时的真实情况。

从这一点来看,进香者的组织机构几乎相当于现代的全包旅行社。一切事务都包括在内:交通,餐饮,住宿,报名交香税,最后安排"接顶"和看戏。甚至还有一个经济版的缴费标准:如果骑自家的驴去,还可以返还8钱银子。[2]其实整个行程规划旨在最大限度地节约开支。当素姐这位"出入暖轿安车"[3]、养尊处优的夫人想知道是否坐轿前往,得到的是巧妙的答复:"坐轿子太俗气,我们每个人要都骑骡子。"[4]实际上进香者很难负担得起更好的设施。同样,餐饮皆素,供应最普通的农家食物,管饱,通常每人每餐仅花费2分银子(0.02两)。[5]

像现代导游一样,侯和张有机会带领她们的团队到预先安排的旅馆住宿。正因如此,她们得到了店主给的一些薄

---

[1] 明恩溥:《中国的乡村生活》(*Village life in China*),第141—142页。
[2]《醒世姻缘传》第68回,第975页。
[3]《醒世姻缘传》第69回,第988页。
[4]《醒世姻缘传》第68回,第975页。
[5]《醒世姻缘传》第69回,第984页。

礼——但也许还有佣金？[1]在泰安州的山脚下，她们的店主宋魁吾的名字既双关又讽喻，包含了"吾"[2]这个音素：这名字听起来与"亏吾"（"让我亏本"）谐音。宋与侯、张之间显然早有安排：他的人早早地在路上等着老侯一伙并欢天喜地地把她们迎到客栈，就像现代热情的旅行社一样。[3]张岱，他的写作可能在相同时期，也注意到了他所谓的"牙家"等着把新客人引进客栈。[4]客栈老板似乎不仅仅为香客提供住宿餐饮，也负责把他们送上山并安排下山之后的娱乐活动（见下文），甚至还帮他们交香税。查志隆描述了直到1586年以来的香税管理：

旧例本省香客每名五分四厘，外省香客每名九分四厘。俱店户同香客赴遥参亭[5]，报名纳银领单上岭。近自万历八年，有外省香客冒充本省报名短少香税者，因改议不分本省外省，一例香税银八分。其银各店户包封，署名包上，储遥参亭库内……[6]

---

[1]《醒世姻缘传》第69回，第990页。
[2] 参见浦安迪：《萧条之后》，第567页。
[3]《醒世姻缘传》第69回，第987页。
[4]《琅嬛文集》卷2，第67页。
[5] 遥参亭，明末纪念碧霞元君的一个建筑，在去往更低处的岱庙的路上。参见：沙畹：《泰山——一种中国信仰专论》(Le T'ai chan: essai de monographie d'un culte chinois)，1910年，巴黎，《古美博物馆年鉴》(Annales du Musée Gaimet)第21册，第126—127页。
[6]《岱史》卷13，第3页。

他补充说有些旅馆老板以铜和铁代银,在包裹被打开检查时就会陷入绝望的困境。拿到团体票之后,香客们才可以上山,一路上在各个检查点及顶峰的碧霞祠门口都要出示票据[1],素姐及其会友的名单的确是由当地县丞检查的。[2]张岱记录的税率在17世纪是12分,到雍正1735年是14分。[3]如果《醒世姻缘传》在税率的记载上如其他细节一样用心的话,我们就有可能用它来推算本书的成书时间——可这样的数据就是没有出现。

五、朝山

像许多中国公众仪式开始前的程序一样,"山社"的进香者开始一系列的准备。出发前两天,"十三日同往娘娘庙烧香演社"[4]。"娘娘"指的是女神碧霞元君,是她们虔心要去山上朝拜的对象,也是密布在中国北方部分地区的庙宇所敬奉的女神。[5]香客们开始在明水当地的娘娘庙聚集,女神的神像成为游行的核心,用术语来说,这被称为"演圣驾"以及"随行逐

---

[1]《岱史》卷13,第2页。
[2]《醒世姻缘传》第69回,第989页。
[3]《琅嬛文集》卷2,第68页;《大清高宗纯帝皇帝实录》卷7,第25页。
[4]《醒世姻缘传》第68回,第975页。
[5] 尽管碧霞元君庙很明显出现在中国北方,但它的具体分布情况仍然有待细考。它在16世纪至17世纪长江以南地区的分布情况,参见《浙江图书馆藏浙江金石拓片目录(初编)》中1522年、1622年及1659年;《绍兴庙宇碑铭》,杭州,1982年,第2卷,第52、54页。在长江之南的无锡的分布情况,参见《锡山景物略》卷2,第40—42页。

885

队"[1]。为了这个仪式，素姐脸搽了白粉，戴了满头珠翠，也不管甚么母亲的热孝，穿了那套顾绣裙衫[2]出门而去。在这里无须赘述作者的观点。但服装的风格在中国小说里总是很重要，总是烘托出社会背景意义：烧信香显然算得上是"最隆重"的场合。素姐的公公，狄员外，传统圣贤思想的代言人，这样对他儿子描述随会烧香：

> 咱常时罢了，你如今做着个监生，也算是诗礼人家了，怎好叫年小的女人随会烧香的？你就没见那随会社演会的女人们？头上戴着个青屯绢眼罩子，蓝丝绸裹着束香捆在肩膀上面，男女混杂的沿街上跑，甚么模样？[3]

我们不指望新晋的乡绅对全包型的进香之旅有更质朴的看法。狄员外的背景也就是个农夫，他的儿子最近买了个"监生"的名头，使自己从较低的"生员"地位上升了一步，将来还有可能当官。[4]对一切事物而言，外观都很重要。统一的青屯绢眼罩子和蓝丝绸裹着的束香都很显眼，客观地标志着香客的身份。在侯和张早先的言谈中就提到过这些装束，好像是由她们负责为活动统一置办。[5]后来，在十五日的黎明，进香之旅开始了。素姐特意选择以白色为主的服装，外罩淡粉

---

[1]《醒世姻缘传》第 68 回，第 977 页。
[2]《醒世姻缘传》第 68 回，第 972 页。
[3]《醒世姻缘传》第 68 回，第 976 页。
[4]《醒世姻缘传》第 50 回，第 725 页及其后。
[5]《醒世姻缘传》第 68 回，第 973 页。

色和天蓝色的衣服,"背上背着蓝丝绸汗巾包的香,头上顶着甲马"[1]。蓝丝绸汗巾和菩萨画像肯定是标准进香服装的一部分,正如我们以上已经看到的以及黄淳耀所描述的。[2]而白色的服装是不是标准配备,还不得而知。素姐只在这一路上穿白色的衣服:烧香回来往明水娘娘庙烧回香她就立刻换上"色衣,戴了珠翠"[3],并且进香时好像要避免穿着色彩鲜艳的衣服。然而,素姐的朋友刘嫂子却穿着"油绿还复过的丝绸夹袄紫花布氅衣"[4]。关于素姐衣服颜色的搭配,吴燕娜最近提出一个迥然相异的意见:白色好像是素姐在这本书里一直重复的意象主题,从前世的白狐到化身为穿白衣的女子,再到她名字的由来:她母亲在生她之前梦见一位白衣女子,以及她在此选择白色服装去烧香。[5]这个观点很有吸引力,尽管它并不能说明为什么素姐在烧香前后穿的就是俗丽的服装,并且也无法说明为什么在母亲去世后不久,素姐却一次也不穿标准的白色丧服。无论如何,香客的习惯在几百年的时间里有所改变。在20世纪早期[6],他们的装扮是:

> 粗壮的大地之子,穿着苦力的蓝色衣服……妇道人家也

---

[1]《醒世姻缘传》第 68 回,第 980 页。
[2]《山左笔谈》,第 2 页(见前注)。
[3]《醒世姻缘传》第 69 回,第 992 页。
[4]《醒世姻缘传》第 69 回,第 982 页。
[5] 吴燕娜:《婚姻命运》,第 273—274 页。
[6] 文章最初发表于 1989 年,这个时间对于文章而言是本世纪,而对今天的读者而言是上世纪。——译者注

穿着同样的蓝色外套和长裤……只有绣花鞋和镶宝石的抹额才稍显女性的爱美之心……所有的人都在泰安买了长长的标志香客身份的朝板，朝板上端画有华丽图案，下端画有龙头，一路带着上山。[1]

素姐的弟弟薛如卞对她的烧香计划大肆攻击，他认为素姐出去抛头露面有失家族面子的描述让我们更多地了解烧香的有关仪式——

……沿街跑着烧信香，往泰安州路上摇旗打鼓，出头露面的，人说这狄友苏的婆子，倒也罢了；只怕说这是薛如卞合薛如兼的姐姐，他爹做了场老教官，两个兄弟捱着面，戴着顶头巾，积泊的个姐姐这们等！[2]

作者用他最喜爱的修辞手法来描写出发的时刻——编排一串平行的、不体面的场景来描写妇道人家是如何骑驴上路的。[3]就在这一刻，这群农妇占据了舞台核心，作者站在有教养的男性的角度，用厌恶的眼光与我们公开分享了本应是女性在自己家里体面遮掩的私密的事务：这些女人公开地给孩子喂奶，有的便溺，有的来了月经，有的坐麻了腿脚要从镫里取出脚去，在大呼小叫中，有人偏了鞍子坠下驴来，有的驴子丢了笼头在大声叫唤，尘土上天，臊气满地。这里的讽刺特别集

---

[1]哈伯德：《泰山香客》，第324页。
[2]《醒世姻缘传》第68回，第979页。
[3]《醒世姻缘传》第68回，第981页；吴燕娜：《婚姻命运》，第209—211页。

中：在百八十人的队伍中这些事件都有可能发生，但作者让它们都在同一时刻发作。通过这个场景，他是这样评价烧香队伍的——"这是起身光景，已是大不堪观。及至烧了香来，更不知还有多少把戏。"[1]素姐就将与这些人为伍，她的倒霉丈夫也只得穿着读书人的长袍屈从于她的意志。

香客们所走的路线是从明水向西曲行至省城济南，然后向南到山脚下的泰安。现代的游客所走的铁路路线完全与此相同。第一天的行程大约是30英里（100华里），到达济南的东门后，在那里住店。住店时他们首先做的事是朝南安下圣母的大驾，跪在地下宣唱佛偈，齐声高叫："南无救苦救难观世音菩萨！阿弥陀佛！"然后才是安排住宿。女人们住一块，少数几个同行的男人（包括狄希陈在内）另住一处。[2]第二天再走30英里，就到弯德（今万德）住店，重复头一天所做的事。从弯德再往前，她们就进入了泰山旅游业的范围之内。在一个叫作火炉的小地方，只要有香客经过，店铺就乱哄哄地哄骗她们买吃食。即使是这样作者也不忘讽刺，老侯和老张看着这些吆喝着的伙计骗素姐说这些人也是她们的徒弟。

上文已经提到过在泰安时店家宋魁吾对她们的欢迎。住店之后履行一系列常规：报名雇驴轿、号佛宣经，先到天齐庙游玩参拜。[3]回店吃了晚饭，睡到三更，大家起来梳洗，烧香号

---

[1]《醒世姻缘传》第68回，第981页。
[2]《醒世姻缘传》第69回，第984页。
[3] 沙畹：《泰山——一种中国信仰专论》，第27—28页。

佛，然后一齐吃饭，出发上山。一路上各种灯火引人注意，就像其他文献所记载的一样。这里也多次提到她们一行人上山的轿子，素姐晕轿，成为别人抱怨和饶舌的对象。[1]其他旅行者，包括张岱[2]也描述过这些山轿，近代的哈伯德是这样描写的：

> 山轿的形式是非常原始的……有粗糙的靠背，座位是用绳子编结成的悬在两根木柱之间的网兜，在座位的前横框上，两边各系一块木棍用作脚踏。前后轿杆各用牛皮做的"轿袢"把它斜挎在轿夫肩上……不像在平地上的依次小步快走，轿夫慢慢地稳步以"之"字形的路线攀登……在下山的路程中他们一路小跑，像猫步一样诡异滑行，敏捷得几乎脚不沾地。[3]

对素姐的兄弟来说，坐山轿有更令人不安的含义：

> 你没见坐着那山轿，往上上还好，只是往下下可是倒坐着轿子，女人就合那抬轿的人对着脸，女人仰拍着，那脚差不多就在那轿夫肩膀上。那轿夫们，贼狗头，又极可恶，故意的趁和着那轿子，一颠一颠的，怎么怪不好看的哩！这是读书人家干的营生么？[4]

她兄弟的反对比绝大多数描写更清楚地暗含了对家中女眷

---

[1]《醒世姻缘传》第69回，第988页。
[2]《琅嬛文集》卷2，第69页。
[3] 哈伯德：《泰山香客》，第327页。
[4]《醒世姻缘传》第68回，第978—979页。

个人隐私的保护，特别是身体和性方面的保护。

　　山上的景点和标志性建筑物被作者马马虎虎一笔带过——作者的兴趣不在这些神圣的建筑、文物或泰山风光之上，而在于这些建筑周围的病态的社会。他仅仅简单提到红庙[1]，对关着殿门的（因里边有施舍的贵重物品）碧霞元君祠也只做普通的描述。[2]但作者把这些都精彩地用来为小说服务。正如我们所知道的，比如张岱[3]，提到过只有站在别人的肩上通过殿门格子眼才能看见女神的金面。狄希陈在他妻子面前的屈辱地位在这里得到了最高级别的展示：素姐现在正是站在他的身上，两只脚分别踩在他的肩头上，高高地站在中国最神圣的山峰之巅看着娘娘的金面——为了来看上这一眼，素姐挑战了家里的所有权威。

　　其余的下山过程只简单地说了下：在峰顶观光，店主宋魁吾在红庙举行户外"接顶"宴会，回到客栈里又与所有客人一起摆酒唱戏，共同饯行。[4]进香之旅到此完满画上句号：睡一晚之后，他们准备返回。

　　但作者在这里还插入了一节来讲述朝圣者的蒿里山之行。蒿里山是离泰安只有六七里远的小山。传说普天之下，凡是死人的灵魂，都要经过这里去往泰山底下的阴间。这也是一个庄

---

[1]《醒世姻缘传》第 69 回，第 988、990 页；沙畹：《泰山——一种中国信仰专论》，第 85 页。
[2]《醒世姻缘传》第 69 回，第 989 页。
[3]《琅嬛文集》卷 2，第 71 页。
[4]《醒世姻缘传》第 69 回，第 990 页。

严的大庙，泥塑的鬼神展示着地狱审判的情景。[1]作者在这里花了些笔墨来描述香客来此朝拜的传统——"或是打醮超度，或是烧纸化钱"。[2]香客也在这里抽签占卜，看看逝去的亲人在阴间的命运如何，有些签可能会让他们失望，甚至让他们痛苦得悲伤号哭。作者在这里还不同寻常地停下来思考蒿里山的作用：

"天象起于人心"，这般一个鬼哭神嚎的所在，你要他天晴气朗，日亮风和，怎么能够？自然是天错地暗，日月无光，阴风飒飒，冷气飕飕，这是自然之理。人又愈加附会起来，把这蒿里山通当成真的酆都世界。[3]

作者的反思与中国早期占星术的经典天人感应假说相契合，即人的行为与周围敏感的宇宙之间的共鸣关系。也可以让人回想起作者在26、27回里提到的凶兆，人类的恣意妄为惹怒了上天以致天灾连连。但这个段落结尾之处，作者轻蔑地谴责古人的洞察和阐释体系本末倒置。"天垂象，见吉凶，所以示人也。"汉代文献如是说[4]，这些人把他们自己引发的种种凶

---

[1] 沙畹：《泰山——一种中国信仰专论》，第13—15页。
[2]《醒世姻缘传》第69回，第990页。
[3]《醒世姻缘传》第69回，第991页。
[4] 许慎：《说文解字》(1873年，1963年，北京，再版)卷1上，第2页。与《周易》的附录《系辞上》(第7卷第29页)中相似的段落比较(阮元编：《重刊宋本十三经注疏》，南昌，1815—1816年)："天垂象，见吉凶，圣人象之。"汉代把自然现象当成人类活动的反应，参见李约瑟：《中国的科学与文明》(*Science and civilisation in China*)第2卷，剑桥，1956年，第378、382页。

兆当作天意而欺骗自己，使自己滑向错误的深渊。不用说整个段落都认为蒿里山这个"神圣"场所的那些令人恐惧的超自然提示实际上与其阴冷的自然环境有关，也是在否认香客对蒿里山作用的认知。

蒿里山险恶自然环境的设置使作者有机会进一步展示狄希陈和他妻子之间的个人闹剧，也激起了普通围观者的公愤。作者描写了狄希陈遵循香客的习俗也求签看看他逝去的母亲在阴间的归宿。抽签结果让他恐惧，于是他怀着孩子气的天真感情哀悼他母亲。但是素姐嘲笑他并添油加醋地抱怨已故的婆婆。[1]对于这个小插曲而言，最让人感兴趣的是作者以高高在上的、冷漠的声音，来谈论简单的宗教价值观这个主题。在思考狄太太死后的命运时，他随意地鄙弃了人们的种种可能的假设："若没甚么阎王……"然后又说，"若是果有甚么阎王……"无论怎样，狄太太不可能还在蒿里山。"但为人子的，宁可信其有，岂可信其无？也在佛前求了一签。"在作者看来这些显然都不是大问题。

经过整整7天的旅程，香客们于当月二十一日深夜到家。第二天她们一起去庙里烧回香，以此作为"山社"的最后一次活动。关于这个仪式作者没有赘述。推想起来应当是把娘娘的圣驾送回到当地寺庙。

---

[1]《醒世姻缘传》第69回，第991—992页。

六、个人动机和家庭内部矛盾

这个进香故事在每一点上都清晰地向我们揭示了作者如何使社会观察服务于论战的目的。我们可以清楚地听到男性士人对女性宗教活动的影响所表示的愤怒,因为它微妙地渗透和干扰了体面家庭的内部事务。作者让素姐家的成年男子为男性的尊严辩护,作者本人也要就此表达自己的立场。但他们所表达的紧张不安,与西方社会中年轻人参加有争议的宗教活动时的焦虑没有明显的共同之处。明水士绅关心的是社会礼仪和对专用资源的滥用,而不是意识形态或个人的内心。他们小心翼翼地维持着体面,一边把卑微的"生员"地位与普通民众区分开来,一边又把"生员"与真正的上层社会区分开来。[1]体面之下欲盖弥彰的是性方面的占有欲,表现在他们不断地抱怨男女混杂的活动以及薛如卞对山轿的评论中。同样的主题在第73回中将有更骇人听闻的表现,素姐与一个风流寡妇去赶庙会时受到一群粗野少年光棍的欺辱。[2]可能从更深层次而言,其中还暗含着他们感觉到家人的诚信和忠诚受到了威胁。这次进香之旅公开演示了妇女可能被外人引诱接受训诫、加入秘密教

---

[1] 何炳棣:《成功的阶梯》,第35页。
[2] 整个插曲和这一幕都完全反映了黄六鸿所抨击的公众道德堕落。黄是研究1670年间山东乡村地区社会问题的学者。(小畑诗山点校,山根幸夫校印:《福惠全书》,东京,1973年,第31卷,第11页;作者前言写于1694年)。还可比较史景迁:《妇人王氏之死》(The Death of Woman Wang,伦敦,1978年,第18—19页。

会并长期受控制的可怕前景。对于这一点,作者更多地用观察到的行为而不是精确的评论,向我们提供了在我们自己的社会经验中也会见到的情况。在这一切中他坦诚地表明了自己的价值观和利益并为之辩护,因而令人信服。但他在表现女香客——农妇、仆人或淑女——的动机时,就存在问题了。要研究这一点,我们必须准备识别并仔细分析叙述中不同层次的修辞,并寻求小说之外的其他材料作为佐证。

16、17世纪一小部分献给碧霞元君的宗教文献得以流传于世,它们宣扬敬奉碧霞元君就可以满足很多个人的、社会的以及国家的需求。1611年万历皇帝的妹妹出资印行的《天仙玉女碧霞元君真经》就有如下许诺:

求风得风,求雨得雨,求男得男,求女得女,求富得富,求官得官,求财得财,求功名得功名;遇冤释冤,遇官讼释官讼,遇口舌释口舌。[1]

明代印行的24卷《灵应泰山娘娘宝卷》残本涵盖了很多类似主题:眼光娘娘的神圣法力,圣母娘娘保护儿孙、保国护民,虔诚地捐资印经就能求得儿子等。[2] 重印于1607年的《碧霞元君护国庇民普济保生妙经》对明代道教的教规做了补充,这个标题把道教的责任范围标示得很清楚:"保护国家,庇佑

---

[1] 周绍良:《明代皇帝、贵妃、公主印施的几本佛经》,《文物》1987年第8期,第8—11页。
[2] 泽田瑞穗:《增补宝卷研究》(『增補宝卷の研究』),东京,1975年,第113页。

人民，普济含灵，保护生育。"[1]这些文本（以及其他类似文本）对泰山娘娘投以天主教式的狂热崇拜，力求劝说忠实的信徒资助印经以确保文本的流传。换句话说，它们发展出了一种独特的修辞法以至于我们必须从普通信徒和香客的思想和话语中识别并区分它们。[2]

至于明水香客，可以观察到两个层次的明确动机。素姐欺负她丈夫的时候，刘嫂子与她理论，借谦卑正统的刘嫂子之口说出了最朴素的宗教信仰："咱来烧香是问奶奶求福，没的倒来堕业哩？"[3]后来素姐在山上犯恶心也引来了大家的批评，刘嫂子迅速地把这看成是娘娘在惩罚素姐烧香的心不够虔诚："我前日见他降那汉子，叫他汉子替他牵着驴跑，我就说他不是个良才。果不其然，惹的奶奶计较。咱们这些人只有这一个叫奶奶心里不受用，咱大家脸上都没光采。"[4]我们读到，"山社"里烧香的人成千成万，都拥挤在素姐周围，发表着类似的评论。

侯和张也说敬奉泰山娘娘是为了求"福"：

这各人积福是各人的，替白衣奶奶打醮，就指望生好儿好女的；替顶上奶奶打醮，就指望增福增寿的哩。[5]

---

[1]《道藏》第1063帙，哈佛燕京学社，第1433号。
[2]《道藏》第1063帙，哈佛燕京学社，第1433号。
[3]《醒世姻缘传》第69回，第983页。
[4]《醒世姻缘传》第69回，第988页。
[5]《醒世姻缘传》第68回，第973页。

但她们的任务是招募一个新的香客,所以她们在素姐面前又加了第二个层次的动机,即更丰富的世间美景盛宴。"这烧香,一为积福,一为看景逍遥……"[1]

……沿路都是大庙大寺,一路的景致,满路的来往香客、香车宝马、士女才郎,看不了的好处。只恨那路不长哩……好大嫂,你看天下有两个泰山么?上头把普天地下的国度,龙宫海藏,佛殿仙宫,一眼看得真的哩。要没有好处,为甚么那云南、贵州、川、湖、两广的男人、妇女都从几千几万里家都来烧香做甚么?且是这泰山奶奶掌管天下人的生死福禄。人要虔诚上顶烧香的,从天上挂下红来,披在人的身上,笙箫细乐的往顶上迎呢!……心虔的人见那奶奶就是真人的肉脸;要不虔诚,看那奶奶的脸是金面。增福赦罪,好不灵验哩!山上说不尽的景致,象那朝阳洞、三天门、黄花屿、舍身台、晒经石、无字碑、秦松、汉柏、金简、玉书,通是神仙住的所在。凡人缘法浅的,也到得那里么?[2]

第69回对真实的烧香之旅的描述就实在是对不住这番令人眼花缭乱的描述。但这种描述与现实之间的差距更好地显示了文章的主题:我们通过揭示中国香客的期望而不是审查他们的经验来更进一步地探究他们的心理。在发达的现代社会中,大众旅游也存在同样的紧张与悖论:旅行社和运营商同样夸大

---

[1]《醒世姻缘传》第68回,第975页。
[2]《醒世姻缘传》第68回,第974页。

远方的美景以吸引游客，而在真实的旅途中，游客不得不在汗流浃背的不适与肮脏中对此深感失望。

生活中不同的体验也吸引了充满希望的香客，如侯和张所称："咱路上打伙子说说笑笑的顽不好呀！"[1]她们心里所想的，正如我们在上文看到的，却是用亲昵的夜间谈话，在客栈里拉素姐入会。但她们的话语对向往"自由自在地结女伴出游"的素姐来说确实有吸引力，因为这描绘了一幅已婚妇女从她体面的家庭和关系紧张的女人中解脱出来的美好愿景。

这两回系统地揭露了每种说法的虚假性。侯和张的言语构建了一个从容美好的幻象，目的是激发和吸引新的信众；可是烧香过程中发生的一系列事情最终证实这与真实的体验大相径庭。刘嫂子的话表达了对泰山娘娘及其法力的忠实信仰；可素姐随意地把它们当成吹牛的大话而鄙弃。[2]得知自己母亲的灵魂还在蒿里山第五司的地狱里受苦时，狄希陈悲伤不已；同会的人劝慰他："这不过是塑的泥像，儆戒世人的意思，你甚么认做了当真一般？"[3]我们必须记住，全书不过是一个艺术品，呈现的是男性作家对堕落社会的一心一意的批评。我们也很难指责他对笔下人物的行为动机做了过度简单化的处理。他已经很努力地想象在他虚构的烧香之旅中的女人们所表现的不同状况。从各方面来看，他的作品显然是建立在对周围社会的严格

---

[1]《醒世姻缘传》第68回，第975页。
[2]《醒世姻缘传》第69回，第998页。
[3]《醒世姻缘传》第69回，第992页。

审查的基础之上。除此之外我们不能妄加揣测。

在这篇论文的结尾部分，我想把整个插曲概念化为一组不同的叙述以复调的形式运行的过程。比如"烧香"的叙述与其他的叙述——古怪的婚姻关系、一整套女性地方会社的宗教关系以及一个女人以一己之力对抗士绅礼仪规范——采用了不同的方法。总之，我们有理由认为，叙事中明确的或是暗含的作者的态度在这些回目中朝这个复杂的主题流动。可是文本自身不会接受这样简单的分层，其反证也已经在我们的讨论中展示。当作者把烧香之旅的组织者称为敬业的"道婆"时，他提供了一个社会特定短语，这似乎是真实的或在"烧香"的叙事环境里让人信服的。但这个短语也使他很方便地将其谐音双关为"盗婆"，这也与叙事中"作者的态度"相关。"道／盗婆"的称呼，以及暗含的概念化叙事，不会让双关的意义截然分开：我们不能肯定作者是不是故意让香客们信任她们，以便于作者自己可以恣意用讽刺双关。他的艺术性恰恰在于创造出这样结合严密的、有机的文本，社会生活的细节在其中不断呈现出看似真实的表象和噩梦般的意象。在所有的人物中最具叙事复杂性的，一定是素姐这个形象，尤其是当她站在丈夫的肩膀上面对泰山圣母的时候。在这里，烧香，婚姻，社会反抗，士绅的恶心和作者的欲望都表现出最大胆、最令人难忘的叙事态度。

宇宙进化和个人修行
—— 两部中国小说中的魔道与正道[1]

[美]康儒博(Robert Campany)著
吴群涛译,王建平、陈星宇校

摘要

在中国的宗教伦理中,个人美德、才能、力量在理想状态下与造物之进化和谐并行。但明代(1368—1644)个人修养与宇宙进化之间的关系变得越来越受到质疑,二者之间不再是和谐的整合关系。《西游记》和《封神演义》是两部流传广泛、影响深远的晚明小说。通过对故事中"恶魔"人物的巧妙处理,作者探讨了个人修行与宇宙发展的关系问题。两部作品中都有妖魔的修炼阻碍了宇宙发展的内容。但我们后来发现,它们的阻挠行动对宇宙的发展和降魔"英雄"的修行是必不可少的。

---

[1] Robert Campany, *Cosmogony and Self-Cultivation: The Demonic and the Ethical in Two Chinese Novels*, The Journal of Religious Ethics, 14, no.1(Spring, 1986):81-112.

本文将对两部小说中的妖魔进行分析，这些妖魔形象存在于宇宙进化和个人修行关系的问题中。

一、关于宇宙进化和个人修行的传统观点及其存在的问题

无极而太极。太极动而生阳，动极而静。静而生阴，阴极复动。一动一静，互为其根。分阴分阳，两仪立焉。阳变阴合，而生水火木金土。五气顺布，四时行焉。

五行，一阴阳也。阴阳，一太极也。太极本无极也。五行之生也，各一其行。无极之真，二五之精，妙合而凝。乾道成男，坤道成女，二气交感，化生万物。万物生生，而变化无穷焉。

惟人也得其秀而最灵。形既生矣，神发知矣。五性感动，而善恶分，万事出矣。

圣人定之以中正仁义而主静，立人极焉。故"圣人与天地合其德，日月合其明，四时合其序，鬼神合其吉凶"。君子修之吉，小人悖之凶。

讨论从《近思录》开始。这本书被誉为"新儒家思想最为重要的著作"，代表了某一时段中国宗教和伦理的实践。[1]

---

[1] 这段话引自陈荣捷：《近思录》(*Reflections on Things at Hand*)，纽约：哥伦比亚大学出版社，1967年，第5—6页。关于《近思录》的重要性的说法出自狄培理(William Theodore de Bary)：《理学修行和17世纪的"启蒙运动"》("Neo-Confucian Cultivation and the Seventeenth-Century Enlightenment")，第153页，狄培理编：《新儒学的展开》(*The Unfolding of Neo-Confucianism*)，纽约：哥伦比亚大学出版社，1975年，第141—216页。在此我谨感谢余国藩教授、弗兰克·雷诺兹(Frank Reynolds)教授和罗宾·拉文(转下页)

以上引文为《近思录》的开篇之辞，出自理学大师周敦颐（1017—1073），被朱熹和吕祖谦于1175年收录在《近思录》中，涵括了千年来中国人对自我修行及其在宇宙进化过程中的地位的看法。从早期儒家和道家开始，中国人就认为存在有序的、循环的宇宙演化模式，这一模式持续地创造与支持世界。这些动态的演化模式体现在不同方面或不同程度的活动之中。不同层面存在对应或共振关系，因此同样的演化模式在相互之间存在，每一种存在又在交互联系的影响——回应模式下发生共鸣。在创造活动的各个层面，整体之中存在着成对匹配的功能，这些匹配又在特别的功能层面从整体中展现出来。其中的一对便是作为整体的世界/人类自身这一种关系。在创造活动的联系之间的呼应，意味着如果其中一方是有序的，另一方亦然。因此对中国人来说，如果创造活动进程顺利，那么回响必然是纯净的，宇宙论利用了个人进化论，个人进化论扩充了宇宙论。[1]

难怪在有儒释道传统的中国历史中，自我本性和自我修行问题如此重要。此外，大多数人认为自我不仅应该与宇宙和谐共处，甚至自身还会影响宇宙秩序。明朝时，这种对自我本性和自我修行的关注达到一个新的高度，并产生了新的伦理问

（接上页）（Robin Lovin）教授对我写作此文提出的意见。
[1] 中国人这一观点集中反映在《大学》和《中庸》这两本书中。特别请参照陈荣捷的相关翻译，陈荣捷：《中国哲学文献选编》，普林斯顿：普林斯顿大学出版社，1963年，第86—87、98页。

题。[1]自我本性和自我修行的问题在王阳明（1472—1529）哲学思想中表现得最为突出，对此陈荣捷总结如下：

> 如大仁者以天地万物为一体，而且推其仁及于万物；如心即理；如至善内在于心；如格物即正心；又如致良知即发现至善与完成道德生活之道。……（此外）阳明已明谓那跻于良知的明明德和涵盖行为的亲民，两者是相同的。[2]

王阳明乐观地认为，即使在道德上失败，思想上亦具有成圣的可能。正如唐君毅所云：

> 当人对良知的永恒充满自信时，他就不必为做过的坏事耿耿于怀，也不必忧虑是否还能完善自己的道德。[3]

---

[1] 由狄培理编辑的多卷本丛书——《新儒学的展开》，纽约：哥伦比亚大学出版社，1975年；《明代思想中的自我与社会》(Self and Society in Ming Thought)，纽约：哥伦比亚大学出版社，1970年——证明了这一点。特别参阅狄培理在每卷的开头部分探讨自我的重要性这一宋明时期人们感兴趣的话题。也可以参照泰勒(Rodney L. Taylor)：《居于中心的自我——理学传统中的宗教自传》("The Centered Self: Religious Autobiography in the Neo-Confucian Tradition")，载《宗教史》(History of Religions) 1978年第17卷第3—4期，第266—283页。狄培理：《道学与心学》(Neo-Confucian Orthodoxy and the Learning of the Mind-and-Heart)，纽约：哥伦比亚大学出版社，1981年；狄培理、布鲁姆(Irene Bloom)合编：《原理和实用性——新儒学与实学的文汇》(Principle and Practicality: Essays in Neo-Confucianism and Practical Learning)，纽约：哥伦比亚大学出版社，1979年；以及葛瑞汉：《两个中国哲学家——程明道和程伊川》(Two Chinese Philosophers: Ch'eng Ming-tao and Ch'eng Yi-ch'uan)，伦敦：隆德汉弗莱斯出版社，1958年。
[2] 陈荣捷：《中国哲学文献选编》，普林斯顿：普林斯顿大学出版社，1963年，第666—667页。
[3] 参照唐君毅：《刘宗周道德心之学说与实践及其对王阳明之批评》（转下页）

这一种观点在明代所面临的问题是，并非所有人都如同王阳明一般"自信"或者有"自我信仰"，也并非人人都认同他的学生王畿、王艮（王艮创立著名的泰州学派）和其他人对内心道德良知的极端自信。[1]特别要强调王艮的观点，他认为不仅自我的修行不再依赖于宇宙的发展，而是反其道而行之："是故身也者，天地万物之本也，天地万物，末也。"[2]但是那些对自身缺乏极端自信的人，问题就产生了：道德作何依恃？这种对自身良知极其坚定的信念以什么为基础？此外，在进行自我修养的同时坚持道德上的错误，是不是一种误导？

明代思想家发展出一种解决之道，即在一系列超越自我的规范下践行道德以塑造能力之根本，另一种，则是借助更高的存在的力量。东林学派学者采用第一种方法，他们提出"善即'万物之本性'，存在于万物之中"或"理即万物，理在万物中"即"理"这一（出自新儒家思想程朱学派的）概念来巩

（接上页）("Liu Tsung-chou's Doctrine of Moral Mind and Practice and his Critique of Wang Yang-ming")，第314页，狄培理主编：《新儒学的展开》，第305—331页。

[1] 欲了解王阳明的这些追随者，参看上面提到的唐君毅论文，和他的《王阳明到王畿——"良知"这一概念的发展》("The Development of the Concept of Moral Mind from Wang Yang-Ming to Wang Chi")，狄培理编：《明代思想中的个人和社会》(Self and Society in Ming Thought)，纽约：哥伦比亚大学出版社，1970年，第93—119页。也可参考狄培理：《明末思想中的个人主义和人道主义》(Individualism and Humanitarianism in Late Ming Thought)，狄培理主编：《明代思想中的自我与社会》，第145—247页，特别是第157—178页。

[2] 狄培理主编：《明代思想中的自我与社会》，第167页。

宇宙进化和个人修行

固王阳明的善在心中的观点。[1]另一位思想家刘宗周（1578—1645）的借助神灵力量达到至善的第二种方法没有被采纳，因为无法确定神灵是否会和我们希望的那样帮助我们取得至善。[2]

此外还有一个办法，就是通过修改对自我的本性的看法来提振我们对内心之善的自信。比如说，刘宗周以良知替代先在的、拥有道德意愿的知识。对于他而言，这种转移确保了对于以自我能力产出道德的根源，并且获得圣德的自信。[3]

同时还有第三种方案。就是在自我修行和宇宙进化中建立一个平衡。在这种平衡中，宇宙的发展为自我塑造提供了模型，也为个人发展提供一种规范的预警，唯有身在其中，才能向道德迈进。在平衡的基础上，才能有意义地提出并回答伦理问题：是否所有的自我修行本质上都是道德的？对不道德的个体而言是否有修行的途径？如果有，这些途径是什么？怎么样的修行被视作正确的，而怎么样的修行又是错误的？

两部作者仍未确定的小说，创作于16世纪下半叶，含蓄地提出了这些伦理问题并且做出了回答。这两部小说主要描写"魔道"人物（妖邪、妖怪、妖精、妖魔、邪魔、邪精和其他组合）在其修行过程中阻碍其他造物，而这种阻碍对这些造物最终又不可或缺。因此我认为，应当考察《西游记》和《封神

---

[1] 唐君毅：《刘宗周道德心之学说与实践及其对王阳明之批评》，第310页，狄培理主编：《新儒学的展开》，第305—331页。
[2] 唐君毅：《刘宗周道德心之学说与实践及其对王阳明之批评》，第314页，狄培理主编：《新儒学的展开》，第305—331页。
[3] 同上注，第314页。

演义》中这些魔道中的自我修行者的道德内涵及其在宇宙论中的位置[1]，我将探讨小说如何通过对魔道人物的塑造来回答晚明思想界争议不休的问题，以及作者如何将个人修行与宇宙论联系起来。

---

[1] 我们有幸阅读余国藩加注的杰出译作——四卷本《西游记》(余国藩译，1977—1983年，芝加哥：芝加哥大学出版社)。在余国藩的精彩导读中(卷一)，读者可大概了解关于此书作者的问题、中西方的重要思想传统，和余国藩(及其他人)关于此书是寓言性小说的观点。也可参照杜德桥：《〈西游记〉祖本考的再商榷》(*The Hsi-yu chi: A Study of the Antecedents to the Sixteenth-Century Novel*)，剑桥：剑桥大学出版社，1970年。在查询中文资料时，我用过1954年吴承恩著《西游记》。应该指出的是，早在百回本《西游记》问世之前，异域漫游遭遇妖魔这一主题就存在于中国文学了。要了解关于该主题的精辟分析，可以参见1935年江绍原《中国古代旅行之研究》(上海商务印书馆，1935年)和1937年法文译本(法文本由范仁翻译，中法大学文化交流出版委员会出版，1937年)。《封神演义》还没有被全文译成某一西方语言。《封神演义》第1—46回有一份德文译本，另外包含剩余54回的情节梗概。这本译作还包含索引和中式插图。我没用过这部节译作品。我用过的中文版是由人民文学出版社1979年出版的《封神演义》。欲理解有关《封神演义》的重要研究成果，特别参看柳存仁：《毗沙门天王父子与中国小说之关系》，《新亚学报》第3卷第2期，1958年2月，第53—98页；《元至治本〈全相武王伐纣平话〉明刊本〈列国志传〉卷一与〈封神演义〉之关系》，中国香港《新亚学报》第4卷第1期，1959年8月，第401—442页；《〈封神演义〉的佛教探源》，《皇家亚洲学会香港分会杂志》1960—1961年第1期，第68—97页；《佛道教影响中国小说考》第一卷《〈封神演义〉作者考》，威斯巴登(Wiesbaden)：哈拉索维茨(Harrassowitz)，1962年；其他很多相关著作都以标准的书目形式列在本文后面，如李田意：《中国小说——中英文书目及论义》，纽黑文：耶鲁大学出版社，1968年；孙楷第：《中国通俗小说书目》修订版，人民文学出版社，1982年。请参阅艾丽白(Danielle Éliasberg)：《钟馗捉鬼传》(*Le Roman du Pourfendeur de Démons: Traduction annotée et commentaires*)，《汉学研究所纪要丛刊》(*Mémoires de l'Institut des Hautes Études Chinoises*)卷4，巴黎：法兰西学院汉学研究所，1976年。该书对一部成于《封神演义》之后、体现不同思想的中国降魔小说《钟馗捉鬼传》做了翻译和研究。这本书有很多可取之处，其中之一是她将文学叙事置于宗教仪式中进行研究。

在宇宙论及其相关伦理之间一种常见的关系是，宇宙论提供模范与道德准则。在前述的两部小说中，宇宙论实际上不仅提供了模范，而且为如何开展正确的个人修行提供了规范的语境。但小说依然提出一个附属问题，一个很大程度上解释了道德与宇宙论为何这一模糊概念的问题。这个问题是：当一个广泛的宇宙论中，唯有一种特殊的、细节化的演进模式为个体形成提供模型，那么，什么样的事情会发生？

宇宙论能帮助人们解决道德缺陷问题。在两部小说中，我们可以看到小说提供了一种对道德缺陷问题的理解，可以说是前文提到的后王阳明时代对此问题的另一种解答。确实，从伦理角度考察这两部小说会产生一个问题：个人或集体的"道德缺陷"有哪些种类？在小说中，后面我们将会看到，道德缺陷可以缩小，但却不能违背外部规则，在个体深处也不能存在根本性的、精神性的瑕疵。小说作者没有在个体与所处世界的变化力量的关系中给出普适性的答案。其中的伦理也不再简单地是一种"道德特征"[1]。这种伦理如同许多"传统"的伦理系统，从根本上在自然秩序中将自我认知与宇宙论联系起来；它包含了秩序，但又不如像规章法律一般如同关系的矩阵。我们会看到，小说中的道德观与詹姆斯·M.古斯塔夫森在《神本主义伦理学》中表达的观点相似。古斯塔夫森认为，道德问题不仅

---

[1] 比照弗兰克纳·威廉（William Frankena）：《伦理学》（Ethics）第二版，恩格伍德·克里夫斯（Englewood Cliffs）：普伦蒂斯·霍尔出版社（Prentice-Hall），1973年，第4章。

跟人类的利益有关，还与宇宙秩序有关。[1] 人的至善——圣德不仅与品行有关，它更多的是指个人与宇宙之间和谐而"自由"的关系。我们将在下文中看到，这种关系与弗瑞斯卓·伯格曼在《论自由》中提出的"自由"概念非常相似。[2]

在此必须对两个关键术语下个大概的定义。"宇宙进化论"指涉一系列造物的起源与发展、为人类抉择和行动提供模式的秩序（并不局限于物理世界），组成抉择和行动的语境并令其具有意义和价值的秩序。[3] 文中说到的"妖魔"指的是创造和维持有序发展的反对者。[4]

---

[1] 古斯塔夫森（James M. Gustafson）：《神本主义伦理学》（*Ethics from a Theocentric Perspective*）卷一《神学和伦理》（*Theology and Ethics*），芝加哥：芝加哥大学出版社，1981年。
[2] 伯格曼·弗瑞斯卓（Frithjof Bergmann）：《论自由》（*On Being Free*），印第安纳州诺特丹：诺特丹大学出版社，1977年。
[3] 这一个和后续的定义我都是援引自罗宾·W. 拉文（Robin W. Lovin）、弗兰克·E. 雷诺兹（Frank E. Reynolds）合编：《宇宙进化论和伦理秩序——比较伦理学的新研究》（*Cosmogony and Ethical Order: New Studies in Comparative Ethics*），芝加哥、伦敦：芝加哥大学出版社，1985年，一书开头介绍拉文和雷诺兹的内容。
[4] 随着本文的讨论，这些定义将会变得更清晰。它们符合拉文和雷诺兹的比较伦理学理论中的一个基本观点："大多数人大部分时间关于自己所生活的世界起源的基本观念取决于他们认为可靠和值得选择的行为模式和自我品质。"这样的做法有一定道理，至少我这个比较伦理学的初学者没必要以演绎法的方式去指出这一观点在哲学上的错误。除非你道德观中的道德独立于人类生活的其他方面，否则上述观点就属于 G. E. 摩尔宣称的"自然主义谬误"。参见摩尔（G. E. Moore）《伦理学原理》（*Principia Ethica*），剑桥：剑桥大学出版社，1903年。无须赘述，人类历史上只有少数人同意这种观点。

二、宇宙进化论模式与其实现层面

首先，我概述一下两部小说中的宇宙进化事件。以此为开端，每一个深化都给出了一种造物的秩序，这种模式之后在复杂的经济秩序中得到实现。

每部小说都以创世事件为开端。大宇宙进化论不仅在物质世界中运动，而且在中国人所知的社会中运动。每部小说的第一首诗中头两个字都是"混沌"——混乱，即创世前物质的模糊状态。神仙盘古开天辟地成宇宙，后有三皇五帝的仁治，文明英雄为人类进步提供必要的技术，为社会组织提供适当的规范。[1]

在两部小说中，相似的中国造物神话之后，跟随着广义的、恰好在神话—历史框架下被加工的宇宙进化论模式。例如在《西游记》中，我们看到盘古驱动的洪荒之力，令一块石头孕育出"仙胞"石猴，也即小说的主人公。其后六回讲述了石猴的早期经历。在故事中，石猴学习的道家长生之术给予他足以增强自身地位的能力。他膨胀的自我重视感导致他公开反抗天条。最后（第七回）如来佛祖轻易降伏了这叛逆的猴子，

---

[1] 关于"混沌"和中国创世神话，参见吉瑞德（N. J. Girardot）:《中国宗教研究中的创世神话的问题》(*The Problem of Creation Mythology in the Study of Chinese Religion*)，《宗教史》(*History of Religions*)，1976年5月，第15期，第4卷，第289—318页；以及《早期道教中的神话及其意义》(*Myth and Meaning in Early Taoism*)，伯克利：加州大学出版社，1983年。袁珂：《中国古代神话》（中华书局，1960年）包含了中国远古神话系列（有的故事过于简略）。

把他压在可能象征着宇宙力量的五行山下。孙悟空从自封的"齐天大圣"变成如来的阶下囚，五行山使他在他试图反叛的宇宙面前显得不堪一击。更重要的是，悟空由修炼而盛和因修炼过度而衰的人生轨迹就是后文很多妖魔鬼怪的人生轨迹，为文中其他朝圣者的修行之旅设定了一个基本的模式。

在《封神演义》开篇诗歌中，王朝更替和其他活动共同组成了宇宙的秩序。不仅如此，每个朝代从开国明君到末代昏君的循环往复都被包含在其他更大的循环演化模式当中，几乎成了一种自然现象。因此纣王，这位即将覆灭的商朝的亡国昏君，他的登基正体现了与五行和阴阳相匹配的王朝"兴—亡—兴"永恒不变的循环模式。所以小说中注定要亡国的纣王的统治通常被描写成"气已绝"。[1]《封神演义》的开篇创世神话设定的宇宙演化的模式和方向也成为小说的框架，在后续情节发展中扮演重要角色。

在开篇的创世神话过后，小说就立即开始了故事的叙述。因此，很多人说这些开篇的创世神话没什么意义。亚瑟·韦利在其节译的《西游记》[2]中就删掉了开篇的诗歌（和其他所有的诗歌），夏志清虽然注意到了《西游记》以创世神话开篇，却

---

[1] 在一次私人会晤中余国藩告诉我：这句话是"气数已绝"的缩写；"气数"可能是与易经卦气(《易经》)知识相关的术语。如果是这样的话，那么小说措辞和《易经》中对变化的细致、系统论述之间可能存在的联系就进一步阐明了小说中政治——宇宙变化的性质。
[2] 亚瑟·韦利译:《猴子》(*Monkey*)，纽约：庄台公司(John Day Company)，1943 年。

并不了解它的重要性。事实上，小说之所以要对常见的创世神话进行晦涩的重述，不仅是如狄培理所言"为主体叙述所在的自然的、物质性的世界提供一个超自然或抽象的背景"[1]；这些创世神话确属"虚构"，这与夏志清的观点相反。[2]这些虚构的神话展示了宇宙演化的原初过程，而这些宇宙演化的模式将为小说情节的发展奠定基础。这些虚构的神话"展示了"，如吉瑞德所述，"演化的最初和持续的结构原则"，并预示了后续故事。[3]它们出现在开篇不是偶然的，它们与后续故事的关系也很重要。与其说它们设立了宇宙的结构，不如说它们确定了将贯穿小说始末的动态的宇宙演化模式。

与小说开篇诞生的宇宙产生共振的是"小宇宙"，这些"小宇宙"遵循相同的演化模式，表明推动宇宙演化的相同力量在不同"小宇宙"中都发挥着支配作用。《西游记》中的宇宙发展进程体现在孙悟空师徒的西天（印度）取经之行上。故事主体讲述的是他们与阻挡他们西行的各式妖魔鬼怪之间的斗争。余国藩称《西游记》是"寓意修炼的朝圣"[4]。毋庸置疑，这部含义

---

[1] 狄培理编：《新儒学的展开》，第155页。
[2] 夏志清：《中国小说导论》(*The Chinese Novel: A Critical Introduction*)，布鲁明顿：印第安纳大学出版社，1968年，第139页。
[3] 吉瑞德：《早期道教按宇宙进化论行事的现象》(*Behaving Cosmogonically in Early Taoism*)，第71页，罗宾・W. 拉文和弗兰克・E. 雷诺兹（合编）：《宇宙进化论和伦理秩序——比较伦理学的新研究》，芝加哥、伦敦：芝加哥大学出版社，1985年，第67—97页。
[4] 余国藩译：《西游记》（四卷本）第一卷第37页，芝加哥：芝加哥大学出版社，1977—1983年。

丰富的小说寓意既包含晚明的"修心",也包含修行,特别是道家盛行的内丹修炼。[1]中国有很多关于修炼的书籍。[2]所谓修炼,指的是修炼者通过某些生理和心理方法,试图在自己体内重现自然过程和自然力量的聚集和颠倒,当然颠倒自然后必须回到自然状态。这种在自己体内实现自然演化过程的做法使修炼者进入一种很高的境界,能超脱束缚众生的空间、时间、道德和社会制约。小说的口吻清楚表明五人的取经之行就是修炼之旅,是这五个朝圣者的集体"自我"追求绝对自制和身心高度融合的过程。小说讲述的正是这样一个追求自我完善的故事。

---

[1] 参见余国藩译:《西游记》(四卷本)第一卷,导论部分;余国藩:《〈神曲〉和〈西游记〉中的宗教朝圣》,《宗教史》第22期,第3卷(二月),第202—230页,1983年;浦安迪:《〈西游记〉和〈红楼梦〉中的寓言》("Allegory in Hsi-yu chi and Hung-lou Meng"),第163—202页,浦安迪编:《中国叙事——批评与理论文汇》(Chinese Narrative: Critical and Theoretical Essays),普林斯顿:普林斯顿大学出版社,1977年。

[2] 英语中一些基本的治疗方法包括李约瑟(Needham Joseph)等编著:《中国的科学与文明》(Science and Civilization in China)(中译本又译为《中国科技史》)卷五:《化学与化工技术》(Chemistry and Chemical Technology)第二部分:《炼丹术的发现和发明——黄金和不朽的训导》(Spagyrical Discovery and Invention: Magisteries of Gold and Immortality),1974年;第三部分:《炼丹术的发现和发明——历史调查,从朱砂药剂到人工合成胰岛素》(Spagyrical Discovery and Invention: Historical Survey, from Cinnabar Elixirs to Synthetic Insulin),1976年;第四部分:《炼丹术的发现和发明——仪器、理论与礼品》(Spagyrical Discovery and Invention: Apparatus, Theories and Gifts),剑桥:剑桥大学出版社,1980年。马伯乐:《道教和中国宗教》(Taoism and Chinese Reeigion)(第九册),小弗兰克·A. 基尔曼(Frank A. Kierman)译,阿默斯特(Jr. Amherst):马萨诸塞州大学,1981年。席文(Nathan Sivin):《中国炼丹术——初步研究》(Chinese Alchemy: Preliminary Studies),剑桥:哈佛大学出版社,1968年。柳存仁:《明代思想中的道教修行》,狄培理编:《明代思想中的自我与社会》,第291—330页。

宇宙进化和个人修行

在《封神演义》中，宇宙演化的主要方式就是腐朽商朝的倾覆和新生正义的周室的诞生。这场拉锯战是从商朝末代君主纣王的道德腐败开始的。由妖精伪装成的绝代佳人妲己等三妖的入宫则加剧了这一过程。纣王针对国内民众、大臣甚至他家人的失德无道之举引起商朝大部分贵族的反抗。其中一个极其贤德的贵族是文王，他是中国西部周国的国王，他的圣明美德吸引了很多人来投靠。后来文王赢得智慧隐士姜子牙的忠心辅佐，这就是中国历史上很有名的姜太公钓鱼的故事。姜子牙成了智慧正义、精通法术的军师，他辅佐文王之子武王成功抵御了商朝军队的不断进攻。在众多道教门徒和大师的帮助下，他英明领导周军攻陷商朝首都朝歌，并在贵族大臣的全力支持下，辅佐武王登上了国君宝座。小说中关于朝廷腐败及商周两军的恢宏战争的故事都影响了这场王朝的更迭。这些"政治"大事件其实就是广义的自我修行，是国家这个广义的自我去除杂质的过程。另外，周军的胜利恢复了天地的秩序，使得统治天地的各个神仙的地位发生了大的调整。

在展现宇宙性演化的层面之外，小说中还包含其他内容与此呼应。小说中的几乎每个重要人物都想完善自己这个"小宇宙"，要么是用道教的方式（通常是"内丹"）或是通过晚明时期的融合道教、佛教和新儒家的修行方式。但并不是书中每一个人物都能成为圣人，他们的"小宇宙"的演化并不总是有利于宇宙和他人的有序发展。《近思录》开篇提到的使个人修行与宇宙的演化和谐统一的条件可遇而不可求。然而有时候，那些阻挠宇宙发展和他人完善的人物竟然能促进宇宙和他人的完善,而其方式恰恰是阻碍宇宙进化和他人修行。

这里略有离题。既然我们讲到了小说中的大宇宙演化论和其不同层次的实现形式,我们就有一个疑问:那些妖魔在这涉及多层次的宇宙演化进程中扮演怎样的角色?

三、初探妖魔与宇宙演化模式的关系

人们对上一个问题的第一反应就是,妖魔无时无刻不在阻碍着宇宙的发展,它们必须被降伏,而降魔确实构成了小说的主体。这一层次的宇宙演化讲的就是扫除那些阻碍世界发展和其他生物自我完善的邪恶势力。

在《西游记》中,妖邪通常被称为"精",指未定型但独立的生命体,它们通过长期道家修炼而聚集了自然力量。[1]具体而言,它们通常被称为妖精,而妖暗示不正。经过多年修炼,这些原先是石头、植物或动物的妖精获得人形;它们能变形为人或其他东西来欺骗取经者。它们攻击取经者的动机纯粹是为了提高自己的修为。它们想吃掉这些取经者,因为这能使它们长生不老。[2]而取经者战胜妖魔的过程几乎都遵循同一个模式。

---

[1] 参见满晰博(Manfred Porkert):《中医学理论基础》(*The Theoretical Foundations of Chinese Medicine*),剑桥:马萨诸塞州剑桥,麻省理工学院出版社,1974年,第176页及其下。
[2] 参看收录在《中国文学——随笔、论文和评论》(*Chinese Literature: Essays, Articles, and Reviews*)中我即将发表的论文。在这篇论文中,我对表示"恶魔"的汉语说法和《西游记》中的妖魔做了更加详细的论述。

取经者到达妖精的势力范围之后，妖精会扮成人、半人半动物或神仙等对取经者发动首次攻击。首次战斗以僵局或取经者的失败而告终。为打破僵局，取经者（通常是孙悟空）必须查明妖魔的真正身份，然后找到它的主人寻求其协助。接着妖魔被降伏，显出"原形"或"真身"。最后，重要的妖魔会被安排在天庭的某一合适的岗位上，融入宇宙主流秩序。

《封神演义》也包含此类妖精，它们在后面的回目中变得越来越重要。除此之外，书中还提到了一派道士。由于与姜子牙有个人恩怨或派系纷争，他们反抗天条。一开始，派系纷争还只停留在个人层面，不过到了小说的后面就升级为"截教"和"阐教"间的全面战争。我认为，"截教"和"阐教"是作者虚构的道教派别。[1] 不过这两个名字有助于我们对妖魔的理解。"截"指那些反抗新兴周朝和天条的人，其基本含义就是截断、阻止或拦截。与之相反，"阐"意指"打开"或"照亮"。"截教"道士试图阻碍天命。而"阐教"人士则试图让天命能顺利得以实施，他们心里清楚天命不可违。这些虚构的名字表明《封神演义》的一个重要意图：区分道教乃至朝廷和宇宙的正道与邪道。

《封神演义》中周军制伏妖魔的过程与《西游记》的降魔过程很相似。不过这回首先介绍的不是妖魔的住所而是它们的兵器和相貌。很多截教的道士其实并不是人，而是妖精，它们

---

[1] 在任何标准的汉学参考著作中我都没能找到截教、阐教或鸿钧的信息，这一点强烈暗示（虽然并不能证明）这些概念是小说作者虚构的。

会在被降伏时现出原形。姜子牙一派必须和孙悟空等人一样竭力降魔,需要得到妖精的主人的协助。这些妖精的主人大多是隐居山林的道士高人。妖精被降之后经常会被安排到某些岗位去,融入新的宇宙秩序。

这就是妖魔在宇宙演化进程中的角色。通过对自身"小宇宙"的刻苦修炼,通过吸取"天真地秀,日精月华"[1],这些在武艺、变身和法术上有着很高道行的妖魔试图阻碍《西游记》中朝圣者的取经之行和《封神演义》中周朝的建立。不过,正义的力量通过一个近乎仪式化的过程将它们降伏。与很多美国西部片一样,虽历经磨难,好人总能赢得最后的胜利,因为小说中的有序的力量最终要强于混乱的力量,而好人总是有序的支持者。

四、再探妖魔与宇宙演化模式的关系

妖魔与宇宙演化模式的关系包含很多方面,前者被后者降伏只是其中之一。被打败的妖魔很少被简单地"扔进宇宙垃圾站"。它们会通过各种方式融入新的宇宙秩序。这是如何发生的呢?

《西游记》中的妖魔通常在皈依大法后被观音等神仙收为侍从(那些从神仙家中偷逃出来作乱的妖精则恢复它们之前的仆人身份)。这些取经者本身就是最好的例子:他们每个人,

---

[1] 余国藩译:《西游记》(四卷本),第一卷第67页。

包括唐僧,都曾触犯天条。西天取经是他们必经的磨难。在小说末尾,他们都修成正果。

有时,《封神演义》的某些妖道会被宗教领袖带往西方极乐世界。这些宗教领袖传授特色鲜明的学说。虽然他们的名字有道家特色,但他们很明显是佛的早期化身。有些妖道后来也成了佛。不过大多数被杀的妖魔则有着别样的归宿。根据鸿钧(截教和阐教祖师)[1] 三大弟子的安排,上了封神榜的妖魔的灵会被关押在姜子牙建的"封神塔"中。它们就在那里等待周室的最终胜利。一旦武王登基称王,姜子牙就对这些被杀的敌方和己方战士的英灵进行分封。他们被授予不同的神职,共同构成宇宙的新秩序。如日月星辰、大气现象之神、病神、山川河流之神一样,这些正邪两派的精灵也是宇宙秩序的一部分。

这样我们似乎面临一个伦理矛盾。一方面,妖魔阻碍宇宙进步,破坏道德规范,缺乏美德,它们被秩序打败和降伏并不让我们惊异:这只是正义战胜邪恶的例子。不过,另一方面,我们却惊讶地发现,这些妖魔没有被彻底消灭,而是融入了宇宙新秩序。

可能有人会说:这种矛盾只是表面现象,因为我们能立刻看出妖魔被降伏,通常伴随肉体的死亡,只是一种过渡仪式(rite of passage),属于另一类的小宇宙演化。演化将它们从宇

---

[1] 要注意到这个重要的事实:在《封神演义》中,两个敌对的道教派别原本同宗;它们势不两立的领袖曾是同门。因此它们最终的统一既取决于小说结尾两派的和解也取决于它们过去同宗的历史。

宙演化的错位中移送到新秩序中的恰当位置。妖魔的邪恶似乎是以"皈依正道"而结束的。经过仔细研读，我们可以发现妖魔的人生轨迹是从混乱走向有序的过程。

不过答案并非这么简单。作者清楚地表明，在皈依正道之前，妖魔就已然是建立宇宙新秩序必不可少的组成部分。如在《西游记》中，朝圣者必须经受九九八十一难才能修成正果。大部分的磨难都是与阻挡他们西行的妖魔进行的斗争。在小说末尾，观音细心地数着他们经历的磨难。当她发现次数不够时，她亲自制造了所缺的最后一难。另外，朝圣者的业报（karma）要求他们必须与妖魔斗争，只有这样才能消除自己的业报，达到功德圆满。作者通过阴阳和五行学说将朝圣者与妖魔巧妙地联系在一起，这些书中随处可见的阴阳和五行观点表明书中正邪两类人物是相互依存的。

当我们考虑到妖魔通常被解释为幻觉和魔障时，《西游记》中朝圣者角色与妖魔的依存关系就更加明显了。书中《心经》的重要性表明了色空之间界限的消失，这也正是朝圣者的目标。妖魔不仅是西行的障碍，通过修心战胜这些表象的障碍才能获取觉悟、永生和自由。而这也和著名的大乘佛教思想相一致。

《封神演义》也表明妖魔对宇宙秩序的创造不可或缺。《西游记》中常谈道，朝圣者遭受某某妖魔的磨难早就在"天数"中，因此要推进"天命"这不仅是必要也是不可避免的。另外，在小说（及大部分中国传统史学）中的王朝的更替中，只有当前朝无道失去天命时,新王朝的兴起(才能发生)才是确定无疑的好事。所以从某种意义上说,旧王朝的腐朽与新王朝的有道相对应。这种阴阳五行意义上的对应要求新王朝积极反抗旧王朝,改朝换代。因此,新王朝的兴起就是对旧王朝的腐朽所做的反应,目的是建立新的宇宙秩序。如果读者要求再给出一个例子来证明妖魔对宇宙秩序的创造不可或缺,那么下面这件事情肯定能起到一锤定音的效果。妲己等三妖受创世女神女娲之命来到人间,去蛊惑纣王。这三个女妖被派往行将就木的商朝的"心脏",成了宇宙演化的催化剂,开启了商亡周兴的演化过程。

这样看起来,妖魔既是宇宙演化的一部分,同时又阻碍了宇宙演化进程。它们看起来在宇宙演化中扮演必不可少的角色,也许它们不该受到道德谴责。小说中的某些表述似乎也将它们等同于"好人",不过有很多人对此有异议。很明显,这些妖魔自身肯定存在某些道德缺陷或在某些方面与"好人"截然不同。将它们视作被命运玩弄于股掌的无辜小卒就等于宣布它们为悲剧英雄,而任何读者都明白事实并非如此。

那么,到底是什么使得恶魔们那么坏、好人们那么好?前文所述的那个明显的道德矛盾现象在小说中是如何得以解决的呢?我们必须继续探索。而答案将能帮我们理解这两部小说是如何看待修行与道德的关系——晚明思想界和宗教界十分关注的话题。我们将会读到,小说作者以一种含蓄的方式将自我修行的伦理和创造的进程中的自我塑造行为联系起来,而后者引发和维持了世界。

五、《西游记》中的魔道及修行伦理

"修养"指的是变化模式在某一特定层面的实践与强化，特定的层面（如混沌）持续地创造和维持世界运转。我试图在这个冗长，可能过于确指的定义中灌注几个关键的概念，包括修（磨炼、净化，秩序、构建、筹备，催生）和养（滋养、抚养）。我认为，这两个字连在一起表示为修炼、滋养和重塑自己本性或某一品性而进行的长期活动或有规律的计划。

如上所述，《西游记》和《封神演义》两书中大多数人物都在进行自我修养。不同人物根据中国不同种类的宗教和哲学思想，采取不同的修养方式。不过我们在此不关心他们的修养方式及其思想渊源。[1] 因为决定修养是否符合道德跟道家炼金术之类无关，跟书中我们着力寻找的道家与新儒家的差别也无关。对正确与错误的修炼方式的分别存在于小说的叙述当中，我们需要精确叙述这些不同，所以必须回到小说的结构和细节之中。

首先来看《西游记》。这些取经和尚与那些妖魔鬼怪有什么不同呢？首先，他们的差别不在于是否遵循某些宗教典籍明确规定的道德规范或有关社会公正的规则。《西游记》根本就

---

[1] 这些小说基本上有两种修行方式，虽然两者并不容易区分开来：其一是与道教相关的"养生学"，修习此学可长生不老，顺便学会各种"道术"。其二是更兼收并蓄的新儒家的"修心"。

没有提及类似的明确规范。另外，小说的情节使我们意识到，这些取经和尚的本性或个性中并没有什么实质性的东西使他们比妖魔"更高尚"。虽然孙悟空确实表现出很多美德和善良品性，但其他和尚，特别是不可救药的猪八戒，绝非道德楷模。而且，随着故事的展开，他们的"本性"并没有改观。他们在从长安出发时就有的那些缺点——唐僧的脾气、猪八戒的贪吃好色等——在他们西天取经路上乃至返回大唐后都一直阴魂不散，而作者甚至以不断描写这些缺点为乐。此外，妖魔鬼怪们也并不能被简单地描写成"邪恶的"人物。它们本性的丰富和多面性使得我们不能对它们做轻率的道德评判。它们跟人很像，常犯人易犯的错误，但也有它们自己的美德——而且是别人夸赞的（例如，"一个诚实的人，魔王……"[1]）。另外，它们在两书中的名称并没有表明它们有会导致它们本性邪恶的品性；这些名称只表明它们未完全发育，表明它们假借他物的形体，表明很难对它们做生物学的分类。

所有这些表明这几个取经和尚和妖魔在本性方面并不存在本质差别，差别在于他们与其他生命的关系。这几个朝圣者的取经之行是由菩萨明确安排，还得到了佛祖和当朝皇帝的批准。他们都在宣誓后成为观音的弟子，且是在鲁莽触犯天条后投奔她的。这四个由孙悟空带领的"假神仙"听命于唐僧，而唐僧也依赖他们的帮助。他们一起构成五人取经队伍，

---

[1] 余国藩译：《西游记》（四卷本），第三卷第 351 页。

这可是个出人意料的组合。当唐三藏感谢孙悟空帮他"识得真理"时，孙悟空说："两不相谢，彼此皆扶持也。我等亏师父解脱，借门路修功，幸成了正果；师父也赖我等保护，秉教伽持，喜脱了凡胎。"[1]另外很重要的一点是，在书中的很多危机中，包括唐僧坐骑在内的每个人都竞相出力。每个成员的协助对取经之行的成功都是不可或缺的。

此外，正如很多评论家指出的，《西游记》中有五个朝圣者绝对不是偶然的，因为取经的成功取决于中国宇宙演变理论中的五行学说中各行（木、火、土、金、水）的有序互动和互相影响。而朝圣团队就是一个广义的自我。这个自我的"五行"必须相互协调。文中寓意的集体层面的修行就是不断努力使这五个本性迥异的成员凝结成一个和谐统一的自我的过程。[2]

妖魔几乎在各个方面都与正道人物不同。它们放任自行，拥有绝对自主。其中一些低级神仙，通常在没有得到它们主子允许或知情的情况下，自愿或不自愿地从天庭降到人间。还有的妖魔是诸如昆虫、植物、动物这类生物，经过几百年的修炼，它们终于在等级森严的宇宙生命体系中往上升了好几级。这些积极向上发展的宇宙无产阶级无师无父，因此，难怪文中把对妖魔的拜伏称为"拜师"。

它们攻击取经和尚都是为了长生不老。取经和尚美味的肉

---

[1] 余国藩译：《西游记》（四卷本），第4卷第384—385页。
[2] 浦安迪：《〈西游记〉和〈红楼梦〉中的寓言》，浦安迪编：《中国叙事——批评与理论文汇》，普林斯顿：普林斯顿大学出版社，1977年。

体是通过长期修炼而得到的。吃了他们的肉，妖魔可提高自身修为和功力，它们修成"人道"的目标就可以提前好几百年得以实现。它们进攻方式可概括为某种形式的吞食：它们想吞下这些取经者，或用鼻子把它们吸入体内，或把他们关在瓶子、袋子、盒子、钹、钟、葫芦或花瓶中。[1]它们住在山洞或其他容器般的巢穴中。它们的吞噬本能特别突出地表现在它们对吃唐僧肉的渴求上，而大多数女妖精则想与唐僧交媾。它们使用不同手段，想将这些取经和尚（及任何在它们攻击范围之内的人）弄进它们的身体或洞穴，总之就是要吞噬他们。

那么《西游记》中修炼方式的正确与否看来取决于修炼者与他者的关系。小说中，当修炼者将自我服从于高于自我的某个权威或宇宙秩序时，他就摆正了自我与他者的关系。而缺乏类似的服从时，修炼者就无法正确认识自我与他者的关系。妖魔与那几个朝圣者的区别在于它们试图吞没宇宙而不是服从宇宙。由于它们没有意识到"紧跟潮流"的重要性，它们就形成了阻挠宇宙演化的障碍。[2]正因如此，它们必须被铲除。

我们不能忽视下面这一重要事实。妖魔正是通过修炼——在自身"小宇宙"内部进行加强版的宇宙演化和在自身体内聚集演化力量——而变成宇宙演化的反对者和障碍物。

---

[1] 浦安迪：《〈西游记〉和〈红楼梦〉中的寓言》，浦安迪编：《中国叙事——批评与理论文汇》，第186页。
[2] 因此这些妖魔鬼怪们就符合了那个经常用来描述它们的术语：邪，也就是阻碍宇宙正常发展的"邪气"。参见满晰博：《中医学理论基础》，第52页。

《西游记》似乎想告诉我们修行有风险,参与者需谨慎。关于这一点,浦安迪做了精辟的论述:"修行的核心是将自身这个小我服从于宇宙这个大我,不过这个观点会让有些人误以为包含自己身心的小宇宙可独立存在,甚至可将整个大宇宙纳入其中。"[1]如果不能正确认识小我与大我的关系,修炼者就不会将小宇宙服从于大宇宙,而试图极度扩张自我,甚至想将大宇宙收入小宇宙中。而这正是《西游记》中妖魔的修炼方式。

我将《西游记》中的妖魔称为"努力提升自己宇宙地位的无产阶级",这个表述是我有意选择的。共产党革命胜利后,一些中国大陆学者曾认为小说中的妖魔是反对天庭资产阶级统治的无产阶级。[2]他们通常将孙悟空作为妖魔无产阶级的英雄人物,因为他把革命的战火烧到了天宫。但是这种说法不能解释为什么作者让孙悟空被可恶的反动势力压在五行山下。按他们的逻辑,对"当权者"的臣服是这个无产阶级英雄不得已的选择。

马克思主义解读的方式不能解释为什么孙悟空会被压在五行山下,会被编入天庭组织的西天取经队伍。而这对我们是有启发意义的。这个问题使我们又回到了本文开篇提出的晚明的

---

[1]浦安迪:《〈西游记〉和〈红楼梦〉中的寓言》,第186—187页。
[2]对这些观点的讨论,包括很多中国学者的评论,参阅储大泓:《读〈中国小说史略〉札记》,上海文艺出版社,1981年;高明阁:《〈西游记〉里的神魔问题》,《文学遗产》1981年第2期,第118—127页;丁黎:《从神魔关系论〈西游记〉的主题思想》,《学术月刊》1982年第9期,第52—60页;周中明:《关于〈西游记〉的主题思想——与丁黎同志商榷》,《学术月刊》1983年第2期,第41—50页。还有其他名字未列在此处的学者著作。

伦理问题上：有明朝学者认为自我完善和宇宙演化之间存在对立关系。马克思主义学者之所以不能解释孙悟空的被降伏是因为他们不认同中国有史以来的很多思想家都同意的这一重要观点：通过融入宇宙演化（不管它是被称为天还是道），个体能够在遵循宇宙演化法则的同时获得自由。按照这一观点，个体有可能随心所欲地在宇宙这一大背景中发展个性和能力，只要个体服从宇宙并愿与宇宙的其他力量和谐共处。余国藩对此有精辟论述："孙悟空等对师父唐僧的服从以及对佛家教义的遵守不能简单理解为被降伏者不得已的消极服从……从决定护送唐僧西行的那一刻起，孙悟空等就开始了对自我实现的探索，就开始了对永恒自由的追求。"[1]他们的修行成果就是成为圣人，这里的圣是指包含《近思录》在内的很多主流著作里谈到的圣。[2]

通过对取经和尚与妖魔的对比，《西游记》作者暗示了正确修行与错误修行的差别。作者认为，妖魔之所以为妖魔，并非它们本性邪恶，而是因为没有正确处理修炼与宇宙进化的关系。我们在此对《西游记》的分析将有助于我们对《封神演义》的理解。

---

[1] 余国藩译：《西游记》（四卷本），第1卷第62页。
[2] 请再次参阅《近思录》开篇引文中描述的"圣德"（陈荣捷译：《近思录》，纽约：哥伦比亚大学出版社，1967年）。

六、《封神演义》中的魔道与修行伦理

在严格的寓言的意义上,《封神演义》可能称不上与自我修行有关,但《西游记》不同,它充满了自我修行的正确和错误模式的有关概念,这些概念通过深植于小说中的正道与魔道角色的对比来展现。下文我将会说明,《封神演义》同《西游记》一样,通过在宇宙演化的进程中设置邪恶角色来表达其对自我修行的道德层面的理解。通过分析可知,这种理解与《西游记》的基本思想十分相近。

但首先需要解释,如同宇宙演变过程在个体与朝圣队伍的协作性自我(如《西游记》)得到实践,宇宙演变如何在协作型自我中被认识,此一方为主体关系。

《封神演义》中商朝的腐朽灭亡的故事告诉我们当自我真的丧"心"时会产生的后果。[1]朱熹在《近思录》写道:"仁者天下之正理。失正理则无序而不和。"有论者在该篇评价说,失正理是"以心言"[2]。这就难怪纣王犯下的预示亡国的第一个错误被归因于他的心智出了问题。[3]同理,为加快商朝亡国这一无可避免的历史趋势,三妖采取的主要方式就是蛊惑纣王的

---

[1] 商朝的这种命运令人不由得回想起孟子的话"失其本心"和"寻找失落的心";参照刘殿爵译:《孟子》(Mencius),哈蒙兹沃思(Harmonds worth):企鹅出版社(Penguin),1970年,第166—167页。比干感王昏聩自剜其心怒掷殿前的故事就预示了这一点,见小说第26—27回。
[2] 陈荣捷译:《近思录》,纽约:哥伦比亚大学出版社,1967年,第17页。
[3] 许仲琳:《封神演义》,人民文学出版社,1979年,第6—7页。

心。[1]当纣王第一次看到三妖之首的妲己的时候,就为之神魂颠倒不能自持,而这正是修行的大忌。[2]

在小说以及中国主流思想传统中,当统治者心智迷乱时,他的国家也会陷于混乱。传统认为,国家可比作身体,而统治者就是它的心或头脑。[3]因此《封神演义》出现这样的比喻也就不足为奇了。常有大臣上谏纣王:"古人道得好:'君之视臣如手足,则臣视君如腹心;君之视臣如土芥,则臣视君如寇雠。'"[4]小说将国家比作身体,因此(纣王居住的)商朝首都朝歌就是国之"心脏",而外围疆域就是国之四肢。

因此,商朝代代相传而至衰败,周朝相应崛起,蕴于此中的阴阳模式[5]在政治含义和叙事层面都在小说中得到展现,在另一个更为微妙的层面上,它又是对一个患病的国家的消解,这种消解是以道教和新儒家重塑功能、整顿心灵的方式来进行。皇权之体的中心的堕落影响,是从纣王依从伪装成妲己的妖魔的恶言恶行展开,主体情节贯穿1—34回,在前

---

[1] 许仲琳:《封神演义》,第5页。
[2] 许仲琳:《封神演义》,第36页。
[3] 王阳明的类似观点,参见陈荣捷:《中国哲学文献选编》,普林斯顿:普林斯顿大学出版社,1963年,第659页。该小说作者的同代人林兆恩也认同这种说法:参见伯林·A.朱迪思(Berling, Judith A):《林兆恩的三一教》(*The Syncretic Religion of Lin Chao-en*),纽约:哥伦比亚大学出版社,1980年,第201页。关于同样概念的道家版本,可以参见施舟人:《道体论》(*The Taoist Body*),《宗教史》(*History of Religions*)1978年第17卷,第3—4期,第355—386页。特别是第355页。
[4] 参见小说第53页。类似的说法在第249页和其他多处出现。
[5] 对这种国家疾病恶化过程的总结性描述在小说中可看到,例如第250—251页。

10回尤为集中。这种影响引得人神共愤，引发了西方世界的反应（10—18回）：哪吒下世，作为宇宙进化动力的先锋，其后更多的道教弟子下世（他们从天宫受度，几乎都直接从以老子和元始天尊为首尊的昆仑山玉真空度宫而来）。姬昌（未来的文王，周武王之父）的经历，从西境周土到都城，经历七年流放；姜子牙下昆仑山，作为道教尊者化为世俗之人的早期生涯。这种中心—边缘、核心—外围的转换一直进行到第35回，国都向西境周土发出了攻击（35—36回）。皇权衰败的"心脏"因为这些徒劳的攻击而更加衰败，反而令周土得以在西方边境集结正义之师，通过"五关"（与身体的"五脏"对应）[1]开往都城。又有三回（95—97回）叙述了更迭的过程，最终以邪恶的王的死亡为高潮而"倾社稷"[2]。最后的三回描写了以武王称王和以封赏神灵、分封诸侯（对应身体之躯干）为标志的周朝的兴起。随着身体—政治—宇宙疾病的治愈，以及思想的更新，宇宙获得了新生，万物正常的演化路径重新打开。

在修行这一主体关系的语境中，邪魔和其他的角色如何体

---

[1] 周军要攻入商朝心脏地区正好要过五关，五关的出现很可能不是偶然。五关与（荀子时代就出现的）传统生理学术语"五官"（五种感觉器官）同音。五关还是个修炼术语，指耳、目、口、鼻和躯干，欲望正是通过这五个"关口"迷惑心灵的。作为修炼术语的五关与七窍理论相关，修炼就是要清除堵塞这七窍的道德和身体障碍。参阅李约瑟等编著：《中国的科学与文明》卷五《化学与化工技术》第二部分《炼丹术的发现和发明——黄金和不朽的训导》，1974年，第88—89页；以及标准词典的"五关"和"五官"词条。

[2] 许仲琳：《封神演义》，第973页。

宇宙进化和个人修行

现出与修行模范之间的差别?

首先,国家的发展遵循宇宙的时间进程,逐一展开事件,这就是所谓"天数"。但腐朽的皇帝、昏庸的大臣、拥护商朝的道士和妖魔却在思想和行动上违背天命。正如一位阐教道士说:"你等不谙天时,指望扭转乾坤,逆天行事,只待丧身,噬脐何及?"[1]

而文王(武王之父)和姜子牙则是熟谙天时。他们懂得识别天数并能采取相应的举动。他们如此的能力和意图表明他们能顺宇宙进化之势而为。这使他们能预测未来;姜子牙还能根据天意呼风唤雨(参见第39回)。另外,小说中辅助周朝大业的道教大师自然而然就能"意识到时机已到",他们就会出山入世帮助姜子牙,或在关键时刻派弟子前去助战。

在小说中,依天时而行就是协助周室兴起,因为这两者都要求融入并支持商亡周兴这一宇宙进程,顺势而为,而非逆天而行。这就是圣人之举,因为正如新儒学家叶采所言:"天地以生生为心,圣人参赞化育,使万物各正其性命,此为天地立心也。"[2]而妖魔则反对"供养"国家,使得周朝军队必经之道遭到封锁,这跟炼内丹的道士欲气沉丹田时遇到障碍很相似。[3]

那些支持周室的人物的修行方式是服从周室权威而不是按

---

[1] 许仲琳:《封神演义》,第461页。
[2] 陈荣捷译:《近思录》,第83页。
[3] 马伯乐:《道教和中国宗教》(第九册),第470—471页。

929

"一己之私"行事。[1]同在《西游记》中一样,那些决定效忠周室的人也开始了自身的修行之旅,他们将获得"永恒的自由"。姜子牙得到一些弃暗投明的人物支持,诸如哪吒、黄天化和土行孙。这些人物以前曾肆意妄为,改邪归正后,他们将多年修炼而得的功力用来效忠周室,周军这个整体也必须与强大的敌人反复斗争。[2]姜子牙经常借助师父老子和元始天尊的帮助来化解截教的厉害阵法。在效忠周室的过程中,武王及其他正道人物,尤其是姜子牙,都要经历特定的磨难。[3]姜子牙受师父指派下山,这明显有点"陷入"磨砺心志的困境之中的意味。似乎效忠周室的过程本身就是修行,修行者通过它既能协助周朝的建立又能提升自己的修为,这样就能更好地融入商亡周兴这一不可逆的宇宙进程之中。[4]所有这些故事都表明正道人物为了成圣,甘心经历磨难。

一方面,正道人物将自我服从于天意,而对天意的迎合对自我修行来说也是良机。另一方面,纣王、大臣以及辅佐纣王的道士和妖魔试图保存商朝,都是从片面狭隘的个人视角出发。这样的例子有很多。在个人这个层面,申公豹明知姜子牙

---

[1] 例如,这句话出现在第90—91页,文王告诫其追随者不要为"一己之私"而行。
[2] 哪吒的归顺,见第135—136页;黄天化的归顺,见第31回;土行孙的归顺,见第53—55回。
[3] 武王必经的考验在第49—51回中有讲述(特别是第483页)。文王也须遭七年流亡之苦(始于第11回)。
[4] 论述姜子牙须受"七死三灾"的重点段落,出现在第15—16回,第58、80回,和第442、558、698和952页。

奉天行事，依然出于私心对其大举报复，派遣妖魔鬼怪阻挡他的前进，并挑拨一些原本心地善良的人去反对周室（特别是那两个商朝王子，在申公豹劝说下，违背自己心意去反对武王），还亲自攻击姜子牙。在群体层面，《封神演义》的作者虚构了一个道教派系，似乎就是要证明当一群人顽固坚持己见时，会阻碍天命并产生严重后果。

妲己的命运很好地阐明了这个观点：修炼本身并非魔事，但当其失控、破坏便成魔。在小说结尾处，当魔道势力被驱散之后，女娲逮捕了妲己三妖。她们抗议说是女娲命令她们去误导纣王、加快商朝灭亡的，她们不过是听命从事。但女娲的回答对我们理解邪恶的修行至关重要："我使你断送殷受天下，原是合上天气数；岂意你无端造孽，残贼生灵，荼毒忠烈，惨怪异常，大拂上天好生之德。今日你罪恶贯盈，理宜正法。"简而言之，她们方向是对的，但是做得太过火了。子牙也批评道："虽然（断送成汤天下）是天数，你岂可纵欲杀人？"[1]

像在《西游记》中，我们也需要停下来揣摩《封神演义》魔道角色中的讽刺意味。其中的妖魔并非本质邪恶，而是尽管去善远矣，依然不能称为恶；妖魔之所以邪恶只因为他们与造物的大宇宙之间的关系，虽然他们也处在同样的创造自我小宇宙的模式之中。

《封神演义》中很多逆天而行的人完全符合某些传统的

---

[1] 姜子牙怒斥三妖这一幕在第967—968页可见。

"儒家"规范，他们也是在修心和修德。例如，很多截教教徒就非常忠诚于尊者，许多奉命伐周的商朝大臣对商王同样不缺忠心。这些失败者中最为高尚者当属文太师这位儒家典范式的国相，和两位被以忠孝和复仇蛊惑而与周对抗的商朝王子。他们最大的错误是他们将自身坚持的传统规范凌驾于天意天命之上。坚持这些规范本身并不是错，他们错在过于严格生硬地遵守这些规范，忽视了赋予那些规范以意义的宇宙演变法则。简而言之，他们本性并不坏，只是没有摆正自身坚持的信念与宇宙进化法则的关系。他们的错误阻碍了宇宙进化，他们的阻挠必须清除。如同在《西游记》中一样，《封神演义》中的修行本身是好的或至少也是中性的，但修行有可能导致修行者做出自我膨胀的错误之举。

从《封神演义》中我们发现，一种对忠诚的过度关注和偏狭理解被魔道人物标榜为自我修行。这种狭隘的理解导致个人过度膨胀，超出了宇宙演变的合理边界，扰乱了宇宙演变本来顺利的进程。他们没有从宇宙演变的根本层面来锻炼自我，而是脱离了法则与进程，并且因为受到自身错误思想的引导而说出"先有吾党后有天"之类的话语。

七、从道德差异到终极统一：宇宙演变的回归

前文较详细地分析了《西游记》和《封神演义》各色人物不同的修行方式的道德差异。两种不同修行方式体现在正道和魔道两类人物的行为当中。我们也发现，魔道的自我修行站在

创造、维持、规范的世界和其他修行者的对立面，正道的修行则服从于此，以及演变的进程。

但我们在第四节提到的伦理悖论依然存在：妖魔并不仅仅是违反伦理的修行者。它们确实阻碍了宇宙进化，但它们也似乎最终融入了宇宙新秩序，而且似乎对宇宙进化必不可少。我们在第四节就简要谈到两部小说中妖魔与宇宙进化的紧密联系。妖魔之所以为妖魔正是因为它们对自身小宇宙的修炼阻碍了大宇宙（或者其他小宇宙）的演变，但它们却对宇宙进化不可或缺。我们有必要理解这一点的重要性。

前面提到的一种解释认为，小说中宇宙的进化和个人的修行必须在匡扶正义和化邪为正中才能得以实现。具体而言，每部小说都提到了修行的方式，修行者要成为智慧的圣贤就必须战胜代表幻象和自我偏狭的妖魔。这种解释很有大乘佛教的意味，这也许是这种解释更适合《西游记》而不是《封神演义》的原因，因为前者比后者包含更多的大乘佛教思想。不过，根据有关修行的著作，《封神演义》（以及《西游记》）中的妖魔的阻碍依然是修行者成为圣贤所必须克服的考验和困难。如《近思录》所说：

> 困之进人也，为德辨，为感速。孟子谓"人有德慧术智者，常存乎疢疾"以此。[1]

---

[1] 陈荣捷译：《近思录》，第76页。（中文版《近思录详注集评》第87页。——译者注）

修行是艰苦的过程，战胜修行中的困难的过程就是塑造自我的过程。因此修行者在成圣途中要遭遇妖魔特定次数的阻挠：取经和尚要经历九九八十一难，姜子牙经历"七死三灾"，周军经历商军"三十六路征伐"[1]。从这个角度来看，魔道人物破坏宇宙的修炼似乎是正道人物修复宇宙的修行的必要条件。

那么从最广义角度来看，自我修行和两部小说的终极目的何在？两部小说给出的答案可以总结为源自佛教的术语"不二"。它在两部小说中都出现过，次数不多但很重要。[2]它表达了对终极和谐统一和完美融合的追求，而这正是小说中修行的核心。修行目的就是使原本无序的个体融汇成和谐统一的整体。[3]"不二"意味着妖魔也包含在这些无序的个体中。它们也必须融入个人修行和宇宙进化的进程中去。它们虽然阻碍宇宙进化，但却是宇宙进化不可或缺的组成部分。

更极端地说，从统一的角度来看，妖魔与其他生命无异。观音菩萨对悟空说："悟空，菩萨妖精，总是一念。若论本来，皆属无有。"[4]同样，在《西游记》中扮演重要角色的《心经》也说："色不异空，空不异色；色即是空，空即是色。""不二"在《封神演义》中则体现为在小说结尾，所有战死者无

---

[1] 比较《封神演义》第37—38回（许仲琳，人民文学出版社，1979年）。
[2] 这一事件在第97回中讲到了。姜子牙的讲话在第967—968页可见。
[3] 余国藩对它在《西游记》中出现的情况做了索引（参见"不二"词条）。在《封神演义》中该词出现在了两首重要的诗中（第757—758页和第808页），两次出现都与老子有关。
[4] 余国藩译：《西游记》（四卷本），第1卷第363页。

论正邪都被封神。小说中天意对事件的影响处处可见，这暗示正邪两道人物的各种活动都在天意的进程之中。

因此，两小说结尾都回到开头就提及的囊括万物的宇宙进化中。在小说开头，宇宙诞生后，妖魔出现。它们代表分裂和有破坏性的、试图吞噬一切的自我膨胀。[1]它们阻碍宇宙进化，但却在宇宙各个领域和各个层次（宇宙分为很多层次，例如取经和尚与支持周室的个人就属于个体层次，而取经队属于集体层次，商朝属于国家层次）的进化过程中必不可少。在小说中间部分，我们感觉到了明显的道德冲突。好在矛盾在小说结尾处的宇宙新秩序的确立时得以化解，因为妖魔被融入包含万物终极宏大的宇宙进化中去了。而妖魔的"小我"最终被囊括一切的太极或道这个"大我"纳入其中。[2]而这种从最初混沌、中途分裂到最后统一的叙述结构正好对应着自我修行的全过程。[3]

---

[1] 三教也属于原本无序的个体。两部小说都认为分裂的三教必须统一。参见余国藩译《西游记》索引中"三教"条目，在《封神演义》中要特别参见第41、138、342、439、442、555、626—627、629、702—707、755、879页，第73回和第82—84回。正如伯林·A.朱迪斯所指出的，明末对宗教统一的呼声很大（参见伯林·A.朱迪斯：《林兆恩的三一教》）。
[2] 从陈荣捷译《近思录》第45—46页（纽约：哥伦比亚大学出版社，1967年）中所引程颐的话可以看出新儒家学派意识到了这种自私主体性的危险。
[3] 朱熹对道进行论述，并强调其无所不包的特性，参见陈荣捷译《近思录》第18页。

935

结语

正如我在本文一开始就提到的,大部分宋明伦理思想都想在两个理论极端之间寻找意义。第一个极端是脱离宇宙和他人的绝对自主。个体要么将其他一切事物视为与己无重要关系的他者,要么自我膨胀,试图将其他一些事物纳入自我。第二个极端是自我绝对服从某一外在权威,两者之间只有客观冷酷的服从与征服的关系。

借用余国藩的论点,《西游记》和《封神演义》视第一个极端为"有破坏性的自由",视第二个极端为"对可恶绥靖政策的消极顺从"。[1] 小说提出的针对这两种极端的平衡之道在中国传统思想中多次出现,即"圣"。所谓圣,指个体既自主存在又与天地和谐共处。在《西游记》和《封神演义》及王阳明思想中,圣与其说是状态不如说是过程,与其说是绝对自由的

---

[1] 两部小说的叙述结构与吉瑞德《早期道教中的神话及其意义》(*Myth and Meaning in Early Taoism*,第9章,伯克利:加州大学出版社,1983年)所述的修行方式的结构有对应之处。浦安迪注意到在汉语叙事中,"能超越两个对立元素的最初'循环'的终极方法并不存在"。参见浦安迪:《迈向批判理论的中国叙事》("Towards s Critical Theory of Chinese Narrative"),第337页,浦安迪编:《中国叙事——批评与理论文汇》,第309—352页。小说描写的这些宇宙进化过程在小说结尾并没有结束,从这个意义上说在这些小说中这个观点是正确的;它们的叙述只是停在了循环的"统一"阶段。然而我认为,至少这两部小说体现了存在于修行过程的线性发展结构,虽然修行过程的线性发展结构布满"相互交织的高兴事和扫兴事"。参见浦安迪:《迈向批判理论的中国叙事》,第336—339页。小说总得在某个地方结束:可能正是因为这两部小说谈的是自我修行,所以叙述终止在统一时刻,而不是分裂时刻(浦安迪注意到很多中国小说的这一特点)。

个体内在潜质或品质,不如说是完善自我的方法。这就是为什么那些取经和尚、姜子牙和众"英雄"也会犯错误和暴露弱点,因为他们的自我完善是个渐进过程,不是固定的状态,犯错也是在完善自我,暗示出也许我们不能将自我完善视作不变的状态。[1]

根据王阳明思想,渴望成圣的个体的道德指引明灯只有"良知",而"良知"是内在衡量尺度;他只能在事后才意识到道德失误,且"良知"定能与世界和他人一致这一观点简直就是非理性的宗教信仰,这可不靠谱。至少刘宗周等思想家认为这些都是王阳明思想的缺陷。[2]刘宗周的方案是将"意"融入王阳明的"良知"以增强个体从善的品性。对于这个困扰宋明思想家的伦理问题,《西游记》和《封神演义》的方案与刘宗周的不一样。不过两书的激进观点也许更加贴近中国传统思想:不要试图从理论角度去修补自我本性这个概念,而应该将自我与宇宙进化相关联,宇宙这个"他者"才是达到自我实现的真正场所,我们才会发现宇宙并非与自我对立的外在权威,只有它才能使自我获得"永恒的自由"。

从伦理学家的视角来看,也许这些小说最有意义的地方在

---

[1] 余国藩在比较《西游记》和另一部中国名著《水浒传》时用到了这些词语。虽然他在那篇文章中并没有提到《封神演义》,但是我认为他的措辞准确表达了出现在《西游记》和《封神演义》及晚明的道德问题。所以我在此借用他的说法。
[2] 唐君毅:《刘宗周道德心之学说与实践及其对王阳明之批评》,狄培理主编:《新儒学的展开》,第305—331页。

于小说采用的伦理价值的视角。分析小说可知，对其而言，真正对道德价值的灌注体现在人物塑造自我的认识上，他们认为道德并非只取决于是否遵循某些原则或培养某些品德。[1]真正的道德正是存在于自我与宇宙的关系中，这里的宇宙指一切使万事万物朝着有序方向发展的力量。在这两部小说中，个体的行为和想法与宇宙进化息息相关，而且宇宙进化是进行道德评判的终极背景。某一行为或意图是否有道德取决于它对宇宙进化所起到的作用。[2]诚然，道德原则和个人品性确实在小说中与影响了这两部小说创作的明朝思想界和宗教界中都扮演一定角色。但最终决定这些原则和品性是否道德的，窃以为，是我前面提到的自我修行与宇宙进化的关系。

这种"关系型"道德观还出现在其他地方吗？深受现代西方伦理观影响的西方人是否能轻易理解这种道德观呢？[3]我

---

[1] 对于如何理解"英雄"人物的塑造模式，可将本文的这种理解与浦安迪的比照（浦安迪：《迈向批判理论的中国叙事》，第339页及其下）。

[2] 即，它既不完全是"品性道德观"，也不是"原则道德观"。有些学者如弗兰克纳区分了这两种道德观，参阅弗兰克纳《伦理学》，第4章，第二版，恩格伍德·克里夫斯：普伦蒂斯·霍尔出版社，1973年。

[3] 从某种意义上说，这一发现证实了大多数研究宇宙进化论和道德观之间关系的论文的观点：宇宙进化论直接影响了道德思想和实践，反之亦然。在拉文和雷诺兹他们1985年出版的专著导论中，以及在雷诺兹有关小乘佛教的论文中，都提到了"多种宇宙进化论对应多种道德观"的对应关系。就宇宙进化论和道德观之间的关系问题，我的观点与他们的观点稍有不同。拉文和雷诺兹认为，不同的宇宙进化神话或甚至不同传统会导致不同道德观。而我在本文提出的观点则基于两部虚构小说。在这两部小说中，单一的天演模式体现在宇宙的不同层次，而某一行为或意图是否道德取决于它在某时刻某层次的宇宙演化中所起的作用。

认为，这种"关系型"道德观长期以来就存在于世界各地，它分布的广度和存在的时间远远超出我们的想象。现在，人类利用推动世界进步的力量发展出了摧毁这个世界的力量。因此这种"关系型"道德观在今天尤其值得我们关注。

我没对西方伦理学家做过调查，但我认为很多西方伦理学家对这种"关系型"道德观还不认同。我想谈谈我在第一节就提到过的两位当代作家的作品，他们的作品可以让我们对西方版的"关系型"道德观有大概的了解。在他那本很有趣的《论自由》中，贝格曼对自由的看法与中国思想非常相似。如果把"自由人"和"不自由人"分别替换为"君子"和"小人"，你很可能会觉得下面这段话就是《西游记》或《封神演义》的作者说的：

> 如果自由可比作对应或协调，如果说自由的人基本上能通过言行来表达自己，那么不自由就是冲突和不和谐。不自由的人的外在生活和行为与他的内心本质不协调、相摩擦。如果自由人能找到释放自身能量的办法，那么他的动作就会因源自内心的力量而充满活力，而不自由的人的活力要么处于休耕状态，成为一潭死水，要么就是被压抑（如果他是恶魔，那他的活力就会爆炸），外在的专横的限制使其外在行为与内在活力相脱节，使其内在活力不能与外在行为构成有机整体，将他变成一口失去源头活水的枯井。[1]

---

[1] 伯格曼·弗瑞斯卓：《论自由》，第97页。

詹姆斯·M.古斯塔夫森在《神本主义伦理学》第一卷提出我们要做出从人本道德观到神本道德观的转变。在此卷中，我发现他有个观点与"关系型"道德观很相似。如果把"上帝"换成"上天"，我认为《西游记》和《封神演义》的作者可能会认同古斯塔夫森的看法："在生活中，我们要摆正万事万物与上帝的关系。"[1]他们可能会强调他句子中的"我们"一词，"我们以为对人类、某人或某群人有利的事情也许与上帝建立宏观秩序的意图不一致，当然前提是我们知道他的意图"。不过他乐观地认为，虽然我们不知道上帝意图，但影响我们这个世界的宏观秩序最终会给人类带来好处，即使我们目前还不能理解这些好处好在哪里。《西游记》和《封神演义》两书作者可能同意古斯塔夫森的这一观点：

我们不能以是否对人类有利来判断人类的目的和行为。上帝建立的宏观秩序对人类提出了道德上的要求，我们要思考如何按照这个道德要求来生活。也许，伦理学的任务就是要探索上帝的意图。上帝的意图可不仅仅是确保某些人或全人类的拯救和福祉，它极其宏观，囊括万物。

尽管上帝的意图极其宏观，囊括万物，但我相信两书作者坚信上帝起码愿意，而且必须拯救那些服从上帝宏观意图的人。

---

[1] 古斯塔夫森：《神本主义伦理学》卷一《神学和伦理》，第113页。这条和以下两条引文都出自此处。

蜀
——杜光庭《录异记》中的"圣地"[1]

[法] 傅飞岚（Franciscus Verellen）著
卢澄译，李松、吴光正校

公元907年，唐朝灭亡导致了中华帝国的分裂。领土上四分五裂，政治上动荡不安，这种局面一直持续到公元10世纪60年代，即宋朝的巩固。我们把这段历史称为"五代十国"。在这期间，每个独立的王国，如果统治权不是天子传承下来的，都积极寻求将其神化。地方政权的合法化主要依靠古时候就存在的先兆和超验性依据；同时，当地的地方文化和历史记忆成为要求独立的有利条件。这种重新重视地方传统，导致了国家统一后的地方分权，而地方宗教在这个过程中起了主导作用，现代中国的很多民间信仰都起源于该时期地方政府推动的地方信仰。杜光庭，唐宋过渡时期的宫廷道士和著名作家，他的很多作品都显示了四川地区（蜀）地方宗教文化和政治权力

---

[1] Franciscus Verellen, "Shu as a hallowed land: Du Guangting's Record of Marvels," *Cahiers d'Extrême-Asie* 10（1998）: 213-254.

的这种共生性。本文将主要研究其《录异记》。该书提到四川很多特殊的地方，包括当地古老的文化、神话和神仙、圣人和圣地、地质和地形、动植物、民间信仰和人种志等，促进了前蜀及其开国君主王建的合法化。在文学上，《录异记》属于"志怪"类，旨在解释人类或者政治事件中的超自然、奇特现象。书中描绘的10世纪的四川是一块福地，它的特殊性决定了它可以具备独立性。

公元907年，唐朝解体，在其帝国众多子民和统治者眼中最坏的政治情境终于出现了：整个帝国崩解为若干个互不隶属的独立政权。中国丧失了领土的完整，伴之以内战和社会动荡，这意味着君权本身的终结或悬空，也就是说，原本由单一的天子宰制天下的局面已经破灭了。

直到公元10世纪下半叶帝国重新统一之前，尽管领土分裂和政治不稳定的担忧普遍存在，仍然有许多地方政权成功地建立并维持各自的独立，他们分别声称自己拥有王朝的正统性，更促进了新的地域意识的提升。在唐代的首都长安于公元9世纪80年代被毁之后，中央对于地方人才原有的吸引力也随之逆转。事实上，从破败都城出走的逃难者，包括昔日的士大夫阶层，便曾以他们的统治技术和知识协助各地建立的独立政权。除了基于"天命"的王朝合法性的既定说法和象征之外，他们还从历史上和文化上主张该地拥有统合性的疆域和地方族群，作为争取自治权的诉求。结果，在地方王国控制下的许多地区，其独特的地方文化遗产再度被人发现和阐扬。

根据本尼迪克特·安德森（Benedict Anderson）的理论，每一个共同体，其成员关于该共同体的特质都会有一些共同的假设，而这种假设可被解读为文化投射下的产物。虽然安德森主要是为了解释不同的共同体如何结合成为民族，以及如何形成民族主义者的意识形态。但是，在修正之后以及审慎的运用之下，他的理论也可以适用于现代国家和民族主义出现之前的一些先例。传统王朝的世界，是由神圣的天道所支配，其正统性的根源在于大家相信国王个人和权威具有神圣性，以及源于种种臣民和君臣间共有的文化认同的想象行为。[1]

在公元10世纪的时候，大部分时间，中国西南部（相当于现在的四川省）由两个连续的政权所统治，即前蜀和后蜀。"蜀"这个国号唤起了这个处于汉文明边缘地区的大多数居民的古老种族和文化血统。同时，这个国号也使人想起，在这个地方，政治上曾断断续续地有过几个独立自治的王国。从唐朝末年起，我们从当时一些宗教、文学和政治人物的著作中可以看到，他们关于当地的文化认同已有强烈的自觉，并且认识到，公元2世纪孕育天师道一事使蜀在宇宙间具有独一无二的地位，以及在历史上蜀曾有独立建国的前例。虽然很难评估这些10世纪文人雅士的著作所宣扬的理念如何散播，但是，他们

---

[1] 本尼迪克特·安德森（Benedict Anderson）：《想象的共同体——民族主义的起源与散布》(*Imagined Communities: Reflections on the Origin and Spread of Nationalism*)，伦敦：维索（Verso），1991年修订本。关于两类政治共同体的断裂，参阅第19—22页。

在建立群体认同的过程中所扮演的角色，就某种形式来说，应该相当地类似于印刷术在现代民族主义兴起时所发挥的功能。[1]

公元10世纪初的《录异记》便是一个例证。借由将蜀描述为一块独特的、由神灵赐予的领土，这本书在关键的时刻强化了这个地区的共同体意识，并给予当地的领导者企图建立王朝时应有的凭据。本研究以翻译和概括的形式审察《录异记》中相关的记载，从宗教、政治或文化的角度，评估这本书对于公元10世纪前蜀王朝及王室取得神圣地位的贡献。

一、《录异记》

《录异记》由杜光庭（850—933）所撰。杜光庭是宫廷道士，先供职于唐，后任职于蜀。[2]这本书原有10卷[3]，并于921年春至前蜀灭亡的925年之间，呈献给前蜀后主王衍（898—925）。[4]表面上，这部书并不是有关蜀的专门著作，但其一半的篇幅直接或间接地涉及该地区的文化、宗教和政

---

[1]《想象的共同体——民族主义的起源与散布》，第37—46页。
[2] 参阅傅飞岚：《杜光庭（850—933）——中古中国末叶的皇家道士》[Du Guangting (850—933): Taoïste de cour à la fin de la Chine médiévale]，巴黎：法兰西学院，1989年。以下注释简称为《杜光庭》。——编辑注。
[3] 参见《崇文总目》，《景印文渊阁四库全书》第674册，卷6第3页。此处使用的《录异记》（D327; no.591），基本上是《正统道藏》本（明涵芬楼影印本第327帙），施舟人的《道藏通考》编为第591号。还有一些明代版本（抄本和刻本都有）流传至今，包括1603年《秘册汇函》里一个非常有价值的版本。现存最完整的版本为8本。
[4] 书中提到的最晚纪年是公元921年二月二十六日；参见《焰阳洞记》，《录异记》卷6第7—9页。该书的政治观点表明它是于蜀国灭亡之前进献皇帝的。

治传统，以及王室的正统性。[1]书名"录异"，意在记录怪异，呼应了中国中古时期神怪文学中的"志怪"之名。[2]作者的"叙"开宗明义，将该书的政治—宗教议题置于"志怪"传统的文学和哲学视野之内。他相当赞同志怪作品在某些理论上的创见，并在"叙"中以具体的例证说明他的三大观点[3]：

1. 起首虽然指"圣人"（孔子）"不语怪力乱神"[4]，但杜光庭却指出"经诰史册"却在实际上都有这类记载。

2. 提出《录异记》的根源：杜光庭指出在其作之前，有《述异记》《博物志》《异闻集》[5]，"皆其流也"。

3. 为了证实第一项观点，他列举出好些"阴阳神变之事"，即是在自然界和人类社会建基于"变化"规律而出现的一些变异和异常。列举的例子皆出于六经图纬、河洛之书，其中所载的"吉凶兆朕之符"乃"随二气而生，应五行而出"，都是"数

---

[1] 根据笔者统计，在162则故事中，大约有70—80则的内容与蜀有关，其中一些并不直接涉及蜀，但通过援引别处，尤其是明显来自唐王朝的前例和发生在其他地方的相似故事，增加了蜀国政权的正统地位。

[2] 关于"志怪"，参见李剑国：《唐前志怪小说史》，南开大学出版社，1984年。以及康儒博：《述异——中国中古早期的异事记录》(*Strange Writing: Anomaly Accounts in Early Medieval China*)，安伯尼：纽约州立大学出版社，1996年。

[3] 该"叙"的全文翻译及注释，请参阅傅飞岚：《杜光庭》，第174—176页。另见杜德桥有关中唐一篇类似序言的讨论，详见杜氏著：《唐代的宗教体验与世俗社会——对戴孚〈广异记〉的解读》(*Religious Experience and Lay Society in T' ang China: A reading of Tai Fu's Kuang-i chi*)，剑桥：剑桥大学出版社，1995年，第2章。

[4] "子不语怪、力、乱、神"，引自《论语·述而》，《十三经注疏》本，卷7，第7页。

[5] 任昉（460—508）《述异记》、张华（232—300）《博物志》和陈翰（活跃于874年）的《异闻集》。

至而出，不得不生。数讫而化，不得不没"。[1]

总之，杜光庭认为，自然界和人世间的异常现象乃是自然规律运作的结果，不仅具有重大意义而且还载于先前的历史文献中。这个看法，事实上，正是中国历史学和神怪作品之间的联系。神怪作品的写作者和朝廷的史官，基本上都具有一种预言的本质。界域模糊的神仙世界所具有的丰富意蕴，也曾引起唐代小说家和神仙传记写者的兴趣。[2]但是，对于杜光庭来说，谈论"怪、力、乱、神"属于宫廷道士的正事。在这一方面，他继承了汉代方士的政治和宗教传统。他们对于宇宙和政治事件的建构，充分表现在另一种和王朝的正统地位息息相关的著作中，也就是杜光庭在"叙"中曾提及的图纬。[3]

事实上，《录异记》宣称蜀的统治者继承唐王朝是符合天意，并指出当地在政治上独立自治的若干前例。作为一部文学作品，《录异记》借由整合蜀地本土文化中最为分歧的几个要

---

[1]《列子·天瑞》(《四部备要》本)卷1，第1页："生者不能不生，化者不能不化，故常生常化。"
[2] 参见杜德桥：《李娃传——9世纪一篇中国小说的研究和版本探索》(*The Tale of Li Wa: Study and Critical Edition of a Chinese Story from the Ninth Century*)，伦敦：伊萨卡出版社(Ithaca Press)，1983年，第63页。傅飞岚：《感遇——中古中国的一个仙传主题》("Encounter as revelation: A Taoist Hagiographic Theme in Medieval China")，载于《法国远东学院通报》(*Bulletin de l'École Française d'Extrême-Orient*) 1998年第85期，第363—364页。
[3] 关于此话题，参见索安：《皇家宝藏和道教圣物——伪经中的道教根源》("Imperial Treasures and Taoist Sacraments: Taoist Roots in the Apocrypha")，司马虚编：《密宗和道教研究——纪念石泰安专号》，布鲁塞尔：比利时高等汉学院，1983年，第2卷，第291—371页。

素，使人感受到一种文化凝聚力。这些要素包括：和许多遗址及有道之士相关的神迹，神话和上古历史，和当地自然地理有关的民族志和轶事，如：蜀国的名山、名溪、洞穴，奇特的地质景观，动物群的特性。这部书的结构是类书式的，虽然规模相当小，形式也很不完善，却是半世纪后编成的500卷巨著《太平广记》在安排其整体结构时的先驱。

《录异记》目录

卷一　仙

卷二　异人

卷三　一忠

　　　二孝

　　　三感应

　　　四异梦

卷四　鬼神

卷五　一龙

　　　二异虎

　　　三异龟

　　　四异鼋

　　　五异蛇

　　　六异鱼

卷六　洞

卷七　一异水

　　　二异石

947

卷八　墓

除了一两处例外，以上这些类目都以相似的顺序出现在《太平广记》里。[1]《太平广记》再现了现存的《录异记》一半以上的内容。[2]其中，自《录异记》选录的24则故事，目前仅存于《太平广记》中——填补了原版《录异记》失传了两卷的大部分空白。[3]这些失传的故事中有一些可以通过《太平广记》得以复原，可以明显地纳入现存8卷本《录异记》的相关类目中[4]；剩余的故事显示了亡佚卷帙所覆盖的类目：帝王休徵[5]、

---

[1]参见李昉等编:《太平广记》,中华书局,1981年,第987页;薛爱华:《〈太平广记〉的目录》("The Table of Contents of the T' ai-p' ing Kuang-chi"),《中国文学》(Chinese Literature: Essays, Articles, Reviews), 1980年第2期, 第258—263页。

[2]即162则故事中的85则。参见周次吉:《太平广记人名书名索引》,中国台北艺文印书馆,1973年,第56页。

[3]从今存8卷本故事的数量(138则)推断,若自《太平广记》补遗,将可恢复《录异记》原貌达至94%。有价值的《录异记》节略版还包括:《类说》(1136年)(文学古籍出版社,1955年)卷8,第24—27页,有6则故事;《说郛》(120卷;完成于14世纪,17世纪增修)(《说郛三种》,上海古籍出版社,1988年)卷118,第1—6页,有16则故事。相较《录异记》和《太平广记》中已发现的故事,以上两者均无额外内容。《录异记》的叙事均没有标题;有一些则是由主题相近的不同故事组成一个类目,本文将其分开处理。若《太平广记》所记的故事有标题,本文为方便参考,会直接采用。

[4]《黄万祐》,载《太平广记》卷86,第558页,对应《录异记》,卷2《异人》;《裴氏子》,载《太平广记》卷311,第2465页,可放入《录异记》卷4《神》;《韩重》,载《太平广记》卷316,第2498—2499页,可放入《录异记》卷4《鬼》;《营陵》,《太平广记》卷472,第3886页,可放入《录异记》卷5《异龟》。

[5]《金蜗牛》,载《太平广记》卷135,第972页。通常这些是动物、植物或矿物发出的天然祥瑞：在这个故事中,唐玄宗(712—756年在位)时蜗牛显示"天子"字样。这类故事出现在幸存的8卷本《录异记》中,但分类有所不同,如卷5的《异龟》。

948

器玩[1]、幻术[2]、雷[3]、山溪[4]、鼠[5]、鹿[6]、禽鸟[7]、水族[8]和昆虫[9]。

为了配合研究课题，本文今从《录异记》中选取与蜀文化背景和神圣历史有关的故事，并根据主题分为以下三类：1. 神、圣、仙；2. 圣地与博物志；3. 蜀的天命。

二、神、圣、仙

《录异记》中涉及蜀地文化起源的记载包括一些和蜀巴民族始祖神话有关的故事，特别是四川东部巴人的神话。《录异

---

[1]《周邯》，载《太平广记》卷232，第1779页。这一故事的归属尚存疑。《太平广记》在卷422记了一个更详尽的版本，归入较杜光庭稍早的裴铏（825—880）的《传奇》。另见周楞伽辑注：《裴铏传奇》，上海古籍出版社，1980年，第35页。现版引用了唐代另外的作品：皇甫氏的《原化记》。

[2]《侯子光》，载《太平广记》卷284，第2267页。

[3]《漳泉界》，载《太平广记》卷393，第3139—3140页；《徐䂮》，载《太平广记》卷393，第3144页；又载《太平广记》卷394，第3149页。

[4]《溪毒》，载《太平广记》卷397，第3183页。

[5]《拱鼠》，载《太平广记》卷440，第3585页；《鼹鼠》，载《太平广记》卷440，第3585—3586页；《义鼠》，载《太平广记》卷440，第3586页；以及《白鼠》，载《太平广记》卷440，第3586页。

[6]《鹿马》，载《太平广记》卷443，第3622页。

[7]《戴胜》，载《太平广记》卷463，第3814—3815页；以及《仙居山异鸟》，载《太平广记》卷463，第3815页。

[8]《芦塘》，载《太平广记》卷469，第3864页。这个关于"鲛鱼"变为男女的故事或许出现在《录异记》卷5的《异鱼》。关于鲛的神话，参见薛爱华：《想象蛟人》("A Vision of Shark People")，《薛爱华汉学论文选》(Schafer Sinological Papers) 第35篇，伯克利，1989年。

[9]《沙虱》，载《太平广记》卷478，第3935页；《水弩》，载《太平广记》卷478，第3936页；《壁虱》，载《太平广记》卷479，第3943—3944页；《白虫》，载《太平广记》卷479，第3944页；《舍毒》，载《太平广记》卷479，第3946页。

记》记载了一则著名神话，诉说巴人如何在其第一个君王廪君的带领下跃升为这个地区最强大的族群[1]：

  昔武落钟离（现湖北长阳县，巴人发祥地）山崩，有石穴二所，一赤如丹，一黑如漆。有人出于丹穴者，名务相，姓巴氏。有人出于黑穴者，凡四姓：暵氏，樊氏，柏氏，郑氏。五姓皆出，皆争为长。[2]于是务相约以剑刺穴，能著者为廪君。[3]四姓莫著，而务相之剑悬焉。又以土为船，雕画之而浮水中，曰："若其船浮者为廪君。"务相船又独浮，于是遂称廪君。乘其土船，将其徒卒，当夷水[4]而下，至于盐阳。盐阳水神女子止廪君曰："此鱼盐所有，地又广大，与君俱生，可止无行。"廪君曰："我当为君，求廪地，不能止也。"盐神夜从廪君宿，旦辄去为飞虫，诸神皆从，其飞蔽日。廪君欲杀之，不可别，又不知天地东西。如此者十日，廪君即以青缕遗盐神曰："婴此即宜之，与汝俱生。不宜，将去汝。"盐神受而婴之。廪君

---

[1]《录异记》卷2，第1—2页；《太平广记》卷481，第3963—3964页。此处的版本改自房玄龄（578—648）等编《晋书》卷120，第3021—3022页；另见更早更简明的版本《后汉书》（5世纪）卷86，第2840—2841页（朝代历史可参阅中华书局版）。对于廪君故事的不同版本，另见祁泰履：《大成——一个中国千年王国的宗教与种族》（*Great Perfection: Religion and Ethnicity in a Chinese Millennial Kingdom*），檀香山：夏威夷大学出版社，1998年，第117—119页。

[2]《晋书》作"皆争为神"。

[3] 南蛮首领，见《后汉书》，出处见注28。

[4] 即清水，湖北西南部；参见史蒂文·F. 塞奇（Steven F. Sage）：《古代巴蜀与中国之统一》（*Ancient Sichuan and the Unification of China*），安伯尼：纽约州立大学出版社，1992年，第51页。

至砀[1]石上（即河之北岸），望腐有青缕者，跪而射之，中盐神。盐神死，群神与俱飞者皆去，天乃开玄。廪君复乘土船，下及夷城[2]。夷城石岸曲，泉水亦曲，望之如穴状。廪君叹曰："我新从穴中出，今又入此，奈何？"岸即为崩，广三丈余，而阶阶相承。廪君登之，岸上有平石，长五尺，方一丈。廪君休其上，投策计算，皆著石焉，因立城其旁而居之，其后种类遂繁。秦并天下，以为黔中郡，薄赋敛之，岁出钱四十万[3]。巴人呼赋为賨，因谓之賨人焉。

廪君神话的多重母题，如击败女性的水神、盐是这个地区重要的天然资源、廪君开启了人民转向安定的农业生活、原本分散的人群聚合在一起并形成兴盛的族群等，其实是四川早期文化史的回响，并将廪君与秦朝水利工程专家李冰、天师道创始人张道陵等英雄人物联系在一起。[4]故事最后提到这个地区并入中国的帝国领域之中，也引发了和汉人之间的族群关系，而这也是《录异记》里不断重复的一个主题。杜光庭借由有关白虎的传说再探巴人神话中的始祖，据说，廪君死后，魂魄便化为白虎，而白虎也成为巴人图腾，以及代表地方的动物。[5]

---

[1] 关于"阳"与"砀"的校订，见《晋书》卷120第3032页。
[2] 现湖北恩施；参见史蒂文·F. 塞奇：《古代巴蜀与中国之统一》，第51页。
[3] 《晋书》作"出钱四十"，无"万"字。
[4] 傅飞岚：《张陵和陵井》("Zhang Ling and the Lingjing Salt Well")，谢和耐（Jacques Gernet）和马克（Marc Kalinowski）编：《王道——纪念汪德迈》（Mélanges en hommage à Léon Vander meersch），巴黎：法国远东学院，1997年，第260—265页。
[5] 《后汉书》卷86，第2840页。

在《录异记》里触及这个主题的第一个故事，凸显了巴人和汉人之间的紧张关系。一方面，巴人有其传统的白虎崇拜；但另一方面，汉人却以教化者自居，企图根除这种"蛮俗"。这一则关于廓浦的故事，是以孙令于820—824年赴任房州（今湖北竹山）永清县担任县令说起。[1]当地有一尊被人遗忘的神明，邑吏称为"永青大王"，先是以忧闷感通孙氏兄弟，最后则现身，亲自诉说自己的故事。原来，他名为廓浦，是著名打虎英雄周处（242—297）[2]的后裔，曾只身为西城郡（安康，陕西南部）除了一个大害，也是食人虎的首帅。据他说，这只老虎"其形伟博，便捷异常，身如白锦，额有圆镜，光彩闪烁，害人最多"。

故事中的西城有一座重要的白虎神庙。在有关张道陵的传说中，张道陵被塑造成开化这个地区的英雄。据说，他曾搬到西城山，并且筑坛朝真，以降五帝。

忽一乡夫告曰："西城房陵间有白虎神，好饮人血。每岁，其民杀人祭之。"真人召其神戒之，遂灭。[3]

---

[1]《录异记》卷4，第6—7页；《太平广记》卷307，第2431—2432页。后者的版本也引用了孙令的同代人薛用弱（活跃于821—824年）所著相似书名《集异记》。《新唐书》卷59第1541页记《集异记》原稿三卷。但现存版本只有一卷，未含此故事，载《影印文渊阁四库全书》第1042册及金文明编：《博异志·集异记》，浙江古籍出版社，1984年。古添洪列出归于《太平广记》中的《集异记》的80则，包括本篇。古添洪：《〈集异记〉考证与母题分析》，《教学与研究》1984年第6期，第229—258页。
[2]《晋书》卷58，第1569页。
[3] 赵道一撰：《历世真仙体道通鉴》卷18，第4页。该书之序写于至元甲午（1294）（《道藏》第139—148册）。

至于上文提到的廓浦,当地人怀恩,为其立庙。他说:

> 自襄汉之北,蓝关之南,肖形构宇,三十余处。及此庙貌,皆余憩息之所也。岁祀绵远,俗传多误,以余祠为白虎神庙,谬之甚矣!幸君子访问,得叙首末。原为显示,以正其非。[1]

故事最后交代了一块记录此事本末的9世纪中叶碑文:碑文是源自一块"尘侵雨渍",并由孙氏兄弟所编述的"书版"。这块由襄州(湖北襄阳)观风判官王士澄所立的石碑有趣地从建立"邪正"之别的角度,来看神明的显现。

在这个地区,一方面有民间的白虎崇拜及与此相关的巴人原始的图腾崇拜,另一方面,汉族的统治者和道士则企图消灭这个被他们视为野蛮的血食之祭,这二者之间有着紧张的关系。这种紧张关系也表现在税赋的问题上,这在上述的廪君故事的结尾部分其实也已有所透露。根据现存的最早的一部蜀的地方志,也就是4世纪的《华阳国志》,公元前3世纪时,秦曾免除巴人的赋税以回报他们杀死一只原本所向无敌的老虎,也是他们自己的祖神。就像其他的殖民情境一样,向住在文明边陲的"原始人"征税,如罗马税赋(Roman tributum),其实

---

[1] 参阅关于这一个故事的《太平广记》简版的注释,这些注释省略了石刻的引文,见姜士彬(David Johnson):《中国唐宋时代的城隍崇拜》("The City-God Cults of T'ang and Sung China"),《哈佛亚洲学报》(*Harvard Journal of Asiatic Studies*)1985年第45期,第432—433页。

正是衡量他们是否臣服与同化的最佳标准。[1]

在《异虎》的类目里面,《录异记》收录了一则《十八姨》的故事。[2]她事实上是一只老虎精,往来于嘉陵江畔的剑州,专惩作恶者,并化为人形,劝人为善。另一则故事则把老虎与报应关联在一起:一个少妇偷了道观的东西,作为惩罚变为老虎。因而被迫离开家人和人间,并消失无踪,而前足之上仍然戴着金钏。[3]

地方官吏和民间祭祀之间的冲突随处可见,关于这个课题,《崔令》[4]是另一则详细而具有教育性的故事。故事发生在现在的合川——涪江和嘉陵江交汇处,也是古代巴人的领域,现在重庆西北50公里处。《录异记》写道:

合州巴川县,兵乱后[5],官舍残毁,移居寨中,稍可自固。崔令在官日[6],有健卒盗拔寨木,擒之送镇,镇将斩之。

---

[1] 参见常璩:《华阳国志》,任乃强编:《华阳国志校补图注》卷1,上海古籍出版社,1987年,第14页。以及祁泰履:《大成——一个中国千年王国的宗教与种族》,第39—41页。
[2] 《录异记》卷5,第3页;《太平广记》卷433,第3514页。关于《十八姨》之名,参见钱锺书:《管锥编》第2册,北京:中华书局,1979年,第813页。
[3] 《录异记》卷5,第3页;《太平广记》卷431,第3498页。另见查里斯·哈蒙德(Charles E. Hammond):《老虎相关典故介绍》("An Excursion in Tiger Lore"),《泰东》(Asia Major)第3系列,第4卷,1991年第1期,第87—100页。
[4] 《录异记》卷4,第7—9页;《太平广记》卷352,第2790页。
[5] 《太平广记》只作"乱后",无"兵"字。
[6] 《太平广记》作"崔某为令"。

蜀

卒家元[1]事壁山神[2],卒死之后,神乃与令家为祟。或见形往来,或空中诟骂,投掷火烛,损破器物。钱帛衣服,无故遗失。箱箧之中,锁闭如初,其内衣服,多皆剪碎。[3]求方术禳解,都不能制。令罢官还,相去千里,祟亦随之。又日夕饮食,与人无异,一家承事,不敢有怠,费用甚多,事力将困。

忽一旦,举家闻大鸟鼓翼之声,俯近屋上。久之,空中大呼曰:"我来矣。"一家大小,皆迎事之。祟自称大王,曰:"汝比有灾,值我雍溪兄弟非理,破除汝家活计,损失财物,作诸怪异,计汝必甚畏之,今并与发遣去矣。汝灾尽福生,大王自来,且暂驻泊[4],亦将不久,且借天蓬[5]龛子中安下。兼此天蓬样极好[6],借上天上,传写一本,三五日即送来。"数日后,插天蓬于舍檐高处,并无污损。[7]自此日夕常在……

---

[1]《太平广记》作"先",非"元",文意相近。
[2] 壁山县位于巴县西北部。作者后文说道,此神不为人所知。
[3] 关于(会搬动家具、乱扔东西等的)促狭鬼,参阅杜德桥:《尉迟迥在安阳——一个8世纪的神话与崇拜》("Yü-ch' ih Chiung at An-yang: An Eighth-Century Cult and Its Myths"),载《泰东》,第3系列,第3卷,1990年第1期,第27—49页;傅飞岚:《罗公远——一位道教圣人的传说和崇拜》("Luo Gongyuan: culte et légende d' un saint taoïste"),载《亚洲杂志》(*Journal Asiatique*),1987年第275期,第289—291页,第319—322页。
[4]《太平广记》作"吾自来暂驻",非"大王自来,且暂驻泊"。
[5] 掌管天兵天将的星宿神将领,也是一种古老的咒语。参见刘知万:《论天蓬神与天蓬咒》(「天蓬神と天蓬咒について」),收于秋月观暎(Akizuki kan'ei)编:《道教与宗教文化》(『道教と宗教文化』),东京:平河出版社(Hirakawa),1987年,第403—424页。
[6] 壁龛明显藏有咒语:天蓬咒。下文暗示此咒应写在一张纸上。
[7]《太平广记》将其简略为"置天蓬于舍檐上",没有"并无污损"。

955

这则故事紧接着描述这个妖怪的行为，以及他和周遭倒霉者的关系。他经常召唤主人和他谈话，命令家中大小"念诗赋、作音乐"，"所念文字，或有错呼，必为改正"。他的言论"多劝人为善，亦令人学气术、修道"。他曾说自己："寻常乘鹤，往来天上。"有一天，他还透露自己姓张，"每日饮食，与人无异"[1]。他有一个女儿叫作锦绣娘，也有妻子和仆人，他们一家"食物所费，亦甚不少"。大致来说，他"见善人君子，即肯言话。稍近凶暴强恶之人，即不与语"。有一次，有一名醉僧和二三名士兵前来看他。由于他们"言词无度，有所陵毁"，他便坚持不肯开口。当他们离开之后，他便对人说："此僧餐狗肉、饮酒，凶暴无良，不欲共语。"这名妖怪对于"人之所行善恶、灾福吉凶，了了知之。言无不中，至于小名第行，一一皆知"，但"未知是何神也"。

从上述的几个例子来看，很清楚，本文所使用的"民间"一词，指的是那些未经官方公开认可的宗教行为和信仰。虽然中国士大夫毫不客气地将这些祭祀贴上"庸俗""蒙昧""有悖常理"的标签，但是，这些被贬斥的和那些被认可的祭祀之间，却很少有根本上的差异。对于道士而言，血食祭祀是他们争论的核心课题，但也是可以协商的。在血食这一方面，官方所赞助的祭祀，倾向于和所谓的"淫祀"一样的"野蛮"。事实上，真实的情形也有力地支持杜光庭在《录异记》的序文中所

---

[1] 真正的道教神祇与鬼怪相反，并不饮食。参阅关于唐玄宗的小龟的故事，《录异记》卷5，第4—5页；另外，下文对此故事也有讨论。

做的辩白（上文所提到的第一点）：说怪力乱神，虽圣人不语，经诸史册，往往有之。

认可地方上的祭祀，常常是统治集团和民间可能的支持者之间策略联盟的主要内容，这在王朝产生危机时更是会产生引人注目的转变。[1]杜光庭对我们所谓的"民间宗教文化人类学"的兴趣，无疑有部分是缘于他自己的官方立场。作为一名宫廷道士，他有义务将所有的祭祀分类，并将它们纳入道教以及国家的祭祀系统中——先是唐朝的系统，其后则是蜀这个独立王国的系统。接下来这一则有关庐山九天使者的故事[2]反映了这一关注：

开元中（713—741）皇帝梦神仙羽卫，千乘万骑，集于空中。有一人朱衣金冠，乘车而下，谒帝，曰："我九天采访，巡纠人间，欲于庐山西北置一下宫，自有木石基址，但须工力而已。"帝即遣中使，诣山西北，果有基迹宛然。信宿，有巨木数千段，自然而至，非人力所运。堂殿廊宇，随类致木，皆得足用。……门殿廊宇之基，自然化出，非人版筑。常有五

---

[1] 参阅傅飞岚：《科仪和君权——道教仪式在蜀王国（907—925）创建中的作用》["Liturgy and sovereignty: The Role of Taoist Ritual in the Foundation of the Shu Kingdom（906—925）"]，载《泰东》，第3系列，第2卷，1989年第1期，第59—78页。
[2]《录异记》卷1，第2—3页；《太平广记》卷29，第187—188页。关于该神祇的崇拜，参见常志静（Florian Reiter）：《关于731年江西北部九天使者崇拜兴起的研究》（The "Investigation Commissioner of the Nine Heavens", and the Beginning of His Cult in Northern Chiang-hsi in 731 A. D.），载《东元》（*Oriens*），1988年第31期，第266—289页。

色神光，照烛庙所，常如昼日，挥斤运工，略无余暇，人力忘倦，旬月告成。……既而建昌渡有灵官五百余人，若衣道士服者，皆言诣使者庙，今（10世纪初）图像存焉。初，玄宗梦神人曰，因召天台炼师司马承祯（647—735），以访其事。承祯奏曰："今名山岳渎血食之神，以主祭祠，太上（老君）虑其妄有威福，以害蒸黎。分命上真，监莅川岳，有五岳真君焉。又青城丈人（宁封子）为五岳之长，灊山九天司命主九天生籍，庐山九天使者执三天之箓，弹纠万神，皆为五岳上司。盖各置庙，以斋食为飨。[玄宗从之]，是岁，五岳三山（青城山、灊山和庐山），各置庙焉。

文中提到青城丈人（青城山是成都附近的古代道教遗迹和圣山）为五岳之长，统率众山之神，对于那些要使蜀成为神圣之地的推动者而言，是一则清楚的好消息。早在公元881年，即僖宗逃至蜀地那一年，杜光庭便掌理祭仪，使宁封子（青城丈人）获得僖宗的晋封。[1]

民间祭祀和当地官府的利益相交的一个重要领域是治水。成都平原是中国最丰饶的地区之一，因其精耕细作的稻株栽培和复杂精细的古代水利系统而闻名，同时也是一些雨神祭祀的发源地，而有些时候，不同的雨神祭祀之间还会有所竞争。笔者在其他文章中曾指出，在公元9、10世纪时，仙人罗公远的

---

[1] 傅飞岚：《科仪和君权——道教仪式在蜀王国（907—925）创建中的作用》，第61—62页。

蜀

信徒们尝试用罗公远取代人们之前对李冰（管理成都平原的水利、雨水、干旱的专家）的崇拜，但最终未能成功。[1]在这个过程中，《录异记》曾利用一则很有影响力的仙传故事推波助澜。首先，杜光庭提及立于鄂州（现湖北武昌）的罗真人碑，碑文中记载了一位法力高强，可以掌控雨神的罗真人的事迹，并推断罗真人就是唐玄宗（712—756）时期宫廷道士罗公远，最后又验明其是四川（蜀）主掌农业的圣人。[2]

以下关于"钟离大王"[3]的故事表明，很多地方社群都向此类神祇求雨：

> 遂州（现四川遂宁）[4]东岸唐村，云，古[5]有一人，宽衣大袖，着古冠帻，立于道左，与村人语曰："我钟离大王[6]也，

---

[1] 参见傅飞岚：《罗公远——一位道教圣人的传说和崇拜》，第289—322页。
[2]《录异记》卷1，第3—4页。见傅飞岚：《罗公远——一位道教圣人的传说和崇拜》，第301—303页。杜光庭在《道教灵验记》（写于905—933年）（D325—326, no. 590）对罗公远信仰在四川的崛起，有生动的、民族志式的描绘，关于此书，参见傅飞岚：《〈道教灵验记〉——中国晚唐佛教护法传统的转换》("Evidential Miracles in Support of Taoism: the Inversion of a Buddhist Apologetic Tradition in Late T' ang China")，载《通报》(T' oung Pao) 1992年第78期，第217—263页；此处所谈的故事翻译见《罗公远》一文，第303—306页。关于罗公远崇拜与民间信仰的关系，另见游佐昇：《罗公远与民间信仰》(「罗公远と民间信仰」)，收于秋月观暎主编：《道教与宗教文化》，东京：平河出版社，1987年，第245—263页。
[3]《录异记》卷4，第4—5页；《太平广记》卷313，第2478页。
[4] 遂州官府位于涪江西岸，唐村明显坐落于其对岸。这个故事与前一个故事《郑君雄》连在一起（见下文），印刷上没有中断。笔者仿《太平广记》的编者，将其分至不同的条目。
[5]《太平广记》作"昔"。
[6]《太平广记》作"钟离王"，而无"大"字。

旧有庙，在下流千余里[1]，因水摧损，今形像泝流而上，[2]即将至矣。汝可于此为我立庙。"村人诣江视之，得一木人，长数尺。遂于所见处立庙，号唐村神。至今，水旱祷祈[3]，无不征验。或云，初见时，似道流形。[4]

李冰作为该地区杰出的守护神之一[5]，其重要性不容置疑。《录异记》便收录了一则有关李冰的故事，提及在公元910年发生洪水时李冰祠中的士兵，神奇地将岷江的大堰移走的故事[6]，这是成都平原水利系统历史上颇有意思的小插曲。因为这与王建政权（907—918）的合法性有关，所以我们还将在下文重返这一话题。

《录异记》不仅详述了蜀的众神及其祭祀，也充斥着对该地区的神仙、隐士、学士、术士以及圣者的大量描述：7世纪成都的道士、《道德经》注释者黎元兴[7]，为黄老君修建观宇而获神助（另见下文）；几则故事颂扬了四川隐士（如朱桃槌和

---

[1] 距涪江与嘉陵江汇合处的合川（唐合州；参考上文《崔令》）的南部约100公里（200里）。再往下约100公里，嘉陵江在现今重庆处汇入扬子江。不过，《太平广记》作"十余里"，而非"千余里"。
[2] 关于此神迹主题，另见《道教灵验记》卷4第5—6页。
[3] 《太平广记》略去"水旱"。
[4] 在此处以及杜光庭其他著作中，常以古老的汉代服饰描绘道士。参见傅飞岚：《感遇——中古中国的一个仙传主题》。
[5] 参见罗开玉：《中国科学神话宗教的协合——以李冰为中心》，巴蜀书社，1990年。
[6] 《录异记》卷4，第4页；《太平广记》卷313，第2477页。
[7] 《录异记》卷1，第5页。

毛意欢）的德行。杜光庭对朱桃槌的叙述[1]是大量编辑当地志书而成，有些现已失传：

《隐士朱君记》[2]：

《灵池县图经》[3]云："朱桃槌者[4]，隐士也。以武德元年，于蜀县白女毛村居焉。草服素冠，晦名匿位，织屦自给，口无二价。[5]后居楝平山白马溪大磐石，山石色如冰素，平易如砥，可坐十人。石侧有一树，垂阴布护于其上，当暑炽之月，兹焉如秋，桃槌休偃于是焉。有好古之士，多于兹游。朱公或斫轮以为资[6]，前长史李厚德[7]、后长史高士廉[8]，或招以弓旌，或遗以尺牍，并笑傲不答。

太子少保，河东薛稷[9]（649—713），为之图赞云："先生知足，离居盘桓。口无二价，日惟一餐。筑土为室，卷叶为

---

[1]《录异记》卷1，第8—10页。另见杜光庭撰：《仙传拾遗》，收入严一萍编：《道教研究资料》，中国台北艺文印书馆，1974年，第1辑，卷2，第41—42页。
[2] 关于以下颂文，以及《灵池县图经》序文，另见薛稷（649—713）：《朱隐士图赞》，载《钦定全唐文》，1814年，卷275，第13—14页。
[3] 这是四川简州的地方志，现已失传。见张国淦：《中国古方志考》，中华书局，1962年，第673页。
[4] 在《隐士列传》中有介绍，但名字写作"朱桃椎"，见《隐士列传》，《新唐书》卷196，第5596页。
[5] 这一"正直"行为使其有别于一般商人。这可以和隐士卖药者韩康的故事做比较；见《后汉书》卷83第2770—2771页。
[6] 这是以《庄子·天道》中有关精湛轮扁技艺的典故，暗喻朱的文学造诣。
[7]《新唐书》卷191，第5504页。
[8] 有关高士廉与朱桃槌的往来，参见《旧唐书·高士廉传》卷65第2443页。
[9] 薛稷有传，参见《旧唐书》卷73第2591—2592页，以及《新唐书》卷98第2893—2894页。

冠。[1]斫轮之妙，齐扁同欢。"[2]

薛稷作《隐士朱桃椎茅茨赋》[3]：

若夫虚寂之士，不以世务为荣；隐遁之流，乃以闲居为乐。故孔子达士，仍遭桀溺之讥[4]；叔夜[5][即嵇康（223—262）]高人，乃被孙登之诮。[6]况复寻山玩水，散志娱神，稳卧茅茨之间，属想青云之外[7]，逸世上之烦襟，遂明时之高志而已矣。

接下来的便是"其辞曰"，即朱桃椎的赋，形容隐士无拘无束的生活，以及他与大自然的水乳交融。杜光庭对其叙述做出结论：

---

[1] 下文所引的朱桃椎《茅茨赋》曾云："削野藜而作杖，卷竹叶而为巾。"载《录异记》卷1第9页。
[2] 这是以《庄子·天道》中有关精湛轮扁技艺的典故，暗喻朱的文学造诣。
[3] 此赋实为朱桃椎所作；参见《全唐文》卷161第1页。另外，参阅胡震亨（1569—1644）辑《秘册汇函》本的《录异记》序言里，也曾讨论杜光庭错误地将朱桃椎之作以为薛稷的。
[4] 参见司马迁：《史记》（约公元前91年），中华书局，1959年，卷47，第1928—1929页。
[5] 参见侯思孟：《嵇康的生平与思想》[La vie et la pensée de Hi K'ang（223-262 ap. J. C.）]，莱顿：博睿出版社，1957年；侯思孟：《嵇康的诗歌》("La poésie de Ji Kang")，《亚洲杂志》(Journal Asiatique) 1980年第268期，第107—177页。
[6] 孙登无视嵇康对教诲的要求，批评其行为。见《晋书》卷94第2426页；以及《太平广记》卷9第63—64页引《神仙传》（约公元320年）。
[7] 关于此意象，见薛爱华：《蓝绿色的云》("Blue Green Clouds")，《美国东方学会会刊》(Journal of the American Oriental Society)，1982年第102期，第91—92页。

初，薛公为彭山令，闻其风而说之，作《茅茨赋》以赠焉。洎解印还京，假途就谒，其室已虚矣，但遗踪宛然。[1]访于乡里，云：朱公或出或处，或隐或显，盖得道者。薛公题赞于其壁而还长安。复数年，乡人时见朱公，而竟不知所在。其所隐之石，今亦不见。巨木之下，唯石洞存焉。近年，石洞长亦闭塞。后宰邑好事者，刻赋为碣，立于洞门，于官道之侧。[2]然乡邑祈请，焚香祷祝者，颇有灵应。自非得道证品，孰能与于此乎？

毛意欢的故事[3]，背景是绵州（今绵阳）昌明县的豆圌山，据说是真人豆子明修道之所在。[4]由于人几乎无法到达，"石笋"（即笋状的圆锥岩石）被比作是圌——谷篓（将席子卷成锥形而成）。[5]其顶有天尊古宫，不知建于何时。古仙曾

---

[1] 大约离朱桃椎在世时约一个世纪。
[2] 此位置无疑是造就当地祭祀后来发展的一个因素。参阅下文将讨论的句龙弘道的墓庐也是位于官道之侧。
[3] 《录异记》卷6，第5—7页；《全唐文》卷934，第2—3页引《豆圌山记》。
[4] "豆子明"也作"窦子明"；参见下文及黄石林：《四川江油窦圌山云岩寺飞天藏》，《文物》1991年第4期，第20—33页。黄石林在文中的引用是作为关于该址最早的文献记载（第21页）。
[5] "石笋"或圆锥状柱是四川神话中反复出现的主题。参见杜光庭《神仙感遇传》（约公元904年，《道藏》，涵芬楼影印本，第328册，第592号）含丹砂的石笋及杜光庭已亡佚的《石笋记》。（关于《神仙感遇传》，参见傅飞岚：《感遇——中古中国的一个仙传主题》石笋常与古墓柱（阙）联系在一起。参见下文讨论的"成都灵墓"故事（《录异记》卷8，第6—7页）。《华阳国志》讲述了蜀国开明王朝的时候，有五丁力士，能移山，举万钧。每王薨，辄立大石，为墓志。这些就是所谓的"石笋"。王室埋葬之处被称为"笋里"。参见《华阳国志校补图注》，第122—123页，以及四川省文史馆编：《成都城坊古迹考》，四川人民出版社，1987年，第326—328页。

以竹绳做桥，以通山顶，但年代久远，路已不通。咸通年间（860—874），道士毛意欢，居住在山下，自幼学道，常诵五千言（即《道德经》），着弊布褐，每天在集市诵经讨酒。醉后，便登上悬崖峭壁，以绝道为桥。山顶多白松树，用绳系之。据说毛意欢便隐在穴中读经。有人说他已成仙，常持灯、碗过绳桥。故事以仙传的特有方式结束：

山多毒蛇猛虎，里中人莫敢独往。意欢夜归，亦无所畏焉。常有二鸦，有客将至，鸦必飞鸣。意欢整饰宾阶、坐榻未毕，客果至矣。

景知果[1]也有神奇的能力，可驯化野兽。他住在江油县窦圌山[2]，"与虎豹同处，驯之如家犬"。野鸟、巨蛇全听其使唤。数头虎在他庭院中，月夜交搏、腾踏，直到知果将之遣散。有一次，当他在道观旁割草时，有一兔卧于草丛中，却丝毫不惊，他用手将它像猫犬一样移开。他对那些异类也是如此。然而，一天早上，他突然消失了。

孝行典范也被赋予了这种超越物种界限的力量。资州（现资中）人阴玄之[3]"少习五经，尤精左史"，他住在父亲墓旁的草庐中守孝，常有山虎和鬼神为之助哭。每天晚上还"常有二

---

[1]《录异记》卷2，第4—5页。
[2] 与前一个故事提到的豆圌山为同一地点，也作"窦圌山"。第二个字也为"圌"，表明这是同一名字的不同写法。另见黄石林：《四川江油窦圌山云岩寺飞天藏》。
[3]《录异记》卷3，第5页。

灯来照墓前，至明乃息"[1]。他的母亲去世后，阴玄之再次在草庐中守孝六年。草庐破坏后，他便居住在土穴中，声音嘶嘎，却讲诵不倦。他常对人说："干名求进，非为己身。吾二亲俱殁，禄不及养，何用名为？"阴玄之从未参加应举，"终身贫苦，年八十余而卒"。

同为资州人的杨太博[2]也是因守父母之丧而住墓庐三年，由于他的孝行诚敬，"有神灯照墓，猛虎驯伏，有白兔之异"。蜀的宰相、王公听说其事迹后，最终由蜀国皇帝（王建）特"降敕褒奖，表其门闾"。

句龙弘道[3]是另一当地圣者及孝行模范，住在同一地区的梓潼山下，退伍之后，他居住在穿过梓潼山[4]的官路附近的父母墓旁的草庐中。他年逾八十，发长丈余。父母二坟，各生紫芝一茎，高六七寸，能使猛兽驯服。公元881—882年，僖宗幸蜀（因黄巢起义而从都城逃至此地），亲临其家，坐于庭中。公元885年，当皇帝及其侍从回长安时，又再次临幸，并颁赐钱帛衣物与他。皇帝驻剑州时，下诏退回其租赋三年，仍赐旌表。

从《录异记》的描绘来看，蜀的宗教世界虽然带有较浓厚的道教色彩，但还是充满了折中、杂糅的景致。对于一个宫廷

---

[1] 参阅下文讨论的《段文昌》，载《录异记》卷4，第3—4页；及《杨知遇》，载《录异记》卷4，第5页。
[2]《录异记》卷3，第5页；《说郛》卷118，第4页。
[3]《录异记》卷3，第5页。
[4] 长安与成都的主干道：显然这是该隐士引起官方注意的原因。

道士的职能来说，持有一种普遍的、全面性的观点想必是比较合适的，而杜光庭的著作，大体来说，都显示出他是一位眼光敏锐和胸襟豁达的观察者。[1]除了那些明显不一样的"淫祀"、道教仙人和具有儒家信仰的圣人，在《录异记》里，佛教也在书中留下标记。例如，僧人王惠进911年在成都与死神擦身而过的故事[2]：

永平初（王建年号，911—915年），有僧惠进者，姓王氏，居福感寺。[3]早出，至资福院门，见一人，长大，身如靛色，迫之渐急。奔走避之，至竹簧桥，驰入民家。此人亦随至，撮拽牵顿，势不可解。僧哀鸣祈之，此人问："汝姓何也？"答云："姓王。"此人曰："名同姓异。"乃舍之而去。僧战慄，投民家，移时稍定，方归寺中。是夕，有与之同名异姓者死焉。

下列故事改自佛教的虔信故事：[4]

夔州道士王法玄[5]，舌大而长，呼文字不甚典切，常以为

---

[1] 杜光庭偶尔所发的辩论与其"官方"的一般观点有所分歧，参考傅飞岚：《〈道教灵验记〉——中国晚唐佛教护法传统的转换》的结论部分。
[2]《录异记》卷4，第9页；《太平广记》卷354，第2805页。
[3] 位于成都小西门北边；见《云笈七签》（约1028年）(D677—702, no.1032)，卷122，第8页引《道教灵验记》。
[4]《录异记》卷2，第6—7页；《太平广记》卷162，第1172页；《说郛》卷118，第3页；《类说》（卷8第18页）似乎错误地将其归于18世纪的《广异记》。参阅杜德桥：《宗教经验》("Religious Experience")，第236页。
[5]《太平广记》《类说》作"王法朗"。

恨。因发愿读《道德经》，梦老君与剪其舌。觉而言词轻利，精诵五千言，颇有征验。

在公元 10 世纪蜀的宗教文化中，道教的仙传传统再度发挥其作用，并有所转化。这从一些有名的人物，如许君[1]、李德裕[2]的故事中也可获得验证。杜光庭指出前者的故事由"成都道士杨景昭"讲述：故事详述了许仙人的降神奇遇[3]，显示了保存墓碑铭文的重要性，并追溯了水陆大醮的起源。后者的故事是关于政治家、太尉李德裕（787—850）对珍品的偏好。[4]一位神秘老者将藏于桑树洞中的宝物献给李德裕，李德裕于是请来一名技艺高超的木匠：

因解为二琵琶槽，自然有白鸽，羽翼爪（《太平广记》作"嘴"）足巨细毕备。匠料之微失，厚薄不中，一鸽少其翼。公

---

[1]《录异记》卷 1，第 7 页；《太平广记》卷 72，第 452—453 页。
[2]《录异记》卷 2，第 7—8 页；《太平广记》卷 232，第 1778 页；《说郛》卷 118，第 3 页。
[3] 参见施舟人：《唐代的道教仪式与地方祭祀》("Taoist ritual and local cults of the T'ang dynasty")，司马虚编：《密宗和道教研究——纪念石泰安专号》第 3 卷，第 812—834 页。
[4] 李德裕及其子的传记，见《新唐书》卷 180，第 5327 页；以及《旧唐书》卷 174，第 4509—4531 页。关于李德裕对珍宝的偏好及其以收藏家的见闻，见高罗佩（R. H. van. Gulik）：《中国的"芒果魔术"——一篇关于道教法术的文章》("The 'Mango Trick' in China: An essay on Taoise magic")，载《日本亚洲学会丛刊》(Transactions of the Asiatic Society of Japan) 系列 3 第 3 册，1954 年，第 117—175 页；以及薛爱华：《李德裕和杜鹃花》("Li Te-yü and the azalea")，《亚洲研究》(Études Asiatiques)，第 18、19 期合刊，1965 年，第 105—114 页。

以形羽全者进之，自留其一，今犹在民间。水部员外卢延让，见太尉之孙道其事。

卢延让（900年进士），作家、诗人，是杜光庭的同僚，王建时期，位高权重，官至刑部侍郎。[1]

术士马处谦是另一位前蜀的朝中官员，出现在《胡恬》[2]中。胡恬是一位好道的处士，"善阴阳纬候、星历推步，炉火黄白之事，彭素道易占术，篆隶词赋，皆曲尽其能。调元炼气，专以神仙为务"，活跃于岳州（今湖南长沙附近）湘阴县白鹤山。据故事所记载，马处谦是胡恬的弟子。"由是处谦虽与人言休咎，未尝行禳厌之事。是后仕蜀，为少将作检校仆射。"

本节讨论的最后一个故事是《赵燕奴》。这个故事描述了赵燕奴出生的异象，并可与上述讨论的圣者一起归入"异人"类目中，示例了志怪小说的作者最根本的兴趣在于反常事物，包括天生的畸形人。正如杜光庭著作中常出现的那样，素材表面上越荒诞，其社会学和人种志的观察所得就越真实，此例提供了对当地经济生活和民间节庆的生动一瞥：

---

[1] 其传记见吴任臣撰：《十国春秋》（1678年），中华书局，1983年，卷44，第2页。
[2]《录异记》卷2，第11—12页。参阅引用《方外志》的《古今图书集成》中的"胡恬如"（原文如此），其内容与本文相近。又见孙光宪（卒于968年）撰：《北梦琐言》，上海古籍出版社，1981年，第169页；《太平广记》卷215，第1650页引《北梦琐言》。

赵燕奴者[1]，合州石镜人也，居大云寺地中。初，其母孕，数月产一虎，弃于江中。复孕，数月产一巨鳌，又弃之。又孕，数月产一夜叉，长尺余，弃之。复孕，数月而产燕奴。

眉、目、耳、鼻、口，一一皆具。其自项已下，其身如断瓠。亦有肩夹，两手各长数寸，无肘、臂、腕、掌，于圆肉上各生六指，才寸余，爪甲亦具。其下有两足，各一二寸，亦皆六指。既产，不忍弃之。及长，只长二尺余。

善入水，能乘舟。性甚狡慧，词喙辩给。颇好杀戮，以捕鱼宰豚为业。每斗船、驱傩及歌竹枝词较胜，必为首冠。市肆交易，必为牙保。常髡发缁衣，民间呼为赵师。晚岁，但秃头白衫而已。或拜跪跳跃，倒掊于地，形必裸露，人多笑之。或乘驴远适，只使人持之，横卧鞍中，若衣囊焉。

有二妻一女，衣食丰足，或击室家，力不可制。乾德初（919年），年仅六十，腰腹数围，面目如常人无异。其女右手无名指长七八寸，亦异于人。

三、圣地与博物志

蜀地是与圣者、异人相关的圣迹祭祀联结成的网络，洞穴、水域、石形、墓地和庙宇也被赋予了神秘的力量。以下便引述一些《录异记》中的例子，依序探讨这项课题。

首先，《录异记》有一则有关麻姑洞的故事说：

---

[1]《录异记》卷2，第9—10页;《太平广记》卷86，第565页。

繁阳山麻姑洞[1]，即[天师道]二十四化之第一，阳平[治][2]之别名也。在繁水之阳（即北岸），因以为名。《本际经》[3]云："天师张道陵所游，太上说经之处。"在成都府新都县南，渡江十五里，众山连接，孤峰特起是也。

麻姑洞和焰阳洞（这是旧时天师道的另外一处圣地）是两个充满神迹之地，也都和王建取得正统的统治地位有关。[4]这两处地点我们将在后文再谈。

此外，温汤洞[5]位于开州（今四川东部开县）城外，倚盛山之东。这个地方还有温汤井，产温泉。麟德年间（664—665），雷雨摧裂，洞门自开。《录异记》以导游方式对洞中进行描述，依次指出每个圣址及其意趣：天然石钟，像金刚力士的石像，自然形成的巨龟背上所负无刻文的石碑。碑侧立着巨屏，与鼎相连。游人可侧身进入一个窄洞，内有一条与常路无异的路径。路左右滴乳为石，罗列众形，龙麟鸾鹤，颓云巍山，如林如柱，不知疲倦的记录者也最终感叹："不可殚纪。"他继续写道：仅一里许，立着一座莲台。及出洞门外，则有莲花，罗布于地。旁有甘泉，水色温白，游洞者汲之烹茗。前有

---

[1]《录异记》卷6，第2—4页；《全唐文》卷934，第1—2页引。
[2] 参见王纯五：《天师道二十四治考》，四川大学出版社，1996年，第96—97页。
[3] 参见吴其昱（Chi-yu Wu）：《〈本际经〉——7世纪的未刊道书》[*Pen-tsi king（Livre du terme originel）: ouvrage taoïste inédit du VIIe siècle*]，巴黎：国家科学研究中心（Centre National de la Recherche Scientifique），1960年。
[4]《录异记》卷6，第7—9页；《十国春秋》卷37，第536—537页；《唐文拾遗》卷50，第23页。另见傅飞岚：《张陵和陵井》。
[5]《录异记》卷6，第4—5页；《唐文拾遗》卷50，第23页。

横溪,溪上有桥,过桥得黄土坡,道径险滑,行者累息,方至其顶。坡上有巨堂,壁上多游人题记年月。[1]

岩洞是道教完美的圣地,其特点都是自然形成的怪异的石质地形。其中,有许多岩洞出产有神奇功效的泉水。在《录异记》里,这也是那些带有神秘特性的自然场所的印记。例如,汉州的赤水[2]有涌泉,水脉自山下涌出,因成大池。水流很急,甚至可推动水磨。青城县西北三里,有老君观,观门东上有一泉,号马跑泉。[3]其泉水味甘,四时不绝。春夏如冰冷,秋冬即温。乃昔日太上老君与天真皇人于此会真之所。这口泉是老君所乘的马奔跑而成。

青城山上的六时水[4]位于宗玄观(今常道观)之上。宗玄观对面峭崖高五百余尺。山崖上有授道坛,乃昔日宁真君(青城丈人,见上)与轩辕黄帝授道之所。洞底有石龛,立玄宗[5]皇帝御真像,每日依六时之分,从崖上自然有水出,至作者成文之时仍未绝,引得人们前往拜谒或参观。

圣石或怪石在《录异记》中自成一类。《蒲仙》[6]是关于一对巨石的故事:东柱西柱,在金州(今安康)之北,那里众山连接,峰峦秀异。有山穿柱而过,因此得名。一峰最高,即是

---

[1] 另见傅飞岚:《超越的内在性——道教仪式与宇宙论中的洞天》,载《远东亚洲丛刊》(*Cahiers d' Extrême-Asie*) 1995年第8期,第267—268页。
[2] 《录异记》卷7,第3页。
[3] 《录异记》卷7,第4页。
[4] 《录异记》卷7,第4页;《说郛》卷118,第5页。
[5] 傅飞岚:《杜光庭》,第129—131页。
[6] 《录异记》卷6,第7页。

蒲仙升天之所。

此外，还有几则这一类的故事，首先，是有关"江州流星"的故事[1]：

江州南五十里，有店名七里店，在沱江[2]之南。小山上有石，青色坚腻。俗云：石中有珠，每至中秋，往往群飞。凡十余枚，如流星往来。或聚或散，石上时有光景。相传云：珠藏于此，乃无价宝也。或有见者，密认其处，寻不得。

其次，是有关"瓷香炉"的故事[3]：

绵州昌明县山中，周回二十里许，瓷香炉者，广二寸来，或全破堆积林中，莫知其数。

第三，是有关"景云观基石"的故事[4]：

新北市（成都内）[5]，是景云观旧基。有一巨石，大于柱础，人或坐之、踏之，逡巡如火烧，应心烦热，因便成疾，往往致死。或云：若聚火烧此石，即瞿塘山吼而水沸。古老

---

[1]《录异记》卷7，第6页；《太平广记》卷398，第3193页。
[2] 沱江为江州扬子江西的一个支流。此处据《太平广记》校改。《录异记》作"蛇江"。此处的位置不确定。
[3]《录异记》卷7，第7页。
[4]《录异记》卷7，第7—8页；《太平广记》卷398，第3194页。
[5] 新北市为军将崔安潜于878—880年建造。参见司马光：《资治通鉴》(1085年编)，卷253，中华书局，1976年，第8212—8213页。这个故事的另一版本收于《云笈七签》卷122，第7页。至于新南市则是由韦皋将军任节度使期间（785—805）所建；参见《道教灵验记》卷15，第8页。

972

相传耳。

第四，是《落星石》的故事[1]：

蜀州晋源县山亭中有二大石，各径二尺已来，出地七八寸。人或坐之，心痛，往往不救。又是落星石，东边者生，即灵验。西边者死，与诸石无异。色并带青白色。

第五，是《石钟》[2]：

镇静军侧，近江坝中有石，长五六尺，高大三尺已来，击之如钟声。军使刘师简送一石，长四尺已来，形圆色青，击之如钟磬声。[3]

墓地与庙宇无疑是神秘之所。接下来的两个坟墓的例子都是在成都地区。首先是许静墓[4]，在成都延秋门外[5]，西七八里的田中。据说是许将军墓。"耕牧之人，牛豕之属，犯者必有

---

[1]《录异记》卷7，第8页；《说郛》卷118，第5页。
[2]《录异记》卷7，第8页。
[3] 参见上述温汤洞的"天然"石钟。这些都是大至几千斤的钟；离地面2尺之高悬挂，实心，敲之无声（《录异记》卷6，第4—5页）。在《录异记》的体系中，这些天然形成之物对应了古代铜铸技术、用于仪式的钟，详见罗泰（Lothar von Falkenhausen）：《悬乐——编钟与中国青铜时代文化》(*Suspended Music: Chime-Bells in the Culture of Bronze Age China*)，伯克利、洛杉矶：加利福尼亚大学出版社，1993年。
[4]《录异记》卷8，第3—4页。许静其名之"静"似是"靖"之误；其传记见《三国志》卷38，第963页。
[5] 延秋门为当时成都西面主要的城门；见《成都城坊古迹考》第64页之后所附的地图。

祸焉。"附近多改置军营，"野外墟墓，多不存者"，唯此还在，人不敢干犯。许静在前蜀官至大司徒。

另一座是"成都灵墓"[1]。乾宁三年（896），蜀州刺史、节度参谋、司徒李公师泰（卒于908年前）在李冰祠旁发现大量刻有"蕃书"的金钱。此地是无名氏的墓地，在石笋附近。李下令将钱重埋，仍不开发其冢。此举赢得了杜光庭的赞美。

一些特殊的寺庙，并不像坟墓那样在《录异记》里单独形成一类；以下例子是从不同的类目中抽出、汇集而成。首先，是《黎元兴》的故事[2]：

> 成都至真观[3]道士黎元兴[4]，龙朔年中（661—663），于学射山[5]，欲创造观宇。夜梦神人引升高山大殿之中，谒见中央黄老君。[6]身长数丈，髭须皎白，戴金凤冠，着云霞衣[7]，

---

[1]《录异记》卷8，第6—7页；《太平广记》卷390，第3118—3119页（《太平广记》误将此文归于18世纪末的《广异记》，并将"李师泰"之名写作"李思恭"）。译文及历史背景参见傅飞岚：《杜光庭》，第135—136页。

[2]《录异记》卷1，第5页。

[3] 至真观也作龙兴观。参见《道教灵验记》卷2，第6页；卷11，第11页。关于黎元兴在那里的活动，参见卢照邻（约635—689）的碑文《益州至真观主黎君碑》，载《文苑英华》（约987）卷849，中华书局，1966年，第1页。

[4] 参见上文。关于黎元兴对《道德经》的注释，参见贺碧来：《7世纪以前对〈道德经〉的评注》（*Les commentaires du Tao tö king jusqu' au VIIe siècle*），巴黎：法兰西学院，1977年，第107页。

[5] 位于成都县北18里；参见《重修成都县志》（1873年编），卷1，第150页。

[6] 这一头衔指黄老君在九宫中居于中央。

[7] 关于构成形象中的要素，参见傅飞岚：《被遗忘的唐代复兴——黄巢之后的道教体制》（"A forgotten T' ang restoration: The Taoist dispensation after（转下页）

侍卫十余人。顾谓元兴曰:"吾近有材木,可构此观,无烦忧也。"如此再梦。

数日,有人于万岁池中乘舟取鱼,或见水色清澈,池底大木极多,以告元兴。元兴令人取之,得乌杨木千余段,至有长百尺者,以用起观,作黄老君殿,依梦中像塑之。又制三尊殿、讲堂、斋坛、房廊、门宇,木皆足用。[1]

其次,是杨知遇的故事[2]:

广都县有盘古三郎庙,颇有灵应。民之过门,稍不致敬,必加显验。或为人殴击,或道途颠蹶。由是远近畏而敬之。[3]

县民杨知遇者,尝受正一盟威箓。[4]一夕醉甚,将还其家,路远月黑,因庙门过,大呼曰:"余正一弟子也,酒醉月黑[5],无伴还家,愿得神力,示以归路。"俄有一炬火自庙门出,前引之。比至其家,二十余里,虽狭桥细路,略无蹉跌,火炬亦

(接上页)Huang Ch'ao"),载《泰东》第3系列,第7辑,1994年第1期,第115—117页。

[1] 参阅瑙多夫(Wolfram Eberhard):《中国民间故事类型》(*Typen Chinesischer Volksmärchen*),赫尔辛基(Helsinki):芬尼亚科学院(*Academiae Scientiarum Fennica*),1937年,第239—240页。

[2] 《录异记》卷4,第5页;《太平广记》卷313,第2478页。

[3] 这一段文字在《太平广记》中无"必加显验"和"远近畏而敬之"。

[4] 施舟人:《敦煌抄本中的道教职位》,格特·瑙多夫等编:《东亚的宗教与哲学——石泰宁格纪念文集》,维尔茨堡:柯尼希斯豪森和诺依曼出版社,1985年,第127—148页。

[5] 因庙门过,大呼曰:"余正一弟子也,酒醉月黑。"根据《道藏》版本,但在《太平广记》版中被略去。

无见矣。乡里之人,尤惊异之。[1]

第三,所提及的人物是蔺庭雍[2]:

吉阳治在涪州(今涪陵)[3]南,泝黔江三十里得之。有像设,古碑犹在。物业甚多,人莫敢犯。涪州裨将兰庭雍妹,因过化中,盗取常住物,因即迷路。数日之内,身变为虎。

第四,是发生在"鬼城山"的故事[4]:

壬子岁七月十三日,青城鬼城山,因滞雨崖崩,暴水大至,在丈人观后,高百余丈,殿当其下,将忧摧坏。俄有坠石如岸,堰水向东,竟免漂陷。观中常汲溪水以供日食,甚以为劳。自此,暴水出处,常有流泉,直注厨内,其味甘香,冬夏不绝。[5]

《录异记》中最后一组故事描述了当地动物(植物更为罕

---

[1] 夜黑醉中受困而获异光照路的主题,另见《阴玄之》,载《录异记》卷3,第5页,以及《段文昌》,载《录异记》卷4,第3—4页;《太平广记》卷138,第991页;《类说》卷8,第25页。关于这一主题,另见杜志豪(kenneth Dewoskin):《古代中国的医生、巫师、术士——方士传》(*Doctors, Diviners, and Magicians of Ancient China: Biographies of Fang-Shih*),纽约:哥伦比亚大学出版社,1983年,第51页。

[2]《录异记》卷5,第3页;《太平广记》卷431,第3498—3499页。

[3] 吉阳治是天师道八品"游治"之八;参见张辩编:《天师治仪》(约552年),收录于《受箓次第法信仪》(唐代,《道藏》第991卷,《道藏通考》第1244号),第25页上。该文献认为吉阳治在魏郡(今河南临漳)邺县。

[4]《录异记》卷6,第7页。

[5] 另见《道教灵验记》卷9,第9页;及傅飞岚:《杜光庭》,第133页。

见）不同一般的特性，表现了蜀地鲜明的地方意识。首先来看如下故事，3世纪时，"吴郡临江半岸[1]，崩出一石，鼓槌之，无声"。晋武帝（265—290年在位）问著名的志怪、编纂《博物志》的张华（232—300），华曰："取蜀中桐材，刻为鱼形，扣之，则鸣矣。"武帝于是如其言，果声闻数里。

其次，是《兔头蛇》的故事[2]：

剑（今剑阁）利（今广元，均在四川北部）间有蛇，长三尺，兔头蛇身，项下白色。害人时，"必穴其腋而饮血焉。其名曰坂鼻，每于穴中藏，微出其鼻而鸣，声若牛吼，闻数里，地为之震叶焉。民有冬烧田者，或烧杀之，但多脂耳"。

第三，是《郫县小蛇》的故事[3]：

郫县（成都西北15公里）有民，于南郭渠边得一小蛇，长尺余，刳剔五藏，盘而串置于烟火之上，焙之。数日，民家孩子数岁，忽遍身肿赤，皮肤炮破，呻吟痛楚异常。因自语曰："汝家无状杀我，刳剔肠胃，置于火上，且令汝儿知此痛苦。"民家闻之，惊异，取蛇，拔去剡竹，以水洒之，焚香祈

---

[1]《录异记》卷7，第8页；《太平广记》卷398，第3185页。这一事件的另一版本见傅飞岚：《被遗忘的唐代复兴——黄巢之后的道教体制》，第120—121页。

[2]《录异记》卷5，第7页。

[3]《录异记》卷5，第8页；《太平广记》卷459，第3755页。

谢，送于旧所。良久，蜿蜒而去[1]，民家儿亦平愈焉。

第四，是《鳡鱼》[2]：

郫县侯生者，于沤麻池侧得鳡鱼，大可尺围。烹而食之，发白复黑，齿落复生，自此轻健。

第五，是《柏君鱼》的故事[3]：

天复初（901），冯行袭[4]侍中节制金州洵阳县。永南乡百姓柏君怀[5]，于汉江勒漠潭，采得鱼，长数尺，身上有字，云：三度过海，两度上汉，行至勒漠，命属柏君。[6]

---

[1] 关于不受烹、烧影响的奇异物种的主题，另见《蜀江民》，载《录异记》卷5，第6—7页；《太平广记》卷467，第3849页。其中记一大鳖被放入"锅中煮之，经宿游戏自若。又加火，一日水干，而鳖不死。举家惊惧，以为龙数也，乃投于江中，浮泛而去，不复见矣"。又有类似的故事《汴河龟》，载《录异记》卷5，第5页；《太平广记》卷472，第3890页。当中记"有贾客，维舟汴河（河南／安徽）上，获一巨龟，于灶火中煨之。是夕，偶忘出之。明日取视，皮壳已燋矣。拂拭去灰，置于食床上，欲以助餐。良久，伸颈动足，徐行床上，其生如常，众共异之。投于水中，游泳而去"。
[2]《录异记》卷5，第8页；《太平广记》卷465，第3829页。
[3]《录异记》卷5，第8—9页；《太平广记》卷467，第3849页；《类说》卷8，第27页。
[4] 冯行袭传记见《新唐书》卷186，第5425页；《旧五代史》卷15，第209—211页；《新五代史》卷42，第464—465页。关于冯入侵该地区及其受昭宗的任命，见《旧五代史》卷15，第210页和《新五代史》卷42，第465页。
[5] "柏君怀"于《类说》作"桓君怀"。
[6] 类似的风格见《义鼠》，载《太平广记》卷440，第3586页，引《录异记》。《录异记》中这种类鼠的小动物及其他啮齿目动物的故事均取材自刘敬叔（卒于约470年）的《异苑》——此处接道"俗云：见之者当有吉兆。成都有之"。关于昆虫类，有《舍毒》的故事，载《太平广记》卷479，第3946页。舍毒属于蚊蚋，住在河流附近的山区，尤其多在郴州（湖南），从那里溯扬子江而上至蜀。

978

最后，是一则关于"戴胜"的故事[1]：

> 王蜀刑部侍郎李仁表寓居许州（今河南许昌），将入贡于春官。时薛能（卒于881年）[2]尚书为镇，先缮所业诗五十篇以为贽，濡翰成轴，于小亭凭几阅之。未三五首，有戴胜自檐飞入，立于案几之上，驯狎良久，伸颈弹翼而舞，向人若将语。久之，又转又舞。如是者三，超然飞去。心异之，不以告人，翌日投诗，薛大加[3]礼待。居数日，以其子妻之。[4]

四、蜀的天命

《录异记》里提到奇异动物，例如上文提到的"金蜗牛"，为的是证实蜀政权或其"前身"唐朝的正统性。这些故事多数涉及"异龟"，如下例"明皇帝"的故事：曾有方士献一金色可爱小龟给唐玄宗（712—756年在位），直径一寸。据说此龟神明而不食，可置之枕笥之中，且能辟巨蛇之毒。[5]玄宗便将之存放在小盒子内，后来更转赠他人：

> 忽有小黄门（宦官侍从），恩渥方深而为骨肉所累，将窜

---

[1]《太平广记》卷463，第3814—3815页，引《录异记》。李仁表在《十国春秋》中的传记似乎源于此故事。
[2] 薛能传记见计有功：《唐诗纪事》（1224年编），上海古籍出版社，1987年，卷60，第916—918页。
[3] "大加"或作"大拙"，薛能的"字"。
[4] 见相同风格的《仙居山异鸟》，关于三只异鸟标示庙宇兴建位置的故事，见《太平广记》卷463 第3815页引《录异记》。
[5]《录异记》卷5，第4—5页；《太平广记》卷472，第3888—3889页。

南徼，不欲屈法免之，密授此龟。敕之曰："南荒多巨蟒，常以龟置于侧，可以无苦阇者。"拜受而怀之。洎达象郡之属邑，里市绾舍，悄然无一人。投宿于旅馆，饮膳刍豢，灯烛供具，一无所阙。是夜，月明如昼，而有风雨之声，其势渐近，因出此龟，置于阶上。良久，神龟伸颈吐气，其气大如綖直上，高三四尺，徐徐散去。已而，龟游息如常，向之风雨声亦已绝矣。及明，驿吏稍稍而至，罗拜庭下，曰："昨知天使将至，合备迎奉，适缘行旅，误杀一蛇。众知报冤，蛇必此夕为害[1]。侧近居人，皆出三五十里外，避其毒气。某等不敢远去，止在近山岩穴之中，伏而待旦。今则天使无恙，乃神明所佑，非人力所及也。"久之，行人渐至云：当道有巨蛇十数，皆已糜烂。自此无复报冤之物，人莫测其由。逾年，黄门应召归长安，复以金龟进上，泣而谢曰："不独臣性命，赖此生全。南方之人，永祛毒类，所全人命，不知纪极，实圣德所及，神龟之力也。"

在《录异记》里，有两个类目的主题都是在描述龟作为祥瑞之物的特殊意义。这主要缘于龟与古代占卜的密切关系。以下这则故事便是最好的例证[2]：

---

[1] 参考郫县小蛇的复仇，《录异记》卷5，第8页；详见上文。在《崔道纪》里（载《录异记》卷5，第9页；《太平广记》卷133，第948页）崔的侍从捉住了井水面上游泳的鱼，并以之煮了鱼汤供崔道纪享用。这时，黄衣使者从天而降，抓住崔道纪，喝道："下土小民，敢杀龙子，官合至宰相，寿合至七十，并宜削除。"那天夜里，道纪暴卒，时年三十五。
[2]《录异记》卷5，第5页。

宣州下流采石山之西岸，有西梁山焉，与东梁隔水相对。西梁居民捕龟为业，生解其板，以为灼卜（即用火灼烤龟甲）[1]之货。既解其甲，与肉俱弃水中，犹能运动，或云其板复生。岁岁取之，日供货，不知纪极。[2]而此山出龟未尝竭尽，天下所卜之龟，皆出于此，莫知其所以然也。

在玄宗之前，唐朝开国皇帝便已获得祥瑞之兆的灵龟。在《录异记》"高祖石龟"[3]故事中，讲述了老君显现的故事：唐高祖武德三年（620），老君现于羊角山，秦王（高祖之子，后来的太宗皇帝）令吉善行入奏。善行告老君云："入京甚难，无物为验。"老君曰："汝到京日，有献石似龟者，可为验矣。"既至朝门，果有邠州献石似龟，下有六字文曰："天下安千万日。"[4]

唐太宗（626—649年在位）在登基之前也曾获得类似的祥瑞。"武德末，太宗平内难。苑中[5]池内有白龟，游于荷叶

---

[1] 艾兰（Sarah Allan）：《海龟的形状：中国早期的神话、艺术、宇宙观》（*The Shape of the Turtle: Myth, Art, and Cosmos in Early China*），安伯尼：纽约州立大学出版社，1991年，第112—123页。
[2]《易经》《尚书》和《左传》中一个经典的表达。
[3]《录异记》卷5，第5—6页；《太平广记》卷135，第970页。
[4] 关于这一事件，又见杜光庭：《历代崇道记》（885年编，《道藏》第329卷，《道藏通考》第593号），第4—5页。参见傅飞岚：《被遗忘的唐代复兴——黄巢之后的道教体制》，第122—123页。
[5]《录异记》卷5，第6页；《太平广记》卷472，第3887页。更早的例子，参见《龟塘》，载《录异记》卷5，第6页："东晋太始元年，有神龟，皎然白色，其形长四五尺，出其水中，巡行岸上，因名龟塘。下有良田百余顷。""龟塘"与灌溉之间的联系，参见《宋史》卷173，第4183页。

之上。太宗取之，化为白石，莹洁如玉。登极之后，降旨曰：皇天眷佑，锡以宝龟。"

对王建有利的一系列预兆中，这些先例具有举足轻重的意义。《录异记》记载了蜀国建立之年有《蜀金书龟》[1]一事：

蜀丁卯年[2]，会昌庙城壕岸侧穴中，龟生四龟，各三二寸，背上有金书"王"字、"大吉"字。[3]

三年之后，又出现了"西湖金龟"[4]："武成三年（910）庚午六月五日癸亥，广汉太守孟彦晖[5]奏西湖有金龟径寸，游于荷叶之上，画图以闻。"[6]

其后又有"蜀皇帝白龟"[7]："蜀皇帝乾德元年己卯七月十五日庚辰（919年8月13日中元节），降诞广圣节 [蜀第二任皇帝王衍（918—925年在位）生日][8]，棚口镇将王彦徽，于罗真人（罗公远，见上）宫内，得白龟以进。"

除了龟的神迹，作为王朝象征的龙的出现，也在确立蜀国

---

[1]《录异记》卷5，第6页。
[2] 丁卯为"大蜀"正式建立之年（907），以及王建的本命年（847）。
[3] 在《录异记》"叙"中，杜光庭提到"至于六经图纬，河洛之书，别著阴阳神变之事，吉凶兆朕之符"，暗指中华文字来自龟甲上的标识。见韩德森（John Henderson）：《中国宇宙学的发展和衰落》（The development and decline of Chinese cosmology），纽约：哥伦比亚大学出版社，1984年，第82—87页。
[4]《录异记》卷5，第5页；《太平广记》卷472，第3886页。
[5] 孟也是杜光庭斋醮仪式的赞助人；参见《广成集》(《道藏》第337卷，《道藏通考》第616号)，杜光庭文集幸存的部分章节，卷8，第5—6页。
[6] 关于这一事件，又见《十国春秋》卷36，第511页。
[7]《录异记》卷5，第6页。
[8]《广成集》卷2，第2页。

蜀

的正统性中发挥了作用:

蜀庚午岁(910—911)[1],金州(今安康)刺史王宗朗[2]奏:洵阳县洵水畔,有青烟庙。数日,庙上烟云昏晦,昼夜奏乐。忽一旦,水波腾跃,有群龙出于水上,行入汉江。大者数丈,小者丈余,或黄、或黑、或赤、或白、或青,有如牛、马、驴、羊之形。大小五十,垒垒相次,行入汉江,却回庙所,往复数里,或隐或见,三日乃止。

其次,癸酉年(913—914),在犀浦(成都西的县城)界田中,也发现一只小龙,"青黑色,剖为两片"[3]旬日臭败,寻亦失去"。此外,"摩诃池(在成都;摩诃,即为大龙)大厅西面[4],亦有龙井。甚灵,人不可犯"。又有故事记"成都书台坊武侯宅[5]南乘烟观内古井[6]中,有鱼长六七寸,往往游于井上,水必腾涌。相传,井有龙"。

正如蜀和唐有灵龟的祥瑞一样,仙人章弘道于天宝年间

---

[1]《录异记》卷5,第2页;《太平广记》卷425,第3457页;《说郛》卷118,第4页。
[2] 即全师朗,王建的义子;参见克劳斯-彼得·蒂策(Klaus-Peter Tietze):《四川》(Ssuch' uan)vom 7. bis 10《世纪》Jahrhundert)222,威斯巴登(Wiesbaden):弗兰茨·石泰出版社(Franz Steiner Verlag),1980年,第222页。
[3]《录异记》卷5,第2—3页;《太平广记》卷425,第3457页。这个事件预示了谋反太子王元膺的失败和死亡;参见下文。
[4] 四川省文史馆编:《成都城坊古迹考》,第350页。
[5] 诸葛亮祠;参见《成都城坊古迹考》,第344—347页。
[6]《录异记》卷5,第3页;《太平广记》卷425,第3458页;《说郛》卷118,第4—5页。

（741—756）留下的题献铜匜或"瑞文"宣告了王氏家族于907年的承继[1]，无独有偶，授予唐高祖的"瑞石文"[2]也为类似：高祖[3]年间凉州（甘肃）都督李袭誉上奏，昌松（凉州）的瑞石有天然而成的字迹，宣告唐朝统治者李氏家族的崛起。

《录异记》中还有更多为证明蜀政权正统性而援引的唐朝旧事，其中大多是与唐僖宗流亡至四川相关的事件（881—885）。杜光庭自己就参与了这些事件，他帮助创建这个地区，把都城成都作为基础，以延续唐王朝。[4]王恺[5]对僖宗忠心耿耿，在成都为流亡朝廷效力，他后来与一支先遣队被派往长安，为朝廷于公元885年返回旧都做准备。公元886年，僖宗第二次被迫离开京师后，王恺落入敌手。他以生病为由，拒绝与叛军勾结，并郁郁而终。在《录异记》里，僖宗的一些忠臣（如巧工刘万余等人），在长安被占领后，被劝诱与起义军首领黄巢合作，最后英勇而死，这都是归入"忠"这一类目下[6]，并有较长的叙述。除了这些忠心的典范，句龙弘道等孝道圣者

---

[1] 见上文提到的《仙居山异鸟》，《太平广记》卷463第3815页引《录异记》；以及《广成集》卷4，第11—12页；《新五代史》卷63，第789页。同年，仙人获王建的分封。参阅傅飞岚：《科仪和君权——道教仪式在蜀王国（907—925）创建中的作用》，第63页。

[2]《录异记》卷7，第7—8页；《太平广记》卷398，第3186页。

[3] 其传记见《旧唐书》卷59，第2331—2332页；以及《新唐书》卷91，第3790页—3791页。

[4] 傅飞岚：《杜光庭》，第65—100页。并参见傅飞岚（F. Verellen）：《被遗忘的唐代复兴——黄巢之后的道教体制》。

[5]《录异记》卷3，第2—3页；傅飞岚：《杜光庭》，第108页。

[6]《录异记》卷3，第3—4页；其翻译见傅飞岚：《杜光庭》。

（见上文）也论证了作者要表达的这个观点：正统的统治地位遭受严峻挑战时，僖宗仍坚守儒家的道德秩序。

在公元881年这个令人沮丧的时刻，被神化的唐初名将李靖显灵，与阴兵迎接僖宗"幸蜀"，这显示了饱受质疑的君主获得了神助。[1]唐朝倒数第二个皇帝昭宗在位期间（888—904），神仙驿（四川合江）有异蛇，预言了叛军首领山南节度使阳守亮于公元894年的失败。[2]

另一与军事相关的预言虽然年月不详，但或许发生于前蜀初期：

郑君雄[3]为遂州刺史，一日晚，忽见兵士旗队若数千人，在水东坝内屯驻。旗帜帷幕，人物喧阗，与军行无异。不敢探报，莫知其由，但是州内警备突来而已。未晓，差人密探之，大军已去，只三五人在后。探者问之，答曰："江渎神也。数年川府不安，移在峡内，今远近安矣，却归川中。"差人视之，有下营及火幕踪迹，一一可验。

一个拥有正统地位的君主，主要是通过任命地方官吏以将其神圣的权力延伸到地方上。县令在国家和地方信仰常存的冲突关系中具有举足轻重的地位，也足以说明这个原则。《录异记》也

---

[1]《录异记》卷3，第8页；参考傅飞岚：《杜光庭》，第85—86页。
[2]《录异记》卷5，第7页的"乾符"（874—880），是"乾宁"（894—898）之误。阳守亮于894年被处死，参见《资治通鉴》卷259，第8457页。
[3]《录异记》卷4，第4页；《太平广记》卷313，第2477—2478页。关于郑君雄，另见《广成集》卷10，第13—15页。

将当地官员描述为神奇事件的主角。被壁山神所困扰的崔令、胡恬的弟子宫廷方士马处谦（见上文），都是很好的例子。

在《录异记》里，因神迹而痊愈的官员，收在《感应》类中。例如，嘉州（今乐山）夹江令检校工部尚书朱播[1]在任时曾得病，四肢不能动，身体沉重，每次转身，都需数人扶助。人们都认为他被鬼魂附体，无药可治。一次，在半睡半醒之际，朱播见七个仙人在他面前列坐，有个声音说道："既为仙人，无所不可……"接着所有景象均消失了。朱播逐渐痊愈，并能主持公事。据说他是由北斗七星真人所治愈的。

其次，蜀永平三年（913），判官、右仆射尹瓖[2]因病卧床不起，症状与朱播相似。后见一老人，髭鬓皆白，穿白衣（老君的肖像特征之一），说道："病已效矣，何不速起？"他照做了，令家人惊异的是，他果然已痊愈。

还有一些地方官传说为仙人，在其任期结束后便"不知所踪"了。例如一则后汉的故事说：

袁起[3]者，后汉时湘（湖南）中人。在乡忽醉，三日始醒，起吐皆闻酒气。自云：起与天神共饮。后任汉阳令，逆说丰俭有验。白日判阳，夜判阴。忽乘云而上天，不知所在。

其次，有一则柳子华的故事：

---

[1]《录异记》卷3，第6页。
[2]《录异记》卷3，第6—7页。
[3]《录异记》卷2，第2页；《说郛》卷118，第2—3页。

蜀

柳子华，唐朝（代宗年间，763—779）[1]为成都令。一旦，方午，有车骑犊车，前后女骑导从，径入厅事。使一介告柳云："龙女且来矣。"俄而下车，左右扶卫升阶，与子华相见。云："宿命与君子为匹偶。"因止，命酒乐，极欢，成礼而去。自是往复为常，远近咸知之。子华罢秩，不知所之。俗云：入龙宫，得水仙矣。

第三，柳子华的孙子柳君庆也有一则故事[2]：

柳孙君庆，乾符中（874—880）为节度押衙、青城镇边使，颇好善，常以药石救贫民之疾，每自躬亲抚视，健卒、民庶孳孳焉。勤恪奉公，推诚及物，为时人所重。有一珠，大如球子，云是其祖所留，数世传宝矣。照物形状，毛发形色，一一备足，但皆倒立耳。是时晋源贼帅韩珠，攻陷青城，及诸草市。柳为都镇，领所部将士，救陶壩镇，为贼所围。健卒三十辈与柳战数百人。兵力不均，将陷敌，犹有步卒十余人，拥柳突围，不果，为贼所害。远近知者，莫不痛惜。

《录异记》开卷的第一则故事是《鬼谷先生》[3]，讲述了古之

---

[1]《录异记》卷5，第1页；《太平广记》卷424，第3450—3451页。据《旧唐书》卷165，第4312—4313页，以及《新唐书》卷163，第5031页，柳预知其死，并为自己写了墓志铭。
[2]《录异记》卷5，第1—2页。
[3]《录异记》卷1，第1—2页；《古今图书集成》卷507，第36页。参阅《鬼谷子》(《道藏》第671卷，《道藏通考》第1025号）；萧登福：《鬼谷子研究》，中国台湾文津出版社，1984年。

真人王诩（别号为"鬼谷先生"）及其弟子纵横家张仪（卒于前309年）和苏秦（卒于前317年）的故事。[1]鬼谷生于轩辕时期，历经商周，并随老君西化流沙。周朝末年，他回到中原，居汉水（即汉中，今陕西与四川交界处）滨鬼谷山。在《录异记》与鬼谷有关的故事中，鬼谷先生以《庄子》的寓言劝张仪和苏秦从官府引退，弃纵横之术。

是什么原因促使杜光庭将此篇置于《录异记》的开首，书中没有明确说明原因，但其暗示与蜀地的内在的关系已表明几层意思。首先，汉中这个地方和蜀的宗教、文化历史可以说是息息相关，尤其会使我们想到巴人的文明以及天师道的崛起。[2]其次，公元前316年，在秦国征服天下时期，以及公元前316年蜀政权初期，张仪是最具关键性的人物[3]，他建造了古代成都的第一面城墙[4]，但是，最重要的可能是，杜光庭将王诩置于《王氏神仙传》（为了向王氏君主表示敬意而编的具有圣徒和宗谱性质的集子）中是要认定王诩为王建的祖先。[5]

《录异记》选择廪君及巴人起源的素材也无疑意味深长。

---

[1] 参见《史记》卷70，第2279—2305页及卷69，第2241—2277页。
[2]《华阳国志》专辟第二卷讲述汉中，并将其置于巴与蜀的章节之间。关于张鲁统治期间汉中的天师道活动，见顾浩华（Howard L. Goodman）：《天师道与曹魏的建立》("Celestial Master Taoism and the Founding of the Ts'ao-Wei Dynasty")，载《泰东》第3系列，第7卷，1994年第1期，第5—33页。
[3] 见《华阳国志校补图志》，第128页；史蒂文·F. 塞奇：《古代巴蜀与中国之统一》，第112—115页。
[4] 见《华阳国志校补图志》，出处同上，以及《成都城坊古迹考》，第15—22页。
[5] 严一萍编：《道教研究资料》第1辑，卷3，第2—4页，中国台北艺文印书馆，1974年。关于此书的背景，见傅飞岚：《杜光庭》，第179—180页。

从《晋史》改编而来的文本似是李特（卒于 303 年）传记的一部分，杜光庭在此文加了句开场白："李特，字玄休，廪君之后。"作者虽然没再讲到李特，但这已唤起了蜀史中政治、宗教自治的另一段插曲。李特，廪君之后，也是该地区独立王朝的祖先，其子李雄（274—334）相继建立了"十六国"的"成"（304—338）和"汉"（338—347）。[1]李氏家族在其征服过程中，获青城山道士范长生（卒于 318 年）之助。范长生是旧时四川天师道的真正继承人，他掌控着一个小治所，并向李雄的军队提供物资。作为回报，范长生被这个新成立的王国封为丞相、赐号"贤"、加号"天地太师"。[2]范长生在政教上的角色，六百年后给杜光庭这位入蜀为官的青城山道士提供了直接的范例。

成汉王国统治下的蜀地被东晋夺回之后四年，氐族人苻坚于关中建立前秦（351—394）[3]，其南部与汉中成汉王国晚期的北部领土重叠。《录异记》对这些事件的评论如下[4]：

---

[1] 祁泰履：《大成——一个中国千年王国的宗教与种族》。
[2] 《华阳国志校补图志》卷 9，第 483—485 页。《晋书》卷 58，第 1583 页；卷 120，第 3022—3030 页；卷 121，第 3035—3040 页；及索安：《完美统治者的形象》("The Image of the Perfect Ruler")，载《宗教史》(History of Religions) 1970 年第 9 期，第 233—234 页。
[3] 迈克尔·罗杰斯（Michael C. Rogers）：《苻坚载记——正史的一个案例》(The chronicle of Fu Chien: A case of Examplar History)，伯克利：加利福尼亚大学出版社，1968 年。
[4] 《录异记》卷 2，第 10 页。此事也见于苻坚的传记资料里。《晋书》卷 112，第 2871 页。另外，杜光庭在道教的资料中，也记载了有关苻坚建国的传说。详见《神仙感遇传》卷 2，第 9—10 页，有关"李班"的故事；见傅飞岚：《超越的内在性——道教仪式与宇宙论中的洞天》，第 267 页。

  苻氏始王关中，新平（今彬县）有长人见，语百姓张靖曰："苻氏应天受命，今当太平，外面者归中（即关中）而安泰。"问姓名，不答，俄而不见。新平令以闻，苻坚以为妖，下靖狱。会大霖雨，河渭[溢][1]蒲津（今蒲州），监寇登得一履于河，长七尺三寸，人迹称之，指长尺余，文深一寸。坚叹曰："覆载之间，何所不有？张靖所见，定非虚也。"赦之。

  公元910年，王建成为大蜀皇帝的第三年，岷江洪水泛滥，战国水利工程师、成都平原治水神灵李冰显灵，挽救了遭遇自然灾害袭击的王国。据《录异记》记载[2]，那年夏天洪水威胁到了成都平原，夜晚灌口（李冰原先水利工程之址）的大坝上听到上千人的呼喊。无数的火把不受风雨影响，照亮了大坝。黎明时，人们发现大坝被移动了几百丈[3]，将洪水引入了新津江。而李冰祠[4]中所立旗帜皆湿。由于这次疏导，成都平原获救了。

  四年后，就是公元914年，出现了许多异象，以证实王建

---

[1] 据《晋书》补"溢"字。
[2] 《录异记》卷4，第4页，译文另见傅飞岚：《杜光庭》，第158页。此事件也是杜光庭向王室呈献贺词的主题，参见杜光庭：《贺江神移堰笺》（910年），载袁说友编：《成都文类》（1200年编），《影印文渊阁四库全书》第1354册，卷18，第21—22页。
[3] 考古学家鉴定了这一时期主坝排列的主要变化及溢流坝的年代，参见张勋燎：《李冰凿离堆的位置和宝瓶口形成的年代新探》，《中国史研究》1982年第4期，第87—101页。张勋燎在文中也引用了《录异记》这一则故事。
[4] 李冰祠迄今仍是道教及地区的神庙；参见丁常木：《都江堰神祠与道教》，《宗教学研究》1994年第4期，第24—31页。

政权在蜀的合法性。据《录异记》记载，光化二年（899）己未五月四日丙申，神武[1]皇帝（即王建）"龙潜"之时，由于山土滑坡，麻姑洞自开，县吏、时康乡所由杨靖，以及道士张守真等人，向官府报告，详细地描述了洞门、洞窟、道路及岩洞内部等情况。根据乡帐说，洞穴连接繁阳本山（天师道的道治，见上）：

元和（806—821）中，南康王韦皋（卒于805年）莅蜀[2]，洞忽开。时人咸云："洞门开，即年丰物贱。"寻又闭塞，至是复开。其后累年，远近丰稔。其洞本名麻姑洞，山侧有麻姑宅基，盖修道之所也。[3]

同年（914），杨谟洞多位仙人现身，皇家诏封了一系列神仙，同年还改了一系列地名[4]，故事的本末如下：

永平四年（914）甲戌，利州（今广元）刺史王承赏[5]奏：

---

[1] 关于王建的谥号，参见《十国春秋》卷36，第529页。
[2] 元和年号有误：韦皋是当地知名官员（其传记见《旧唐书》卷140，第3821—3826页；《新唐书》卷158，第4933—4937页），被尊为诸葛亮再生，卒于805年。他于785—805年任剑南西川节度使。关于他作为西南的保卫者角色，参见查尔斯·巴克斯（Charles Backus）：《南诏与唐代西南边境》（*The Nan-chao Kingdom and T' ang China's Southwestern Frontier*），剑桥：剑桥大学出版社，1981年，第90—94页。
[3] 《录异记》卷6，第2—4页。关于杜光庭对麻姑传奇的描述，参见《墉城集仙录》（913—933年完成）(《道藏》第560—561卷，《道藏通考》第783号），卷4，第10—13页。
[4] 《录异记》卷1，第5—6页。傅飞岚：《科仪和君权——道教仪式在蜀王国（907—925）创建中的作用》，第63—64页。
[5] 此名表明，他是王建收养的孙子。

"深渡西入山二十里，道长山杨谟洞，在峭壁之中，上下悬险，人所不到。洞中元有神仙，或三人或五人，服饰黄紫，往往出见。是时所见，人数稍多。"诏道门威仪、凝真大师、默鉴先生任可言、内大德施昭训赍青词[1]、御香，与内使杨知淑同往醮谢。又复出见如初。诏改景谷县为金仙县，道长山为玄都山，杨谟洞为紫霞洞，仍封玄都山主者为玉清公，置紫霞观以旌其事。县令李镛赐绯鱼袋正授。

对于914年为何会如此巧合地出现那么多祥瑞，《录异记》并未给出明确的线索。不过，历史语境解释得一清二楚：公元913年八月，蜀国太子元膺对其父发动兵变并失败，王元膺被处死后，王建的幼子宗衍（899—926）于913年十月被立为太子。作为王建的谏议大夫及元膺的老师，杜光庭目睹了这些事件的发生，这些事件在前蜀短暂的历史中，可以说是最严重的一次王朝危机。因此，在平乱后的几个月就被特意设计了一些祥瑞，以证明王氏延续政权的合法性。[2]

《录异记》还记载了蜀国首任统治者最后几年的两个危机：公元915年的宫廷火灾，这已被1943年一个重要考古发现证实[3]；以及公元918年开国皇帝王建之死。这两件不幸之事，

---

[1] 宫廷提供的祈愿词，用于当地典仪。见傅飞岚：《科仪和君权——道教仪式在蜀王国（907—925）创建中的作用》，第69—70页。

[2] 关于元膺危机及余波，参见傅飞岚：《杜光庭》，第162—168页。关于谋反和王朝复辟在思想上和宗教上所冒的风险，参见傅飞岚：《被遗忘的唐代复兴——黄巢之后的道教体制》。

[3] 傅飞岚：《杜光庭》。

是由宫廷术士黄万祐在非常为难的情况下占测、预告，并记录在《录异记》中。[1]《录异记》的另一处记载了王建的义子（王）宗夔与王建同年去世。[2]

宗夔，光天戊寅岁（918），梦一万斤秤，如此者三度。梦挂秤于楼屋脊桁之上，俄而桁秤俱折，心甚恶之。是岁十月八日戊申薨，时年六十一。

王建对蜀地的军事征服一旦得以巩固后，蜀地的神仙便将注意力转到这个新王国的经济繁荣上来，即在这个关键领域为新王朝的正统性提供证据。如上所述，麻姑洞的发现被诠释为丰收的预兆；公元921年，蜀国第二任国君执政期间，焰阳洞的重新发现则把一个传统的促进经济繁荣的主要来源交由国君支配。据古老传说，焰阳洞[3]在陵州（今仁寿）阳山之上，但无人知道此处。乾德三年辛巳正月十六日癸卯（921年二月二十六日），井监使、保义军使、太保马全章，半夜梦一道士紫衣束带，巍冠古服，并将他们带至崖壁之处，告诉他们："此

---

[1]《太平广记》卷86，第558页；即《类说》卷8，第26—17页。这一则故事不曾保留在《道藏》本的《录异记》里。《太平广记》虽然引述了这个故事，但却注明出自和杜光庭同时代的耿焕（序言的日期是921年）的著作《野人闲话》（全书已散佚，仅残留若干内容）。黄万祐关于蜀王室命运的预言，参见傅飞岚：《杜光庭》，第168—169页。

[2]《录异记》卷3，第7页。关于王宗夔与王建的关系，参见《十国春秋》卷39，第583页。

[3]《录异记》卷6，第7—9页；《十国春秋》卷37，第536页—537页；《唐文拾遗》卷50，第24页。

焰阳洞也,闭塞多年,能开发护持,可以福利邦国。"又指明一条小径。天亮后,马全章果然找到此洞并开掘之。

焰阳洞位于咸泉正上方,咸泉自古以来便是该地区财富的主要来源。关于其最初的开凿或发现众说纷纭,一说是李冰,一说是张道陵,两人均是该地区的神明和文化英雄(culture hero)。[1]在幸运地重新发现焰阳洞时,仙人说:"可以福利邦国。"使人想起这些早期功臣的功绩,也证实了王氏皇朝是古代蜀地神话传说的继承者。

这一类神话,非常明确地保证了王氏在蜀的统治地位(笔者曾在其他文章中将它置于复杂的、经鉴定为真实的语境中讨论[2]),也概述了远古时期圣人和英雄耕耘蜀地的往事。它尤其唤起了一系列地区神祇、神话中的君王和文化英雄的变革努力,其中包括鳖灵(蜀国的大禹)、五丁、李冰和张道陵,他们平山填谷,打破僵局,开发自然资源,联合彼此孤立的群体。[3]这种保证王氏在蜀地统治地位的话语以预言的形式,由天师道后城治(什邡)的一位当地仙人道出[4],并通过衙队军偏裨黄齐(他为杜光庭黄箓斋仪的斋主,也可能是这故事的直接

---

[1] 关于这一则故事的译文,以及其和早期四川产盐神话的关系,参见傅飞岚:《张陵和陵井》,第252—255页。
[2]《录异记》卷2,第6页;《太平广记》卷86,第599页。傅飞岚:《科仪和君权——道教仪式在蜀王国(907—925)创建中的作用》,第74—76页。
[3] 李诚:《巴蜀神话传说刍论》,电子科技大学出版社,1996年;傅飞岚:《张陵和陵井》,第264—265页。
[4] 王纯五:《天师道二十四治考》,第243—253页。

信息来源）传至蜀国朝廷[1]：

> 蜀之山川，大福之地，久合为帝王之都。多是前代圣贤，镇压岗源，穿绝地脉，致其迟晚。凡此去处，吾皆知之。又，"蜀"字若去虫著金，正应金德[2]。久远王于四方，四海可服。汝当为我言之。

黄齐听了仙人的告示之后，曾企图将这项关系蜀王朝命运的讯息告诉皇帝，但据杜光庭所言，"终无申达之路"。[3]在遇仙之后数月，黄齐便过世了，只将这则讯息交付杜光庭这位"录异者"之手。

---

[1] 杜光庭曾替黄齐所资助的斋仪撰写黄箓斋词，见《广成集》卷4，第12—13页。在《录异记》中，不单这一故事，同时代的消息透露者的人名也会有提及和暗示：参见《苏校书》，载《录异记》卷1，第6—7页；《许君》，载《录异记》卷1，第7页；《任三郎》，载《录异记》卷2，第5—6页；《郑鹤》，载《录异记》卷2，第7页；《李德裕》，载《录异记》卷2，第7—8页；《崔生》，载《录异记》卷4，第1—3页；《崔令》，载《录异记》卷4，第7—9页；《柳君庆》，载《录异记》卷5，第1—2页；《刘文龙井》，载《录异记》卷5，第2页；《洵阳龙》，载《录异记》卷5，第2页；《犀浦龙》，载《录异记》卷5，第2—3页；《毛意欢》，载《录异记》卷6，第5—7页；《墓贼发狂》，载《录异记》卷8，第6页。
[2] 测字和五行理论是证明中国王朝合法性最常用的两种方法，此处两者相结合是为了证实蜀拥有金德，它"自然地"继承了唐的土德。
[3] 黄齐的困惑使人想起吉善行不愿向高祖奏明老君显灵、张靖因苻坚而受罚之苦，以及许多相同的、经证实的例子也都和确认"天命"有关。

狐精、性与财富
—— 中国封建社会晚期的狐精传说与狐精崇拜[1]

[美]康笑菲（Xiaofei Kang）著
卢澄译，李松校

1529 年，南方学者郎瑛（1487—1566）到北方一个小镇游历时，当地有关狐精变化的传说引起了他的兴趣。其所记如下：

狐每夜半即潜入贫家破屋，至卧榻中，出口受人鼻息。人觉，闻其气，骇曰："打皮狐，打皮狐。"然不知其去几许矣。如此久之，便能缩形，地不可进处，亦能以进；愈久便能变化，遂与民间男妇相淫乱，各寻其雌雄以合。且善摄其财物，以益其所私者。死复移他室，人亦不甚怪也。[2]

---

[1] Kang Xiaofei, *Spirits, Sex, and Wealth: Fox Lore and Fox Worship in Late Imperial China*. In David Aftandilian, ed., *What Are the Animals to Us？Approaches from Science, Religion, Folklore, Literature, and Art*. University of Tennessee Press, 2006，21-35. 作者康笑菲（Xiaofei Kang），美国哥伦比亚大学东亚系博士，任教于美国卡内基梅隆大学。研究领域为中国近现代的社会史，主要关注的是性别与权力的形塑、性别在现代民间社会中所扮演的角色等。

[2] 郎瑛：《七修类稿》，1775 年编。多伦多大学东亚珍藏本，第 48 卷，第 9—11 页。除非特别注明，所有的中文原文均为作者翻译。

郎瑛的记载表明，当时在北方，人常与真实的狐狸相遇，这为狐精传说提供了土壤，且在普罗大众的想象中，自然界的狐狸与狐精并无明确界限。此外，狐精与人类之间的关系一直离不开两个概念，即性与财富，这与下章中瑞亚·库普曼斯-德布瑞恩（Ria Koopmans-de Bruijn）所说的日本蛇偶类似。

郎瑛并非唯一研究中国地方狐精信仰的人，从16世纪到20世纪初，有关狐精的传说亦在中国奇闻轶事集中广泛出现。与郎瑛一样，这些奇闻轶事集的编者从社会各界搜罗当地有关狐精的信息，渠道包括他们的文人朋友、男女仆从、妾侍、卖花小贩、乳母、厨师以及农民。这些奇闻轶事集强调故事的准确性和真实性，是狐精传说和狐精崇拜的重要资料。[1]在这些故事中，狐精以男、女、老、少等各种形式出现，光顾之处或富或贫。不管乡村还是城市都有狐龛，且多建在真实的狐狸或想象中的狐精经常出没的地方，如大门口、后院干草堆、路旁、田间、卧室、店铺及庙宇。[2]因与狐精发生性关系而使家族致

---

[1] 关于中国狐精传说，可参见陈德鸿（Leo Tak-hung Chan）:《狐狸和鬼魂中的话语——纪昀和18世纪文人讲故事》(*The Discourse on Foxes and Ghosts: Ji Yun and Eighteenth-Century Literati Storytelling*)，檀香山：夏威夷大学出版社，1998年；韩瑞亚（Rania Huntington）:《异类——狐狸和封建中国的晚期叙事》(*Alien Kind: Foxes and Late Imperial Chinese Narrative*)，剑桥，麻省：哈佛大学亚洲中心，2003年；以及康笑菲:《狐狸崇拜——权力、性别和封建晚期及现代中国的民间宗教》(*The Cult of the Fox: Power, Gender, and Popular Religion in Late Imperial and Modern China*)，纽约：哥伦比亚大学出版社，2005年。所有这些著作讨论了文人编者对狐精传奇的不同运用。
[2] 狐精在日本民间传说和民间祭祀中呈现相似的特征。关于日本民间传说和民间祭祀，参见凯伦·斯迈尔斯（Karen Smyers）:《狐狸和宝石——当代日本稻荷神崇拜中的共享和私人意义》(*The Fox and the Jewel: Shared*（转下页）

富的故事成为这些传说的主线,而狐精亦被整个华北地区奉为"小财神"(相对于佛寺、道庙正式供奉的"财神爷"而言)。

本章讨论中国人对狐精、财富和两性的观念,其在中国封建社会晚期华北地区有关狐精的传说和崇拜中均有体现。当前西方的文化语境中对动物和两性的研究认为,自然和文化从根本上来说是异质的。这些研究认为女性与自然以及无理性的动物同质,因此它们批判男性家长制。[1]但在中国的传奇故事中,狐狸超越了自然与文化的界限。它们确实展现了当代西方文化中类似于"狐媚的美女"的女性魅惑[2],但并不仅限于此。这些故事建构了不同的关系类型,既有狐男与凡女,又有狐女与凡男,并解释了不同类型的两性关系所带来的财富。在各家各户,狐魅既受到崇敬,又遭到厌恶,可谓自相矛盾,它使受社会压制的声音与受文化束缚的欲望得以显化。狐精跨越了个人

(接上页) and Private Meanings in Contemporary Japanese Inari Worship),檀香山:夏威夷大学出版社,1999年;以及迈克尔·R.巴斯盖特(Michael R. Bathgate):《日本宗教和民间传说中的狐狸形象创造——变形、转换和表里不一》(The Fox' Craft in Japanese Religion and Folklore: Shapeshifters, Transformations, and Duplicities),纽约:劳特利奇出版社,2004年。

[1] 例如,参见卡罗尔·J. 亚当斯(Carol J. Adams)、约瑟芬·多诺万(Josephine Donovan)编:《动物与女性——女性主义理论探索》(Animals and Women: Feminist Theoretical Explorations)的简介,北卡罗来纳州达勒姆市:杜克大学出版社,1995年,第1—8页。

[2] 琼·杜纳耶尔(Joan Dunayer)指出,西方文化对狐媚美女(foxy lady)的矛盾心理是因为雌狐是猎人和设陷阱捕兽的人(他们多数是男性)的猎物。琼·杜纳耶尔:《性别歧视的话语与物种主义者的根源》(Sexist Words, Speciesist Roots),载卡罗尔·J. 亚当斯、约瑟芬·多诺万编:《动物与女性——女性主义理论探索》,北卡罗来纳州达勒姆市:杜克大学出版社,1995年。

利益与公共利益、不道德的行为与儒家道德教化之间的界限,当人们在处理思想中和现实生活中的经济和道德冲突时,狐精充当了有效的工具。

一、狐男与凡女

在狐精传说中,与凡男相比,凡女更有可能与狐精保持性关系以换取家族财富。正如16世纪的记载所述,狐男对女性的占有往往成为家族财富的来源:

嘉靖中,德州民周某妇惑于狐妖。始亦患苦之,试告以所乏,狐辄偷他家物给之。后致巨富,乃于宅后聚禾槁为二蠃,使巢其间。其孙忘之,欲于其地作屋,将除去禾槁。狐怒曰:"吾使尔世享富乐,一旦倍德驱我,谓我不能使若贫耶?"孙大惧,乃岁岁增槁,远望如丘。其富至今为一州甲。

另一篇16世纪的记载与一个袁氏人家有关:

始狐通其子妇。袁伺便执置囊中,欲烹之。狐求免曰:"舍我,能富汝。某地见有藏金,请先以为验。"如其言掘之,得金,乃纵狐去。狐益盗物,致之富,遂不訾。迄今数世,所娶妇皆恣狐所欲,而家亦益富,人号为"袁生金"。有巡按御史闻而恶之,欲籍其家。狐通梦御史,惧以祸福,遂不敢动。[1]

---

[1] 两则故事均出自徐昌祚(活跃于1602年)撰《燕山丛录》第8卷,第4页,编于17世纪,北京国家图书馆珍藏本。

在这些传说中，狐精与放荡的联系和它们带来的财富同时存在。[1]对于当时的许多年轻女性来说，被迫与不认识的男性结婚或订婚，心理和生理都有极大的压力，而反复无常的鬼神给她们所激起的兴奋状态或性放荡，反而给她们提供了逃避夫妻义务、藐视男权社会的社会规范的有效策略。[2]在上述记载中，两名受折磨的妇人虽然未发一语，但可以想象的是，被狐精占有也许使这些妇女在家庭中有了一定地位，因为她们是这些男权家庭的家长为了获得财富而与狐精沟通的唯一媒介。一则17世纪的记载更清晰地反映了当时女性利用狐精来对抗社会规范。在一个乡村小镇上，李家的女儿刚一订亲就被狐精占有了。随着大婚之日临近，李家人发现狐精把他们的女儿变成了男人，因此，婚约就取消了。然而，当地官员对此奇事进行调查时，却发现她仍是女儿身。于是，这位既困惑又愤怒的官员便把她关进了监狱。李家女儿在监狱里仍受到狐精的保护，不久就获得了自由。而后，她被远嫁他乡，但狐精一直跟随她，并把她的丈夫杀了。直到她回到自己的出生地后，狐精才

---

[1] 华北的狐精与南方的五通相仿，他们是反复无常的神祇，对女色的猎取使其成为财神。关于五通崇拜，见万志英:《财富的魅力——江南社会历史中的五通神》("The Enchantment of Wealth: The God Wutong in the Social History of Jiangnan"),《哈佛亚洲学报》(*Harvard Journal of Asiatic Studies*)第51卷，1991年第2期，第651—714页。
[2] 关于妇女利用精怪公然反抗社会规范，参见伊万·刘易斯(Ioan M. Lewis):《狂喜的宗教：萨满教和精神控制研究》(*Ecstatic Religion: A Study of Shamanism and Spirit Possession*)第二版，纽约：劳特利奇出版社，1989年，第100—126页。万志英也指出在五通膜拜中的这个特征；万志英:《财富的魅力》，第698—701页。

最终消失。[1]

此外，地位低下的妇女也可以利用与狐精的关系向男性权威争取权利。例如，在名门望族张铉耳家中，有位远远超过了婚嫁年龄的侍女。一天她突然发疯，离开张家好几次，最终被人发现睡在屋后的干草堆里。据称，她被一只狐精魅惑了。由于她与狐精发生了不伦关系，张铉耳打算要惩罚这个侍女。然而，狐精嘲笑他道："过标梅之年，而不为之择配偶，郁而横决，罪岂独在此婢乎？"张铉耳默然不语。次日，他找来媒婆，赶快把所有年长的婢女都嫁出去。[2]

从这些例子中，我们也许能对崇拜狐精的人类有所了解。一家之主默许牺牲家中女性以换取财富，以及他一心将狐精留在家中，这些就足够说明问题了，因为这样的做法实际上违反了公认的女性贞节这一道德准则，这种以性换财的交易正巧是出现在中国社会对女性贞节的崇拜上升到一个显著高度的时期。[3] 此外，凭借狐精的法力，一家之主允许以损害别家利益

---

[1] 参见《狐术女变男子》，王同轨（活跃于 1530—1608 年）：《新刻耳谭》，编于 1603 年，北京国家图书馆珍藏本，第 16—17 页。

[2] 纪昀：《阅微草堂笔记》，重庆出版社，1996 年，第 422 页。

[3] 万志英：《财富的魅力》，第 685 页。关于女性贞节崇拜，见田汝康：《男性焦虑和女性贞节——中国明清时期的道德价值观的比较研究》(*Male Anxiety and Female Chastity: A Comparative Study of Chinese Ethical Values in Ming-Ch'ing Times*)，莱顿：博睿出版社，1989 年；伊懋可（Mark Elvin）：《中国女性的贞操及地位》("Female Virtue and the State in China")，《过去及现在》1984 年第 104 期 (*Past and Present*)，第 111—152 页；以及柯丽德（Katherine Carlitz）：《晚明版〈列女传〉的女性美德的社会使用》("The Social Uses of Female Virtue in Late Ming Editions of Lienü Zhuan")，《中华帝国晚期》(*Late Imperial China*) 总第 12 期，1991 年第 2 期，第 117—152 页。

的方式来积累财富,这很明显是一种损人利己的自私行为。在这些例子中,人类对物质利益的渴望僭越了对道德标准的秉持。人类的自私自利或许得不到道义上的肯定,但是通过献祭狐精,他们得到了现实生活中的利益。

如果从第三方——即那些眼看着周氏和袁氏致富并散布消息的人——的角度来观察,我们还可以觉察出,对于这种性策略,人们持有一种更加微妙、更模糊的态度。要想知道他们对此事的看法,唯有借助这些传说的记录者。对于狐精,人们并无敬意。它被人们形容为"妖",它对女性的挑逗被认为是"通奸",他们所占有的女性是受魅惑的。狐精帮寄宿家庭所积累的财富是通过偷抢而来的。然而,当地人似乎对此并没有进行道德上的谴责。周家被认为是"其富至今为一州甲"。而且,那只为"袁生金"致富的狐精甚至能够阻止政府官员的调查。在一些同时代的观察者看来,"人亦不甚怪也"[1]。在赋予狐精以负面特征的背后,那些旁观者眼中可能隐藏着不屑和羡慕的复杂感情:通过不道德的方式获取财富是要受到公众谴责的,但能够变得富裕并保持富裕是大家私下都认可的。

在寄宿家庭以及周围的人看来,狐精是一个守护精灵,它仅服务于宿主家庭私人的、通常是一己之私的利益。狐精与其人类寄主的关系是具有排他性的,其法力的受益范围仅限于其直接蛊惑的家庭。在此,人类家庭与守护精灵的关系是互

---

[1] 郎瑛:《七修类稿》第48卷,第9—10页,多伦多大学东亚珍稀古籍藏本。

惠的，它建立在直接的、排除道德评判的实际利益交换关系之上。

这种人类家庭与狐精之间的交易需要精心平衡利益。在周家和袁家的例子中，一家之主最初都表现出对狐精的怠慢，甚至是愤恨，因为它带来了困扰。当家庭利益受到侵害时，他们表现出了对狐精超自然能力的无所畏惧。然而，当狐精许诺让其变得富有之后，周家和袁家就开始对狐精极尽关照。周家人年复一年地翻新狐巢，袁家"所娶妇皆恣狐所欲"。从与狐精达成协议前后人们态度的强烈反差可以看出，人类与狐精之间是一种"类商业"的关系。

人狐之间这种利益驱动的互利互惠是如此实际，以至于影响了家庭对狐精的崇拜方式。狐龛并不一定需要。[1]在周家后院，狐精只要有稻草做成的窝就心满意足了。20世纪以前，这种狐窝在华北农村是很常见的。与形式相比，实质似乎更重要。在以上的案例以及同时期的许多其他记载中，都没有对仪式惯例的细腻描述，但详述了祭品的细目：酒、水果、鸡蛋、鸡——对华北普通农民来说，这些都是昂贵的美味佳肴，不过还是可以弄到的。令人厌恶的狐精能够满足人类家庭的自私利益，但人们认为其有用，却不必受到崇敬。通过满足狐精的需求，并小心周到地取悦它，崇拜狐精的人类有信心能够在与

---

[1] 万志英指出，从16世纪初以降，在华南"几乎每个后院都能发现规模虽小，但装饰华丽的五通神龛，通常位于朝向街道的大门内侧"。见万志英：《财富的魅力》，第678—679页。

狐精协商时获得平等的地位并利用狐精的法力来实现个人目的。而狐龛的简单和实用亦表明，狐精的法力可以被广大的民众祈得，就连那些最穷困最底层的人民也不例外。

二、狐女与凡男

跟下一章将要讨论的日本蛇偶一样，中国狐精亦会以女性的形体来接近凡间男子。以下的故事说明了狐女与狐男的不同之处：

豫省李姓者，徙居宿州，贫甚，为人佣。一日耕陇上，有美好女子就之，惧祸不敢应。女曰："实语君，我狐也。凤缘应相从，故不耻自媒耳。"李益惊愕。狐曰："我非不利于君者，愿无恐。"李疑其幻而悦其美，遂偕之归。居旬余，谓李曰："力能为君高大门闾，但地素相狎，恐骇听闻。"因另择一村迁焉，为李经营创作。不数年，宅第连云，田禾遍野。合村仰望，号曰"李疃"。狐性颇贤，缘已久不育，为李纳妾生子，抚之若己出。居恒，与李谈导引术，戒其节欲。及生子后，令独寝。妾不得常侍衾裯，深衔之，煽动李之戚党谓李曰："彼异类，乌可恃？一旦触其怒，货物资财仍摄去也。且逞蛊媚之术，恐终为性命忧。闻茅山多异人，宜求法驱治之，世世子孙无虑矣。"李惑于众议，从其指，得符藏之。先是狐常自诩能潜形入微孔中，人莫害之。李一日置酒，款曲饮之，至醉，从容谓曰："子自谓善隐，吾未之见也，能入瓶中为戏乎？"狐醉不疑，遂窜入，李遂出符封其口。狐曰："甚闷，速出我。"李不应,始知害己也。恳曰:"廿载恩情,何忍心至此?倘不相容,第放我出,当潜踪远遁,后此余生皆君赐也。"李犹豫不能决。众曰:"势成骑虎,纵之,祸立至。"乃置瓶沸水中,移时倾视,血迹点滴耳。李欣然,自谓得计,咸友亦交相贺。不数年,家道零落,与其妾相继殁,子亦夭折。[1]

在这则故事中,狐女虽同是财富的来源,但其带来财富的方式并未得到具体说明,而只是把她描绘成一个德貌双全的人妻形象。随着狐精与凡人性别角色的对调,上述故事中的不法性关系就为合法婚姻所替代,故凡男所获得的财富是合情合理的。此外,在这种婚姻关系中,狐精不再是性放纵的始作俑者,而是一个避免生育并主张性节制的女性。她还兼具女性美德:如无条件地为家庭谋福,帮丈夫纳妾以保证香火延续,并视妾室的小孩如已出。这些美德让她成为满足丈夫的最大利益并保证男性对家庭财富的权威地位的模范女性。等级制度,而不是平等交易,构成了凡男与狐女关系的特点。

狐女被男性,特别是文人广泛描述成热情的恋人和体贴的妻子。例如在17世纪著名小说集《聊斋志异》的83个狐精故事中,就有36个讲述凡男与狐女的故事。而其中多达30篇将狐女描绘成年轻、貌美和善良的形象。在许多故事中,狐女都有着引发文学意象的名字,如青凤、青梅、莲香。在这些描写

---

[1] 王械(在世期为18世纪):《秋灯丛话》,社科院图书馆珍藏本,1777年编撰,第9卷,第22—24页。

中，狐女非常渴望脱离超自然特征而成为凡人。白亚仁（Allan Barr）通过深入观察，发现《聊斋志异》作者蒲松龄（1640—1715）[1]以严苛的男性视角来刻画女性。狐女与凡男的性关系以合法婚姻或缘分的理由而变得合情合理。在与凡男的婚姻中，狐女遵循传统价值观，努力全面融入人类家庭。另一方面，因为缘分而出现在凡男面前的狐女，则仅会与凡男保持短时间的接触，期限一到就注定要离开。狐女是人类社会转瞬即逝的生命体，她们经常违背传统期望，最明显的是拒绝生子。但她们绝不会损害人类家庭的利益，甚至她们会主动遵从传统的道德规范：为了传宗接代，她们安排合适的凡女嫁给凡男。[2]

不管是作为文学创作的产物，还是男性幻想的对象，抑或是现实生活中的妻子或妾室，这类狐女都是十分受欢迎的。在蒲松龄的众多故事中，狐女普遍被视为文学创作的产物，但同时期的奇闻轶事作者亦记录下了他们现实生活中与狐女相遇的经历。如徐昆（生于1715年，蒲松龄的崇拜者），回忆起其密友兼邻居王佣与一狐女的婚姻经历。该女为王佣诞下一子，并助王家打赢了一场针对本地恶棍的官司。当徐昆与王佣同游时，甚至分享到了"狐嫂"焙制的顶酥饼。[3]另一位著名

---

[1] 原文为1644，有误，蒲松龄出生年份应该是公元1640年。——编辑注
[2] 白亚仁（Allan Barr）：《解除武装的入侵者——〈聊斋志异〉里的异类女性》（"Disarming Intruders: Alien Women in Liaozhai zhiyi"），《哈佛亚洲学报》（*Harvard Journal of Asiatic Studies*）总第49期，1989年第2期，第501—517页。
[3] 徐昆：《柳崖外编》，北京国家图书馆珍藏本，1792年编撰，第4卷，第1—2页。

的士大夫纪昀（1724—1805）多次提到其老乡娶了狐女为妻或妾室的事情，其中就有一位是当地的名门望族。此人曾问狐妾，她的阴气是否会伤害他。狐妾解释道："凡狐之媚人，有两途者，一曰蛊惑，一曰夙因。蛊惑者，阳为阴蚀则病，蚀尽则死；夙因则人本有缘，气自相感，阴阳翕合，故可久而相安。"[1]

尽管狐精传说的作者都会有意识地精心加工口头故事材料以适合自己的文学品位，但是奇闻轶事中以不同类型反复出现的善良狐女显示，民间传说和文人著作对狐女的看法相同，并且还相互印证并加强了这种看法。通过狐精女主角，女性的力量得到承认甚至得到例证，她们对与男子短暂，但无家庭负担的浪漫感到心满意足。不过，正如蒲松龄在他的故事集中多姿多彩地描写的那样，在共同赞扬狐精作为模范妇女的背后，或许也隐藏着男权社会对现实生活中的凡女将不断挑战这种模范形象的担心。[2]因此，在这些故事中，狐精更多的诉求仍然只

---

[1] 纪昀：《阅微草堂笔记》，第89—90页。纪昀有可能是在利用狐精的故事表达一个关于遵从宿命的道德观点。感谢 Dave Aftandilian 编辑让我注意到这一观点。纪昀的狐精故事的启蒙主义特点在陈德鸿《狐狸与鬼魂中的话语》一书中有全面的讨论。
[2] 白亚仁：《解除武装的入侵者》，第517页。他总结了《聊斋志异》中的许多凡女：凡女对其丈夫或其他妇女所使用的权力，在保护和增加自己利益时所使用的智谋，是许多这类传说的常见主题。我们看到某少女如何使其难以驾驭的丈夫服从自己，并保持最高权力直至年老（第9卷，第1272—1273页）；某泼妇如何接二连三羞辱其配偶（第6卷，第861页）；某个妒火中烧的妻子为了使丈夫的小妾流产而殴打她（第6卷，第723页），或为了恐吓其对手逼其自杀而暗中使坏（第7卷，第883—884页）；某个妇人如何对其儿媳专横，却被二儿子的老婆控制（第10卷，1409—1411）；丈夫在专横（转下页）

1007

限于在男权社会中获得一个从属性的角色,她们的超自然能力必须限制在世俗男性权威的界限之内。

三、狐狸、财富和性别

封建社会晚期的华北在人口密度上仅次于扬子江下游地区,但在城市化水平和农村商业化程度上低于其他所有地区。除了北京、天津及大运河沿岸的其他城市,华北是个贫穷、自给自足的内陆农村地区。[1]人口的增长消耗了家庭作坊的手工艺品的商业利润,小规模的农民家庭耕作仍然保留着,并且地处偏远乡村,农民普遍贫穷。[2]生活在华北平原的大多数家庭仅能勉强维持生计,财富于他们而言可谓遥不可及。村子里的上层集团,即少数的"经营式农民",无法积累家族产业作为稳定的收入来源,也无法从商业和官职中获取更多的财富。他们想方设法通过某些商业活动发家致富,但只有与附近的穷人相比,他们才算富有,并且他们的富裕只能持续一两代。他们对经济作物的严重依赖使其在天灾、歉收及其他不可预测的事

(接上页)的女性面前如何的无能或顺从(第7卷,第902—904页;第8卷,第1112页;第10卷,第1409—1411页;第11卷,第1564页)。

[1] 施坚雅(G. William Skinner):《19世纪中国的区域城市化》(*Regional Urbanization in Nineteenth-Century China*)及《城市和当地系统的层次结构》(*Cities and the Hierarchy of Local Systems*),施坚雅编:《中华帝国晚期的城市》(*The City in Late Imperial China*),加利福尼亚:斯坦福大学出版社,1977年,第211—249页,第275—351页。

[2] 黄宗智(Philip C. C. Huang):《华北小农经济的社会变迁》(*The Peasant Economy and Social Change in North China*),加利福尼亚:斯坦福大学出版社,1985年,第69—71页。

件（人们很容易将这些因素归因于命运）面前极度脆弱。更重要的是，这些家族的财富在传统的"分家"后很快散失了，通常每一次分家都"使富裕的家族降至中农或贫农的地位"[1]。万志英（Richard von Glahn）指出：

> 以大众的认知能力，家族财富的暂时、波动的本质可以用狐精和某个家庭成员独一无二的关系来解释。狐精可与男人，也可与女人有联系，狐精所带来的短暂财富既可积极看待，也可消极看待。两种狐/人关系，即狐男与凡女，狐女与凡男，反映了帝国晚期大众对财富和性别的观念。[2]

妇女以及妇女的身体对于封建社会晚期的许多中国家庭而言具有经济价值。[3]利用家庭成员，例如租售妻子、女儿或儿

---

[1]《华北小农经济的社会变迁》，第69—121页。
[2] 在探究获取财富与妇女被鬼怪附身的关系上，万志英认为，在封建社会晚期江南（扬子江下游地区）不稳定的市场经济中，财富与妇女类同，因为"极具诱惑力，但反复无常，富有破坏力"。魏乐博（Robert P. Weller）讨论了一个相似的崇拜，即十八王爷，它出现于当今中国台湾经济社会中。参见万志英：《财富的魅力》，第694页、711页；魏乐博：《中国的抵抗、混乱和控制——太平军、台湾鬼魂和午门》(Resistance, Chaos, and Control in China: Taiping Rebels, Taiwanese Ghosts and Tiananmen)，西雅图：华盛顿大学出版社，1994年，第113—153页。这个狐精的例子表明，这类边缘崇拜在华北也盛行，这一地区与中国封建社会晚期的江南或今日的台湾无论在生态环境还是经济上都大相径庭。
[3] 葛希芝（Hill Gates）：《中国女性的商品化》("The Commoditization of Chinese Women")，《标志》(Signs)总第14期，1989年第4期，第799—832页。另见白馥兰（Francesca Bray）：《技术和性别：中华帝国晚期的权力结构》(Technology and Gender: Fabrics of Power in Late Imperial China)，加州大学伯克利分校和洛杉矶：加利福尼亚大学出版社，1997年，第173—272页。白馥兰表明，经济扩张和此时劳动力的分化使妇女在家庭生产中的显赫地位边缘化，但上层集团的话语仍继续强调妇女的生产能力。同时，妇女的价值更依赖于她的生产能力。

媳,变得日益普遍,并成为穷人重要的生存策略。[1]譬如,纪昀就记载了其家乡沧州许多这类事情,男子靠其妻子向其他男子提供性服务来生活,这在沧州似乎是司空见惯之事。在一则记述中,某户人家将其儿媳卖给一个富人获得了一大笔钱;另一户人家由于贫困而出售了家中的妻子。[2]村子的一个恶棍失去了家产,于是靠其妻卖淫来维持生计。[3]纪昀的某个表亲甚至提供了一则轶事:一位当地男子用其妻卖淫所得来养狐妾。[4]这种行径被普遍认为是不光彩之事,但人们对实际利益的关注常常超过了道德理想,并且这种行为通常是"那些选择积累钱财而非选择名誉之人,或是穷人之所为"[5]。在某些地方,对于婚姻之外的卖淫的态度并不严厉,当经济上需要时,有时甚至受到鼓励。[6]

---

[1] 葛希芝:《中国女性的商品化》,第813—819页。马修·萨默(Matthew Sommer):《中华帝国晚期的性、法律和社会》(Sex, Law, and Society in Late Imperial China),加利福尼亚:斯坦福大学出版社,2000年,第243—247、282—287页。在这点上,萨默在书中使用了不少河北顺天府的案件,这个地区广泛流行狐崇拜。

[2] 纪昀:《阅微草堂笔记》第37卷,第528页。

[3] 出处同上,第356页。

[4] 出处同上,第509页。

[5] 葛希芝:《中国女性的商品化》,第816页。另参见曼素恩(Susan Mann):《珍贵的记录——中国18世纪的女性》(Precious Records: Women in China's Long Eighteenth Century),加利福尼亚:斯坦福大学出版社,1997年,第41—44页。

[6] 苏珊·格罗尼沃尔德(Sue Gronewold):《漂亮的商品——1860—1936年的中国的娼妓业》(Beautiful Merchandise: Prostitution in China, 1860-1936),纽约:历史研究所和霍沃思出版社(Institute for Research in History and Haworth Press),1982年,第34—50页。

男性家长默许狐精与年轻的女性家庭成员发生"不正当"性关系,实际上是选择了积累钱财而非选择名誉。在性方面玷污凡女的狐男,借用弗洛伊德的话来说,也许充当了为追求金钱而放弃道德原则的男子的"投射"。宗教活动中的此类投射表明"无意识地将自己的想法、情感和行为——也许是负罪感或自卑感——归咎于他人,否则便不开心"[1],将不正当性关系和财富归因于狐精,家庭中的男性成员便能合理合法地享用狐精/妇女所带来的财富,而不会因为放弃名誉去追求实际利益而受到指责。现实生活中的道德压力通过投射到狐精身上,表面上得以缓和。并且,崇拜狐精使得这些男子将具有威胁性的精怪转化成有助益的神祇。通过抚慰狐精,他们能压制女性家庭成员的潜在力量,因为她们或许会利用与精怪的关系以实现通常无法达到的目的。通过使狐精成为崇拜对象并与之建立平等的交换关系,男人——或站在男性视角的整个社会,就能够调解日常生活当中的道德与非道德、理想与现实、男性支配与女性抗争之间的矛盾。

另一方面,狐女作为财富的来源常常体现了女性的美德。第二类故事的寓意也许与现实生活中妇女通过婚姻或其他社会认可的方式给家庭带来财富有关。妇女所生产的财富不仅包括

---

[1] 维克多·特纳(Victor Turner):《遇到弗洛伊德——比较符号学专家》(*Encounter with Freud: The Making of a Comparative Symbologist*),伊迪丝·特纳(Edith Turner)编:《指明道路——探索标志的符号》(*Blazing the Trail: Way Marks in the Exploration of Symbols*),图森(Tucson):亚利桑那大学出版社,1992年,第25页。

来自家庭作坊产品的收入，也包括嫁妆和她们所生的子嗣。狐男可以拥有别人的妻子，与此不同的是，狐女所承担的是凡女的角色，她无论在社会地位抑或经济地位方面都应该顺从男人。狐女在家庭中的超自然能力被认为受既定道德秩序控制，一旦这种超自然能力变得无法控制，它就必须被压制和消除。在李姓男子的妻子违背他的意愿，让他节欲时，她已经跨出了模范女性的角色，于是也就遭到了灭顶之灾。在这些故事中，这类狐女几乎没有哪个是崇拜对象，因为崇拜这些妇女会在形式上承认她们在以男性为中心的家庭伦理中的权力，由此会侵蚀男性对家产的控制。不过，李家的最终家破人亡的确暗示，女性权力仍以非正式的方式得到承认，正如在现实生活中，妇女尽管得不到合法权利或官方认可，但确实改善了家庭的经济生活。[1]天谴的道义与以男性为中心的主流意识形态相抗衡，且证明在父权家庭中女性也许是不引人注目的，但绝非微不足道。

反例也有不少。狐精带来财富的同时，也与凡人建立同性的友谊。例如，有个狐男为其信主赚取可观的财富，却没有成

---

[1] 华如璧（Rubie S. Watson）巧妙地概括了中国历史上的这种女性困境："妇女也许是财产持有人，但几乎或根本没有对财产的合法支配权，她们也许是决策者，但做决策时毫无威信，她们的身体可以走动，但在社会上和经济上受到禁锢，她们也许可以行使皇帝的权力，但无权得到皇帝的头衔。"参见华如璧：《婚姻和性别不平等》("Marriage and Gender Inequality")，载华如璧、伊沛霞编：《中国社会的婚姻与性别不平等》(Marriage and Gender Inequality in Chinese Society)，加州大学伯克利分校和洛杉矶：加利福尼亚大学出版社，1991年，第348页。

狐精、性与财富

为祭祀对象。他通过与一个凡男的关系进入那个人家,这两个男子经过几次彻夜饮酒长谈,成了知己。狐男同情凡男拮据的生活,便向他透露藏宝之处,并劝其根据市场的波动种植不同的作物。真诚的友谊使狐精与凡男的交往有了积极的意义,男子一死,狐精也就消失了。[1]在第二个例子中,一个女狐精通过与一户人家的妻子交往给他们提供经济帮助。与嫁给凡人李姓男子的狐女妻子不同的是,这个狐女在这个凡人的家里并无世俗的位置。她送给这家人的财富刻有不道德的印记:她慷慨分与这家人的财物是偷自别人的,她还错误地用其法力帮助她丈夫偿还赌债。不过,为了保持这个丰富的收入来源,这对夫妇为这个狐精腾空一个房间居住,每天向她供奉。[2]这两则故事颠倒了前面例子中勾画的性别角色,但保留了道德论证和狐精崇拜之间的必然联系,并且仍然强调狐精与凡人之间的互惠互利。

狐精以两种面目呈现在中国人面前:他们既能损害人,也能提供神助;既有男又有女。正如在本卷中瑞亚·库普曼斯-德布瑞恩(Ria Koopmans-de Bruijn)的一章所描写的日本蛇偶,狐精作为善良的精怪更可能被想象成女性,并有助于强调共同的道德观和主流价值观,但她们以妻子而非母亲的形象出现,因此她们难以成为崇拜对象。狐精在道德的灰色地带产生

---

[1] 蒲松龄:《〈聊斋志异〉会校会注会评本》,"酒友"篇,上海古籍出版社,1978年,第2卷,第217—218页。
[2] 方元鹍:《鼓楼狐》,《凉棚夜话》第1卷,1839年,第16—18页。

1013

财富，他们被当成男性神祇来崇拜，体现人们为了自己的私人利益试图削弱既定的秩序。家产和财富的道德价值以性别的角度来观察，妇女在家庭生活中的角色以狐精法力的性别建构来表述。

对于中国人而言，狐精的角色长期以来都是"模棱两可"的：它在野外游荡，不可驯养为家用，然而它又捕食家禽，在人类的聚居地搭窝建巢，并显示出与人类相似的灵性。它们暧昧不明，性别不定，狐精和狐崇为封建社会晚期的家庭提供了足够的选择，让他们能够处理日常生活中的复杂事务和矛盾，在公共物品和私人必需物之间、非正统行为和官方意识形态之间找到平衡。中国封建社会晚期的狐精传说和狐精崇拜例证了一种动物如何获得表达人们对世界的认识及其在社会中所处的位置的象征意义。

白话小说与明清时期的神祇崇拜传播[1]

［以色列］夏维明（Meir Shahar）著
卢澄译，李松校

1974年，莫里斯·弗里德曼（Maurice Freedman）提出[2]"中国存在宗教"这一观点，研究中国宗教的大多数学者，无论其具体学科为何，均表示同意。普遍认为：尽管有地区差异，但在幅员辽阔的中国土地上，绝大多数的中国人还是拥有一整套宗教信仰和活动的——它们有时被称为中国宗教，有时又被称为中国民间信仰。然而，这些宗教信仰和活动是如何传播的，仍待解答。中国的宗教既无组织，也无神圣经文。因此，很难解释其仪式和神话是如何流传下来的。中国的众神崇

---

[1] Meir Shahar, *Vernacular Fiction and the Transmission of Gods' Cults in Late Imperial China*. In *Unruly Gods: Divinity and Society in China*. edited by Meir Shahar and Robert P. Weller. Honolulu: University of Hawai'i Press, 1996, pp.184-211. 作者夏维明（Meir Shahar）为以色列特拉维夫大学东亚系教授、特拉维夫大学孔子学院院长、斯坦福大学与伯克利大学客座教授。

[2] 莫里斯·弗里德曼（Maurice Freedman）:《中国宗教的社会学研究》("On the Sociological Study of Chinese Religion"), 武雅士（Arthur Wolf）主编:《中国社会的宗教与仪式》(*Religion and Ritual in Chinese Society*), 斯坦福：斯坦福大学出版社，1974年。

拜就是一个恰当的案例。虽然许多神祇只在某些特定的地区受到崇拜，但相当多的神祇在全中国（至少是在广大地区）受到膜拜，包括关公、真武、八仙、孙悟空、哪吒（又称哪吒三太子）、观音和妈祖（天后）。这些神祇的崇拜在时间上是如何代代相传，在地理上是如何跨越地区（及语言上的）障碍的？

迄今尚未有人尝试系统地解释中国的众神崇拜的传播，学者谈论这一问题时通常以为，朝廷在众神崇拜的传播中起到主要作用。朝廷通过颁赐封号有时甚至指示官员建庙加以尊崇来提升民间神祇的崇拜，朝廷因此获得了合法性以及对神祇的控制。这个过程促进了民间神祇崇拜的传播。然而，笔者却认为，朝廷对传播众神崇拜的影响或许极为有限。其一，许多神祇，尤其是桀骜不驯或离经叛道之神，从未受到朝廷认可，但对他们的崇拜却遍布中国；孙悟空、哪吒和济公（也称济颠）便是三个例子。其二，即使是获得朝廷垂青的神祇，他们受到的官方崇拜和民间崇拜也常常互不相干。举例来说，在中国台湾的城市里，通常有两座妈祖庙：一座由朝廷监管，当地人鲜有造访；另一座由当地商贾管理，却成了民间崇祀的中心。[1]

---

[1] 屈顺天（James L. Watson）认为朝廷在促进妈祖崇拜过程中起到至关重要的作用，但他强调这并未妨碍不同的社会环境对妈祖塑像的不同诠释。参见屈顺天《神灵的标准化——960—1960年中国南方沿海地区天后信仰的发展》["Standardizing the Gods: The Promotion of T'ien Hou（Empress of Heaven）along the South China Coast, 960-1960"]，姜士彬（David Johnson）、黎安友（Andrew J. Nathan）和罗友枝编：《中华帝国晚期的大众文化》（*Popular Culture in Late Imperial China*），伯克利：加利福尼亚大学出版社，1985年，第292—324页。

其三，也是最重要的一点，朝廷可以资助神祇崇拜仪式的各个方面：建造寺庙、提供祭品等，但朝廷无法传播支撑这种崇拜的神话。为了传播神话，文学是必需的，无论是口头的，抑或书面的。总体而言，朝廷未曾创作过这类文学作品。

清代的文人学士通常以为，口头和书面小说传播了神祇崇拜。他们视小说为民间神话的宝库，并认为小说在众神传播中起到关键作用。有趣的是，小说作者自己也意识到小说在传播神祇崇拜中的作用。《红楼梦》的作者曹雪芹（1715？—1763）通过其小说的主人公贾宝玉，说出了小说对宗教的影响。贾宝玉不相信民间神祇的现实性，因为小说充当了传播神祇崇拜的工具。贾宝玉道：

> 我素日因恨俗人不知原故，混供神混盖庙，这都是当日有钱的老公们和那些有钱的愚妇们听见有个神，就盖起庙来供着，也不知那神是何人，因听些野史小说，便信真了。[1]

有些小说作者甚至指出，他们想象力的产物可能不经意地成了民间崇拜的对象。他们注意到，一旦小说中的角色使读者着迷，它就会出乎其创作者的意料，被当作神祇膜拜。蒲松龄（1640—1715）的故事中有个名为许盛的人到福建的时候，惊讶地看到当地人竟然崇拜《西游记》的主角猴王孙悟空。许盛与贾宝玉一样，鄙视那些崇拜虚构事物的无知之人："孙悟空

---

[1] 曹雪芹著，戴维·霍克斯、闵福德（John Minford）译：《红楼梦》第二部，沃斯：企鹅出版社，1973—1986年，第357页。

乃丘翁之寓言,何遂诚信如此?"[1]蒲松龄在书末指出,虚构的角色一旦创造出来后,就独立于创作者的意愿。神祇之所以存在,是因为人们相信他们存在,一旦读者认为这些神祇真的存在,虚构的角色就会转变成真正的神:

> 异史氏曰:"昔士人过寺,画琵琶于壁而去;比返,则其灵大著,香火相属焉。天下事固不必实有其人,人灵之则既灵焉矣。"[2]

有的文人则提及某些小说对宗教生活的影响。陶成章(卒于1911年)将中国北方白莲教与南方天地会的兴起分别归因于《封神演义》和《水浒传》的影响。他写道:"凡山东、山西、河南一带,无不尊信《封神》之传。凡江浙、闽广一带,无不崇拜《水浒》之书。"[3] 18世纪著名文人钱大昕(1728—1804)花了许多笔墨阐述小说在传播宗教信仰上的重要作用。钱大昕是位著作丰富的史学家,历任教育方面的高官,甚至曾教授过乾隆的第12个儿子。[4]他认为,虚构的小说与宗教的

---

[1] 蒲松龄:《聊斋志异》,上海古籍出版社,1962年,第1459页。
[2] 威廉·詹姆斯(William James):《宗教体验之种种》(*The Varieties of Religious Experience*),沃斯:企鹅出版社,1902年初版,1982年再版,第515—519页。在对虚构产物的现实性问题上,蒲氏的观点类似于威廉·詹姆斯对上帝是否存在的实用主义讨论:上帝存在,因为我们相信他在帮助我们。
[3] 陶成章:《教会源流考》,萧一山:《近代秘密社会史料》,中国台湾文化出版社,1965年。
[4] 恒慕义(Arthur W. Hummel):《清代名人传略》(*Eminent Chinese of the Ch'ing Period*),华盛顿:美国国会图书馆,1943年,第152—155页。

关系极为错综复杂，因此对于后者，他选用"小说"（fiction）一词称之（如今的宗教信仰在当时难以名之，因为在封建社会末期，尚无此词）。钱大昕评述道：

> 古有儒、释、道三教[1]，自明以来，又多一教曰小说。小说演义之书，未尝自以为教也，而士大夫、农、工、商、贾，无不习闻之，以致儿童妇女不识字者，亦闻而如见之，是其教较之儒、释、道而更广也。[2]

"小说"这一术语指代各种文学体裁，涉及古典传说、白话小说等，不一而足。清代文人论及"小说"在传播宗教信仰的角色时，他们心中指的哪一体裁呢？以上例子表明，他们指涉的是白话文小说——口头的和书面的——尤指以白话文所写的长篇小说（novel）。钱大昕谈道，有种体裁出现于明代，它与口头文学和戏剧关系密切（他使用了动词"闻"和"见"），因此，他指的应为白话小说。钱大昕进一步提到"演义"，即长篇小说。曹雪芹指的是口头文学（他也用了动词"听"）。最后，蒲松龄和陶成章筛选了有宗教影响的几部特定的长篇小说：蒲松龄提到了《西游记》，陶成章则提到了《封神演义》。

---

[1] 罗溥洛（Paul Ropp, 1981: 53）将此处的"教"译为"teaching"（教诲），使这个段落又多了一层重要含义：作为"teaching"（教诲），说明是小说决定了道德观和行为准则的形成，而不是宗教。事实上，钱大昕在后文痛惜小说对青年的不良影响。不过，儒教、佛教和道教教义显示，作为宗教的"教"和作为教诲的"教"并不相互排斥。

[2] 钱大昕：《潜研堂集》卷17，上海古籍出版社，1989年，第282页。

所有这四位作者都选择了白话小说，尤其是长篇小说，均因其在传播众神崇拜中的重要性。

神祇真的在白话小说，尤其是长篇小说中扮演着重要的角色吗？早在1952年，贺登崧（Grootaers）就指出明末长篇小说《北游记》对传播真武崇拜的重要性。[1]更多的近期研究显示，关公、华光、观音、妈祖和钟馗等民间神祇在白话小说中具有显要地位。[2]笔者对济公的研究表明，他在全国范围内获得崇拜，是因为以他为主角的一批通俗小说的出版。[3]但是，这些研究只是个开端；绝大多数有关超自然能力的长篇小说仍未得到研究。这一浩瀚无边的文学领域，孙楷第将之归类为"灵怪小说"，但迄今为止仍未有深入涉及。[4]上述讨论中一些最重要

---

[1] 贺登崧：《中国真武帝圣徒传》（The Hagiography of the Chinese God Chen-Wu），《民俗研究》总第11期，第139—181页；沈雅礼：《朝北之旅——中国通俗小说〈北游记〉的人类学分析和译著，伯克利：加利福尼亚大学出版社，1987年。

[2] 分别参见黄华杰：《关公的人格与神格》，中国台北"商务"印书馆，1967年，第100—122页；蔡雾溪：《〈南游记〉的宗教渊源——历史与小说中的五通崇拜》，大卫·杰克逊（David Jackson）编：《中国民间宗教仪式和经文——五研究》（Ritual and Scripture in Chinese Popular Religion: Five Studies），伯克利：东亚研究所，1995年；杜德桥：《妙善传说》（The Legend of Miao-shan），《牛津大学东方专著》（Oxford Oriental Monographs）第一辑，伦敦：伊萨卡出版社，1978年第51—58页；李宪章：《以〈三教搜神大全〉与〈天妃娘妈传〉为中心来考察妈祖传说》，王秋桂：《绘图三教源流搜神大全》，第3—33页，中国台北联经出版事业公司，1970年；艾丽白：《钟馗捉鬼传》，巴黎：法兰西学院汉学研究所，1976年，第49—74页。

[3] 夏维明：《济公——早期历史中的小说与宗教》（Fiction and Religion in the Early History of the Chinese God Jigong），剑桥：哈佛大学出版社，1994年。

[4] 孙楷第：《中国通俗小说书目》第五章，国立北京图书馆，1932年。更多的灵怪小说见林辰、段文桂主编《中国神怪小说大系》系列，吉林文史出版社，1991年。

的小说，如《封神演义》(17 世纪初？)的出版日期仍然不明。[1] 以后的研究很可能将揭示，在明清时期，这种文学以大多数民间神祇为特色(图表中是几例在小说中扮演角色的神祇)。

一些神祇以及他们在其中扮演角色的小说

神祇	长篇小说	类型
观音	《南海观音全传》(万历年间，1573—1619) 《西游记》(1592)	女性
妈祖	《天妃娘妈传》(万历年间)	女性
关公	《三国演义》(元末)及以前	英勇
玄天上帝(真武)	《北游记》(万历年间)	英勇
姜子牙	《封神演义》(17 世纪初)	英勇
孙悟空	《西游记》(1592)及前传和续书	离经叛道/英勇
哪吒三太子	《封神演义》《西游记》	离经叛道/英勇
华光天王	《南游记》(万历年间)，《北游记》(万历年间)	离经叛道/英勇
八仙(作为团体或个人)	《东游记》(万历年间)，《飞剑记》(万历年间)，《韩湘子全传》(1623)，《吕祖全传》(1623)及续集	离经叛道
济公	《济颠语录》(1569)及续集	离经叛道
钟馗	《钟馗全传》(万历年间)及续集	不第文人

就我们对灵怪小说的微弱了解，它们可分为两类：其一为圣徒言行录类的长篇小说，其焦点主要是神祇。这些小说勾勒神祇的经历(通常有段人类的阶段，其次才是神灵阶段)，描绘了他们的神异能力，详述他们替天行道、创造奇迹。万历年

---

[1] 柳存仁指出《封神演义》的作者是陆西星，并证实他的生卒年为 1519—1578 年 9 月。但是，康士林(Koss Nicholas)令人信服地说明，小说成于 1592 年之后。

1021

间（1573—1619），福建省建阳的一群刻书家出版的几部小说便可归入此类。这些小说描写了诸如真武、华光、观音、妈祖、钟馗、达摩及八仙等神祇。[1]建阳小说相互紧密联系，某本小说中作为主角的神祇在其他的小说中以配角出现。例如，华光是《南游记》中的主角，但也在描述真武的小说《北游记》中出现。[2]有几个神祇是整个一系列圣徒言行录类小说的主角，对它们进行相关研究有助于我们解释这些神祇的历史。钟馗、八仙、济公便是三个这样的例子。关于济公的最早的小说出版于1569年，随后有两部长篇小说于17世纪出版，18、19世纪则明显泛滥，最新的小说出版于1987年。济公小说往往比多数圣徒言行录类小说要长，有部19世纪的小说有240回。

　　第二类灵怪小说包括一大批描摹阵容庞大的灵怪的小说。这类小说，有时甚至会聚焦于其中的少数神祇。在这里首要的两个例子是《西游记》（1592年）和《封神演义》，两者都如建阳小说一样，出版于明末。《西游记》有佛教倾向，尽管书中也描写了很多道教的神祇。相反，《封神演义》源于道教，但也赞颂了许多佛教神祇。这两部小说描写了明清时期几乎所有的神祇。[3]因此，仅这两部极受欢迎的长篇小说就为几乎所有

---

[1] 杜德桥：《妙善传说》，《牛津大学东方专著》第一辑，伦敦：伊萨卡出版社，1978年。

[2] 万志英：《财富的魅力——江南社会历史中的五通神》，《哈佛亚洲学报》第51卷，1991年第2期，第672—675页。

[3] 关于《封神演义》的主角与目前在中国台湾受到膜拜的神祇的比较，参见曾勤良：《台湾民间信仰与〈封神演义〉之比较研究》，中国台北华正书局，1985年。

的众神崇拜传播充当了媒介。值得一提的是,许多圣徒言行录类小说中的主角在较大型的神话作品中有所描写。例如,观音是建阳小说的一个主角,但是她在《西游记》里以玄奘及其徒弟的守护神的形象出现,这更有效地传播了对她的崇拜。

事实上,并不是只有灵怪小说能够传播神灵崇拜。在小说中,作者不一定将主角描绘成神灵,以供人们的崇拜。正如马伯乐(Henri Maspero)指出的那样,在中国"每位神祇,无论大小,都是人死后因各种原因被推崇为神的"(Maspero 1981:86)[1]。因此,如果小说里某个人物的性格给读者留下深刻印象,人们就会将其当作神来膜拜。在此,两个主要的例子便是《三国演义》(约明末)和《水浒传》(约元明),两者均不属灵怪小说。这两部小说颂扬了凡人的忠诚、勇气和神威。大体而言,这两部小说将英勇的主角作为人来描写——前者是关公,后者是宋江及一众打家劫舍之人。[2]然而,这两部小说在传播对其主角的神祇崇拜中起到了至关重要的作用。描写人类事务的小说与描写灵怪的小说一样,对传播众神崇拜有重要影响。

---

[1] 马伯乐:《近代中国的神话》("The Mythology of Modern China"),科尔曼(Frank A. Kierman)译:《道教和中国宗教》(*Taoism and Chinese Religion*),阿默斯特(Amherst):马萨诸塞大学出版社(University of Massachusetts Press),1981年,第86页。

[2] 确实,这两本书中都写到了关公和宋江死后显示了超自然的能力;作者指出,他们是应崇拜者的请求而显灵的。不过,书中大部分主要将他们作为人类来描写。

一、长篇小说所触及的范围

因此，神祇在明、清小说中扮演突出角色。这些小说的读者群有多大？足以在传播小说主要人物崇拜中起到媒介作用吗？这些小说得以广泛传播有三个原因：首先，小说有相对广大的读者，是因为用白话文所写。比起文言文写作，白话文也许更易被中国社会更广大的民众所接受。读白话文只需学会一套语言符号，而读文言文需要学会的却是一套全新的语言。[1]只有受过古典教育的人方能阅读文言文，而白话文的某些形式只需要人们接受少许教育即可。白话文的读者群有"男孩、妇女及文化不高的群体——如商人、掌柜、店小二、小吏之类"[2]。例如，毛泽东（1893—1976）在孩提时代就阅读了《三国演义》和《水浒传》，里面的英雄人物给他留下深刻印象。金圣叹（1608—1661）提到，即使"贩夫走卒"都能看《水浒传》。[3]金圣叹说的或许有些夸张，但这的确表明，一些明清小说颂扬了中国众神崇拜中的神祇，这比主要用文言文写作的儒教、佛教及道教的圣典，更易被明清时期广大的民众所

---

[1] 韩南：《中国白话小说》(*The Chinese Vernacular Story*)，第10页，剑桥：哈佛大学出版社，1981年。
[2] 同上，第11页。
[3] 斯诺（Edgar Snow）：《红星照耀中国》(*Red Star Over China*)，纽约：兰登书屋，1938年；金圣叹（Sheng-t'an Chin）：《读第五才子书法》(*How to read the Fifth Book of Genius*)，王靖宇（John C. Y. Wang）译，载陆大伟（David L. Rolston）编：《如何阅读中国小说》(*How to read the Chinese Novel*)，普林斯顿：普林斯顿大学出版社，1990年，第124—145页。

接受。

小说广泛传播的第二个，也是更重要的原因是，它与口头文学的关系。白话小说可比作冰山，其中只有一角（即书面白话文）是可见的。白话小说的大部分以口授相传，对此我们目前知之尚少。口头小说与书面小说彼此借鉴，大多数小说源于口头文学，同时也成为口头文学的源泉。举例来说，北京说唱艺人石玉昆（活跃于19世纪70年代）所述的传奇故事正是这样成为19世纪颂扬包公及其追随者的小说《三侠五义》的起源，这部小说又反过来激发说书人的灵感，直至今天。[1]同样，我们知道，行为乖张的活佛济公原是杭州失明说书人常说的话题，然后才有了关于他的第一部小说《济颠语录》（1569）的出版，这证实了口头文学的影响力。[2]济公小说成了后世大量口头文学的源泉，并拥有许多地方风格。卢兴源（H. Y. Lowe）深情地回忆道，新中国成立初期他还是个孩子时，在北京他就非常喜欢听济公的故事："在他听过的所有故事中，最吸引他的是《济公传》……这些故事在他幼时的记忆中留下如此深刻的印象，以至于人们注意到，无论是国内还是国外，他在许多场合都提及这些故事。人们也发现，他在开始读书的时候之所

---

[1] 白素贞（Blader Susan）：《〈三侠五义〉与口头文学的联系》（*San-hsia wu-yi and Its Link to Oral Literature*），《中文集萃》（*Chronicle Papers*）1978年第8期，第9—38页；《"三试颜查散"——从印刷小说到口头叙述》（*Yan Chasan Thrice Tested: Printed Novel to Oral Tale*），《中文集萃》第12期（第84—111页，1983年）。

[2] 夏维明：《济公——早期历史中的小说与宗教》；《开悟的僧侣还是大魔术师？16世纪小说〈济癫语录〉中的济公形象》。

以非常用功,其中一个原因就是他想有一天能自己阅读《济公传》原著。"[1]

因此,在讨论小说对众神传播的影响时,曹雪芹和钱大昕都选用动词"闻"就不奇怪了。口头小说将小说带到明清时期的每个角落,书面文本的重要性在于对口头文学发展的影响。书面小说为口头小说跨越地区、语言和时间障碍提供了统一的源头。以当地方言口述的口头小说,顾名思义,是地区性的,而书面小说则跨越了地域的界限。

小说广泛传播的第三个原因是它与戏剧的关系。戏剧像口头小说一样,将长篇小说带给了未受过教育的大众,畅销小说与一大批具有各种各样地方色彩的戏剧表现形式紧密相关。那些不能阅读《西游记》的人,可以在京剧、粤剧和闽剧以及其他多种地方戏中观看孙悟空在舞台上翻筋斗。同理,不会阅读《封神演义》的人可观看舞台上的"哪吒闹海"。书面小说与戏剧的关系在某种程度上类似于它与口头文学的关系,借鉴是相互的。某些神祇先出现于戏剧形式中,后来才在书面小说中出现。例如,八仙在元代杂剧中是个流行的主题,很长一段时间之后,才有人整理出已知最早关于八仙的小说。还有一些神祇,例如济公,则是先在小说中出现,后在戏剧中出现。小说

---

[1] 卢兴源(H.Y. Lowe):《旗人风华——一个老北京人的生命周期》(*The Adventures of Wu: The Life Cycle of a Peking Man*),普林斯顿:普林斯顿大学出版社,1983年(1940—1941年原版),第158页。本书以第三人称指称书中主角,但其著作极有可能是自传。

成了地方戏的源泉，正如它是口头小说的源泉，同时，它也以同样的方式限制了口头小说的发展（当然，与口头小说不同的是，某些戏剧的形式被记载下来了）。

小说的神怪主角在舞台上由演员和木偶表现出来：布袋木偶、杖头木偶、皮影木偶和提线木偶。像其他形式的传统戏剧一样，木偶戏大量借鉴小说，从而传播了对神怪主角的崇拜。例如，关公、八仙、济公、孙悟空和哪吒，都在木偶戏和地方戏中占据重要地位。有趣的是，在小说的戏剧表现上，情节的宗教意义常与表演的仪式功能一致。大多数形式的地方戏，包括木偶戏，在宗教节日期间都有表演，有时这些表演还带有驱魔的目的。例如，鬼节期间，演员或木偶所扮演的钟馗会驱赶游离于人间的恶鬼。更常见的是，这种表演被当作给受邀观看的神祇的献礼。戏剧的表演在寺庙后院面对祭坛的舞台进行，神祇与凡人观众一道观赏自己作为主角的剧目。因此，表演的内容和语境均是宗教的。戏剧讲述了神祇的神话故事，而表演则是向神表示敬意。[1]

---

[1] 施舟人：《神圣的小丑——对中国木偶剧中神的评价》("The Divine Jester, Some Remarks on the Gods of the Chinese Marionette Theater")，《"中央研究院"民族学研究所集刊》1966 年第 21 期 (Bulletin of the Institute of Ethnology: Academia Sinica)，第 81—96 页；龙彼得（Pier van der Loon）：《中国戏剧源于宗教仪典考》("Les origines rituelles du théâtre chinois")，《亚洲学报》(Journal Asiatique) 总第 265 期，第 141—168 页；华德英（Barbara E. Ward）：《戏曲伶人的多重身份——传统中国戏典艺术与形式》("Not Merely Players: Drama, Art, and Ritual in Traditional China")，《人类》新系列 1979 年第 14 期，第 18—39 页；姜士彬：《行动比言语更响亮——中国仪式剧的文化意义》("Actions Speak Louder than Words: The Cultural Significance of Chinese（转下页）

在现代，传统小说也成了电影和电视改编的对象，可改成动画和真人表演，或者像中国台湾地区那样，在电视上播放木偶戏。例如，《西游记》和《三国演义》已经成为几部影视作品的主题。哪吒的故事在被制作成一部颇具吸引力的动画电影，真武和妈祖则成了一部中国台湾地区电视连续剧的主题。中国台湾地区对狗神（即十八王爷）的崇拜，就反映了影视对传播神祇崇拜的重要意义。这种较新的崇拜狂热于20世纪80年代中期达到顶峰，在此期间，狗类主角成了一部电视连续剧和一部电影的主题。因为狗神很受欢迎，这两部影视作品得到了比较高的经济回报，反过来，它们也进一步传播了对狗神的崇拜。[1]至于济公，他的法力在众多电影和电视连续剧中得到颂扬。以中国台湾地区为例，济公电视娱乐节目的宗教重要性，表现为这些节目与济公扶乩降神会的高度相似性。在电视连续剧中济公的诙谐装束与济公附体的乩童的装束一样，他们所扮演的是同一角色。1986—1987年，我在中国台湾调研时，问了几个乩童是否看过电视上的济公，他们都很肯定地回答"没有"。"我们不需要学习如何扮演他，"他们辩解道，"我们是他的附体！"

　　因为小说都用白话写成，也因为情节由说书人讲述，并

（接上页）Ritual Opera"），姜士彬编：《仪式戏剧，戏剧仪式——中国通俗文化中的"目连救母"》，伯克利：东亚研究所，1989年。

[1] 魏乐博：《中国的抵抗、混乱和控制——太平军、台湾鬼魂和午门》，西雅图：华盛顿大学出版社，1994年，第157—164页。

且在舞台上演绎，所以小说实际上触及了明清时期的每个角落——诚如钱大昕所言："士大夫、农、工、商、贾，无不习闻之。"所以，小说的读者群之大，足以起到传播媒介的作用，这种传播媒介将中国整个社会的神祇崇拜标准化了。（此处的"标准化"意指在中国广阔土地上一定数量被膜拜的神祇。这不一定意味着他们被所有社会成员以同样的方式理解。）不过，小说的宗教功能也引出不少问题，只有彻底研究关于神异能力的小说，方能解答。在此，笔者提出几个问题，但不提供明确的答案，而是提供假设，需待日后研究的检验。

二、小说宗教功能的一些启示

首先，是书面小说传递了业已存在的崇拜，抑或神祇本身是小说家想象力的产物？即，孰先孰后？我们已探讨的几个案例表明，书面小说在神祇崇拜中通常出现较晚，大多数小说颂扬了在某地区或领域受到膜拜的神祇，在那些地区，关于他们的神话都以口述的方式相传。书面小说的意义在于它在传播神祇崇拜时，跨越了地区、语言的障碍，以及它对后世改编这个神话的限制。[1] 在某些情况下，上述讨论的神祇在小说得以整理前就受到跨地区崇拜。在某些情况下，被谈及的神祇在小说

---

[1] 蔡雾溪的研究表明，华光（原名五通）在小说《南游记》编成之前的数世纪，一直都是宗教崇拜的对象。然而此书一问世，便对其神话产生显著影响，尤其是在中国南方的地方戏中（蔡雾溪：《〈南游记〉的宗教渊源——历史与小说中的五通崇拜》，第216—218页）。

编纂之前便已在几个地区受到膜拜。在此，小说扩大了崇拜，并再次促成其世俗的传播直至后世。关于这一点，值得注意的是：从几部小说的内容可以观察到，小说中的主人公在小说创作时期已经是人们祭祀的对象。小说提到为其主人公所建造的寺庙，并且花费很多笔墨描述祭祀这些神祇有多么灵验。例如，描写济公的《济颠语录》，描写真武的《北游记》和描写华光的《南游记》，这些小说便是如此。[1]

尽管多数小说中的神性主人公并不是小说家所创造的，在小说创作之前人们对他们的崇拜由来已久，但是，小说的确改变了这些神祇的形象。描写同一神祇的不同小说也许会从多个角度描绘他（她）。譬如，关于济公的最早小说《济颠语录》也许由两个不同的文本组成：一个反映了对其形象的佛教解读，将其描绘成临济风格的开明和尚；另一个按照对他的民间崇拜，将其描写成狂放不羁的奇人。[2] 在某些情况下，小说对其神性主人公的改变意义深远，对其崇拜的形成影响巨大，以至于小说家被认为是神祇的创造者。其中著名的例子是孙悟空。封建时代末期对这只神猴的崇拜与一系列《西游记》小说的形象塑造是分不开的。[3] 从这个角度来看，他确实是由这些小说

---

[1]《三国演义》和《水浒传》分别将其主角关公、宋江作为人类描写。尽管如此，这些小说也显示，这两个主角在历史上也是被崇拜的对象。

[2] 夏维明：《济公：早期历史中的小说与宗教》。

[3] 关于孙悟空的来源，参见杜德桥：《〈西游记〉——中国 16 世纪小说成书研究》（*The Hsi-yu chi: A Study of Antecedents to the sixteenth Century Chinese Novel*），剑桥：剑桥大学出版社，1970 年；夏维明：《济公——早期历史中的小说与宗教》。关于他的崇拜，参见泽田瑞穗：《神祇孙悟空》("The Deity（转下页）

的作者所创造，无怪乎蒲松龄会借小说人物许盛之口发出这样的牢骚："孙悟空乃丘翁之寓言，何遂诚信如此？"

灵怪小说引出了第二个问题：小说的目的。小说意在娱乐还是宗教教诲？它们的出版是为获取利润，还是带有改变他人宗教信仰的标记？大体而言，灵怪小说正如多数白话小说一样，是提供娱乐的民间艺术作品。即使是最虔诚的圣徒言行录类小说，也以错综复杂的情节和生动的人物文饰其宗教传奇故事，并且几乎无一例外地佐以幽默诙谐。[1]而且，我们对这类文学的作者、编者以及出版商的了解表明，他们多数都是靠写作赚钱的专业作家，他们中的绝大多数并不专攻宗教文学，而是经营多种多样的畅销小说。例如，建阳圣徒言行录类小说的书坊主也出版公案小说，一位著名才子佳人小说家天花藏主人（约1658年）也曾为一本广为流传的济公小说写过序。[2]

尽管如此，娱乐和宗教教诲并非相互矛盾，利益与功德也并非相互排斥。一些灵怪小说——例如百回小说《西游记》——是深奥精妙的艺术品，欲弄清作者在其神性主角中所暗含的观点是极为不易的；其他的则是些粗制滥造之作而已，它们所叙述的神性人物不带任何的讽喻。例如，建阳圣徒

（接上页）Son Goku"，《中国民间信仰》(Chinese Popular Beliefs)，第86—102页，东京：工作舍，1982年；艾伦·J. A. 艾略特（Allan J. A. Elliot）：《新加坡的中国灵媒崇拜》(Chinese Spirit-Medium Cults in Singapore)，中国台北南天书局，1981年，第74—76、80—109、170—71页。

[1] 将小说对神祇生平的处理与"宝卷"对其处理进行比较，是有启发作用的。前者在叙述上有详尽的细节，参见杜德桥：《妙善传说》第54—55页。

[2] 夏维明：《济公——早期历史中的小说与宗教》，第126页。

言行录类小说的隐含作者似乎相信其作品中主角的神性，以及膜拜他们的效用。一部描写真武的小说甚至附有一篇"朝香仪式"说明。[1]由此看来，至少有一些灵怪小说带有宗教教诲目的。因此，令人感到有趣的是，不少当初因为经济驱动而出版的小说在后世被寺庙作为宗教文学而散发。颂扬华光的《南游记》和上文提到的天花藏主人为之写序的济公小说如今在中国台湾寺庙散发，后者随附的"济公本人"的评注，据传是济公附身凡人后所写。[2]

前文已讨论过，白话小说对明清时期众神崇拜的标准化起到了媒介作用，但这并不意味着其他的媒体对传播神祇崇拜毫无作用。"宝卷"和"善书"主要关注宗教和道德教义，而非神话。不过，这种文学也包括一些神祇的传记，这些传记偶尔还会与小说的内容有关。[3]同理，视觉艺术塑造了神的形象，商贾、香客及旅人都促进了神祇崇拜的传播，正如官府控制了它的传播一样。（参阅夏维明和韦勒在本卷的导言）当然，与此相反的是，并非所有白话小说在众神传播中都起到工具的作用。许多小说与灵怪无关，没在塑造灵怪中发挥作用。而且，即使对那些促进了神祇传播的小说，不同的读者也有不同的理

---

[1] 沈雅礼：《朝北之旅——中国通俗小说〈北游记〉的人类学分析和译注》，第20页。
[2] 蔡雾溪：《〈南游记〉的宗教渊源——历史与小说中的五通崇拜》，第141页；夏维明：《济公——早期历史中的小说与宗教》，第126—127页。
[3] 万历年间的观音小说受到了"宝卷"影响，参见杜德桥：《妙善传说》，第44—50、56—58页。

解，对文学杰作的理解尤其如此，例如《西游记》就被赋予了很多不同层次的含义。《西游记》既是精彩纷呈的神话，又是深奥精妙的寓言。有的读者被其生动的灵怪描写所折服，有的读者则将其当作通往般若的心理之旅。前者崇敬书中众多灵怪角色，后者（包括上述提及的蒲松龄传奇故事中的许盛）却拒绝接受这些角色的存在。[1]

  白话小说在中国众神传播中所扮演的角色令人想起史诗对塑造希腊和印度众神所起的作用。史诗如白话小说一样，不能被狭隘地理解为宗教体裁。史诗大多由诗人所写，而非教士，它的多重含义超越了教义目的。尽管如此，史诗对塑造神灵的通俗概念的意义超过了描写教义的宗教经典。以希腊为例，"很难找到作为狭义神圣文本的宗教文本：没有圣典，也几乎没有固定的祈祷程序及礼拜仪式……（只有）神祇故事与英雄故事、史诗及杰出的荷马史诗《伊利亚特》交织在一起，确定

---

[1] 书面杰作（如《西游记》）与作为其源头的民间传说是有区别的。例如，崇拜《西游记》主角的多数人并未读过这本有复杂寓意的书，他们只接触过口头和戏剧改编过的版本，而这些寓意在改编的过程中大部分已流失了。浦安迪指出，书面的《西游记》《三国演义》《水浒传》用讽喻手法改编了早期的民间口述故事。例如在《水浒传》中，"讽喻手法在凝练源于民间传说的英雄神话和典型形象中起了作用"，参见浦安迪：《明代四大奇书》（*The Four Masterworks of the Ming Novel*），第 499 页，普林斯顿：普林斯顿大学出版社，1987 年。不过，这三部小说后来充当了大量口头文学和戏剧的来源，在书面小说中非常明显的讽喻态度也许在口头文学和戏剧中流失了。换言之，即使书面小说《水浒传》的作者以讽喻技法处理宋江，他的小说也仍有可能促成人们对宋江的崇拜。因此，从历史的角度来看，蒲松龄的评论——小说的角色变成了与其创造者意图相反的神祇——也许是正确的。

了神祇被想象出来的模式"[1]。而且，由于与口头文学和戏剧的关系，史诗与白话小说一样，触及了社会的每个角落。最主要的是，史诗一方面取材于口头叙事，同时也成了说书人和剧作家写作的源泉。例如，16世纪杜西达斯（Tulsidas）的史诗《罗摩功行录》（Rāmcaritmānas）在印度北部不断被用大量不同的口头和戏剧体裁加以诠释。[2]

白话小说对中国众神崇拜标准化的意义给我们提供了一个有利的视点，从中可以审视在明清时期中国宗教为何没有名称。宗教信仰和活动的主体（如今被称为中国宗教）与充当宗教传播媒介的中国小说和戏剧不可分割，所以，这种宗教没有以独立于中国文化的实体而存在，也因此没有名称。同样，从社会学角度来看，无固定形式的中国宗教——与佛教、道教及宗派团体不同——没有独立于世俗组织（如家族、宗族或行会）的机构。[3]与有着不可分割的文明却同样没有名称的其他宗教不同：希腊宗教和印度教便是如此；"印度教"这一名称是19世纪的英国作家们所创造的，用来指称一种宗教和一种文化。希腊和印度宗教与中国宗教相仿的是，一种不能狭隘地被定义为宗教的文学体裁在宗教信仰的传播中起到了关键

---

[1] 瓦尔特·伯克特（Walter Burkert）：《希腊宗教》（Greek Religion），剑桥：哈佛大学出版社，1985年，第4页。
[2] 菲利普·鲁根多夫（Philip Lutgendorf）：《文本的生命——杜西达斯史诗〈罗摩功行录〉中的表演》（The Life of a Text: Performing the Rāmcaritmānas of Tulsidas），伯克利：加利福尼亚大学出版社，1991年。
[3] 杨庆堃（C. K Yang）：《中国社会中的宗教》（Religion in Chinese Society），伯克利：加利福尼亚大学出版社，1961年，第294—298页。

作用。

白话小说的宗教角度不仅对中国宗教研究，而且对中国小说研究有启示。这使我们想到：将"长篇小说"（novel）这一术语运用在"小说"（xiaoshuo）体裁的长篇叙事上在某种程度上会让人误解，"长篇小说"（novel）这一术语在西方主要指以人类经历为主题的作品。当然，许多"小说"的叙事涉及人界，但正如我们所见，许多其他作品的主题却是灵怪，它们的主角是神祇，即使当他们以幽默诙谐的方式被刻画时，其宗教力量也从未被置疑。而在西方，人界与神界被严格划分，在中国则是相互混杂。这正是因为大多数中国的神祇原本是人类，而同一个文学体裁"小说"可用来描写两者。

三、颠覆了儒家世界的中国灵怪世界

白话小说在神祇崇拜传播中所扮演的角色对于神祇的社会特征具有重要启示，但白话小说在明清时期文化中的位置却很模糊，"虽然人们如饥似渴地阅读小说，但它们却被那个社会所轻视"[1]。尽管确实存在例外的情况，但大多数以白话文写就的小说却被认为是不值得收藏或保留的，其作者也是匿名的。受尊重的文学体裁，譬如诗歌、哲学和历史，以文言文写就；而白话文却通常被视为次等的艺术形式，部分原因是其广受欢迎，它不受重视不仅是因为艺术方面的原因，也有意识形

---

[1] 韩南：《中国白话小说史》，第12页。

态的原因。但也许正是因为它在中国文化中的地位不确定，白话小说向人们揭示了难登古典传统大雅之堂的中国生活的方方面面。例如，崇尚孔武有力和性是许多小说的主题，但是这两个话题罕见于古典文学。不论其叙述者的态度是褒扬还是贬抑，白话小说主角的行为常常偏离既有的准则。《红楼梦》（约1760）中多愁善感的贾宝玉也好，《金瓶梅》（约1600）中性感危险的潘金莲也罢，或者是《水浒传》中的英雄人物宋江，他们都不能说是社会所接受的角色。因此，正如韩南所指出的那样，白话小说"经常充当抨击该文化中主流价值观的工具"[1]。

白话小说在激进大胆的小圈子内受捧，但许多教育家深感书中主角——这些主角中有很多是宗教崇拜的对象——偏离了他们鼓吹的儒家精神特质。文章、奏折和请愿书都斥责小说伤风败俗的影响，因为它导致了匪盗行径、道德败坏和淫乱放荡。女子被告诫禁看《西厢记》，唯恐她们滥情乱交，男子则禁读《三国演义》，以免他们非法啸聚，走上反叛之路。至于官府则定期地查禁被视为淫秽下流、煽动叛乱的《金瓶梅》和《水浒传》等书。钱大昕认为，小说是比儒、释、道三教传播更广的一种宗教，他以严肃的儒家方式来看待这一文学体裁：

释道尤劝人为善，小说专导人以恶、奸、邪、淫、盗之事。儒、释、道书所不忍斥言者，彼必尽相穷形，津津乐道，以杀人为好汉，以渔色为风流，丧心病狂，无所忌惮。子

---

[1] 韩南：《中国白话小说史》，第13页。

弟之逸居无教者多矣，又有此等书以诱之，曷怪乎其近禽兽乎……有觉世牖民之责者，亟宜焚而弃之，勿使流播。[1]

对白话小说所描写的民间神祇的研究表明，儒家对这种体裁的怀疑态度在很大程度上是无可非议的。笔者将论证以下观点：许多神祇偏离了中国文化精英的儒家精神，而儒家思想在当时的整个社会中占据了"霸权"地位——借用安东尼奥·葛兰西（Antonio Gramsci）的术语。[2]在白话小说中出现的大多数神祇被描绘成以下三种类型：女性、孔武有力和离经叛道的形象，这三类形象在社会既有观念中属于边缘人群或问题人群。一般而言，封建时代末期奉行的儒家思想将男人置于妇女之上，将年长者置于年幼者之上，将学问置于孔武有力崇拜之上，将礼节置于率性之上。站在社会和文化的金字塔之顶的是文人，男子凭借学问身居高位，并成为道德模范。相形之下，白话小说中所描写的中国众神的构成却是女性而非男性，是孩童而非成人，是粗鄙的勇士而非学者，是丑角而非受人尊重的文人。所以，从很大程度上来说，白话小说中的灵怪世界颠覆了明清时期占支配地位的儒家精神。笔者将以属于这三类中的一些神祇的例子说明这一点，他们均是长篇小说中的人物（参

---

[1] 钱大昕：《潜研堂集》卷17，第282页。
[2] 葛兰西（Antonio Gramsci）：《狱中札记选》（*Selections from the Prison Notebooks*），纽约：国际出版社，1971年，第12页。里面使用了"霸权"这一术语指代上层阶级的权力和特权，这些权力和特权使他们无须使用武力就能引领整个社会。

见图表）。笔者对上述神祇的评论主要基于小说中对他们的描写，既不对他们的复杂性格，也不对他们纷杂的历史做出评判，他们只是突出表现了笔者所讨论的一些特征。

1. 女性神祇

中国的众神中包括很多女性神祇：从宗教活动中地位突出的无生老母，到厕神紫姑。[另见贝桂菊（Brigitte Baptandier）和桑高仁（Steven Sangren）在本卷中的论文。]有两位女神在众神中占据特别重要的地位：观音和妈祖。前者在全中国受到膜拜，后者在中国东南沿海受到膜拜。例如，在中国台湾，观音庙的数量位居第二（557座），妈祖庙位居第三（509座）。[1]（供奉半神半魔的瘟神王爷的寺庙最多。）观音和妈祖都是万历年间圣徒言行录类小说的主角[2]，而且观音在《西游记》中形象突出。桑高仁指出，这几个神祇的性别"使她们无缘做官"，他总结道："在女性神祇崇拜中体现的反文化现象……在中国宗教的人类学研究中不应低估"。[3]

对观音和妈祖的崇拜公然反抗明清时期的等级制度，不仅是因为这两位神祇的性别，还因为她们拒绝充当社会强加于她们的角色。（另见贝桂菊和桑高仁在本卷中的论文。）两位神祇

---

[1] 仇德哉：《台湾庙神传》，中国台湾信通书局，1981年，第103、214页。
[2] 分别见西大午辰走人：《南海观世音菩萨出身修行传》（万历版），上海古籍出版社，1990年重印；吴还初：《天妃娘妈传》，上海古籍出版社，1990年。
[3] 桑高仁：《女性在中国的宗教符号——观音、妈祖及"永恒的母亲"》("Female Gender in Chinese Religious Symbols: Kuan Yin, Ma Tsu, and the 'Eternal Mother'"），《标志》（Signs），第9卷，1983年第1期，第6、25页。

的神话故事突出描述了她们强烈反抗父母之命的婚约,两者都宁死不嫁,观音被其父处以残忍的刑罚,妈祖则决心一死。两位神祇婚前之死保证了她们礼制上的贞洁,没有被性交或生儿育女所玷污。在这方面,她们的婚前之死与基督教神话中的无玷成胎之说异曲同工,两者均是"纯洁圣母"。观音和妈祖与玛利亚一样,被其信徒称为"妈"[1]。观音和妈祖对父权社会的蔑视尤其与我们在此讨论的有关,她们不仅是妇女,而且还是不孝之女。[2]因此,对她们的崇拜与视孝顺为基本德行的儒家世界观截然分离。

2. 武神

儒家精神将文人置于社会和文化金字塔的顶端。自孔子本人以来,儒家思想就认为,学问与道德的完善和精神的自我修养息息相关。封建时代末期,社会和文化的声望,以及政治权力,至少在理论上是靠学问获得的。当然,这并不是说,武将没有获得过显赫的政治权力,毕竟所有王朝都是靠刀剑打下天下的。尽管如此,比起军事技能来,儒家的教育通常更强调学问。文化精英也尊敬武将,但并非尊重因武力而闻名的英勇士兵,而是那些杰出的战略家,他们的军事成就与其学识紧密相关。长篇小说《三国演义》所刻画的诸葛亮便是一个极好的例

---

[1] 桑高仁:《女性在中国的宗教符号——观音、妈祖和"永恒的母亲"》,第4—25页。
[2] 观音神话试图减轻其不孝行为:观音死后,用自己的眼睛和手臂救了其病中的父亲。

子，他作为最高统领的角色非常成功，是因为其渊博的知识使其能与构成人类和自然历史的力量保持一致。

鉴于儒家思想中文人的巨大重要性，令人惊异的是，历史上的文人于身后鲜有被作为神祇崇拜的，而武士却占据了中国的天庭。而且，这些武士并非成就非凡的谋略家，而不过是只有匹夫之勇的普通士兵。例如，《三国演义》的主角中，不是诸葛亮而是鲁莽轻率的关公成了民间神祇，关公也许是中国受到最广泛膜拜的男性神祇。另一受到广泛崇拜的武神是玄天上帝，他是万历年间圣徒言行录类小说《北游记》的主角。[1] 玄天上帝的另一个名字是真武（真正的武士），这个名字表明了他的武术本领。关公和玄天上帝并非白话小说中唯一的武神，例如《封神演义》中为数众多的神仙，几乎全是武神，甚至连老子之类的人物都化为了武士，而根据早期记载，老子与军事根本风马牛不相及。

武神的军事职业和粗鲁的习性与文人泾渭分明，而且，他们对国家构成威胁，因为他们被描绘成亡命之徒和反叛者（尽管他们反叛的理由似乎都是正当的）。《封神演义》就是反叛的周朝用武力推翻了商朝的故事；后来出现在灵媒崇拜中的《水浒传》的主角，均是不法之徒；而关公也是在杀了残暴的县令之后，成了逃犯。值得一提的是，就许多武神而言，军事技能与法术密切相关。明初小说《平妖传》将战争描写成了法术

---

[1] 余象斗：《北方真武祖师玄天上帝出身志传》（万历版），上海古籍出版社，1990年重印。

与反法术的斗争。新颖奇特的武器和变化之术是主要武器，例如，玄天上帝与其主要敌人苍龟巨蛇的大战，为了降伏或逃避对手，争斗双方可随心所欲地变化。有意思的是，在现代小说，譬如广为阅读的金庸小说中，法术大战仍有突出表现，这是众多影视节目改编的主题。

3. 离经叛道的神祇

离经叛道的滑稽神祇为数众多，有的具有道教渊源，有的具有佛教背景，他们以插科打诨点缀了中国的众神。属于佛教的有济公，又名济颠，他就像这个名字所表明的那样疯癫；还有布袋和尚，他由弥勒佛转世，因而在众神中地位显赫。属于道教的，有一群无忧无虑的诗人、酒鬼——八仙。其中，好色的吕洞宾是最受欢迎的膜拜对象［参阅本卷中康豹（Paul Katz）的论文］。布袋和尚出现于元杂剧；济公和八仙则自16世纪以降，一直在众多小说中受到称颂。[1]（就八仙而言，一些小说将其当成一个整体来处理，有些则单独描写）布袋和尚、济公、八仙以及其他离经叛道的神祇，如田都元帅等，不仅对既有的行为准则不以为然，有时还违反基本的道德准则。[2]他们的离经叛道也体现在衣着上：或衣衫褴褛，或打

---

[1] 关于济公和八仙最早的小说分别为沈孟桦：《钱塘湖隐济颠禅师语录》（1569年版），上海古籍出版社，1990年重印；吴元泰：《八仙出处东游记》（万历版），上海古籍出版社，1990年重印。

[2] 关于田都元帅，参见丁荷生：《喜剧反转和宇宙更新——莆田仪式传统中的戏神》("Comic Inversion and Cosmic Renewal: The God of the Theater in the Ritual Traditions of Putian")，《民间信仰与中国文化研讨会论文集》第二辑，中国台北：汉学研究中心，1994年，第683—731页；施舟人：《神圣（转下页）

着五颜六色的补丁,他们头发蓬乱,还赤脚行走。哪吒和孙悟空(分别是《封神演义》和《西游记》的主角)更加引人注目:前者是个体型超大的婴儿,后者是只猴子。

一些离经叛道的神祇具有武神的军事技能,更值得注意的是,他们有反叛的精神。哪吒、孙悟空和华光(《南游记》的主角)[1]均是武士,每人都有典型的法宝:哪吒套着一个像回力镖的金色乾坤圈;孙悟空挥着金箍棒,它可以变成一根小针藏于耳后;华光用一块金砖,可以使他随心所欲地变化。这三人既反人类,也反神权。哪吒杀了龙王的三太子,并用他的筋做成腰带。接着,似乎是要证明弗洛伊德"俄狄浦斯情结"的普适性,他有意识地试图犯下中国社会语境中的滔天大罪——"弑父"(参阅本卷中桑高仁的论文)。孙悟空大胆地自称"齐天大圣",并且反抗由玉帝统治的整个天界的等级制度。至于华光,他的原型是独腿妖精五通,他因诱奸妇女而臭名昭著。[2]因此,在其小说化的传记中,华光自与天庭几乎每个权贵争吵后,被不断地贬至人间,也就毫不奇怪了。

耐人寻味的是,读者和观众最感兴趣的是这些离经叛道的神祇的反叛方面。在舞台上,哪吒和孙悟空的故事中,最受欢迎的是他们造成的"严重破坏"(分别是闹海和大闹天宫)。

(接上页)的小丑——对中国木偶剧中神的评价》。
[1] 这部小说最早的版本印于万历年间(1990年重印),书名为《华光天王传》,而非《南游记》。
[2] 万志英:《财富的魅力——江南社会历史中的五通神》;蔡雾溪:《〈南游记〉的宗教渊源:历史与小说中的五通崇拜》。

孙悟空受到膜拜更是因为其反叛的称号"齐天大圣",而非其佛名。对某些离经叛道的神祇的崇拜——例如孙悟空和济公——有时与更受人尊重的神祇如关公毫不相同。在中国台湾,供奉孙悟空和济公的大寺庙虽然有一些,但并不太多。这两位神祇更多的是以陪伴者的身份出现在其他神灵的寺庙。更值得注意的是,他们也是灵媒崇拜的对象。灵媒一般不在大寺庙而是在小神坛内施法,这些神坛通常设于灵媒的家中,而且无官方记录。所以,在历史文献中很难找到这些崇拜的佐证。灵媒神坛未列入地方志,史学家不得不依靠零零星星的文学作品以了解离经叛道的神祇受欢迎的程度。

中国众神中大量离经叛道的神祇透露了中国宗教的显著特点——"幽默"。而西方神性的一神论的特点却是"战战兢兢"[1],西方思想家甚至认为庄严或庄重是宗教的特征。例如,威廉·詹姆斯(William James)就将神性定义如下:"神性于我等而言,应只指个人觉得不得不庄严和庄重地顺从而不能骂骂咧咧或者戏谑地顺从的最根本现实。"[2]与西方相比,中国宗教中的神界与人界接近得多,也更相似得多。因此,许多中国神祇非常幽默,他们显示幽默感,他们自己也是被取笑和恶作剧的对象。不过,至少他们的幽默没有减少其宗教的功效。通常在寺庙中表演的中国台湾戏剧《济公活佛》以两个神祇主角

---

[1] 索伦·克尔凯郭尔(Kierkegaard Soren):《恐惧战兢——辩证抒情》(*Fear and Trembling: A Dialectical Lyric*),普林斯顿:普林斯顿大学出版社,1945年。
[2] 威廉·詹姆斯:《宗教体验之种种》,第38页。

济公和吕洞宾互相谩骂而告终。"你疯了。"吕洞宾喊道。济公反驳:"你的举止才像个疯子。"这极大地娱乐了观众,尽管这些观众当中肯定有人崇拜这两位神祇。而济公的灵媒,他们还必须以玩笑和妙语逗乐其信众,否则信众不会相信他们的真实性。幽默是济公明确的、最受欢迎的特质。[1]

笔者已简要评论了白话小说中的三类神祇:女性神祇、武神和离经叛道之神。三者共通的并非他们是什么,而在于他们不是什么,他们没有一个是文人,没有一个属于上层阶级。钟馗是个差点儿就跻身文人阶层的神祇,他是万历年间圣徒言行录类小说《钟馗全传》及三部清代续书的描绘对象,他的小说化传记进一步勾勒了许多中国神祇的内在边缘性。他被作为驱邪之神而受膜拜,由此在鬼节的仪式上扮演重要角色。根据其小说化传记,钟馗去京城参加殿试,其文章本应夺魁,但因相貌丑陋,考官不公正地使其落第。于是,钟馗当着皇帝的面自杀而亡(在一个版本中他是以头撞殿柱)。后来阎罗王——另一版本说是皇帝自己——命他为驱魔人。[2] 钟馗不公正地落第,是因为其面目可憎,而大多数中国人无缘于科举考试,是因为无力接受必需的教育。因此,很可能的是,未能受教育的大众在钟馗传说中读到了他们自己对科举的无奈,因为科举制度即使给了他们跻身上层

---

[1] 幽默在中国仪式剧中也起到了重要的作用。李丰楙(1991)指出,在中国台湾,由法师所举行的道教"功德"葬礼仪式和"改运"仪式中,喜剧因素也很突出。
[2] 艾丽白:《钟馗捉鬼传》第63、161页。

阶级的希望，也是极为渺茫的（落第的精英分子也在这一传说中找到了其失意的宣泄口）。

中国的神灵鬼怪兴于白话小说，小说对他们的传播起着非常重要的作用，他们表现了与社会主流思想完全相反的一种景象。女性、武士和离经叛道之神均在很重要的方面公然反抗社会精英的儒家理念，而儒家理念是指导整个社会的。正如小说所描写的那样，许多神祇在社会和文化上都偏离了明清时期儒家的意识形态。儒家社会秩序将男子置于女子之上，将学者置于士兵之上，将老者置于幼者之上，但中国众神却包含了妇女、士兵和青年人，甚至幼童。儒家文化强调学问、修养和克制，但众神展示的却是武功造诣和不羁的幽默。如白话小说中所反映的那样，神灵鬼怪在很大程度上起到了与欧洲中世纪和文艺复兴时期的狂欢文化同样的作用。用巴赫金的话来说就是，它为人们提供了"第二种生活"，在此当中，日常生活的社会行为准则被颠覆了。巴赫金对狂欢的描写可应用于许多中国神祇："无穷无尽的幽默形式和表现与中世纪教会文化和封建文化的正式严肃基调形成对比……在此我们发现了一种独特的逻辑，'内外颠倒'的古怪逻辑……第二种生活，民俗文化的第二世界由此构成；从一定程度上来说，它是狂欢生活之外的恶搞，一个'内外颠倒的世界'。"[1]

前文已讨论过，中国的神灵鬼怪如在白话小说中所反映的

---

[1] 巴赫金（Bakhtin Mikhail）：《拉伯雷和他的世界》（*Rabelais and His World*），布鲁明顿：印第安纳大学出版社，1984年，第4、11页。

那样,很大程度上表现了与社会的官方意识形态相反的景象。这种景象在多大程度上,如在截然不同的地理区域实际受到各种各样社会团体和宗教团体膜拜的神祇那样,具有中国神祇的特征?答案是,中国神祇并非总具有狂欢的特征。为数不少的神祇(某些出现在小说中)并不公然对抗儒家理念。例如,保证科举夺魁的文昌星本身就是文人,这毫不奇怪;明代短篇小说中的包公被描写为一个严格的儒家弟子,虽然关于他的故事也包含了社会抗争的因素。[1]此外,大量天界的官僚机构映射了世俗的中国国家结构。这些天界的官僚机构在国教和道教中扮演重要角色,但是在民间对神灵的理解中也占有重要地位(参见本卷夏维明和韦勒的导论)。确实如此,桀骜不驯的神祇如孙悟空、哪吒反抗的正是这种天界的秩序。

还值得一提的是,在小说中被描写成离经叛道或叛逆的神祇在其他文献中可能以完全不同的角度呈现。白话小说中所描绘的神祇与佛教和尚、道教法师及文人精英所理解的神祇形象实是大异其趣的。如杜赞奇(Prasenjit Duara)所言,朝廷官僚机构曾试图缓和关公个性上的叛逆之处。朝廷资助的文学作品将这位武神描写成孝子以及通晓儒家经典的学者。[2]另一位神祇温琼以豆腐贩子的形象出现在《北游记》中,但元代一位

---

[1] 韩南:《中国白话小说》,第73页。
[2] 杜赞奇:《超验的象征——中国的战神关帝》("Superscribing Symbols: The Myth of Guandi, Chinese God of War"),《亚洲研究杂志》(*Journal of Asian Studies*)1988年第47期,第778—795页。

学者则在一块碑刻上将其描写成儒生。[1]至于济公,虽然小说和戏剧始终将其描写成酒鬼,但一贯道却将其酗酒轻描淡写地处理。这一宗教团体的知情人士常声称,与普遍认为的相反,这位滑稽的神灵的葫芦里装的并不是酒,而是药。较之道教、佛教等宗教经典,以及精英分子用文言文写作的圣徒言行录类集子,小说能触及更广泛的读者。因此,白话小说对人们通俗理解神灵鬼怪的影响力也许比其他文学体裁更大。尽管如此,以上的例子表明,并非所有的神祇都具有小说描写的离奇古怪和反叛的特征。

我在上文中已提到,如白话小说所描绘的那样,许多神祇藐视明清时期起指导作用的儒家理念。女神、武神和离经叛道之神往往偏离既有的社会和文化准则。应该怎样理解这种中国神灵鬼怪的颠倒维度?离经叛道的神祇是否像安全阀一样,让社会放出蒸汽,使其接受业已存在的秩序?这些神祇的颠倒面目是否引发了对业已存在的秩序的真正质疑?欧洲对狂欢的研究表明,它可能同时起到以上两种作用:一方面,狂欢使社会所有成员(不论其高贵卑贱)从业已存在的秩序的束缚中得以喜庆般缓解;另一方面,在特定的情境下,就会像1580年法国的罗芒一样,将剧场和现实融合成狂欢,并发展成血淋淋的起义。[2]初步的研究表明,中国的众神如欧洲的狂欢一样,能

---

[1] 康豹:《温琼——多面神祇》("Wen Ch'iung-The God of Many Faces"),《汉学研究》1990年第8期,第194、206页。
[2] 埃马纽埃尔·勒华杜拉里(Emmanuel Le Roy Ladurie):《罗芒的(转下页)

起到像安全阀的作用，也为起义提供了象征性的资源。女神、武神和离经叛道之神受到全社会的膜拜，尽管对他们的崇拜在不同的环境下呈现出不同的形式。因此，众神就像小说所传播的那样，使知识分子和百姓暂时从儒家思想中解脱出来，却又不一定会损害这种思想的社会威望。但是在适当的历史环境下，正如某些儒家教育者所担心的那样，神灵鬼怪的颠倒维度也能给有组织的匪患和暴动提供意识形态的来源。例如，三合会举行入会仪式时会祭祀关公[1]；义和团意欲通过灵媒仪式谋求刀枪不入之术，在仪式上，他们假装被《封神演义》《三国演义》《西游记》中的主角，尤其是姜子牙、关公和孙悟空附身。[2]同样，在"文化大革命"时，就连红卫兵都试图利用目空一切的孙悟空，将其变成他们的"文化革命"的战斗象征。

人类学家已指出中国仪式和中国官僚式做事方法的惊人相似之处。给神祇的书面祈愿与官方的请愿书相似。神祇身着官袍，像官员一样坐着轿子，供奉在模仿地方官的官邸所建设的庙堂中。[3]不过，对白话小说所描写的众神的研究显示，虽然

（接上页）狂欢节》(*Carnival in Romans*)，纽约：巴西出版社，1980年；伯克(Burke Peter)：《近代欧洲的大众文化》(*Popular Culture in Early Modern Europe*)，纽约：哈珀与罗出版公司，1978年，第199—204页。
[1] 杨庆堃：《中国社会中的宗教》，第62页。
[2] 周锡瑞(Joseph W. Esherick)：《义和团运动的起源》(*The Origins of the Boxer Uprising*)，伯克利：加利福尼亚大学出版社，1987年，第294、329页。
[3] 艾米莉·马丁：《中国仪式与政治》，剑桥：剑桥大学出版社，1981年，第2页。

神祇受到官员一般的待遇，但他们的品性却与明清时期的官员大有不同。尽管神灵令人敬畏的力量有时是依照官僚的做法来想象的，但神祇的品性和行为方式绝大多数时候与传统的官僚有着根本的差异。官僚隐喻也许会运用到神灵所行使的权力，但未必会运用到他们的品性。

明清文学中的道教、神仙思想概述[1]

[日]大木康著
侯利萌译

引言

平成十五年(2003)十月五日,日本中国学会第55次会议之"道教与中国文学"座谈会召开。会上,笔者发表了题为"明清文学中的道教、神仙思想"的报告。会议由小南一郎先生(京都大学人文科学研究所)主持。首先,赤井益久先生(国学院大学)主要选取六朝至唐代的资料(诗文、小说等),撰成《身体·小风景·宇宙——中国文学中的道教因素》一文。然后,土屋昌明先生(专修大学)《唐代文学与道教》一文,讨论了唐代文学与道教的关系。最后,由笔者负责阐述明清文学中道教、神仙思想的相关问题。

笔者对明清文学兴趣浓厚,但对道教、神仙思想的研究

---

[1] 大木康:明清文学における道教·神仙思想に関する覚え書き,『筑波中国文化論叢』23(2003):55-85.

则完全是外行。因此,大会报告分为(Ⅰ)"明清文学中的道教、神仙思想"和(Ⅱ)"明清社会中的道教、神仙思想"两部分,旨在引出一些广泛而浅显的话题以供深入讨论。报告(Ⅰ)分为总论、诗文、戏曲、小说、民间传说、建筑、绘画、书法、音乐等几个部分,分别概述其研究现状。报告(Ⅱ)分别以皇帝、士大夫、民众为对象,考察道教、神仙思想在社会上的传播,进而思考其对文学的影响。

本文首先对报告(Ⅰ)的内容做简要叙述,然后,主要在第二、第三节对报告(Ⅱ)的内容加以总结说明。由于目前对这几个问题的思考尚不成熟,难以形成专题论文,所以,题目增加了"概述"[1]一语。

另外,会议报告和本文中所说的"道教、神仙思想"含义广泛而明确。对"道教""神仙思想"进行严格定义,可以从一开始就避免掺杂无关内容。

座谈会上笔者受益匪浅。在此,十分感谢筑波大学筹备委员会的各位老师提供这一难得的机会,并衷心感谢提出宝贵意见的诸位教授。

一、明清文学作品中的道教、神仙思想研究概述

纵观中国文学史,与前代相比,可以说文学体裁多样化是明清文学的特征之一。明清时期,传统诗文依然占据文学中心地位。词在盛衰更迭中仍然不断被创作,戏剧方面则传奇(南

---

[1] 原文作"覚え書き",此处酌情翻译为"概述"一语。——译者注

曲）大为盛行。明朝末期，以《三国演义》《水浒传》《西游记》《金瓶梅》"四大奇书"为代表，通俗小说（白话小说）的刊行繁荣一时。在今天看来，明清可以说是"白话小说"的时代。另外，尚有更为通俗的说唱文本（宝卷等）流传至今。

这些丰富的文学体裁，几乎全部与道教、神仙思想有关联。戏曲方面，福满正博先生分析了元杂剧中的神仙度脱剧（论文详见文末"文献目录"。下同）；王汉民先生对包括明清传奇在内的大量戏剧作品设定"八仙"为主人公这一情形做了相关论述；另外，田仲一成先生就原本作为戏剧表演重要场所之一的神庙进行了一系列的考察。

再来看小说方面。"四大奇书"之一《三国演义》中诸葛孔明的形象，不论是人物装扮，还是赤壁之战时于七星坛上招来东南风烧毁曹军大船一事，不管从哪个角度看都像是一位道士。《水浒传》也受到了道教影响，如，小说开头龙虎山嗣汉天师张真人的故事设置和九天玄女授予宋江天书的情节安排等，下一节中将会予以详细论述。《西游记》虽然讲述的是三藏法师前往印度求取佛经的故事，但小说中的道教色彩也很浓厚。柳存仁先生认为《西游记》和全真教之间存在关联。中野美代子先生经过一系列的论证指出：《西游记》的整体构思深受道教宇宙观的影响。

除了"四大奇书"之外，另有一系列可以被称为真正道教小说的长篇小说，其主人公或者是仙人、道士，或者会使用妖术，如《封神演义》《四游记》(《(八仙出处)东游记》《华光天

明清文学中的道教、神仙思想概述

王南游志传》《北游记（玄帝出身传）》《西游记传》)、《韩湘子全传》《三宝太监西洋记》《平妖传》等。二阶堂善弘先生在座谈会上指出：小说作品中不仅有道教的影子，而且其中刻画的神仙也被作为神而受到供奉并深受欢迎。例如，《封神演义》中的哪吒是中国台湾民间信仰中必不可缺的神仙之一。[1] 2003年3月，笔者在位于中国台北郊外三峡地区的三山国王庙举办的神诞祭祀上看到了哪吒。同样的，《封神演义》的中心人物姜子牙（吕尚）也成了现实信仰对象。《成化说唱词话》之《花关索传》的开头部分说刘备、关羽、张飞三人结义起誓的地点是姜子牙庙，即可作为证明。笔者在安徽、江西曾见过把戏剧装扮的姜子牙作为木雕装饰安置于祠堂中。

以上介绍了中长篇小说的情况，短篇小说则举邓志谟的作品为例，如以许真君为主人公的《铁树记》、以萨真人为主人公的《萨真人咒枣记》等。李丰楙先生对此做了相关论述。另外，冯梦龙《三言》、凌濛初《二拍》中的道教作品，如《古今小说》卷13之《张道陵七试赵升》等。小野四平先生对此进行了研究。小川阳一先生讨论了明代善书和短篇小说之间的关系。冯梦龙的《三教偶拈》（东京大学东洋文化研究所藏）是一部短篇小说集，由王阳明（儒）、济颠（佛）和许真君（道）的传说汇编而成，是深刻反映明末三教思想的颇为有趣的文献资料。

---

[1] 二阶堂善弘（二階堂善弘）著《〈封神演义〉——中国的战神们》(「封神演義の世界——中国の戦う神々」) 对这一问题做了相关论述。

清代蒲松龄的《聊斋志异》屡次提到超常现象，曹雪芹《红楼梦》的神话故事架构以及太虚幻境等情节设置，都受到道教、神仙思想的影响。

另外，小川阳一《中国小说中的道教——以〈续金瓶梅〉和〈太上感应篇〉为中心》[1]一文的附录全面收录了中国小说与道教的相关研究文献。

目前，研究道教与中国文学的学者有游佐昇、葛兆光、二阶堂善弘等人。二阶堂先生以明清文学为中心，重点研究"通俗文学"。杨建波《道教文学史论稿》之第五章"明代道教文学"整体论述了明代道教文学的情形。这一章分为"引言""第一节明代文人道教诗""第二节明代道人诗""第三节汤显祖的涉道诗及其《邯郸记》""第四节明代小说中的道教意蕴""第五节徐霞客游记中的道教内容"等几个部分。其中，明代道教诗文的研究颇为新颖。现在，我们就来分析一下明代诗文与道教的关系。

首先来看道士诗。钱谦益著《列朝诗集》广泛收录明代诗人作品，其中，僧道之作见于闰集。关于收录的僧人作品，书中载云："高僧十一人""高僧二十二人""名僧三十七人""高僧四人""名僧三十七人"等；与此相比，仅有"道士六人"。钱谦益作《张真人宇初》小传云：

---

[1] 小川阳一（小川陽一）:《中国小说中的道教——以〈续金瓶梅〉和〈太上感应篇〉为中心》(「中国小說における道教—とくに『続金瓶梅』と『太上感応篇』」),《道教研究推荐》(『道教研究のすすめ』), 平河出版社, 1986年。

> 国初名僧辈出，而道家之有文者独宇初一人，厥后益寥寥矣。二氏盛衰之略如此，识之以俟传方技者。

不只国初，直至明末，佛教界陆续涌现憨山德清、紫柏真可、云栖袾宏、雪浪洪恩等众多诗僧，而吟诗道士的人数却寥寥无几。

据《列朝诗集小传》记载，张宇初是明初人，嗣汉42代天师正常之嫡子，有学识，被称为"列仙之儒"。今《道藏》收录张宇初《岘泉集》12卷。其中，卷8《述怀》开头几句用道教语言点缀，曰："怔怔穹壤间，一炁互磅礴。宇宙充八纮，虚灵戢真觉。"末句"千古奚与同，休焉守冲漠"表达坚定求道的决心。这正是道教之诗。此外，他还创作了以道观为题材的诗歌。

但是，没有直接咏唱道教教义的诗歌。像《真诰》卷3载云："青童大君常吟咏曰：'欲殖灭度根，当拔生死栽。沈吟堕九泉，但坐惜形骸。'"[1] 又如，王重阳诗（《修行助饥寒者，唯三事耳：乞觅上，行符中，设药下。空如此无所用亦未是》，《重阳全真集》卷一）云："乞觅行符设药人，将为三事是修真。内无作用难调气，外有勤劳易损神。不向本来寻密妙，更于何处觅元因。此中搜得长春景，便是逍遥出六尘。"[2]

---

[1] 吉川忠夫、麦谷邦夫编：《〈真诰〉研究（译注篇）》，京都大学人文科学研究所，2000年，第113页。
[2] 蜂屋邦夫：《金代道教研究——王重阳与马丹阳》（『金代道教の研究——王重陽と馬丹陽』），《京都大学东洋文化研究所研究报告》，1992年，第176页。

杨建波先生在"明代文人道教诗"一节，列举了李攀龙《宿林泉观》、袁宏道《真珍洞赠道者》等文人所作歌咏道观和洞天福地的诗歌，与道士张宇初的诗作进行了对比，进而揭示两者之间并无显著差异。换言之，明代道教诗歌并不只是宣传教义的工具而已。

正如小南先生在座谈会上所指出的，明清时代的道教文学作品，不像《真诰》和王重阳的诗歌，其直接的宗教性（宗教说教性）意识薄弱；另一方面，道教、神仙思想渗透到各个文学领域，广泛影响到社会的各个方面。下文将对此展开论述。

二、皇帝与道教——《水浒传》

从第二节开始，我们按照社会阶层展开具体论述。

首先来看位于社会最高点的皇帝。提起明代皇帝与道教，首先想到的是世宗嘉靖帝（1522—1566年在位）。[1]

据《明史》卷74"职官"三所载"道凡二等，曰全真、曰正一"，可以了解道教在明廷的正式地位：在道教的诸多流派中，仅全真派和正一派是国家认可的教派，其他教派皆属于民间信仰。而与道教相关的正式官职包括（《明史》卷74"职官"三）：

> 道录司，左右正一二人，左右演法二人，左右至灵二人，

---

[1] 关于嘉靖皇帝与道教之间的关系，参照卜键著《嘉靖皇帝传》第8章"尊崇道教"和第14章"青词宰相"，团结出版社，1995年。

左右玄义二人。神乐观，提点一人，知观一人。龙虎山，正一真人一人，法官、赞教、掌书各二人。阁皂山、三茅山，各灵官一人。太和山，提点一人。

神乐观是宫中的道观，而龙虎山、阁皂山、三茅山、太和山是公认的本山。其中，只有龙虎山设"真人"一职，可见龙虎山规格之高。

嘉靖帝最初崇信的道士邵元节本是龙虎山道士，这也符合明朝廷的道教状况。《明史》卷307《佞幸传》载曰：

邵元节，贵溪人，龙虎山上清宫道士也。师事范文泰、李伯芳、黄太初，咸尽其术。宁王宸濠召之，辞不往。世宗嗣位，惑内侍崔文等言，好鬼神事，日事斋醮。谏官屡以为言，不纳。嘉靖三年，征元节入京，见于便殿，大加宠信，俾居显灵宫，专司祷祀。雨雪愆期，祷有验，封为清微妙济守静修真凝元衍范志默秉诚致一真人，统辖朝天、显灵、灵济三宫，总领道教，赐金、玉、银、象牙印各一。

如上所述，邵元节原本是龙虎山上的一名道士，最终站在了全国道教的最高点。此后不久，邵元节卒，经由其推荐并深受嘉靖帝宠爱的是陶仲文。《明史》卷307《佞幸传》之《陶仲文传》载云：

陶仲文，初名典真，黄冈人。尝受符水诀于罗田万玉山，与邵元节善。嘉靖中，由黄梅县吏为辽东库大使。秩满，需次京师，寓元节邸舍。元节年老，宫中黑眚见，治不效，因荐仲文于帝。以符水噀剑，绝宫中妖。庄敬太子患痘，祷之而瘥，帝深宠异。

此后，陶仲文受嘉靖帝宠信达20年之久。据说，除陶仲文外，嘉靖帝几乎不接见其他人。嘉靖年间，是否擅长书写道教青词与仕途直接相关。由于擅长写作青词而位及宰相的李春芳、严讷、郭朴、袁炜等人，被称作"青词宰相"。（《明史》卷193《袁炜传》）

嘉靖帝重用的道士中，有一人名段朝用。关于此人受重用之事，《明史》卷209《杨最传》有如下记载，曰：

世宗好神仙，给事中顾存仁、高金、王纳言皆以直谏得罪。会方士段朝用者，以所炼白金器百余因郭勋以进，云以盛饮食物，供斋醮，即神仙可致也。帝立召与语，大悦。朝用言："帝深居无与外人接，则黄金可成，不死药可得。"帝益悦，谕廷臣令太子监国，"朕少假二年，亲政如初。"举朝愕不敢言。最抗疏谏曰："陛下春秋方壮，乃圣谕及此，不过得一方士，欲服食求神仙耳。神仙乃山栖澡炼者所为，岂有高居黄屋紫闼、衮衣玉食，而能白日翀举者。臣虽至愚，不敢奉诏。"

另，《明史》卷307《段朝用传》亦载曰：

段朝用，合肥人。以烧炼干郭勋，言所化银皆仙物，用为饮食器，当不死。勋进之帝，帝大悦。仲文亦荐之，献万金助雷坛工费。帝嘉其忠，授紫府宣忠高士。

此处提到的促使段朝用和嘉靖帝产生联系的郭勋值得注意。《明史》卷209《杨爵传》云：

帝经年不视朝。岁频旱，日夕建斋醮、修雷坛，屡兴工作。方士陶仲文加官保，而太仆卿杨最谏死，翊国公郭勋尚承宠用事。

据上可知，在厌倦政事的嘉靖帝之侧，郭勋与陶仲文等人共同把持着朝政。又据《明史》卷130《郭勋传》记载，郭勋是明朝开国功臣武定侯郭英的后人。

提及武定侯郭勋就联想到《水浒传》。《水浒传》故事历史久远，如《大宋宣和遗事》和元杂剧等作品就包含一部分水浒故事。但是，当时并不存在我们今天普遍见到的全本《水浒传》。

《水浒传》卷首题其作者为元末明初人施耐庵和罗贯中。果真如此的话，《水浒传》应当成书于明朝初年。可是，现存的最早版本《水浒传》是明末万历二十二年（1594）双峰堂刊刻的《京本增补校正全像忠义水浒志传评林》，此前的本子无法看到。

那么，《水浒传》的现行版本究竟成书于何时呢？高儒《百川书志》（嘉靖十九年序）称《水浒传》100卷，这是最早见于目录学著作的记载。此处所言100卷，已经具备了今天看到的全本的规模。高儒是嘉靖年间人，因此推测嘉靖时期《水浒传》已经成书。

生活于嘉靖年间的李开先在其《词谑》中记述云：

> 崔后渠（铣）、熊南沙（过）、唐荆州（顺之）、王遵岩（慎中）、陈后冈（东）谓，《水浒传》委曲详尽，血脉贯通，《史记》而下，便是此书。且古来更无有一事而二十册者。倘以奸盗诈伪病之，不知叙事之法、史学之妙者也。

云"古来更无有一事而二十册者"，表达出了崔、熊、唐、王、陈等人初次阅读《水浒传》时的惊讶和感动之情。若非之前从未听说或阅读过《水浒传》之人，不可能有此感受。由此，笔者认为，此则材料正可以作为判定《水浒传》成书于嘉靖年间的旁证。

另外，比较重要的早期版本《水浒传》是郭勋刊行的郭武定本。沈德符《万历野获编》卷5"勋戚"《武定侯进公》条云：

> 武定侯郭勋，在世宗朝，号好文多艺能计数。今新安所刻《水浒传》善本，即其家所传，前有汪太函序，托名天都外臣者。

今天已经看不到郭武定本原貌，但以郭武定本为底本的天都外臣本尚存（"这实在很奇怪"，高岛俊男《〈水浒传〉世界》

如是说，大修馆书店，1987年）。此本的序被称作天都外臣序，云："嘉靖时，郭武定重刻其书，削去致语，独存本传。"既言"重刻"，则说明不是初刻本，但也说明嘉靖年间郭勋刊刻《水浒传》一事是事实。上文已经说过《水浒传》成书、刊行于嘉靖年间（郭勋卒于嘉靖二十一年，即1542年，书当刊刻于此前），可以肯定的是，郭武定本属于比现行《水浒传》更早的版本。郭勋与小说《英烈传》的成书也有关系，参见前述《万历野获编》卷5"勋戚"《武定侯进公》条。《英烈传》讲述明王朝开国英雄的故事，郭勋在这本小说中特别突出其先祖郭英的事迹。据说，郭勋命负责演说平话的内官每天在嘉靖帝面前说唱该故事。由此可知，郭勋与小说的关系颇为密切。

众所周知，《水浒传》第一回设置伏魔殿情节，讲述108位豪杰的来历。宋仁宗时期，朝廷苦于瘟疫盛行，范仲淹上书请龙虎山嗣汉天师张真人祈禳救助。容与堂本《水浒传》的叙述如下：

今天灾盛行，军民涂炭，日夕不能聊生，人遭缧绁之厄。臣愚意要禳此灾，可宣嗣汉天师星夜临朝，就京师禁院修设三千六百分罗天大醮，奏闻上帝，可以禳保民间瘟疫。

为了修设罗天大醮，朝廷派遣太尉洪信前往龙虎山迎请张真人。洪信到达之后，得知真人居住在山上。登山途中，被虎和大蛇所惊吓，一路辛劳。途中遇到了一位乘牛的少年，少年告诉洪信说，张真人知道天子派他迎请天师祈禳天灾的事情，已经前往京城了。洪信过后才知道那童子就是张真人。也许并非为了发泄在山中受到惊吓产生的怒气，但洪信还是强行打开了不能打开的伏魔殿门，放出了108个妖魔。这就是《水浒传》的开头。

宋元时期的《水浒传》故事，没有龙虎山之事。由此可以推测，《水浒传》成书的最终阶段应当是龙虎山伏魔殿故事成形。另外，《水浒传》的最终成书与郭勋有关系。他周围围绕着龙虎山一派的道士，而《水浒传》开头描写的龙虎山嗣汉真人道术卓越，也正说明了郭勋和龙虎山派道士影响了《水浒传》的最终成书。

《水浒传》中涉及道教的内容包括：九天玄女授予宋江天书、梁山泊军团中的道士公孙胜等。另外，马幼垣《水浒人物之最》（联经出版社，2003年）一书指出，公孙胜是最令人费解的人物，而且道教在小说的其他地方，并不一定发挥了重要的作用。这一点，同时可以证明龙虎山之事是后来补充进去的。开头叙述108个妖魔向四方飞散，后来又在梁山泊集结，可是，全员集会的情节描写（第71回）欠缺首尾呼应，这令人感到奇怪。

三、文人士大夫的超自然（神秘）爱好

接下来，我们分析一下文人士大夫。说起文人士大夫与道教的关系，颇有意思的是明末万历年间的昙阳子现象。王昙阳是宰相太仓王锡爵之女。她曾多次宣示神谕，最后一次宣称自

己是昙鸾菩萨的化身，接着就白日升仙了。王世贞被誉为明末江南文人代表之一，还被附会为《列仙传》的编者。他看到昙阳子升仙后十分感动，挥笔写下了《昙阳大师传》。此后，便逐渐形成了昙阳子教，流行于江南士大夫之间。关于这一点，王安（Ann Waltner）和三浦秀一先生进行了相关探索。

昙阳子传达神仙话语这一点，可以视为一种降灵现象。根据合山究先生的论述我们知道，当时的文人热衷扶乩，这种降笔的占术与碟仙类似。[1]扶乩出现的大多是仙女或夭折的美女。明末散曲集《太霞新奏》卷一收录了冯子犹（冯梦龙）的《情仙曲》[2]，主要讲述早死的15岁少女的一生，特别是爱情。序称：

某夜，视友人召仙，而有王花舍者至。云吴之金阊里人，与黄生遇春善，年十五夭死，因写黄生所赠词四语，今曲中四"想杀您"句是也。已，便求去，曰："吾兄俟吾于门，恐失约。"叩之则遇春亦死。死复相从，亦大奇矣哉。语云，人不灵而鬼灵，余谓鬼不灵而情灵。古有三不朽，以今观之，情又其一矣。无情而人，宁有情而鬼，但恐死无知耳。如有知，而生人所不得遂之情，遂之于鬼，吾犹谓情鬼贤于情人也。且人生而情死非人，人死而情生非鬼。夫花舍小竖子，生未尝越金阊数武，而仗此情灵，得偕所欢，以逍遥吴越之间，而享仙坛香火之奉，与生人相应答不爽。花舍为不朽矣。鬼能如是乎

---

[1] 碟仙，日本明治中期前后流行的一种游戏性占卜。——译者注
[2] 关于这一点，合山究先生《〈红楼梦〉女性崇拜思想及其源流》（「「紅楼夢」における女人崇拝思想とその源流」）一文有相关论述。

哉。名之曰情仙也亦宜。

冯梦龙在文学创作中最重视"情"。他称赞王花舍死后仍与意中人相聚，认为她不单单是死人的灵魂"鬼"，也是"仙"。据书末的跋可知，当时有诸多文人写诗歌咏王花舍，另外，《太霞新奏》还收录了冯梦龙之兄冯梦桂的作品。由此可知当时文人的好尚。合山先生认为，这种仙女崇拜影响了后来《红楼梦》的创作。

房中术可以说是道教的一个分支。正如高罗佩（Robert van Gulik）所述，《金瓶梅》的成书代表了明代房中术的兴盛，武宗正德皇帝在皇宫中设置豹房即是例证。小说源自佛教思想，但房中术则显示出道教和佛教争夺这一主导权的角逐（令人想起《金瓶梅》中胡僧给西门庆送淫药的情节）。王世贞《张公居正传》（《国朝献征录》卷17）载：

是时兵部尚书谭纶与（戚）继光以财通。纶善御女术，颇用于居正。居正试之而验，则益厚纶以示寁。继光乃时时购千金姬进之。

据此可知，身为宰相的张居正也热衷于房中术。

四、高雅生活观念

荒井健先生《〈长物志〉：明代文人的生活与意见》（《〈長物志〉：明代文人の生活と意見》，平凡社，1999年）之《解说》云：

文人作为一个主体，如何连接、评价、选择构成日常生活的各种客体，即丰富日常生活所依靠的媒介呢？这一实践活动尽管没有被特别注意，但是从古时候开始就已经在进行了。然而，此事（一）在宋代明确上升为主体意识，（二）在明代开始受到特别重视，并进行了正式研究。考察文人生活史时，这一点不可忽视。

的确，明代尤其是明末，可以称为文人趣味高潮时代。明末正值出版业繁荣，刊行了多种书籍，从住宅、书画古董到养生术，涵盖了文人生活指南和审美指南等诸多类别。

清代《四库全书》子部"杂家类"七"杂品类"收录此类书籍11部，包括：《洞天清录》（宋·赵希鹄撰）、《负暄野录》《云烟过眼录》（宋·周密撰）、《格古要论》（明·曹昭撰）、《竹屿山房杂部》（明·宋懋澄编）、《遵生八笺》（明·高濂撰）、《清秘藏》（明·张应文撰）、《长物志》（明·文震亨撰）、《韵石斋笔谈》（清·姜绍书撰）、《七颂堂识小录》（清·刘体仁撰）、《研山斋杂记》。

其中，高濂著《遵生八笺》出版于明末万历初年，由8部分构成，分别是：《清修妙论笺》（名言集），《四时调摄笺》（季节养生法），《起居安乐笺》（居室），《延年却病笺》（气功导引等），《燕闲清赏笺》（书画古董等），《饮馔服食笺》（食物、药品等），《灵秘丹药笺》（分症状），《尘外遐举笺》（隐士传）。他在序中称，写作此书的目的是引导人们去享受珍贵的人生：

> 尊生者，尊天地父母生我自古，后世继我自今，匪徒自尊，直尊此道耳。不知生所当尊，是轻生矣。轻生者，是天地父母罪人乎。

由此可知，书房玩物、山中的书斋、食物和药物养生法等，都源自享受人生的观念。在宋代《洞天清录》中，文房四宝和书画古董等仅仅是物品而已。宋代《山家清供》主要介绍山居生活，尤其是饮食生活。两者都没有把它们当作特别之物。《遵生八笺》则把它们统一于享受人生这一目标中。也可以说，指导所有生活方式（私人生活）的教科书样式已经形成。序又云："逍遥象外，游息人间，所谓出尘罗汉、住世真仙，是即'八笺'，他日证果。"享受人生的目标之一是成为"住世真仙"。由此可见，这种观念的深层思想基础是道教、神仙思想。前文提到三浦秀一先生在他的论文中分析了昙阳子热和养生热之间的关系，另外，大平桂一先生著文探讨了《遵生八笺》中的养生术，田中淡先生则考察了书中的饮食。

此类书中苏州文徵明之曾孙文震亨所著《长物志》，是一部比较系统的著作。全书分为12章，详尽描述了理想的生活情形，包括：室庐，花木，水石，禽鱼，书画，几榻，器具，衣饰，舟车，位置，蔬果，香茗。依照书中所描述的方式进行生活，就可以体验到理想的富有趣味的生活。此外，还有一些描写闲情雅兴内容的书籍没有收入《四库全书》，如：陈继儒的《岩栖幽事》和《逸民史》，李渔的《闲情偶寄》等。《闲情偶寄》专设《声容部》讨论各种美人，可见，美人也成了审美生活的一部分。

五、庭园问题

文震亨《长物志》卷一《室庐》开头云：

居山水间者为上，村居次之，郊居又次之。吾侪纵不能栖岩止谷，追绮园之踪，而混迹廛市，要须门庭雅洁，室庐清靓。

居住山水间是最理想的生活，其次，则是居于城市中。但是，即使居住城市也要像居住于山林一般，生活环境必须雅洁、静靓。因此，需要在都市中模拟山林建造乌托邦式的庭园。

庭园是人工建造的理想空间。中国古代庭园的基本布局是，园中设置小池，池中岛上筑造假山。这显然是仿照蓬莱山而建的。建造庭园也是在创造神仙世界。宋徽宗时建造的艮岳与道教世界观有关。

《新刻绣像批评金瓶梅》（崇祯本）第54回描绘的内相花园是典型的江南回廊式园林，其文如下：

西门庆见二人去了多时，便乘轿出门，迤逦渐近，举头一看，但见：

千树浓阴，一湾流水。粉墙藏不谢之花，华屋掩长春之景。武陵桃放，渔人何处识迷津？庾岭梅开，词客此中寻好句。端的是天上蓬莱，人间阆苑。

西门庆赞叹不已道："好景致！"下轿步入园来。应伯爵和常时节出来迎接，园亭内坐的。先是韩金钏儿磕了头，才是两个歌童磕头。吃了茶，伯爵就要递上酒来，西门庆道："且住，你每先陪我去瞧瞧景致来。"一面立起身来，搀着韩金钏手儿同走。伯爵便引着慢慢的步出回廊，循朱阑转过垂杨边一曲荼䕷架，趓过太湖石、松风亭，来到奇字亭。亭后是绕屋梅花三十树，中间探梅阁，阁上名人题咏极多，西门庆备细看了。又过牡丹台，台上数十种奇异牡丹。又过北是竹园，园左有听竹馆、凤来亭，匾额都是名公手迹。右是金鱼池，池上乐水亭，凭朱栏俯看金鱼，却象锦被也似一片浮在水面。西门庆正看得有趣，伯爵催促，又登一个大楼，上写"听月楼"。楼上也有名人题诗对联，也是刊板砂绿嵌的。下了楼，往东一座大山，山中八仙洞，深幽广阔。洞中有石棋盘，壁上铁笛铜箫，似仙家一般。出了洞，登山顶一望，满园都是见的。

这里把庭园比喻为"天上蓬莱""人间阆苑""仙家"。但是，小说描述庭园之后，却展开铺写与仙界无关的俗世的狂欢作乐，这实在匪夷所思。

身处神仙庭园往往会期待、想象仙女降临左右。西门庆同金钏儿一同游园,也说明了庭园与女性密不可分。江南园林回廊式结构的特点是,首先通过狭窄的小道,然后突然进入一片广阔的空间。这种空间设计的背景是壶中天的宇宙理论(也可以认为与胎内回归愿望有关),与中国式乌托邦(如桃花源)的布局也关系密切。

《红楼梦》第17、18回使用"蓬莱仙境""天仙宝镜"等词语来描绘大观园。从庭园自身的特性来看,美女们聚集于大观园是理所当然的事情。此外,在汤显祖《牡丹亭还魂记》等戏剧中,后花园还被作为隐秘的幽会场所。

结语

前文主要论述了皇帝、文人士大夫与道教的种种关系。最后,我们来谈谈普通民众。普通民众作为社会阶层的一部分,我们不能断言道教是他们的固有之物,因为这一信仰也在士大夫、文人之间广泛传播。另外,明末的善书和功过格思想也受到了道教的熏染。

然而在民间,道教(民间信仰的道教)可能成为叛乱的导火线,如罗教、白莲教等。在日常生活的某些场景,如乡村祭祀中,也会表演宗教仪式性质的戏剧傩戏。

综上所述,明清时期道教已经广泛渗透到社会的各个方面。正如葛兆光先生所说,道教提供的想象力帮助人们幻想超越现实的世界,是连接非日常、非现实之世界的桥梁。与公共场所相比,道教也如园林一般,是能够满足个体需要和私人需求的场所。可以这样说，儒教属于社会，道教属于个人。道教具有私人的、非日常的、非现实的特点，这与属于个体行为的文学创作关系密切。

相关研究文献目录

（一）明清文学作品中的道教、神仙思想

综论：

游佐升（遊佐昇）：《道教与文学》（「道教と文学」），《道教》第二卷《道教的发展》（『道教の展開』），平河出版社，1983年。

葛兆光：《道教与中国文化》，上海人民出版社，1987年。

阪出祥伸监修（阪出祥伸監），大形彻（大形徹）、户崎哲彦（戶崎哲彦）、山本敏雄译：《道教与中国文化》（『道教と中国文化』），东方书店（東方書店），1993年。

二阶堂善弘（二階堂善弘）：《通俗文学与道教》（「通俗文学と道教」），《讲座 道教》第四卷《道教与中国思想》（『道教と中国思想』），熊山阁出版社（熊山閣出版），2000年。

土屋昌明：《仙传文学与道教》（「仙伝文学と道教」），《讲座 道教》第四卷《道教与中国思想》，熊山阁出版社，2000年。

游佐升（遊佐昇）：《诗歌与道教》（「詩と道教」）《讲座 道教》第四卷《道教与中国思想》，熊山阁出版社，2000年。

杨建波：《道教文学史论稿》，武汉出版社，2001年。

诗文

蜂屋邦夫:《金代道教研究——王重阳与马丹阳》(『金代道教の研究——王重陽と馬丹陽』),东京大学东洋文化研究所(東京大学東洋文化研究所),1992年。

蜂屋邦夫:《金元时期的道教——七真研究》(『金元时代の道教——七真研究』),东京大学东洋文化研究所,1998年。

杨建波:《道教文学史论稿》第五章《明代道教文学》,武汉出版社,2001年。

戏曲

综论:

有泽晶子(有澤晶子):《戏剧·音乐与道教》(「演劇·音楽と道教」)《讲座 道教》第四卷《道教与中国思想》,熊山阁出版社,2000年。

神仙度脱剧:

福满正博(福滿正博):《试论元杂剧中的度脱剧》(「元雜劇中の度脱劇試論」)《日本中国学会报》(『日本中國學會報』)第42集,1990年。

八仙剧:

王汉民:《八仙戏曲作品考述》《中国文哲研究通讯》第八卷第四期,1998年。

戏剧演出场所神庙(演劇上演の場としての神廟):

田仲一成：《中国祭祀戏剧研究》(『中国祭祀戲劇研究』)，东京大学东洋文化研究所，1981年。

田仲一成：《中国的宗族与戏剧——华南宗族社会中的祭祀组织、礼仪与戏剧结构》(『中国の宗族と演劇——華南宗族社會における祭祀組織、儀礼及び演劇の相関構造』)，东京大学东洋文化研究所，1985年。

田仲一成：《中国乡村祭祀研究——地方戏环境》(『中国郷村祭祀研究——地方劇の環境』)，东京大学东洋文化研究所，1989年。

小说

小川阳一(小川陽一)：《中国小说中的道教——〈续金瓶梅〉与〈太上感应篇〉》(「中国小説における道教——とくに続金瓶梅と太上感応篇——」)附《道教相关中国文学研究目录》(「道教関係中国文学研究文献目録」)，《道教研究推荐书目》(『道教研究のすすめ』)，平河出版社，1986年。

《西游记》(『西遊記』)：

柳存仁：《全真教和小说西游记》《明报》月刊，第233—237期，1985年；亦载见柳氏著《和风堂文集》，上海古籍出版社，1991年。

中野美代子：《〈西游记〉的秘密——塔与炼丹术的象征意义》(『西遊記の秘密—タオと煉丹術のシンボリズム』)，福武书店(福武書店)，1984年。

中野美代子：《〈西游记〉特技世界探析》（『西遊記　トリック．ワールド探訪』），岩波书店（岩波書店），2000年。

《金瓶梅》：

泽田瑞穗（澤田瑞穗）：《关于〈金瓶梅词话〉所引宝卷》（「『金瓶梅詞話』所引の宝卷について」），《增补宝卷研究》（『增補 宝卷の研究』），国书刊行会（国書刊行会），1975年。

《封神演义》（『封神演義』）：

二阶堂善弘：《〈封神演义〉的世界——中国的战神们》（『封神演義の世界—中国の戦う神々』），大修馆书店（大修館書店），1998年。

《三宝太监西洋记》（『三寶太監西洋記』）：

二阶堂善弘：《其他小说对〈三宝太监西洋记〉的影响》（「『三宝太監西洋記』への他小説の影響」），《道教文化展望——道教文化研究会论文集》（『道教文化への展望——道教文化研究会論文集』），平河出版社，1994年。

邓志谟（鄧志謨）小说《铁树记》（『鉄樹記』）《萨真人咒枣记》（『薩真人咒棗記』）等：

李丰楙：《许逊与萨守坚——邓志谟道教小说研究》，学生书局，1997年。

《三言二拍》：

小野四平：《中国近代短篇白话小说研究》（『中国近世における短篇白話小説の研究』），评论社（評論社），1978年。

第五章《道教说话研究》（「道教説話の研究」）：

1073

（一）神仙说话（神仙説話について）

（二）吕洞宾传说（呂洞賓伝説について）

（三）道情（"道情"について）

小川阳一：《基于日用类书的明清小说研究》（『日用類書による明清小説の研究』），研文出版社，1995年。

第四篇 明代小说与善书（明代小説と善書）：

第一章 《三言二拍》与善书（三言二拍と善書）

第二章 《西湖二集》与善书（西湖二集と善書）

第三章 "轻薄"考（「軽薄」考）

民间说话

郑土有、陈晓勤编：《中国仙话》，上海文艺出版社，1990年。

梅新林：《仙话——神人之间的魔幻世界》，上海三联书店，1992年。

建筑

奈良行博（奈良行博）：《建筑与道教》（「建築と道教」），《讲座 道教》第四卷《道教与中国思想》，熊山阁出版社，2000年。

奈良行博（奈良行博）：《从中国祀庙建筑窥见道教与民间信仰》（「中国の祀廟建築から見る道教と民間信仰」）《亚洲游学》第十六期《东亚道教与民间信仰》（『アジア 一六 遊学東ア

ジアの道教と民間信仰』),2000 年。

绘画

村上嘉实(村上嘉実):《道教思想与山水画》(「道教思想と山水画」)《东方宗教》(『東方宗教』)第 45 期,1975 年。

斯蒂芬・利特尔(Stephen Little):《仙境——中国艺术中的道教因素》(*Realm of the Immortals: Daoism in the Arts of China*),俄亥俄州克利夫兰(Cleveland, Ohio):克利夫兰艺术博物馆与印第安纳州布卢明顿的印第安纳大学出版社联合出 版)(Cleveland Museum of Art in Cooperation with Indiana University Press Bloomington, Ind),1988 年。

斯蒂芬・利特尔,肖恩・艾克曼(Shawn Eichman),《道教与中国艺术》(*Taoism and the arts of China*),芝加哥(Chicago):芝加哥艺术学院与加州大学出版社联合出版(Arts Institute of Chicago in Association with University of California Press,2000 年。

杉原拓哉(杉原たく哉):《绘画与道教》(「絵画と道教」),《讲座 道教》第四卷《道教与中国思想》,熊山阁出版社,2000 年。

书

大野修作:《书法与道教》(「書と道教」),《讲座 道教》第四卷《道教与中国思想》,熊山阁出版社,2000 年。

音乐

有泽晶子:《戏剧·音乐与道教》,《讲座 道教》第四卷《道教与中国思想》,熊山阁出版社,2000年。

(二)明清社会的神仙道教思想

皇帝层面——以嘉靖帝为中心

宫川尚志:《明嘉靖时期的道教》(「明の嘉靖時代の道教」),《纪念吉冈博士六十寿诞——道教研究论文集》(『吉岡博士還暦記念——道教研究論集』),国书刊行会,1977年。

小林正美:《中国的道教》(『中国の道教』),创文社(創文社),1998年。

士大夫层面

昙阳子(曇陽子):

王安(Ann Waltner):《从昙阳子看女性的人生,特别是宗教女性的人生》(「曇陽子にみる女性としての人生、特に宗教における女性としての人生」),佐佐木纪子(佐々木紀子)译,《亚洲女性史——比较史浅试》(『アジア女性史——比較史の試み』),明石书店(明石書店),1997年。

王安:《一个晚明的神秘世界——昙阳子和她的追随者们》(*The World of a Late Ming Mystic: T'an Yang-Tzu and Her Followers*),伯克利(Berkeley):加州大学出版社(University of Califounia Press),2000年。

三浦秀一：《〈真诰〉俞安期本成书时代》(「『真誥』俞安期本成立の時代的狀況」)，吉川忠夫编《京都大学东洋文化研究所研究报告——中国古代道教史研究》(『京都大學東洋文化研究所研究報告 中國古道教史研究』)，同朋社出版，1992年。

扶乩：

合山究：《明清文人与神秘爱好》(「明清の文人とオカルト趣味」)，荒井健编《中华文人的生活》(『中華文人の生活』)，平凡社，1994年；亦载见《〈红楼梦〉新论》(『『紅楼夢』新論』)，汲古书院(汲古書院)，1997年。

合山究：《〈红楼梦〉中的女性崇拜思想及其源流》(「紅楼夢における女性崇拝思想とその源流」)，《中国文学论文集》(『中國文學論集』)第12号，1983年；修订版载《〈红楼梦〉新论》，汲古书院，1997年。

志贺市子(志賀市子)：《中国的占卜——扶鸾信仰与华人社会》(『中國のこつくりさん—— 扶鸞信仰と華人社會』)，大修馆书店，2003年。

养生术与文人趣味：

高罗佩(Van Gulik，ファン・フーリック)：《古代中国的性生活——从史前至明代》(『古代中國の性生活——先史から明代まで』)，松平伊予子(音译，松平いを子)译，Serica书房(音译，せりか書房)，1988年。

土屋英明：《道教房中术——古代中国人的性爱秘法》

1077

(『道教の房中術—古代中国人の性愛秘法』),《文艺春秋》(文藝春秋),2003年。

太平桂一:《日日与四季健康法》(「日日と四季の健康法」),荒井健编《中华文人的生活》,平凡社,1994年。

阪出祥伸:《关于衰老——两种养老之书》(「老いについて—二つの養老の書」),荒井健编《中华文人的生活》,平凡社,1994年。

田中淡:《关于饮食——〈遵生八笺〉中的食物》(「飲食について——『遵生八牋』に見える食品」),荒井健编《中华文人的生活》,平凡社,1994年。

庭园:

金子裕之编:《古代庭园思想——对神仙世界的憧憬》(『古代庭園の思想——神仙世界への憧憬』),角川书店(角川書店),2002年。

孟庆田:《〈红楼梦〉和〈金瓶梅〉中的建筑》,青岛出版社,2001年。

村松伸:《书斋宇宙——中国都市的隐遁术》(『書斎の宇宙——中国都市の隱遁術』),INAX出版社,1992年。

三浦国雄:《中国人的主题——洞窟、风水、壶中天》(『中国人のトポス——洞窟・風水・中天』),平凡社,1988年。

中野美代子:《仙界与情色文学》(『仙界とポルノグラフィー』),青土社,1989年。

民众层面

善书・功过格（善書・功過格）：

酒井忠夫：《中国善书研究》（中国善書の研究），国书刊行会，1960年，或《酒井忠夫著作集》（一）（二）之《增补中国善书研究》（上）（下）（また『酒井忠夫著作集一，二』として『增補中国善書の研究上下』），五月书房（五月書房），1999年，2000年。

奥崎裕司：《中国乡绅地主研究》（『中国乡紳地主の研究』），汲古书院，1978年。

小川阳一：《中国小说中的道教——〈续金瓶梅〉与〈太上感应篇〉》，《道教研究推荐书目》（『道教研究のすすめ』），平河出版社，1986年。

陈霞：《道教劝善书研究》，巴蜀书社，1999年。

罗教（宝卷流宗教结社）、宗教反乱：

吉冈义丰（吉岡義豊）：《道教研究》（『道教の研究』），法藏馆（法蔵館），1952年，又见《吉冈义丰著作集》（『吉岡義豊著作集』）第一卷，五月书房，1989年。

泽田瑞穗：《增补宝卷研究》，国书刊行会，1975年。

浅井纪（浅井紀）：《明清时期民间宗教结社研究》（『明清时代民間宗教結社の研究』），研文出版，1975年。

傩戏：

田仲一成：《中国巫系戏剧研究》（『中国巫系演劇研究』），

东京大学东洋文化研究所，1993年。

田仲一成:《中国戏剧史》(『中国演劇史』)，东京大学出版社(東京大学出版社)，1998年。

后 记

本书共选译境外汉学家的中国道教文学研究论文29篇，一定程度上反映了近30年来海外汉学界中国道教文学研究的历史进程和诸多面相，对于拓宽中国学者的研究视野具有重要的参考价值。

本书论文选目最初是由吴光正请高万桑、刘迅两位教授推荐的，后来又通过陈伟强教授请柯睿教授补充了部分篇目。选目确定后，由李松利用在美国访学的机会收集到了10来篇论文，最后由吴光正礼请国内外朋友收集到其余论文。李松负责其中15篇论文的翻译组织、校订工作，校订过程中曾得到柏敬泽、王建平教授的支持。这15篇稿件汇整后，吴光正又请陈星宇对其中的几篇译文进行了校订。吴光正负责其余14篇论文的翻译组织、校订工作。全书汇整后，吴光正先后进行了5次校订工作，主要就复杂语句、术语回译、字句润色、文献核对、西方术语的翻译、汉学家中文译名的统一、注释格式的统一等事宜开展工作。白艳波、蔡尧、陈卓尔、陈昱昊对所有中文引文进行了核对，艾士薇帮忙校订了法文译文，尤其是陈卓尔、王全武，先后5次根据主编在稿本上的校订意见，核对文献，规范格式。校订工作之所以如此繁复，一是道教文学研究方面的论文翻译起来实在费劲，更重要的是我们没有组织团队翻译论文的经验，事先没有统一翻译体例，更没有提供翻译样稿。这是主编工作疏忽带来的严重后果。当然，最辛苦的是本论文集中的诸多译者，他们为这本书贡献了自己的才华和精力，无怨无悔，令人感佩。最让主编感到愧疚的是，这本启动于2010年的译文集，拖到现在才定稿！本译文集得以启动，则要感谢中国香港青松观和以朱越利教授为首的"道教学译丛"编委会。

终于定稿了。我们要对所有为本书翻译、出版付出努力的学友和道友说声谢谢，也要对所有译者说声抱歉。

吴光正、李松

2017年6月20日

译稿交给编委会后，朱越利先生命我担任译稿的责任编委，负责译稿校订和版权联系。由于忙于12卷25册本《中国宗教文学史》主编工作，一直没有时间来完成责任编委的工作。2019年8月，笔者来到亚利桑那州立大学柏夷教授处访学，终于抽出时间来完成校订工作，并请艾士薇、裴亮校订了注释中的部分法文、德文、日文，请左丹丹补译了《13、14世纪戏曲文学中的泰山进香》一文的注释。由于这本书的出版

后　记

需要做重大选题报批，原定出版社进度缓慢，朱越利、汪桂平先生告诉我，出版单位已经改为北京联合出版公司，希望我继续完成版权联系工作。期待版权联系工作能顺利完成，嘉惠学界。再次感谢所有支持、参与本项目的老师、朋友们。

吴光正

2020年5月28日子夜于亚利桑那州立大学访学寓所

　　2023年9月1日，出版社将审读稿发给我校订，我意识到这本书终于快要出版了。这本书本来是为12卷25本《中国宗教文学史》的编写提供理论视野的，没想到《中国宗教文学史》结项并陆续付梓后，其出版才"千呼万唤始出来"。想到这里，不禁感慨万千。好在本书的编选，照顾到了时代和文体，读者可以将它和《中国宗教文学史》对读，取长补短。再次感谢柏夷、高万桑、刘迅等学者帮忙联系作者、落实版权，感谢朱越利、汪桂平先生和青松观对本书的支持，感谢所有作者、译者、编辑的辛勤付出。

吴光正

2023年9月9日于珞珈山

　　清样校订稿交付出版社后，编辑申妙、钟梦怡又就参考文献、引文核对、汉学家译名等和我们多次交流，甚至用外文原文校订译稿，其认真、严谨的工作作风，让我们感佩不已。这样的合作，让本书的翻译、编辑生色不少，在此特致谢意。

吴光正、李松
2025 年 2 月 16 日于珞珈山

丛书后记

《道教学译丛》编委会成立于2000年。《道教学译丛》于2005年和2006年两年间，由中国社会科学出版社出版了前三本。出版前三本时，本丛书叫作《海外道教学译丛》。从2010年出版第四本开始，本丛书改名为《道教学译丛》，改由齐鲁书社出版。至2017年11月，《道教学译丛》前后共计出版了22本译著。

22本译著的海外道教学原著，无一不是学术精品，每一本译著的译文都做到了"信"和"达"并以"雅"为目标，受到读者的欢迎。《道教学译丛》荣获第二十一届（2017年度）华东地区古籍优秀图书奖，齐鲁书社因此置身于光环之中。也常听到国内外同道盛赞中国香港青松观董事会和《道教学译丛》编委会。

22本译著出版后，《道教学译丛》已经交稿的其他十几本译稿的出版不明缘由地停滞了下来。香港青松观董事会和编委会一直在催促出版，并继续坚持《道教学译丛》的例行工作。另外还有已经确定要翻译的60多本海外道教学原著，有的在认真翻译中，有的在积极进行前期运作。遗憾的是，受到出版受阻的不利影响，《道教学译丛》总的来说逐渐放慢了脚步。有的原著的翻译或前期运作，甚至停摆了。

2020年，《道教学译丛》改由北京联合出版有限责任公司出版，聘请了学术委员，成立了新的编委会。新老出版社交接《道教学译丛》的出版，进行得很慢。峰回路转，"柳暗花明又一村"，《道教学译丛》的第23本译著终于在2025年出版了。

谨再次向给予《道教学译丛》各种帮助的海内外所有朋友，表示衷心感谢！

朱越利

2024年9月16日

图书在版编目（CIP）数据

海外中国道教文学研究译文选 / 吴光正，李松主编. -- 北京：北京联合出版公司，2024.12. --（道教学译丛）. -- ISBN 978-7-5596-7884-3

Ⅰ.B958-53

中国国家版本馆 CIP 数据核字第 2024NF6569 号

Copyright © 2024 by Beijing United Publishing Co., Ltd.All rights reserved.
本作品版权由北京联合出版有限责任公司所有

海外中国道教文学研究译文选

主　　编：吴光正　李　松
出 品 人：赵红仕
出版监制：刘　凯
责任编辑：钟梦怡
特约编辑：申　妙
封面设计：王　鹏
内文排版：北京麦莫瑞文化传播有限公司

北京联合出版公司出版
（北京市西城区德外大街 83 号楼 9 层　100088）
固安兰星球彩色印刷有限公司印刷　北京联合天畅文化传播有限公司发行
字数 750 千字　787mm×1092mm　1/32　37.75 印张
2024 年 12 月第 1 版　2024 年 12 月第 1 次印刷
ISBN 978-7-5596-7884-3
定价：98.00 元（全两册）

版权所有，侵权必究　　文献分社出品
未经书面许可，不得以任何方式转载、复制、翻印本书部分或全部内容。
本书若有质量问题，请与本公司图书销售中心联系调换。电话：（010）64258472-800